北京市社会科学理论著作出版基金资助

博雅语言学书系

XIANDAI HANYU
LIHECI LIXI XINGSHI GONGNENG YANJIU

现代汉语
离合词离析形式功能研究

王海峰 著

北京大学出版社
PEKING UNIVERSITY PRESS

图书在版编目(CIP)数据

现代汉语离合词离析形式功能研究/王海峰著. —北京:北京大学出版社,2011.2
(博雅语言学书系)
ISBN 978-7-301-18609-1

Ⅰ. 现… Ⅱ. 王… Ⅲ. 汉语-构词法-研究 Ⅳ. H146.1

中国版本图书馆 CIP 数据核字(2011)第 030997 号

书　　　名：现代汉语离合词离析形式功能研究
著作责任者：王海峰　著
责 任 编 辑：欧慧英
标 准 书 号：ISBN 978-7-301-18609-1/H·2768
出 版 发 行：北京大学出版社
地　　　址：北京市海淀区成府路 205 号　100871
网　　　址：http://www.pup.cn
电 子 邮 箱：zpup@pup.pku.edu.cn
电　　　话：邮购部 62752015　发行部 62750672　编辑部 62752028
　　　　　　出版部 62754962
印　刷　者：北京大学印刷厂
经　销　者：新华书店
　　　　　　730 毫米×980 毫米　16 开本　23.5 印张　376 千字
　　　　　　2011 年 2 月第 1 版　2011 年 2 月第 1 次印刷
定　　　价：49.00 元

未经许可,不得以任何方式复制或抄袭本书之部分或全部内容。
版权所有,侵权必究　举报电话：010-62752024
　　　　　　　　　　电子邮箱：fd@pup.pku.edu.cn

序

　　离合词是现代汉语词类中一个特殊的类别,历来是汉语本体研究和汉语作为第二语言教学研究关注的重点。原因就是,从严格的词的界定来看,离合词很难划入词的范畴。因为"词有相对'不间断性'或黏聚性,即正常言语中词的内部一般不能插进新成分(包括停顿),而在词的分界处总是有潜在的停顿"(戴维·克里斯特尔《现代语言学词典》,387页)。这样看来,"洗澡、结婚、见面"等很难算作真正的词,因为它们中间可以插进其他成分。从另一个角度看,如果说"词指操本族语者凭直觉普遍承认的一个表达单位,不管是口说语还是书面语"(同上),那么,"洗澡、结婚、见面"等,在以汉语为母语的人心目中,无论怎么说都是词。这类词在《现代汉语词典》中用"斜的双短横"隔开,以示中间可以插入其他成分,可见其特殊性。多年来,语法学界对这类词进行了大量的讨论,研究成果颇具规模,但研究重点侧重于离合词的命名、界定、鉴定标准、性质、分类等方面,以至于至今对离合词离析功能的全貌还没有全面、透彻的把握,很多问题还不甚清晰。诸如这些词为什么会离析,离析的条件是什么? 何时离,何时合? 离析的方式有多少种? 离析形式的功能是什么? 在这些纷繁复杂的现象背后是否有规律可循,怎样才能得出一个统一支配的规律,一直是人们关注的问题。王海峰博士多年来潜心思考离合词问题,广搜材料,作了细密的研究,本书试图通过深入、全面的考察,寻求理论上的突破,以便对上述问题给出答案。

　　对离合词,母语是汉语的人运用起来,虽还不能清晰地拿出一些可供遵循的规律,但是,何时分,何时合,可据实际情况,不假思索,运用自如。但这却难为了学习汉语的外国人,明明是一个词,为什么要拆开,什么情况下拆开,什么情况又必须作为一个完整的词使用,十分迷惑。于是,像"结婚她"、"见面我"等,在学习的初始阶段,几乎是常见的偏误。因此,有关离合词的很多问题,也是对外汉语教学过程中亟待解决的。对于这个对外汉语教学中的难点,本书在对离合词离析形式的研究的基础上,参酌了大量的留学生中介语材料,对如何进行离合词的教学原则,通过个人所进行的教学实践,提出了科学合理的建议,可大大提高离合词的学习效率。

在前修与时贤研究成果的基础上,王海峰的研究从功能的角度入手,以大型语料库为基础,运用构式语法理论,对离合词的离析现象作了全面的观察与研究,重点探讨离合词的离析形式。发现了一些有价值的现象,得出了令人信服的结论。更为可贵的是,还能从不同的视角切入,对产生离析现象的各种动因,诸如语义动因、句法动因、篇章动因和功能动因等,进行了言之成理的解释。王海峰的研究打通了汉语中字和词关节,既有属于形态学范畴的对词的结构和组成的研究,也有属于句法范畴的词在句子中配列的研究。这种研究打破了词法和句法的界限,没有在词和短语的划分上纠缠,而是专注于离合词及其离析形式功能研究,这样就跳出了传统研究的窠臼。既有对现代语言学和汉语本体探讨的理论探讨意义,对汉语作为第二语言教学实践也有指导意义。本书资料丰赡,分析透辟,结论可靠,是迄今有关离合词研究的创新之作,也是离合词研究的集大成之作。

对语料的搜集,王海峰所下的工夫是惊人的。书中利用北京大学汉语语言学研究中心约1.5亿字的大型语料库,对国家汉办编写的《汉语水平词汇与汉字等级大纲》中的392个已认定的可离析双音节结构,逐条进行检索,得到每个离合词的所有离析形式句,然后进行认真的鉴定和甄别。最终确定207个凝合式述宾结构离合词,共得出34,441个有效离析例句。依据这34,441个例句,在真实语料库中对207个离合词的离析形式进行了相对封闭的穷尽性考察与分析,从而得出汉语离合词的13种离析方式,并对63个重点离析结构列出详细的离析情况,包括离析形式的离析率。我们把这13种离析形式全部列出:

A+了(+其他形式)+B　　　A+的+B
A+补语+B　　　　　　　　A+个+B
A+名词/代词(的)+B　　　A+形容词(+的)+B
A+数量词+B　　　　　　　A重叠+B
A+过(+其他形式)+B　　　A+数词+B
前置B+A　　　　　　　　　A+动词性成分(+的)+B
A+着(+其他形式)+B

这样,我们就对汉语中离合词的离析形式及其离析率有了一个全面而准确的了解。我们说王海峰的数据可靠,因为他不仅仅依据一个语料库,同时还参照国家语委2000多万字的另一个语料库进行对比分析。在分析外国留学生习得偏误时,又利用北京语言大学 400 多万字的中介语语料库,检索相关语料。这种严谨的态度,定性定量的研究方法,使得整个的研究具有科学规范的特点。这种完全以数据显示结论的考究做法,在以往的同类研究文章中还是不多见的。

由于本书以坚实的语料为基础,对大量的语料进行定量统计,在充分描写与分析离合词离析形式过程中,发现了一些前人研究所没有注意到的语言现象,得出了一些令人信服且带有规律性的结论。我们举其荦荦大者,比如作者发现所谓离合词并不总是"离",在实际语言中绝大部分离合词"合"大于"离"。离合词"合"是其常态,"离"是其异态。统观汉语离合词的全貌,大部分离合词是表示普通的日常生活行为的词,以及描述个人自身动作的行为词,而且,越是表现日常行为的离合词,离析频率越高,离析形式越丰富。从各种离析方式使用比例来看,离合词中间插入"了"的离析方式最多,而插入动词性成分的情况最少。大部分高离析频率离合词常常也是现实生活中使用频率高的词语,使用频率低的离合词也常常是低离析频率的离合词。这些结论,只有基于大型语料库研究,运用科学的方法,方能得出。无疑这极大地丰富了离合词研究的成果,启迪我们从新的角度对汉语中的离合词的重新认识。

这些研究成果的得出,依赖于正确理论的支撑。王海峰运用功能主义的理论和方法,将汉语离合词的离析形式视为一种构式。构式语法认为,构式是形式和功能的统一体。一般来说,构式常常表现为一种"异态",而语言中的异态形式一般具有主观性倾向。汉语离合词的离析形式也是一种"异态",这种"异态"所表现出来的说话人的主观性倾向,正是支配离合词产生离析现象的内在规律。这种主观性表现为说话人的主观倾向、说话人的视角、说话人的认识等,也就是说,说话人的态度左右着对离析形式的选择。这种主观性还影响着离析形式对语体的选择。作者别开生面考察了离析形式在不同语体中的分布,发现离合词的离析现象多出现在口语化的作品中,语体的庄重程度是影响离合词离析现象隐现的前提条件,而主观性程度则是影响离合词离析现象隐现的制约因素。这些创新结论,深化了汉语离合词的研究,无论对语言学理论还是对指导语言教学实践均具有一定的意义。

本书还有一个很大的特点是将全部的统计与数据作为附录,展现在书后。比如"392 个离析双音节结构离析情况一览表"、"207 个离合词离析数据一览表"、"63 个重点离析结构离析详细情况"、"各离合词详尽离析形式顺序"等。这一方面有助于读者在阅读书中的分析与结论时,参照这些统计与数据,以检验与印证书中的论述;另一方面读者还可以利用这些统计与数据,从不同的视角、用不同的相关理论进一步深入研究汉语中这种独具特色的离合词结构。作者将花费了大量时间与精力统计并计算出的数据,全部公诸于世,贡献给学界,体现了一种难能可贵的学者风度。

  本书是王海峰在博士学位论文的基础上经反复修订而成。该博士论文曾被评为北京语言大学 2008 年校级优秀博士论文,获评委一致称赞。海峰从事对外汉语教学有年,具有丰富的教学经验,多年来,汉语离合词问题一直萦绕在他心头,读博前曾发表过几篇有关离合词研究的论文,总觉得还有很多想法未能充分展开。为了彻底弄清汉语离合词的全貌,决定三年读博期间,从根本上入手,即依托大型语料库,从分析真实语料入手,用统计数据展现汉语离合词存在和使用的全部情况,试图解决这个语法研究和教学过程中长期以来难以解决的问题。三年奋进,三年求索,孜孜矻矻,寒暑不辍,王海峰付出了巨大的努力。我与海峰有师生之谊,深知他研究中的甘苦。古人有焚膏继晷,海峰工作至凌晨,则是常有的事。人近中年,上有老人要赡养,孩子高中临近毕业,正是较劲的时候。海峰还承担着繁重驳杂的社会工作,对一个双肩挑的教师,能敬业乐业,任劳任怨,又能在教学科研上做出成绩,实属不易。现在海峰的书即将付梓,可喜可贺。海峰说,路正长,唯有不懈前行。我深以为然。谨为之序。

赵金铭
2010 年 4 月 6 日

目 录

第一章 绪论 ………………………………………………………… 1
  1 研究对象 ………………………………………………………… 1
  2 前人对离合词及相关问题的研究 …………………………… 2
  3 选题的意义和考察范围 ……………………………………… 21
  4 理论背景和研究取向 ………………………………………… 23
  5 要解决的问题及相关说明 …………………………………… 28

第二章 建立在大型语料库基础上的离合词离析情况统计 ………… 30
  1 语料库的重要作用 …………………………………………… 30
  2 利用语料库考察离合词的基本步骤及方法 ………………… 34
  3 离合词及其离析形式考察统计结果及分析 ………………… 35
  4 离合词离析形式常现句式考察 ……………………………… 55
  5 结语 …………………………………………………………… 63
  本章小结 ………………………………………………………… 64

第三章 离合词及离析形式的语义特征 …………………………… 66
  1 离合词的普通日常生活行为语义特征 ……………………… 66
  2 离合词的近体行为语义特征 ………………………………… 69
  3 离合词的熟语化特征 ………………………………………… 71
  4 离合词离析形式的语义结构 ………………………………… 79
  5 离合词离析结构句的及物性 ………………………………… 81
  本章小结 ………………………………………………………… 87

第四章 离合词离析形式的篇章特征 ……………………………… 89
  1 离合词离析形式信息结构特点 ……………………………… 89
  2 离合词离析形式的篇章地位 ………………………………… 98
  本章小结 ………………………………………………………… 104

第五章　离合词离析形式的主观性倾向
——体现说话人的视角 ·············· 105
1 语言的主观性与离合词离析形式的关联 ·············· 105
2 离合词离析形式体现说话人的视角（Ⅰ）
　　——离合词插入体标记 ·············· 108
3 离合词离析形式体现说话人的视角（Ⅱ）
　　——主观量 ·············· 124
4 离合词离析形式体现说话人的视角（Ⅲ）
　　——指示视角 ·············· 133
本章小结 ·············· 154

第六章　离合词离析形式的主观性倾向
——表达说话人的认识 ·············· 156
1 离合词插入可能补语形式的主观性倾向 ·············· 156
2 离合词插入"的"形式的主观性倾向 ·············· 160
3 离合词离析形式句的情态表现 ·············· 163
4 离合词离析形式句的事件特征 ·············· 166
本章小结 ·············· 170
附录 ·············· 171

第七章　离合词离析形式的主观性倾向
——表达说话人的情感 ·············· 177
1 离合词插入"个"形式的主观性倾向 ·············· 177
2 离合词插入程度补语形式的主观性倾向 ·············· 184
3 离合词插入修饰性定语形式的主观性倾向 ·············· 187
4 离合词插入格关系定语形式的主观性倾向 ·············· 190
本章小结 ·············· 196

第八章　离合词离析形式的构式特征和功能 ·············· 198
1 离合词离析形式的构式特征 ·············· 198
2 离析构式的主观性倾向 ·············· 204
3 离析构式的主观性倾向所能统一解释的问题 ·············· 210

  4 离合词离析构式主观性问题的研究基础 …………………… 212
  本章小结 ……………………………………………………………… 213

第九章 离合词离析现象的语体分布特征 ………………………… 214
  1 语体在语言学研究中的重要意义 …………………………… 214
  2 离合词离析现象的语体分布 ………………………………… 216
  3 影响离合词离析现象语体分布的深层动因 ………………… 218
  4 语言的主观性程度与庄重程度的互动关系对
   离合词离析现象的影响 ……………………………………… 222
  5 词的离析现象与语体功能的互动
   ——离析现象个案考察 ……………………………………… 224
  本章小结 ……………………………………………………………… 225

第十章 现代汉语离合词离析动因探析 …………………………… 227
  1 离析现象产生的基础——词法与句法的互通性 …………… 228
  2 述宾结构的结构特性 ………………………………………… 229
  3 述宾结构与离合词及其离析成分的言谈交际功能 ………… 231
  4 离合词离析现象的言谈交际条件 …………………………… 236
  5 离析构式的整合机制 ………………………………………… 240
  本章小结 ……………………………………………………………… 243

第十一章 离合词教学的理论与实践 ………………………………… 244
  1 留学生离合词使用情况考察 ………………………………… 244
  2 从理论的角度看离合词的教学原则 ………………………… 249
  3 充分利用语料库考察成果进行教学实践 …………………… 253
  4 离合词教学实践的初步验证 ………………………………… 261
  5 增强汉语教学工具书的科学性和实用性 …………………… 265
  本章小结 ……………………………………………………………… 266
  附录一 63 个重点教学离析结构离析情况表 ……………… 266
  附录二 北京语言大学中介语语料库 16 个高频
      离合词偏误句 ………………………………………… 269
  附录三 离合词使用情况测试题 …………………………… 275

第十二章　结语 ·· 277
 1 语言的常态现象和异态现象 ·· 277
 2 本书创新之处及可能存在的问题 ······································ 280

参考文献 ·· 283
附录 ··· 298
 附录一　北京大学汉语语言学研究中心语料库数据············· 298
 附录二　392个离析双音节结构离析情况一览表················· 303
 附录三　207个离合词离析数据一览表 ······························· 318
 附录四　45个无离析现象双音节结构一览表 ······················ 325
 附录五　离析例数和有效总量偏低的凝合结构离合词········ 326
 附录六　207个离合词离析形式一览表 ······························· 328
 附录七　63个重点离析结构离析详细情况·························· 335
 附录八　各离合词详尽离析形式顺序··································· 362
后记 ··· 364

第一章 绪 论

1 研究对象

本书主要研究现代汉语"离合词"离析现象。所谓"离合词",是指汉语中有一种双音节结构(码化为 AB),该结构意义凝固,形式上 AB 中间可以插入别的成分(码化为 X),A 与 B 可离可合。如:洗澡、结婚、见面、睡觉、鞠躬等。看一下实际语料,以"洗澡"为例:①

(1) 有一天他去[洗澡],盆里装满了水,当他跨进浴盆时,水就溢出来了。【文件名:\当代\应用文\中国儿童百科全书.TXT 文章标题:作者:】

(2) 老职工邵长连给孩子[洗了澡],给他里里外外全换个新。【文件名:\当代\人民日报\1996\96News01.txt 文章标题:作者:】

(3) 一天下午,王本固脱下一堆又脏又臭的衣服,[洗了个澡],涂上新药。【文件名:\当代\作家文摘\1995\1995A.TXT 文章标题:刘胡兰:来生相会再白头　作者:张桂中】

(4) 山上之水贵如油,我们大汗淋漓已经三天两夜没[洗过澡]了。【文件名:\当代\作家文摘\1997\1997C.TXT 文章标题:洗澡　作者:刘宁】

(5) [洗完澡],换上睡衣,她走到自己的床边,看着楚楚,她不禁有些失笑。【文件名:\当代\文学\台湾作家\月朦胧鸟朦胧.txt 文章标题:作者:】

(6) 中队与附近一些工厂共用一处水,由于水量小,工人们下工晚的往往[洗不上澡]。【文件名:\当代\人民日报\1996\96News04.txt 文章标题:作者:】

(7) 我决定不动声色地[洗我的澡],以便看看到底是怎么回事,回去再和大蝎算账。【文件名:\现代\文学\老舍长篇2.txt 文章标题:猫城记　作者:

---

① 本书所用例句如无特殊说明,均出自北京大学汉语语言学研究中心语料库(CCL 语料库)。例句中出现的符号"[　]"以及下画线、着重号等符号均为笔者所加,"[　]"内为离合词或离合词离析形式。一些例句中文件标题名、作者名空缺,语料库检索状态如此,特此说明。

老舍】

双音词"洗澡"意义上无法分割,不是"洗"和"澡"两个语素意义的简单相加。在句子中,有的时候"洗"和"澡"不予分离,如例(1);但是在一些情况下,"洗澡"中间插入其他成分,形成离析形式"洗 X 澡","洗"和"澡"上升到句法层面,参与句法运作,如例(2)—(7)。

离合词的特点主要体现于其离析特性上,本书在全面梳理和研究离合词问题的基础上,侧重探讨离合词的离析形式。

2 前人对离合词及相关问题的研究

就我们掌握的资料而言,最早指出汉语离合词离析现象的当属陈望道先生。1940 年他在《语文运动的回顾和展望》①一文中指出,"我曾读过一本外国的旅行者所采集的中国辞句的材料,其中有两条就是中国现在所有的文法家都未留心的:一条述辞是'上当、捣乱、生气、随便'等成语,而对象辞是'他、你、我、什么'等等的时候总是将对象辞插在成语中间,成为'上他的当、捣我的乱、生我的气、随你的便'等句式,其例很多,不胜枚举。"但陈先生并没有对此进行研究。此后,半个多世纪以来,人们对离合词离析现象逐渐予以关注并进行了多方面的探索。

大体上,自 20 世纪 40 年代到现在,离合词研究经历了两个阶段:

(1) 20 世纪 40 年代到 70 年代末——离合词基本问题探索阶段

这一阶段的离合词问题研究发端于 40 年代,兴盛于 50 年代,延续于 60—70 年代。离合词探讨以汉语拼音化运动为推动力,以解决词与词组的界定和分词连写问题为目的,其研究主要集中于摸清离合词的基本面貌上,如离合词的定义、归属、性质、分类、鉴别等。

(2) 20 世纪 80 年代初至今——扩展拓深阶段

这一阶段以新的语言学理论的不断引进为背景,以对外汉语教学形势的快速发展和中文信息处理实践的需要为推动力,在进一步探索离合词基本问题的基础上,注重运用新的理论和方法对离合词进行全方位深入研究,并着力在实际应用方面进行探讨。

综观半个多世纪以来的研究成果,离合词研究主要集中在以下几个方面:

---

① 《陈望道语文论集》,上海教育出版社,1980。

2.1 理论探讨

2.1.1 离合词的命名

2.1.1.1 仂语

王力(1946)认为凡两个字中间还可以插得进别的字者,就是仂语。"说话"、"走路"都是仂语,因为可以有"说大话"和"走小路"等等说法;甚至"打仗"、"睡觉"、"害病"之类也可认为是仂语,因为可以有"打了一仗"、"睡了一觉"、"害了一场大病"等等说法。不过王力先生的"仂语"并不只包括"打仗"、"睡觉"之类,他的"仂语"的范围比较大,比如"马车"、"老人"也是"仂语"。

2.1.1.2 结合动词

林汉达(1953)认为,"凡是由动词跟附加语合成,中间可以插入某些音节的动词称为结合动词。动词跟自身受词连写为结合动词。"如:唱歌、走路等。

2.1.1.3 可分离词

彭楚南(1954)认为这种可以插入其他成分的动宾结构是"可分离词",不论分还是合都是词。

2.1.1.4 离合词

陆志韦(1957)提出了"离合词"这个概念。他在《汉语的构词法》中提到:"能扩展的结构呢,当它们不扩展的时候,整个词连写,同样收入词典。已经扩展了,其实不能分写。那么,动字和宾语还算是一个词给某种'词嵌'拆开了呢,还是变成了两个词了呢?……这样的动宾格的词是离合词。"陆志韦的观点是在当时汉语拼音化的背景下提出的,这些结构介于词和词组之间,究竟是词还是词组?究竟是分写还是连写?在当时引起了广泛的争议。不过,"离合词"这一名称一经提出,便逐渐被大部分人采纳。

2.1.1.5 短语词

吕叔湘(1979)在《汉语语法分析问题》中提出了"短语词"这个术语。他指出:"从词汇角度看,'睡觉、打仗'等等可以算作一个词,可是从语法的角度看,不得不认为这些组合是短语。"凡是词和短语的中间物"可以称为基本短语或短语词"。持此观点的还有吕文华(1999)等。

2.1.1.6 其他

此外离合词还有不同的称谓,如"词化词组"(洪笃仁 1957)、"离子化"(赵元任 1968)、"组合词"(洪心衡 1980)、"短语动词"(张理明 1982)、"粘连短语"(史有为 1983)、"凝固得很紧的动宾短语"(刘月华 1983)、"最小述宾结构"(柯彼德 1990)、"离合字组"(黄晓琴 2003)、"组合词"(王用源 2004)、"紧词组"(黎良军 2007)等。

尽管人们对其的命名众多,不过就目前来讲,"离合词"是最流行的术语。本书为了照顾习惯,也采用"离合词"这一称谓。

2.1.2 离合词的性质

离合词属于词还是词组,抑或既属于词又属于词组?人们对离合词命名的同时,也对离合词的性质进行了不懈的探索。

2.1.2.1 词说

此说认为离合词属于词或接近词。

刘泽先(1953)认为,不能因为一些词可以被拆开就说它们是两个词,因为一些公认的词,偶尔也会被临时拆开使用,如:决议——大伙决的议(马烽)、服务——这个务是如何服的(赵树理)、咳嗽——又咳了两声嗽(巴金)等。据此,他认为离合词是词不是词组。

胡附、文炼(1954)认为"吃香"、"揩油"等离合词是词和词组的中间物,但它们接近词。因为这些"固定结合的形式,可以说是词同仂语的中间物,它的比重是偏向于词的,如果我们为了简单起见,不给它们立一个名称,我们不妨把它们认为词而归到构词法中去研究"。

赵元任(1968)从"动不离宾,宾不离动"的角度出发,认为"放心、开饭、做梦、害羞"是复合词的一种,并且认为复合词可以有有限的扩展,"一个短语可以有多种形式的扩展,一个复合词可以有有限形式的扩展,只要两个成分挨得相当近。"

范晓(1981)虽然承认"洗澡"、"打仗"之类的组合是处于词和短语的中间状态,但认为这种中间状态的组合是一种"特殊的词",是"类短语词"。

李清华(1983)从对外汉语教学的角度出发,认为还是把这种语法单位称作词好。如:"我今天中午睡觉了"和"我今天中午睡了一觉"中的"睡觉",不能认为前者是词,后者是短语,否则前后不一致,不利于学生理解、记忆、运用和翻译。像"睡一觉、起了床、完不成"等是一种特殊的词,能扩展的词。

赵金铭(1984)的研究与其他人不同,他具有整体观念,注重实证研究。他对《现代汉语词典》中的离合词进行了统计,然后从结构关系和语法形式入手,兼顾语义,将离合词与短语和词进行比较,发现其考察的2533条离合词绝大多数可以归入词。

此外,认为离合词属于词或接近词的还有林汉达(1953)、洪笃仁(1957)、张静(1987)、赵淑华和张宝林(1996)、郭锐(1996)、齐沪扬(2000)、梁驰华(2000)、华玉山(2004)、于晶晶(2005)、向小清和向丽清(2008)等。

2.1.2.2 词组/短语说

认为这种 AB 结构不是词,应该是词组、短语或倾向于词组、短语。

王力(1946)坚持以 AB 结构能不能分离作为区分标准,将"打仗"、"睡觉"、"害病"之类划为"仂语"。他认为,"凡是两个字的中间还可以插得进别的字者,就是仂语,否则只是一个单词。"

钟锓(1954)反对将离合词划入词的观点,认为"要肯定'词'还是'语',不能凭常用的语感来决定,而应首先研究词和语的语法上的特点"。"吃饭"、"走路"、"说话"都由两个独立的词组成,"打仗"、"打架"这样的词"其语法特点与'吃饭'等词组是相同的,所以我认为可以把它们叫做两个词,只要说明他们常常结合在一起的这一特点就行了"。

吕叔湘(1979)认识到在处理离合词问题上词汇原则与语法原则的冲突,但他倾向于侧重语法原则。他认为,"例如'走路|洗澡|睡觉|吵架|打仗'等等……可是这种组合的语法特点跟一般的动名组合没有什么两样。…… 这里又遇到了语法和词汇的矛盾。从词汇的角度看,'睡觉'、'打仗'等等都可以算作一个词,可是从语法角度看,不得不认为这些组合是短语。""这种例子最好还是归入短语。"

史有为(1983)认为"汉语中所谓的'离合词'是一个不准确的术语",离合词既属于短语又属于词是不合逻辑的。他探讨了偏正、动宾、动补、动趋四类离合词。他认为除偏正式(如"羊肉"——引者注)以外,其他三类在语法形态上和短语是一致的。

李大忠(1996)认为:"在汉语中实际存在着的,不是词,就是词组,根本就没有'离合词'的存在形式。……我认为最好能把能扩展的即能插入其他成分的动宾格都看成词组,而不看成词。"

持此观点的还有:王还(1995)、叶盼云和吴中伟(1999)等。

2.1.2.3 离为短语合为词说

陆志韦(1957)举了"担心"、"松劲"、"随手"、"冒名"、"洗澡"、"打赌"等几类例子,这些"能扩展的结构","当它们不扩展的时候,整个词连写,同样收入词典。已经扩展了,其势不能不分写……变成两个词了……这样的动宾格的词是离合词。"

朱德熙(1982)从自由语素和黏着语素的角度来分析离合词的性质。他认为如"吃亏"一类的词是述宾式复合词而不是述宾结构,"可是述宾式复合动词跟其他类型的复合词不一样,往往可以扩展……扩展以前是复合词,扩展以后就成了组合式述宾结构。"

2.1.2.4 中间状态说①

张理明(1982)认为,"如果把它们仅仅看成是词,似乎没有充分照顾到这类组合经常可以拆开使用的情况;如果把它们仅仅看成是短语,似乎也没有充分认识到这类组合经常作为词来使用的情况。我们认为,这类组合介于词和短语之间,兼有词和短语的性质……"

李临定(1990)认为词和短语没有截然分明的界限,它们之间是渐变的,离合词处于词和短语之间。

持此观点或接近此观点的还有曹乃玲(1994)、吕文华(1999)、梁驰华(2000)、王会琴(2008)等。

2.1.2.5 离合词不存在说

这种说法从根本上否认离合词的存在,认为"语言单位中并无离合词"(王彬 2006)。"如果把离合词还原为双字组的话,这一语言现象丝毫没有什么奇特之处,而是汉语组合的常规形式。"(周上之 2006)不过,总的看来,持这种说法的比较少。

2.1.3 离合词的界定

判定离合词的性质是与离合词的界定标准分不开的。离合词的界定说穿了就是词和短语的区分问题。

如何区分词和短语,一直是一个备受关注、存在争议的问题。中国语言学家自 20 世纪早期以来就不懈地探讨这个问题,并提出了一些界定方

---

① 有人认为离合词处于由词组到词的演变过程中,但接近词。如赵金铭(1984)认为,"从形式上讲,也可看作从短语向词演变过程中出现的中间状态或过渡阶段。"华玉山(2005)认为离合词是"一种特殊的词",不过,离合词处于由短语演变为词的动态过程中。此外还有于晶晶(2005)、蔡国妹(2002)等。我们将这种情况列入了第一类。

法。如：1)意义鉴定法：黎锦熙《新著国语文法》(1924)、王力《中国语文概论》(1939)；2)功能鉴定法(或同形替代法，即根据是否是"最小的、能够自由运用的语言单位"来区别词和词组)：吕叔湘《语法学习》(1953)；3)词汇·语法原则：张寿康《略论汉语构词法》(1957)提出，划分词和词组的界限，要从词的语法特点(形态、结构学上的特点)和词组特点(结构学)两面着手，同时注意与语音、词汇的关系；4)扩展法(隔开法)：最初是由王力在《中国语法理论》(1944)和《中国语法纲要》(1946)中提出的，后来陆志韦在《汉语的构词法》(1957)中正式命名为"扩展法"，即能拆开插入别的词语的不是词，而是词组；不能拆开插入别的词语的不是词组，而是词。扩展法在很长一段时间里成为人们鉴别词与非词的主要标准，也是离合词的主要鉴定标准之一。

具体到离合词的鉴定标准，有的学者用单一方法，有的学者则采用综合方法。对此问题明确提出自己的观点的有：

吕叔湘(1979)提出离合词这种组合是"只有单一的意义，难于把这个意义分割开来交给组合的成分"。

朱德熙(1982)为了区分述宾式离合词与述宾式短语，提出述宾式离合词有如下几个特点：1)含有黏着语素，如"吃亏"；2)"述语和宾语往往不能彼此分离"，如"失火"、"起草"；3)有些离合词可以带宾语，如"起草"、"留神"。

赵金铭(1984)"从结构关系和语法形式入手，同时兼顾意义，但以结构形式为主"提出了四项标准：1)DM(动名组合——引者注)是否具有可逆性；2)DM中含有黏着语素；3)DM带宾语；4)兼属形容词。

张静(1987)也提出区别述宾式离合词与述宾短语的几条标准：1)述宾组合中一个成分不能独立成词；2)述宾两个成分凝固成一个特定的意义；3)述宾两个成分的次序能颠倒或者整个结构还可以再带宾语等等。

王洪君(1994)借鉴结构主义的方法对短语、离合词、词进行了鉴定，并提出了鉴别格式。

赵淑华、张宝林(1996)提出了几种不同的鉴定标准：1)是否含有黏着语素；2)搭配严格受限；3)非动宾式而用如动宾式；4)可以扩展又兼属名词或形容词。

吴道勤、李忠初(2001)认为，界定一个"离合词"大致应遵循以下几条原则：第一，这种动名组合只能是双音节的。第二，它一般应具有统一的专门的词义，一般无法分割。第三，它可以而且必须能够按照动宾短语的方式进行扩展、位移或重叠，但在扩展、位移或重叠以后，其词义及各种组合成分的语法性质则应保持不变。第四,如果它本来是一种双音节的非动宾式组合但却同时具有以上第一、第二两项性能,亦可被认定为"离合词"。第五,无论是哪一类"离合词",一般都不能再带宾语。

沈怀兴(2002)对扩展法进行了严厉的批评,他提出,"认定词的依据只能是历史。"

值得一提的是,周上之(1998)从功能、结构、扩展度三个方面,提出了多达 14 种手段鉴定《汉语水平词汇与汉字等级大纲》中的 314 个双音节动宾组合。

此外,就离合词的界定提出标准的还有齐沪扬(2000)、麻彩霞(2005)等。

2.1.4 离合词的类型和离析形式

2.1.4.1 关于离合词的类型

关于离合词的类型,到目前为止还没有达成一致意见,从一种到五种不一。

1) 一种:动宾型(吕文华 1999、齐沪扬 2000)。

2) 二种:动宾型、动补型(蔡国妹 2002、朱坤林 2007)。

3) 三种:① 动宾型、联合型、偏正型(段业辉 1994);② 主谓式、动宾式、动补式(刘顺 1999);③ 动宾型、补充型、附加型(付士勇 2001)。

4) 四种:动宾型、动补型、主谓型、联合型(王素梅 1999、曹保平和冯桂华 2003)。

5) 五种:动宾型、动补型、主谓型、联合型、偏正型(谢耀基 2001 等)。

2.1.4.2 关于离合词的离析形式

赵元任(1968)提出以下几种:动词带后缀或补语,如"断了弦"、"磕着头";宾语带修饰语,如"注(一)点儿意"、"打一仗";动宾颠倒,如"这乱捣得不小"。

李清华(1983)提出动宾结构离合词不外乎三种扩展方式:用"了"、"着"、"过"扩展;用数量词(词组)扩展;用其他方式,如"什么"、"点儿"、"他的(谁的、你的、我的)"等。

段业辉(1994)总结了六种扩展形式:1) 插入时态动词:"了"、"着"、"过",如"造了反"、"发着抖"、"散过步",表示动作行为的时态;2) 插入趋向动词:"起"、"上"、"下"等,如"生起气来"、"放下心来";3) 插入数量短语,如"立一次功"、"打一次仗";4) 插入代词,如"造什么孽";5) 对称插入,如"安贫守困"、"无拘无束";6) 插入较复杂的语言成分,如"够这小子一呛"、"砸了自己的锅"。

王铁利(2001)通过对近200万字的语料统计,得出四类29种离析形式及其数据,这是目前我们见到的最为详细的统计结果。由于考证是在真实语料基础上进行的,因此具有较高的可信度。

任海波、王刚(2005)对1300多万字的语料库进行了考察,总结出四大类28种离析形式。不过任海波、王刚的统计语料虽然比王铁利(2001)大得多,但他们的统计范围也仅限于小说,而没有兼顾语体的分布。

2.1.5 离合词离析的原因和功能

关于离合词离析的原因和功能,专文阐述的较少,大部分文章只是顺便提及,深入论证不足。

张理明(1982)认为离合词离析是为了使意思的表达更加具体、明确。当离合词表示的动作影响到人,为把受影响的人表达出来,才将其加以扩展。

喻芳葵(1989)认为离合词离析是"突出并强调了作为句子核心的动词谓语,使动作行为显得简洁明快"。

饶勤(1997)也认为离合词的动词涉及人时,为了把受影响的人表示出来,要用扩展式。此外她还认为当说话人要表示不满意、不屑或者表示否定的语气时,要用"什么"加以扩展;说话人急于想知道答案或急着要别人表态时,多半要用离合词的扩展式。

付士勇(2001)认为离合词是古汉语向现汉语发展过程中必然出现的一种语言现象。现代汉语中产生的双音节词,结构不稳定。动词所关涉的对象不能放在整个动词之后,而要置于构成动词的两个语素之间,这样一个合成词就被拆开成短语。离合词口语语境和动宾式离合词的类化作用也是离析的原因。

王铁利(2001)认为离合词离析结构的主要功能是消极评论。

沈怀兴(2002)认为,"至于有的复音词有时被拆分,根本原因不在这些词本身,而在语言使用者表达特殊思想感情的需要。"

丁勇(2002)认为离合词"离"的形式能够负载更多更大信息量,因而能够在更大程度上唤起听者的注意,适应言语交际的需要。

于晶晶(2005)认为,"离合词的扩展往往是在口语语境中出现的,为了表达某种强烈的情感,或表意更为明确清晰,它灵活变动,这正是此原因造成的。"

此外还有曹乃玲(1994)、梁驰华(2000)、王海峰(2002)、蔡国妹

(2002)、沈家煊(2006)等。

2.1.6 其他问题

除了上述方面的研究以外,一些学者还研究了离合词的结构问题,如吴登堂(1996)、王素梅(1999)、吴道勤和李忠初(2001)、曹保平和冯桂华(2003)等;离合词离合的程度问题,如聂仁忠和王德山(1994);离合词的语义问题,如段业辉(1994)等;离合词的语用问题,如李清华(1983)、金锡谟(1984)、丁勇(2002)、华玉山(2004)等;离合词的历史形成,如力量和晁瑞(2007)、刘红妮(2008)等;离合词的修辞问题,如白玉(2008)等;离合词的规范问题,如任学良(1981)、王大新(1988)、邹立志和周建设(2007)等。篇幅所限,恕不一一列举。

2.2 汉语教学实践

改革开放以来,随着对外汉语教学事业的发展和国家民族教育政策的正确实施,学习汉语的留学生和少数民族学生越来越多。鉴于教学实践的迫切需要,关于离合词教学的探讨不断增多。

2.2.1 对外汉语教学中的离合词问题研究

自 20 世纪 80 年代以来,随着对外汉语教学实践不断深入,离合词教学问题成了一个重点和难点。周上之(2006)指出:长期以来,离合词教学是对外汉语教学中的一个薄弱环节,我们甚至可以说,迄今为止,基本上还是一个空白点。周上之的观点虽然有些言重,但基本反映了离合词教学的现实。

对外汉语教学领域关于离合词的探讨主要集中于以下几个方面:

2.2.1.1 从学生使用离合词偏误的角度入手,进行探讨

从偏误角度入手探讨离合词教学的研究比较多,如任雪梅(1999)、高思欣(2002)、张雅冰(2005)、郑海丽(2005)、王瑞敏(2005)、陈玮(2006)等。

任雪梅(1999)全面分析了外国留学生在离合词使用上的几种偏误,指出除了离合词本身的特性以外,语际干扰、过度泛化和教材及外部环境的不适当诱导是留学生产生偏误的原因。她提出加强理论研究、改进教学实践是减少和避免留学生偏误的途径。

王瑞敏(2005)也从第二语言学习者使用离合词的具体偏误出发进行分析,对留学生使用离合词时出现的偏误进行归类,并对这些偏误及其成

因进行分析。指出离合词的本体研究不够充分、教材对这些离合词的处理模糊和离合词在教学安排上的不当是造成留学生产生偏误的原因。

2.2.1.2 针对特定母语学生的探讨

就我们掌握的材料来看,有关离合词的研究和探讨针对所有国家留学生(或主要以欧美学生为例)的比较多,如高书贵(1993)、吕文华(1994)、饶勤(1997)、韩明(2003)、鲁文霞(2005)、周上之(2006)、马萍(2008)等,但近两年针对特定母语研究的也逐渐增多,探讨也不断深入。

1) 针对韩国学生习得离合词的探讨

这方面的讨论较多,如孙书姿(2004)、林美淑(2005)、杨峥琳(2006)等。

林美淑(2005)从汉语和韩语对比的角度,探讨分析了韩国学生学习使用离合词时出现的偏误现象,提出了相应的教学策略。

2) 针对越南学生习得离合词的探讨

李燕洲(2006)结合越南留学生出现的实际偏误,从多方面探求了越南留学生汉语离合词偏误形成的真正原因,并提出了一些教学建议。

此外还有吴氏流海(2007)、王桂秋(2008)等。

3) 针对印尼学生习得离合词的探讨

萧频、李慧(2006)基于中介语语料库考察了印尼学生使用离合词的偏误及其原因,并讨论了针对印尼学生的离合词的教学方法。

2.2.1.3 从教材编写和教师教学的角度探讨

关于教材编写时对离合词的处理问题,高书贵(1993)、任雪梅(1999)、刘春梅(2004)等作了深入研究。刘春梅(2004)针对以往教材中对离合词一贯回避的做法,着重从生词表处理、词语搭配与扩展、课后增加相关练习和适当引入有关离合词的语法点等几个方面探讨了通过教材编写来改善离合词教学的一些设想。

关于教学上的对策,吕文华(1994)提出,1)采用独有的注音方式;2)先分散后总结的教学方法;3)熟读词组的练习形式;4)区别对待的原则。周上之(2006)针对离合词教学的难点与失误,提出了"离合词复式教学模式"。此外还有谢昉(2007)等也在教师如何进行离合词教学上提出了自己的看法。

另外,饶勤(1997)、高思欣(2002)、韩明(2003)、郑海丽(2005)、鲁文霞(2005)等也在离合词教学领域作了许多探索。

2.2.2 中国少数民族学生汉语离合词习得研究

随着国家民族政策的贯彻落实,少数民族学生学习汉语的人数越来越多,人们也越来越关注少数民族学生汉语离合词的学习情况。其中对新疆少数民族尤其是对维族学生习得离合词情况的研究最多。

高静(2007)、张国云(2007)分别对维吾尔族预科学生使用汉语离合词出现的偏误进行了分析并提出了教学对策。此外还有李炳生(1996)、沙吾丽·库尔班别克(2002)、李果(2004)、刘江涛(2004)、崔新丹(2008)等。

白金莲(2007)探讨了以蒙古语为母语的学生在学习汉语离合词过程中的偏误,并提出了教学对策。

少数民族学生汉语习得跟留学生汉语习得有一致的地方,也有许多特殊性。目前对少数民族学生习得汉语尤其是对少数民族学生习得离合词的研究还不太广泛和充分,相信在这方面的研究还有很大空间。

2.3 中文信息处理实践

随着计算机技术的进步,中文信息处理不断深入。在计算机自动分词、统计、识别、翻译等方面,离合词问题成了一个难题。因此,克服这一难题,成了人们首当其冲的任务。近年来人们在中文信息处理——离合词处理方面展开了热烈的讨论。如黄昌宁(1997)、王海峰等(1999)、傅爱平(1999)、王春霞(2001)、余笑寒(2004)等都有专文论述。

2.4 前人研究的成就和存在的问题

2.4.1 取得的成就

半个多世纪以来,前贤们为探讨离合词问题,付出了巨大的努力,在一些领域进行了大胆的尝试,积累了大量的研究经验,取得了许多积极的进展,体现在如下几个方面。

2.4.1.1 对离合词的一些特点有了较为明确的认识

多年来人们从各个角度对离合词进行探讨,在一些方面达成或基本达成了共识。比如尽管离合词可插入其他成分,但其本身的意义不变;结构上,"宾不离动"、"动不离宾";离合词的离析是一种有限的扩展等。

2.4.1.2 研究视野不断扩大

近些年来,离合词研究的关注点由离合词本身的性质、类型等内在规定性逐渐扩大到离合词的语用功能(丁勇 2002,华玉山 2004 等)、篇章功能、社会功能领域等外部影响因素(王铁利 2001);由对离合词现象的一般描写上升到理论探讨(周上之 2006);由离合词是词还是语的争论逐渐转移到离合词在实践领域(对外汉语教学、中文信息处理等)中的运用。

2.4.1.3 理论方法的转变

近些年来人们开始尝试用不同的理论和方法研究和探讨离合词问题。

理论上,有人尝试用范畴理论解释离合词的地位,如周上之(2001)、任凤琴(2005)等;有人用功能主义理论去研究离合词的功能,如王铁利(2001)等;有人用"语法化"理论研究离合词的形成,如李宗江(2006);有人用"字本位"理论研究离合词语义,如黄晓琴(2003)、周上之(2006)等;有人用配价理论对离合词进行分析描写,如饶勤(2001)、华莎(2004)等;也有人用韵律句法理论揭示离合词的性质、来源,如冯胜利(2001)、崔四行(2008)等。

方法上,由就几个离合词为例的单一的定性研究逐渐趋向方法的多元化。重视实际语料,以大型语料库为基础进行全面定量研究,如王春霞(2001)、王铁利(2001)、任海波等(2005)等;采用蕴涵量表排序和类聚分析等研究方法进行离合词研究尝试,如孙书姿(2004);尝试运用排列组合的方法,建构现代汉语双音节动宾式离合词用法的离合槽系统,探索进入不同离合槽的离合词的特点及规律,如李春玲(2008)。

2.4.1.4 专门研究离合词问题的论文和专著不断增多

近些年来,研究离合词的文章不断增多,专门研究离合词的硕士、博士论文和专著也不断涌现。就我们见到的公开资料来看,从 20 世纪 80 年代到现在,专门研究或主要涉及研究离合词的论著达 110 余篇(部),特别是进入 21 世纪以来研究离合词的论著数量呈明显上升趋势,而且研究也不断向纵深发展。仅就近 10 年的研究情况来看,专门研究离合词的硕士论文就有 20 余篇,博士论文也有数篇,充分说明离合词问题越来越受到广泛关注。有关离合词研究发展情况,请参看下图(竖轴单位为"篇/部"):

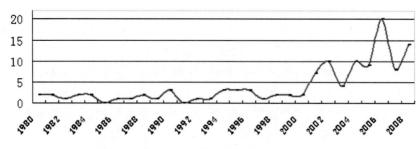

图 1　80 年代以来离合词研究论著数量示意图

据中国知网中国学术文献网络出版总库统计,一百余篇(部)论著中,1980 年以后的论著有十几篇(部)被引用率最高,请看下表:

表 1　80 年代以来发表的离合词研究论著被引用频次一览表

位次	论著	被引用频次
1	饶勤(1997)《离合词的结构特点和语用分析——兼论中高级对外汉语离合词的教学》	38
2	王海峰(2002)《现代汉语离合词离析动因刍议》	28
3	段业辉(1994)《论离合词》	24
4	王素梅(1999)《论双音节离合词的结构、扩展及用法》	22
5	吴道勤、李忠初(2001)《"离合词"的语法性质及其界定原则》	17
6	吴登堂(1996)《离合词探析》	16
7	冯胜利(2001)《论汉语"词"的多维性》	16
8	聂仁忠、王德山(1994)《浅议离合词》	15
9	刘顺(1999)《论现代汉语的"离合"》	15
10	李炳生(1996)《词汇教学中应注意的一类词——离合词》	15

续表

11	丁勇(2002)《汉语动宾型离合词的语用分析》	14
12	曹保平、冯桂华(2003)《"离合词"的构成及离合规律》	14
13	梁施华(2000)《离合词的价值及处理方式——兼评词类研究的方法》	11
14	周上之(2001)《离合词是不是词》	11
15	谢耀基(2001)《词和短语的离合问题》	11

说明:以上数据截止到 2009 年 1 月 25 日。

饶勤(1997)对离合词的扩展方式、语法特点、语用等作了较为深入的分析并归纳了一些离合规律,加深了我们对离合词的认识。

王海峰(2002)是我们所见到的第一篇专门研究离合词离析动因的文章。该文从汉语单位的结构特点出发,着眼言谈交际的角度,结合语言范畴连续统等理论观点,深入挖掘了离合词离析现象产生的根源。

博士论文中,黄晓琴(2003)以《离合字组的语义研究》为题,运用"字本位"的理论和方法探讨了离合字组用法的规律和控制这些规律的语义范畴和语义关系。林美淑(2005)的《对韩汉语教学离合词研究》则侧重通过语言对比来探讨留学生离合词教学规律。此外还有李春玲(2008)的《现代汉语动宾式离合词及其离合槽研究》等。

周上之多年探讨和研究离合词问题,2006 年出版了专著《汉语离合词研究——汉语语素、词、短语的特殊性》,这是我们目前看到的第一部专门研究离合词的专著。该书运用"字本位"理论,通过离合词现象探讨了汉语语言单位的特点。

2.4.2 存在的问题及引发的思考

半个多世纪以来,尽管离合词研究取得了令人瞩目的成就,但一些问题仍然值得我们认真思考。

2.4.2.1 演绎还是归纳——离合词研究应树立整体意识

离合词是一个内部复杂的群体,数量大,在可分离度和可插入成分等方面不存在统一的规律(吕文华 1994)。多年的研究实践证明,对离合词问题的探讨有较大的难度。正因为离合词数量大,内部形式不统一,这就更要求我们一定要采取正确的途径全面把握离合词,从整体上看待离合词,这样才能抓住离合词问题的实质,解决离合词问题,而不至于挂一漏万。

有的研究仅用几个例子去简单演绎,最后得出的结论常常难以经得住检验。周上之(2006)也认识到了这一问题,他指出:"早期的研究者,往往根据手中几个有限的例子来做理论的基点,观察的视点和得出的结论都有很大的局限性。此外,几十年来,离合词争论不休的一个重要缺陷就是,分歧各方在提出自己的观点和反驳别人的观点时,总是印证那些符合自己看法的例子,即使对同样的离合词例子也仅仅从自己一方的观点出发去看待分析,还没有人把离合词作为一个具有类特征的整体去看待过。所以,虽然理论研究有几十年的历史了,但是被称之为离合词的这类词语总体上的情况如何,我们茫然不知,也没有人把离合词放在现代汉语中作为一个整体来研究过。"周上之的体会值得我们认真借鉴。

我们并不排斥演绎法,但演绎一定要在充分归纳语言事实的基础上进行。我们认为,真实的语言材料可以帮助我们探求离合词的规律。要客观把握离合词的实质,就一定要避免主观性,应尽可能多地占有实际语料。

2.4.2.2 定性研究还是定量研究——离合词研究要更新观念

虽然离合词研究取得了许多进展,但综观以往的研究,还是以凭感觉进行定性研究为主。我们认为,定性研究非常重要,但是定性研究一定要以量化的事实为基础,否则就会产生以偏概全、定性不当的后果。Kroeber(1955)认为:"任何学科从表面现象的观察到内在规律的发掘过程中,量化的重要性将越来越突出。"对于内部相当复杂的离合词来说更是这样。王力(1936)指出:"要从客观材料中概括出语言的结构规律,而不是从某些先验语法规则中审查汉语。"此前的一些离合词研究在某些问题上僵持不下,很大程度上归咎于我们没有将语言事实细化和量化。

这种状况也影响了教学实践。赵金铭(1984)指出:"哪些 DM(指动名结构——引者注)中间可插入其他成分,哪些不能,教者难教(或根本不教),学者不易掌握,无规可循。"此外,即使我们知道哪些离合词中间可以插入其他成分,但这些离合词到底有多少离析方式?不同的离合词,其离析方式是否相同?似乎没有一个确切的依据。所以定量统计分析这样的基础工作不做,我们的研究和教学工作就难以顺利进行。

在目前情况下,我们应该以大型语料库为基础进行考察统计整理,摸清离合词的家底。这样不仅对离合词的理论研究而且对对外汉语教学实践也是当务之急。人们早就呼吁:"目前应该在前人研究的基础上,集中部分人力,采取一些先进科学的统计手段,对离合词的所有扩展形式及其出现环境进行全方位的考察,然后加以分化归类,以为大纲和教材编写中的离合词处理提供充足的理论依据。"(任雪梅 1999)

当然,在过去的条件下,尤其是在没有大型语料库建设的情形下,前贤是难以进行定量研究的,在这一点上我们不能苛求。

值得庆幸的是,目前有的人已经注意到了定量研究的重要性,开始从大量的语料入手考察离合词,如王铁利(2001)、任海波等(2005)等。

也有人大胆尝试新的方法进行离合词研究,如孙书姿(2004)从多元发展模式言语加工策略的角度对留学生离合词形式的习得进行考察,采用蕴涵量表排序和类聚分析等研究方法对离合词的习得过程进行研究,描绘出留学生离合词习得的真实轨迹,并对其内在的加工策略进行了考察与分析。

我们认为,离合词问题研究要取得突破,必须打破传统的套路,更新观念,大胆尝试。

2.4.2.3 刚性还是柔性——离合词研究要遵循语言实际

纵观以往的离合词探讨,许多都集中于离合词到底是词还是词组,以及离合词鉴定的标准等争论上,许多问题到目前仍在争论中。

就汉语实际来讲,汉语的词具有独特之处。正如吕叔湘(1979)指出:"由于汉语缺少发达的形态,许多语法现象就是渐变而不是顿变,在语法分析上就容易遇到各种'中间状态',划分起来都难于处理为'一刀切',这是客观事实,无法排除,也不必掩盖。"吕文华(1999)也认为,"以往在语法分析中常常强调'非此即彼','不是词就是词组'。这对形态发达、标志明显的语言当然适用,而对汉语这样形态不明显的语言就常常难以贯彻。"

原型范畴观认为范畴是非离散的。实体处在一个连续体上,范畴的边界是模糊的、不固定的,同一范畴内的成员有典型和非典型之分。语法单位作为一种重要的语法范畴,它们之间也呈现出非离散的状态,相邻的两级单位之间没有截然的分界。连续统的观点要求我们在区分语言单位时,不能一刀切。

对词和词组来讲也是这样,词和词组之间存在着连续统。董秀芳(2002)认为,"从句法到词法是一个渐变的过程,短语与复合词构成一个连续统,因而这两个范畴之间的边界是模糊的。在复合词范畴中,有些成员已经彻底词化,不再有短语的特性,这是最典型的成员;而更为大量的形式是处于变化过程之中的,既带有短语的某些特征,又带有词的某些属性。其中有些成员已经具有了很多词的性质,只残存了部分短语的特征,这是比较典型的成员;还有一些成员则只具有部分词的特征,还保留了大部分的短语属性,这是不太典型的成员。这就是说复合词内部成分之间的地位是不平等的,有着词化程度的级差。"实际上,汉语如此,其他语言也存在这种情况(黄月圆 1995),只不过汉语这种现象比较突出而已。

梁驰华(2000)对以前的研究作了深刻的反思:"我们以往的词类研究甚至语法其他方面的研究,由于方法论的缘故,总想极力寻求非此即彼、泾渭分明的模态。其实这只能说是一种理想的把现实简单化的理想。正因为如此,我们陷入了作茧自缚、自寻烦恼的泥坑。"这方面史有为(1988)的一个深刻体会也值得我们深思:"拙作《划分词的普遍性和系统性原则》过于纠缠从形式逻辑的角度划分词,因而在所提出的一些辅助原则上也就带上形式逻辑或刚性的色彩,不能完全概括语言现象。汉语的语法单位可能应该从另外一个角度去观察、分析,比如说应该从模糊的、连续的角度去观察和分析。"

多年来人们想出的划定词和词组的界限的办法越来越多,如有的人用的区分手段多达十几种(周上之 2006),因此有人对以往的鉴定方法进行了深刻的批判(沈怀兴 2002),黄晓琴(2003)指出,扩展法不能解决词的界定;含有黏着语素也不能界定"词"的界限,因为自由语素和黏着语素、半语素之间也没有一个明确的界限;动宾颠倒次序也不能区分词和词组;按照判断词的意义"整体性原则"以及按照离合词的组成成分经常一起出现的特点去区分也无济于事。徐通锵(2001)的观点一针见血:"陆志韦的同形替代法、扩展法无法有效地解决这个问题,其他学者也提不出更好的方法。"

我们认为问题的关键是,事物之间本来就存在着一定的相关性和连续性,我们很难将一些相关事物截然分开,这是客观世界存在的规律。

现代语言学认为:昨天的章法就是今天的句法,昨天的句法就是今天的词法。我们认为在离合词问题上,打通句法与词法的界限未尝不是一种大胆的尝试。

2.4.2.4　内因与外因、静态与动态——离合词研究应开阔视野

正如上文所言,以往对离合词现象的探讨,很多仍然只着眼于词与非词的区分定性、离合词的结构、扩展形式等方面。这些方面的探讨,尤其是对离合词扩展方式的探讨,从某种意义上来讲,有一定的必要性。总的

来看,人们大多将眼界局限于语言静态的内部因素,而对影响语言的外部因素关注不够。比如为什么会产生离合词离析现象?影响离合词离析的外在因素是什么?离合词离析形式的语言功能是什么?这些问题虽有人探讨,但为数不多。

语言有其内部严密的组织构造和规律,探讨语言的内在规律是必需的。但是,语言是社会的产物,语言是人类的主要交际工具。语言的产生和发展以及内部规律受人类社会等外部因素的影响和制约,这是不争的事实。许嘉璐(2002)指出:"过去的语法研究和教学对内部的意义因素和外部环境因素很少顾及……这就是语言研究与教学越来越离语言实际远的原因之一,以至于现在的现代汉语语法研究,……已经走入了死胡同。"

离合词是一种语用现象(见后文分析),因此离合词研究还要注重动态研究。语法的"浮现观"认为语法是在语言的动态使用过程中出现的一些经常性的用法,这些用法是通过量变到质变的过程产生或"浮现"出来的。交际中我们所使用的"词"、"短语"等语言单位,与其看成是固定的状态,不如看成是动态的过程;语法处于变化之中,一些结构单位看起来稳定不变,实际上它们只是语言在不停地进行系统重组过程中的一个相对静止点而已。

进行语言研究要开阔视野,不仅要考虑语言现象的内部机制,而且要探讨语言外部因素的作用;不仅要静态观察还要动态跟踪。这样才能全面客观地把握和发掘活生生的语言事实。

2.4.2.5 语料与语感,客观还是主观——基于语料库编纂离合词学习词典的当务之急

北京师范大学出版社出版的《现代汉语离合词用法词典》(杨庆蕙1995),为人们研究和学习离合词提供了方便。但是,目前还没有见到基于客观语料组织编写并用于语言学习的离合词学习词典。

目前,词典编纂中存在的突出问题是,一些学习词典的编纂者仅凭语感去自造用例,结果给出的一些解释和用法往往有悖于语言事实。如《现代汉语离合词用法词典》对"把关"解释的第 3 条:"'关'提前到'把'前:你一定要把关把好。"我们搜索了 CCL、国家语委等大型语料库均未发现"把关把好"及类似例句,说明这种句子在现实生活中是极其罕见的(虽然在语感上可能存在)。将这样的例句优先编入学习词典供学习者模仿,是不合适的。

随着语料库的不断建设,人们越来越意识到语料库在词典编纂中的

重要性。Halliday(2004)指出,语料库最主要的优点是语料的真实性,真实的自然的语料之所以重要,是因为理想中的语言与实际运用中的语言是不完全相同的,本族语者的直觉并不总是准确的。

20世纪90年代末,根据语料库语言学的最新成果编写的英语语法专著相继问世。道格拉斯·拜伯(Douglas Biber)等编著了《朗文英语口语与笔语语法》(1999),这本语法书依据语料库,通过对各种语法现象的分布进行全面而可靠的统计,得出哪些是常见的语法现象,哪些是一般现象,哪些是特殊现象。该书全面、客观、科学、实用。

"对词典学来说,应用语料库是一种科学的方法,它的使用可以对语言使用进行客观的描述。"(Bejiont 2002)胡明扬(2006)指出词典编纂应该"不凭个人主观认定而从大规模的实际用例出来来编写释义和选择用例"。

"自造用例的做法受到了许多学者的批评,主要的原因是,这违背了Fox所倡导的真实性原则。自造用例通常有的具体弊端是:其一,为了说明某个义项而造句会有斧凿或拼凑的痕迹;其二,由于编纂人员的知识面所限,所造例句会倾向其本人熟悉的科学领域,有过偏之嫌。"(李德俊 2006)因此,有学者曾经呼吁:"如果对外汉语教学专用的汉语词典能够以大型的汉语语料库为基础,那么,这样的词典必将更加具有统计学的定量依据,对词语意义和用法的描述也会更加客观全面,其科学性和权威性也就更强,对教学与研究也就更具有参考价值。"(卢伟 1999)

离合词是一种特殊而复杂的语言现象,每个离合词的离析方式都不一样,(见后文分析)只凭语感而不借助客观语言事实去编纂离合词词典,恐怕难以全面概括离合词的特征而使学习者满意。因此,在当前国际汉语推广的大背景下,基于语料库编写离合词学习词典是我们目前词典编纂工作的一个当务之急。

3 选题的意义和考察范围

3.1 选题的意义

在现代汉语中,离合词是一个比较庞大的群体,有人认为离合词的数量"简直无法列举净尽,可以说属于开放性的一类词语"(喻芳葵 1989)。"随社会发展,新词语不断创造,新的'离合词'还会不断产生。"(黄晓琴 2003)杨庆蕙《现代汉语离合词用法词典》(1995)就收录了四千多条;《汉语水平词汇与汉字等级大纲》(1992)中的离合词也有数百条。可见,离合词在汉语中占有相当大的比例。

现代汉语离合词"是现代汉语领域中长期研究的重要问题之一"(陆志韦 1957),自 20 世纪上半叶人们就致力于探讨和解决离合词问题。几十年来,一些研究似乎还是在离合词的定性、命名、鉴定等几个问题上徘徊,整体上进展不大。于是有人慨叹:"耗费了多少中国现代汉语语法研究者宝贵时光的离合词问题,渐渐成为一个'老大难'问题,延续半个多世纪,久攻不下。"(周上之 2006)

多年来人们侧重于从离合词的内部规定性研究离合词,但离合词有多少种离析方式?离合词与离合词的离析形式是否相同?很少有人能够回答清楚。此外,人们研究离合词时较少从影响离合词的外部因素着眼。比如,语言中为什么出现离合词现象?影响离合词离析规律的外部因素是什么?离合词离析现象的语言功能是什么?这些都是离合词研究的薄弱点。这些问题的探讨,不仅可以弥补离合词研究的不足,而且有助于我们更加全面深刻地了解汉语规律,推动汉语研究向纵深领域发展。

就汉语教学而言,离合词问题也成了一个有待克服的现实难题。近二十年来对外汉语教学事业迅猛发展,离合词问题又成了教学的难点和探讨的热点。离合词可分可合,外国人感到变化莫测,中国人也很少有人能够说清。"对外国人来讲,这些词和普通的复合词有什么区别?什么时候分开使用?什么时候合起来使用?十分困难,教师也讲不清规律,在教学中也难以举一反三。"所以离合词使用偏误是"外国留学生运用汉语的一大通病","无论来自哪个国家、无论母语为何种语言的留学生,在汉语运用中都存在这类问题。"(杨庆蕙 1995)"在对外汉语界,离合词也是一个令人头疼的实际问题。"(周上之 2006)因此,在解决离合词教学实际问题上具有很强的实践意义。

理论和实践是相辅相成的,一切理论都要放在实践中去检验。"汉语理论研究水平的高低、结论的正确与否会直接影响到汉语教学的实践活动。"(任雪梅 1999)因此,"深入探讨'离合词'不仅具有理论意义,还有实践意义。""总的来看,这是个有待深入探讨的领域。"(卢福波 1992)

3.2 考察范围及方法

3.2.1 考察范围的确定

对《汉语水平词汇与汉字等级大纲》(国家汉办 1992)中的离合词进行考察,摸清离合词家族的底细,进行深入地研究。

以《汉语水平词汇与汉字等级大纲》(以下简称《大纲》)的离合词为基础进行考察的理由是:

1)由于离合词问题不仅是理论问题,更是实践问题。我们的思路是在理论探讨的基础上,以满足对外汉语教学的实际需要为目标。

2)《大纲》中的词汇是在严格尊重汉语实际的基础上,经过充分统计考察筛选出来的,是代表现代汉语交际需要的词汇,这些词汇基本反映了现代汉语的语言面貌。它"吸收了当时国内汉语词汇计量研究的最新成果,……该大纲对汉语水平考试和对外汉语教学起到了极大的促进作用,无论是对教学大纲的制定和教材的编写,还是对语言本体的研究,都产生了巨大的影响,是当前所有的汉语词表中比较权威的一种,尤其是在对外汉语教学领域内可以说一直为使用者奉为圭臬"。(姜德梧 2004)

《大纲》中的离合词在交际中使用频率高,"频率最高的那些词用途广泛,并且它们的用法覆盖了主要的语法点。"(Sinclair J. M & Renouf 1988)因此,《大纲》中的离合词在离合词群体中具有典型性,以这些离合词为基础进行研究,可以基本解决离合词问题。退一步保守地讲,解决了这些离合词问题至少能够满足对外汉语教学实践的需要。

3)《大纲》还存在一些不足,比如一些词已经过时(如万元户、专政等),此外收词标准、词性标注、一词多义、轻声儿化等问题的处理还存在一些瑕疵(姜德梧 2004)。不过这些瑕疵基本上跟离合词的范围没有关系,即便将来对《大纲》进行修改也不会对离合词的收取范围做太大调整,因为离合词尤其是典型离合词,如"帮忙"、"睡觉"、"洗澡"等都是日常交际的高频词,是汉语的基础词汇。

4)离合词群体是一个开放的群体(黄晓琴 2003),我们不可能也没有能力将现代汉语中每一个离合词列入考察范围。就目前来看,选取适合实际需要的领域进行研究是语言研究的通行做法。

3.2.2 研究的重点

关于离合词的类型,不同的人有不同的看法(见前文)。我们通过考察《大纲》,发现离合词主要集中于述宾和述补两种类型上,因此我们的研究从这两种类型入手。由于述宾结构离合词占绝大多数,又因为述补结构插入形式有限,其严格上来讲更接近短语(见后文分析),所以本书的研究主要集中于述宾结构离合词的研究上,有时出于特别的需要也兼顾其他类型。

本书的考察不包括下列现象:

1)非双音节结构可离析的结构体,如走后门、戴高帽、闹情绪、吃闭门羹等。

2)名词性的可离析双音节结构,如老人、挂图等。

3.2.3 语料来源和考察方法

在离合词规律探讨方面,本书主要利用北京大学汉语语言学研究中心语料库(CCL 语料库,约 1.15 亿字)[①]对认定的离析双音节结构按照检索方法,逐条进行检索,得到每个离合词的所有离析形式句,然后进行归类总结,同时适当参考国家语委语料库(2000 多万字)进行对比分析,获得第一手真实信息,在此基础上进行理论和实践研究。这部分论述例证主要来自 CCL 语料库,部分章节(第十章)采用了电视剧本《渴望》的语料。

在离合词教学探讨方面,主要利用北京语言大学中介语语料库(约 400 多万字)检索离合词语料,分析留学生的习得偏误,探讨教学规律。

4 理论背景和研究取向

4.1 运用功能主义的理论和方法[②],着重于从影响离合词离析现象的外部机制入手探讨离合词的规律

语法研究可以有不同的角度,人们可以从语言的内部机制入手,探讨

---

① 本研究主要使用 CCL 语料库现代汉语部分,具体说明见第二章。
② 本章节所述及的功能主义的理论和方法,主要参考张伯江(2005),恕不一一注明。

语言内部各结构单位之间的关系,语言结构单位的分布及制约关系,不同语言结构单位同其反映的不同逻辑语义之间的关系等等。人们也可以从语言的外部机制入手探讨语言的生态环境,即语言的交际功能,服务于人们日常交际和互动的功能,以及它所负载的全部的认知属性、社会属性和生理属性。

前者是形式主义——结构主义、转换生成语法(TG)以及目前尚在流行的管约语法(GB)的研究取向。形式主义学派认为语言是人的天赋,语言是一个封闭的系统,这个系统是由结构原则控制的,自身具有一致性和简明性,这一学派不考虑语言外部机制对语言结构的影响。

后者是功能主义的研究取向。功能主义认为,语言是社会的产物,语言是人类交际的主要工具,语言及语言内部结构的产生和发展不可能脱离社会因素的影响,因此试图摆脱语言外部因素去单独研究语言只能是南辕北辙。

功能主义将语言看成一个开放的系统,认为语言的内部远非完美的组织,我们在交际中所触及的那些组织形式,实际上都是产生于语言的生态环境中。言谈交际是制约语法现象的首要因素,对功能主义者来讲,不仅要充分描写语言结构现象,更重要的是要考虑产生这些现象的交际环境、交际参与者(听话人、说话人)等因素。张伯江(2005)认为:"功能语法学者的工作就是在语言的这种生态环境中,试图讲清形式和功能之间的关系,揭示出功能影响语法结构这一现象的本质,换句话说就是从语言系统的外部寻求对语言现象的解释。""功能语法考虑的所有问题,可以用一句话概括,那就是'语法何以如此(how grammars come to be the way they are)'的问题。"

我们认为,既然我们承认语言是社会的产物,是交际工具,就不能置语言的外部影响因素于不顾。只研究语言内部系统其然,而不研究影响语言内部系统运作的外部所以然,我们的语言研究是不完整的。"句法结构的构成很大程度上决定于信息传递功能的需要,对句法形式的理解应该通过对语境和功能的分析来求得解释。"(刘安春 2003)

我们基本赞同功能主义的观点,认为在离合词研究中从影响离合词现象的外部因素入手探讨离合词的规律具有可行性。

以上是本书总的理论背景和研究取向,在研究中我们汲取了功能主义的一些适用的理论和方法。

4.2 以交际功能为核心

交际动因影响语法结构,语言是为满足交际的需要而产生的,语言不是自足的,因此研究语言不仅要重视语言发生的言谈语境(linguistic context),同时也要重视言谈环境(extra-linguistic context)。语言形式的选择不是一个单向的表达过程,更是一个交际参与者相互制约的互动过程。因为说话人在说话时总要受到外界因素的影响和制约,要考虑周围的环境因素,考虑对方的信息接收、辨识能力和记忆限度等等。"语法是在实际运用中由认知方式、社会需求和话语交互作用等因素的促动下形成的。"因此,语言研究就应该充分考虑这些因素,"一旦考虑了这些因素,说话的时候词语和句法都要做什么样的选择或调整?这是很值得关心的事情。"(张伯江 2005)

4.3 "用法先于语法"的动态语法观

"用法先于语法"的观点是由功能语法的代表人物 P. Hopper 提出的。他在 1987 年和 1998 年都以《浮现语法》(*Emergent Grammar*)为题阐述了自己的动态语法观。他明确区分了"语法先于用法"和"用法先于语法"两种观点。他认为前者把语法看成一个固定的共时系统,是"先验存在的语法"(a priori grammar);后者与之对立,认为:1)语法产生于实际运用,语法乃语用之法。语法形式不是一套固定的模式(template),而是在面对面的交际中形成的。所谓结构(规则)是在不断变动的过程之中,从话语中"浮现"(emergent)出来,由话语塑造成型的;2)语法总处于变动的过程之中,语法具有非稳定性。在这个变动过程中语法是开放的,无止境的。

"浮现"是跟"(个体)发生(ontogenesis)"相对立的。"(个体)发生"是一个生物学上的概念,是指单细胞发育成完整的个体,成长直至死亡的过程,它注重系统内在的自发性;而语法的"浮现观"则认为语法是在语言的动态使用过程中出现的一些经常性的用法,这些用法是通过量变到质变的过程产生或"浮现"出来的。交际中我们所使用的"词"、"短语"等语言单位,与其看成是固定的状态,不如看成是动态的过程;语法处于变化之中,一些结构单位看起来稳定不变,实际上它们只是语言在不停地进行系统重组过程中的一个相对静止点而已。语言从来不是铁板一块,"语言是大量异质的'构式(construction)'的集合,每个构式都是跟其使用的语境密切相关的,且总是根据实际的使用来调整和改造着自己的形式。"(张伯江 2005)

就离合词研究而言,"离合形式能否扩展,除了作'静态'的分析外,还要联系到'动态'的应用情况里去。这也就是说,除了孤立地分析词和短语的离合外,还要把它们至少置于句子中分析。语言成分在一定的语境下,可以出现在语法、语义上视为特殊的用法。它们的离合形式可以就语法、语义归纳出来,但离合能力的强弱、插入成分的多少、使用频率的高低等等,便不完全由语法、语义支配。"(谢耀基 2001)

4.4 打破词法和句法的界限

构式语法(Construction Grammar)是基于认知语言学之上的理论体系,属于功能主义的一个流派。构式语法认为,构式是形式和功能的统一体。语法是一个构式的连续统,一端连接能产的构式,如述宾构式、双及物构式,另一端连接语素、词、习惯用语、标记性构式。构式语法考察的构式跨语言的各个层次,无论是词、习惯用语还是句型都是形式和功能的结合体。词汇和句法结构的本质是相同的,它们之间没有严格的界限,都是以某种形式表达了人类认知对现实的反映,那些过分强调语法单位之间的界限的做法是徒劳而没有意义的。

就汉语来讲,汉语的复合词主要从短语发展而来,昨天的句法就是今天的词法,词法和句法相通。我们认为在离合词问题上,打破词法和句法的界限,更为贴合汉语的实际。因此我们在离合词考察和研究中,注重离合词的功能研究,而不过分纠缠词与短语的划分等问题。

4.5 以真实语料为基础,以归纳法为主要研究手段

功能语法学家认为,语言表达形式的多样性源自交际中不同的功能需求,不同的需求之间的相互竞争塑造了语言的结构形式。因此,语法研究者应该特别强调研究对象的自然性,研究自然发生的语言材料(naturally occurring data)——真实的篇章和自然的言谈。(方梅 2005)

形式主义的研究取向主要是演绎法,因而形式主义主要靠直觉,靠内

省的方法获得语料。而功能主义的研究取向是归纳法,相信广阔的实际语料空间才是发现语法实质的地方,主张通过观察去得到大量的语言事实尤其是现实生活中的语言事实。"当语言的实际表现就摆在我们面前的时候,为什么不去观察而还要闭上眼睛去想象呢?"(张伯江 2005)

因此,真实的语言材料可以帮助我们探求离合词的发生规律。此外,正如前文指出的,离合词是一个内部复杂的群体,内部的一致性较差,如果靠演绎法去探讨恐怕难以摸清离合词的内部规律,几十年来的研究实践使我们深知这一点。我们相信,归纳法应该是解决离合词问题的好办法。

4.6 借助大型语料库,进行定量研究

"语法乃言者着力之码。"("grammars code best what speakers do most")(Du Bois 1987)研究语言成分的使用频率对探讨语法结构形成及发展的动因至关重要。"动态浮现"的观点认为语法不是一个固定的共时系统,语法结构是在话语力量驱动下不断做出的反应,所以语言使用的频率对语言形式的影响是值得特别关注的问题。

Haiman(1994)认为重复在语言的发展中起了很大的作用。重复可以使一个具体的行动从原始动机中解放(emancipate)出来,获得意义而变为符号;重复可以使语言的形式和意义弱化;重复可以使事物倾向于以组块(chunk)的形式出现。在动态的语法中,词汇和语法的界限被打破,语言的使用单位不再是单个的已经储存好的、具有可及性的语素或词:在多数情况下,记忆和信息处理的单位,是复合的语素或复合的词。

定量研究还有一个最大的好处,就是"统计数字能够向我们提供模糊的语感所不能提供的更细致、更准确的描述,更能让我们发现一些未能预料的现象"。(张正生 2005)

近些年来,在活的、现实使用中的语料中观察语法结构频率影响下的变化,是语法研究的一个热点。离合词大部分是语言中使用频率较高的词,相信我们借助于大型语料库对离合词进行定量研究,能够发现一些鲜为人知的现象,取得一定的进展。

4.7 严格区分语体

随着语言研究的不断深入,人们越来越深刻地认识到:不同的语体具有不同的语言特征,不同的语体里有不同的语法,语言研究必须区分不同的语体。

汉语研究中有不少针对同一问题而产生研究结果迥异的现象,这些有很多是跟语体的区分有关。比如著名的汉语是 SOV 语言还是 SVO 语言之争、汉语的易位句问题、形容词的主要功能是做定语还是做谓语之争等。

陶红印(1999)详细地阐述了语体在语言研究中的重要意义,他指出:"如果一部包罗万象的汉语语法在理论上是近乎不可能的,而我们又不能置语体差异这样的重要事实于不顾而假定我们的语法规则是有普遍意义的,一个自然的结论似乎是,语法研究必须以具体的语体为中心。也就是说,在任何条件下,以一个个具体语体为中心的语言现象,才有资格、才能带着一定程度的信心来描述汉语不同语体之间的共性有多少,差异有多大,才能更有效地回答涉及汉语全貌的重大语法理论问题。"因此,"以语体为核心的语法描写应该是我们今后语言研究的最基本的出发点。"

近年来在语体理论指导下,一些研究取得了斐然的成果。比如,陶红印(1999)从区分语体的研究理念出发,研究了"把"字句和"将"字句出现的环境,通过大量的统计证明"将"字句多出现于操作性的语体形式中,从而提高了人们对"将"字句的认识。此外还有张伯江和方梅(1996)、陶红印(2002)、方梅和宋贞花(2004)、刘街生等(2006)。

前贤们的深刻认识及做法对考察离合词离析现象具有很大的启发意义,我们认为研究离合词离析现象不能不考虑语体。

5 要解决的问题及相关说明

5.1 本书要解决的问题

1) 离合词及其离析形式种类及分布状况
2) 离合词及离析形式的语义功能
3) 离合词离析形式的篇章功能

4）离合词离析形式表达语言的主观性
5）离合词的语体分布特征
6）离合词离析的动因
7）离合词教学的理论与实践
8）语言的常态现象与异态现象

5.2 本书使用的相关术语说明

1）离析形式：
指离合词插入体标记、名词/代词、数量词等静态的表现形式。
2）离析方式：
侧重指离合词离析的方法。
3）离析结构：
侧重指离合词或其离析形式在语法、语义、篇章及语用上的表现形式。
4）离析构式：
指离合词离析形式 AXB 的意义具有整体性，即离析结构的意义不是其组成部分意义的简单加合。侧重于反映离合词及其离析形式的功能。

有的时候以上术语在行文时，含义有所交叉。

第二章 建立在大型语料库基础上的离合词离析情况统计

1 语料库的重要作用

1.1 语料库在语言研究和教学中的重要性

20世纪60年代初,世界上第一个机读语料库在美国布朗大学建成,此后大量的语料库陆续建成,如LOB语料库、LLC语料库、IEC语料库等。中国的语料库建设开始于20世纪80年代,近些年来取得了长足的发展。

随着语料库的不断建设,人们的语言学理念也因之不断更新。"现代语料库的巨大包容性及开发语料的种种手段的出现构成了深化我们对语言认识和理解的巨大基础。"(Halliday 1991)Sinclair(1991)在对比不同的语言事实时指出,真实的语言材料,即自然语言文本,是语言研究最可靠的依据。Leech(1993)认为,"从科学的方法角度,语料库是一种更为强有力的研究方法,因为其结果是可以验证的。"

语料库在语言教学中的优势越来越显著。在语言教学上,语料库产生了巨大的影响,Hunston(2002)认为语料库对语言教师的职业生涯有两大影响:一是语料库会导致对一种语言的新的描写,从而使教师对教什么的看法产生根本的改变;二是语料库本身能被用来开发新的教学材料,并为新的大纲设计、教学方法奠定基础。

语料库在语言研究尤其是语法研究方面的成就更为突出。当代语言学家Quirk等人基于"英语用法调查"语料库基础上编写了《当代英语语法》,这本书被公认为权威之作。后来,作者又在此基础上根据扩充了的语料编写了《当代英语语法大全》。这本巨著更有权威性,它发现了一些新的语法规律,补充或修订了一些原有的语法规则。20世纪90年代末,根据语料库语言学的最新成果编写的英语语法专著相继问世。道格拉斯·拜伯(Douglas Biber)等编著的《朗文英语口语与笔语语法》[①]值得借鉴。这本语法书所依据的语料库共有 377,244 个文本,计 4000 多万词。语料主要选自会话、小说、新闻、学术文章等四个语域。通过对各种语法现象的分布进行全面而可靠的统计,得出哪些是常见的语法现象,哪些是一般现象,哪些是特殊现象。

西方语言学家利用语料库进行语言研究的经验启示我们,通过对语料库进行大规模的语料调查,我们会发现一些习焉不察的语言规律。"有时以语料库的大量语料为基础进行的语言研究,更有可能使研究者发现原有对某些语法现象的解释与自然语言中的实际情况不符合,这就使得他们有机会去修正或补充前人的结论,促进语言科学的发展。"(卢伟 1999)

1.2 语料库在离合词教学与研究中的必要性

现代汉语离合词是当前汉语教学和研究的重点和难点,多年来人们对离合词的性质、用法、语法规律等各方面进行了许多有益的探索,但许多问题仍然没有达成共识。笔者认为最根本的原因是,在讨论离合词问题时忽视了语言的客观实际,过多地依赖语感,因而对一些问题众说纷纭,莫衷一是。

值得特别提出的是,我们至今并没有完全弄清离合词这个家族每个成员离析方式的"底细"。"说到离合词,一般的语法书都指出可以在离合词中插入'了、着、过',可以插入补语和定语。如果直接把这些规律搬到对外汉语教学中就显得线条太粗、太笼统。"(饶勤 1997)

饶勤的感觉是正确的,不同的离合词离析方式和各离析形式的出现频率并不完全相同。以离合词"毕业"为例:通过检索北大语料库(CCL 语料库),我们发现其离析成分只有"了"、"过"和补语"不了"三种,而且 60 条例句中,插入"了"的有 52 例,占 86.7%;插入"过"的 5 条,占 8.3%;插入补语"不了"的 3 条,仅占 5%,说明"了"是"毕业"的优势插入成分,客观语言事实中没有插入"着"、定语等情况。我们再看"当面",我们检索出 451 条离析例句,其中插入"着"的例句就有 427 条,占 94.7%;插入名

[①] Douglas Biber, et al. *Longman Grammar of Spoken and Written English*. Pearson Education Limited 1999.

词或代词的例句有 21 条,占 4.7%;插入"了"的例句只有 3 条,仅占 0.6%。说明不同的离合词离析方式尤其是优势离析形式并不一样。请看下表:

表 2 不同离合词离析形式及其出现频率对比表

	了	过	着	补语	名词/代词
毕业	86.7%	8.3%	—	5%	—
当面	0.6%	—	94.7%	—	4.7%

也有很多人认识到不同的离合词插入成分并不相同,但每个离合词中间到底能插入什么成分,常常凭个人语感,实际上离合词的离析形式远非我们想象的那样。

看一个例子,《现代汉语离合词用法词典》(杨庆蕙 1995)对"着急"用法的解释:

【离】1)"着"后带助词"了"、"过"等:为这事他可着了急了。/我也着过急。

2)"着"后带补语:她为女儿着了半天急,女儿可不领情。

3)"急"前带定语:你着什么急?

客观语言事实中"着急"离析情况如何呢?我们利用北大语料库进行搜索共得出"着急"有效离析形式句[①] 85 条,分析发现"着急"的离析情况跟上述说法不一致,请看:

1)"着"后带助词"了",37 条,占 43.5%。

(1) 看着老婆赌气不拿药,小林倒[着了急]。【文件名:\当代\文学\一地鸡毛.txt 文章标题:作者:】

2)"着急"插入代词"什么",30 条,占 35.3%。

(2) 这事[着什么急],登个记还不简单?【文件名:\当代\文学\王朔 c.txt 文章标题:人莫予毒 作者:王朔】

3)"着急"插入数量词,6 条,占 7.1%。

(3) 招弟不是我由娘家带来的,她是你们冠家的姑娘,你难道就不[着一点急]?【文件名:\现代\文学\四世同堂.TXT 文章标题:四世同堂 作者:

---

① 有效离析句(例句)的界定见后文。

老舍】

　　（4）老爹后来说,他不过是想和王仙客开个玩笑,让他［着一会儿急］。【文件名:\当代\文学\王晓波.txt 文章标题:寻找无双　作者:王小波】

　　4)"着急"插入其他代词,4条,占4.7%。

　　（5）孔太平说自己心中有数,让他别［着这个急］。【文件名:\当代\作家文摘\1996\1996A.TXT 文章标题:分享艰难(连载之二)　作者:刘醒龙】

　　5)"着急"插入形容词,3条,占3.5%。

　　（6）他说,要是他姐或是姐夫病了,这孩子也许不会［着这么大的急］。【文件名:\当代\文学\比如女人.txt 文章标题:作者:】

　　6)"着"后带助词"过",2条,占2.4%。

　　（7）就为了四先生的睡懒觉,四奶奶可是［着过急］的,睡懒觉,那是要误事的,什么差事也不能作了。【文件名:\当代\作家文摘\1995\1995B.文章标题:婢女春红(连载之五)　作者:林希】

　　7)"着急"插入补语"起来",2条,占2.4%。

　　（8）乘客和司机都［着起急］来……【文件名:\现代\文学\散文1.TXT 文章标题:半篇莫干山游记　作者:丰子恺】

　　8)"急"提前,1条,占1.1%。

　　（9）李:对,这下消费者没［急着］了。【文件名:\当代\文学\编辑部的故事.文章标题:编辑部的故事;甜蜜的腐蚀　作者:】

　　当然,语料库中出现的用法,未必完全跟现实生活中的用法一致,但大型语料库毕竟比我们的语感更为客观全面。我们可以利用大型语料库为研究和教学提供科学依据,比如,语言现象的分布和频率等信息可以使我们科学地确定哪些是研究和教学的重点和难点,以使我们的工作更为准确和高效。Halliday（2004)指出,语料库最主要的优点是语料的真实性,真实的自然的语料之所以重要,是因为理想中的语言与实际运用中的语言是不完全相同的,本族语者的直觉并不总是准确的。

　　由此看来,解决现代汉语离合词的教学与研究的难题首先要从摸清离合词的"底细"做起,而这个工作仅凭语感是不准确的,必须借助于大型的语料库。

2 利用语料库考察离合词的基本步骤及方法

2.1 选定语料库

本章考察统计主要使用北京大学汉语语言学研究中心语料库(简称CCL语料库)网络版现代汉语部分①,该部分共有157个文件,23个文件夹,229,700,435字节,约1.15亿字。CCL语料库在国内是一个比较成熟的语料库,容量大,检索方便;语料分布平衡,涉及新闻、文学、口语、戏剧、应用文、词典、翻译作品等②。

2.2 圈定考察范围

2.2.1 依据《大纲》结合《现代汉语词典》(第5版)

《大纲》对离合词的处理方法是"对于所谓的'离合词',一律算'离',不标注词性,如'建交'、'打倒'、'推翻'"。可见不标词性是《大纲》对离合词的一种标注方式③。《现代汉语词典》对离合词的标注方法是拼音中加"//",如:洗澡 xǐ//zǎo。

如果某词在《大纲》未标注词性又在《现代汉语词典》词汇的拼音中加"//"的,为《大纲》和《现代汉语词典》一致认定的离合词,我们将这些词纳入考察范围。如:洗澡、睡觉、吃亏、跳舞等。

但二者有不一致的地方,比如某词在《现代汉语词典》注音上加"//",但是《大纲》加注了词性。也就是说,《现代汉语词典》认定某词在为离合词,而《大纲》没有认定其为离合词。如:编号、登记、定价、考试、留神、留心、留意、冒险、拍照、请愿、送行、随便、随意、谈天、同学、致词、致电、抓紧。

也有《现代汉语词典》未加"//",但《大纲》未标词性的述宾、述补等双音节结构,即《大纲》认定其为离合词,但《现代汉语词典》并未将其视为离

---

① 有些方面的研究也使用 CCL 语料库的古汉语部分和其他语料库,如国家语委语料库等;但主要考察数据来自和依据 CCL 语料库现代汉语部分。
② 具体数据请见本书附录一。
③ 《大纲》对一些常用结构也不标注词性。我们的做法是,为保证考察全面,先将可离析双音节结构选入,甄别整理工作待后进行。

合词。如：定点、结果、据说、据悉、廉政、听说、与会、越冬。

还有《大纲》列为词条并未加词性(即《大纲》认定为离合词)，但《现代汉语词典》中无此词条的，如：敬酒、吸烟(抽烟)、饮水、有害、做工。

我们的做法是，只要二者有一者认定为离合词，我们就纳入考察范围。

2.2.2 尽量全面考察

还有一些《现代汉语词典》跟《大纲》都没有认定为离合词的双音节结构，我们语感上认为这些可能产生离析，如：报销、出境、登记、告别、集资、及格、慷慨、幽默、有意、有名、致敬、注册、注意等，我们也将其纳入考察范围。

以上做法主要是为了尽量取其最大值，全面考察离合词。通过以上甄别，我们确定了《汉语水平词汇与汉字等级大纲》(1992)中的392个述宾[1]、述补等双音节结构(见本书附录二)作为考察对象。

2.3 考察统计分析

我们通过CCL大型语料库对《大纲》中的离合词逐个进行检索，然后进行鉴别、整理、分析和研究，以期摸清离合词家族的底细，为对外汉语教学与研究服务。

3 离合词及其离析形式考察统计结果及分析

3.1 可离析双音节结构考察统计分析

我们通过CCL语料库对392个可离析双音节结构逐个检索，共得出34,441个可离析双音节结构的有效离析例句。对每个双音节结构的离析情况进行比对分析，我们发现每个可离析双音节结构离析形式出现的数量差异较大，最多的出现1700多例，还有很多则一例也没有出现。

---

[1] 我们对述宾结构并不严格界定，比如：洗澡、睡觉、帮忙、游泳、据说、吃惊等，我们均视为述宾结构。在此问题上，已有前贤从理论和实践上尝试。吕冀平、戴昭铭(1985)认为，"'洗澡'从前是并列关系，现在早已变为动宾关系。近年来'考试'、'游泳'等也似乎有这种趋势……我们如果承认'洗澡'是动宾关系，那么对'游泳'大概就得一视同仁，因为现在它们已经非常接近。"陈建民《汉语口语》(1984，北京出版社)也将"洗澡"等列为动宾式(述宾式)。

请看下表：

表3　可离析双音节结构离析形式数量分布表

例数 数值	1000例 以上	999— 500例	499— 100例	99— 10例	9—1例	0例
数量（共392个）	7	9	54	162	115	45
比率 （100%）	1.8%	2.3%	13.8%	41.3%	29.3%	11.5%

为了更加直观，请看下图：

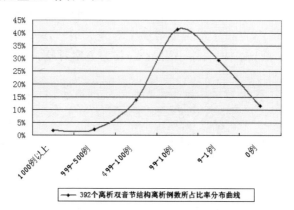

图2　可离析双音节结构离析例数分布图

统计发现，未出现离析情况的双音节结构有45个：

打败、播音、裁军、成交、出席、定点、犯浑、会客、建交、节能、结业、进口、救灾、据悉、抗战、旷课、廉政、留念、漏税、卖国、命名、命题、签证、乔装、请愿、缺席、入境、入口、失事、失效、逃荒、挑战、跳远、通商、同屋、吸毒、押韵、与会、越冬、造句、整风、值班、酗酒、走私、坐班

我们又通过国家语委语料库（约2000万字）进行验证，结果跟北大语料库基本相同。未出现离析情况的双音节结构中有少数在国家语委语料库中出现，它们是：进口(1例)、失效(2例)、挑战(2例)、吸毒(2例)、坐班(1例)、打败(1例)。不过，为了保持统计的一致性，我们仍以北大语料库的统计数据为准。

3.2 离合词的鉴定及其离析情况考察统计分析

3.2.1 离合词的甄别鉴定

实际上,这 392 个可离析双音节结构中并非都是离合词,有一部分结构属于词组或短语。比如,《大纲》对一些常用结构也不标注词性。《大纲》指出"为了便于教学需要,对常用的动宾、动补结构,整体选入,不标注词性"。此外,《大纲》对离合词或常用结构的认定也值得商榷(如《大纲》认为"跳舞"属于常用结构)。因而,为了保证研究的科学性,我们还要对离合词的范围进行界定。

3.2.1.1 述补双音节结构

经考察发现,392 个双音节结构的结构大体可分为述补结构和述宾结构(《大纲》中没有出现主谓等其他结构)。述补结构共有 30 个[①],如:提高、看见、下去、遇见等。这一部分中间一般插入成分固定——只插入"得/不",实际上是述补结构的可能式或结果式。述补双音节结构的意义一般是前后项 A 义和 B 义的相加,这一部分结构更接近词组。邹立志等(2007)指出:我们认为补充式(即述补式——引者注)不宜看作离合词,因为加"得、不"是补充式的标志性特征,且不能扩展。齐沪扬(2000)也认为述补式应排除于离合词之外。

3.2.1.2 述宾凝合双音词与述宾组合双音节词

我们将研究的重点主要放在述宾结构上,这部分更加复杂。这部分可以分为两类:一类结构紧密,意义抽象,我们一般认为这些是词,如:洗澡、睡觉、吃亏等;另一类结构松散,意义具体,基本上是前后两项意义的相加,这类结构接近词组或本身就是词组,如:干活、办事、送礼、降价等。我们将前者称之为凝合式双音节结构,后者称之为组合式双音节结构。由此显现出,述宾双音节结构家族内部并不统一,而是处于词组与词之间,构成连续统。

以上是从理论上对述宾双音节结构的划分,具体操作起来还有一定的难度。比如,结构紧密到什么程度才是凝合式结构,松散到什么程度才是组合式结构;具体到这些双音节结构,哪些是凝合式结构,哪些属于组

[①] 30 个述补结构中的"打败"在 CCL 语料库中没有发现离析形式,在国家语委语料库仅发现 1 例离析形式。

合式结构,其鉴定恐怕应该有一个权威、统一而又可操作的标准。

3.2.1.3 凝合结构与组合结构的鉴定标准

《现代汉语词典》(第5版)对条目进行了词与语素的区分。词典"在区分词与非词的基础上给单字条目、多字条目标注词类"。"单字条目在现代汉语中成词的标注词类,不成词的语素和非语素字不做任何标注。"(《现代汉语词典》第5版总目第6页)我们依据《现代汉语词典》确定如下标准①:

1) 离析双音节结构 A 和 B 二者的义项条目在《现代汉语词典》中都被认定为语素的话,那么该结构就是凝合式结构。如:及格、理发、注册、幽默、道歉。

2) 离析双音节结构 A 和 B 在《现代汉语词典》中有一者的义项条目被认定为语素的话,那么该结构也是凝合式离合结构。例如:洗澡、冒险等②。

3) 离析双音节结构 A 和 B 的义项条目在《现代汉语词典》中都被认定为词,但意义抽象,不是 A 义和 B 义的相加,该结构也是凝合结构。如"拐弯":例句(10)中"拐弯"的就是组合式;例句(11)中的"拐弯"则为凝合式:

(10) 瑞宣呆呆地看着他的后影,直到野求［拐了弯］。【文件名:\现代\文学\四世同堂.TXT 文章标题:四世同堂　作者:老舍】

(11) 辣辣脑子［拐了一个弯］,找老朱头弄了医院的证明。【文件名:\当代\文学\池莉.txt 文章标题:你是一条河　作者:池莉】

类似的情况还有握手、念书、上台、下台等。

4) 离析双音节结构 A 和 B 的义项条目在《现代汉语词典》中都被认定为词,其意义只是 A 和 B 意义的简单加合,那么,该结构就属组合式。如:订货、干活、办事、降价等。

3.2.1.4 离合词

吕叔湘(1979)认为,"有些组合只有单一的意义,难于把这个意义分割开来交给这个组合的成分,例如'走路|洗澡|睡觉|吵架|打仗'等等,因

---

① 《现代汉语词典》的认定是否完全准确无误,我们暂不讨论。我们不想陷入语素和词的界定的争论中。《现代汉语词典》是目前最为权威的现代汉语规范词典,据以作为标准当属首选。

② 赵元任(1979):"有一个成分是黏着的,当然整个结构不可能是短语。"另外赵金铭(1984)等也有相似看法。

此有人主张管这种组合叫离合词。"吕先生的见解非常精辟,实际上他所指的"这种组合"就是可以离析的"词",也就是我们划分出来的凝合式述宾离合结构。因此,我们认为,凝合式述宾离析结构符合我们对离合词的界定①,这些结构应该属于离合词。

经过分析甄别,392个双音节结构中,有45个双音节结构没有出现离析现象(44个述宾结构,1个述补结构),由于这些结构的离析率极低②,不具备离合词的典型特征,我们不将其作为重点考察对象;还有29个述补结构也不宜看作离合词。经过分析鉴定,组合式双音节结构111个,如:干活、办事、送礼、降价等,它们从意义上基本是A和B的简单相加,因此接近或属于词组。这样我们认定的离合词就只有凝合式述宾结构207个(见本书附录三)。请看下表:

表4　392个双音节结构分类表

结构类型 数值	无离析结构		述补式结构	述宾式离析结构	
	述宾	述补		组合式	凝合式 (离合词)
数量	44	1	29	111	207
占总量(392)的比率	11.5%		7.4%	28.3%	52.8%

应该特别指出的是,汉语中,词和词组(短语)构成一个连续统,无法也不可能截然分开,这是汉语的事实(见前文的论述)。词和词组/短语界限的模糊性,不仅汉语是这样,其他语言也是如此。布龙菲尔德指出:"语言中有许多形式是处在黏附形式与词之间或词语短语之间的界线上,不可能把哪些形式可以放在绝对的位置上说,或哪些形式不可以,加以硬性的区别。这其中,短语和有些复合词最易当做边缘地带,因为它们的直接成分里没有黏附形式。"③因此,以《大纲》为范围、以《现代汉语词典》为标准认定的离合词,其与词和组合式双音节结构的界限也并非泾渭分明,而

---

① 即汉语里有一种AB双音节结构,该结构从意义上无法分割,从形式上中间可以插入别的成分,A与B可离可合的一种结构形式。
② CCL语料库中没有出现,并不能证明这些双音节结构就永远不产生离析现象,但至少可以证明这些双音节结构在离析性上不具典型性。
③ 见布龙菲尔德《语言论》,袁家骅等译,商务印书馆,1997,第212页。

且我们认定的离合词内部也有典型与不典型之分。

不过,在科学研究上,以一个相对权威客观的标准,截取一个相对同质的范围为研究对象进行研究,是通行的做法。

3.2.2 离合词的离析情况统计

3.2.2.1 离析频率分析

前文在统计可离析双音节结构时,依据语料中出现的离析形式句数量来反映其离析情况,这种统计可以显示某结构的离析情况,但还不准确。因为可能有的结构在某些特定情况下出现频率奇高,那么一般来说,该结构离析的机会自然就多。所以我们对离合词离析情况进行统计分析时,为了更加准确地反映离合词的离析情况,还要分析统计每个离合词的离析频率。离析频率公式如下[①]:

$$离合词的离析频率(F) = \frac{离析例数}{有效例句总量}$$

离析例数就是我们从语料中得到的含有离合词离析形式的例句数。所谓有效例句总量,是指出现该离合词的有效例句量和出现该离合词离析形式的例句量之和。

所谓离合词的有效例句是指离合词处于陈述功能状态下的句子。离合词在句法功能上不处于陈述状态下的例句量,我们就称之为无效量。比如,"他们在游泳"中的"游泳"在句子中处于陈述状态,该句就是有效例句;而"他们去了游泳池"中的"游泳"在句法上不处于陈述状态,这些句子就属于无效例句。

这样,我们就可以得出"游泳"的离析频率:"游泳"出现的离析形式句数是 21 个,有效总量是 599 个。那么"游泳"的离析频率为:$F = 21/599 = 0.035$。按此方法,我们得出各离合词的离析频率(见本书附录二)。

3.2.2.2 离合词离析频率分布特点

离合词家族各成员离析频率不一样,有些离析频率高,有些离析频率低甚至基本不产生离析现象。

---

① 本计算公式参照任海波等(2005)。

我们看 207 个产生离析现象的离合词,这些离合词的平均离析频率仅有 0.059,离析频率超过 0.5 的只有 4 个。207 个离合词中 71% 的离合词离析频率低于 0.1,86.5% 的离合词其离析频率低于 0.2。由此可见,在实际语言中绝大部分离合词(占 98.1%)"合"大于"离"。因此,可以说,所谓离合词,实际上"合"是常态,"离"是"异态"。请看表 5:

表 5　离合词离析频率分布表

离析频率	≥0.5	0.499—0.3	0.299—0.2	0.199—0.1	<0.1
数量(207)	4	11	13	32	147
比率(100%)	1.9%	5.3%	6.3%	15.5%	71%

为了更加直观,我们制成图 3:

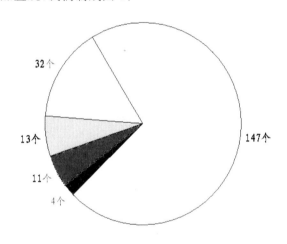

图 3　离合词离析频率分配图

下图 4 是离合词离析情况分布图:

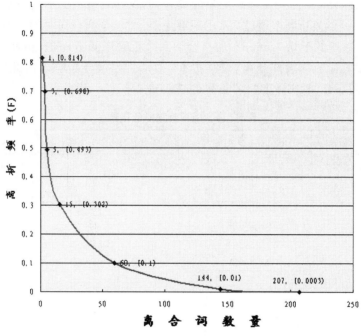

图 4　离合词离析情况分布图

3.2.2.3　重点离合词和核心离合词

用典型范畴理论来说,范畴里最大量出现的实例总是例示(instantiate)了该范畴的原型(prototype)。Sinclair J. M & Renouf(1988)也指出,"频率最高的那些词用途广泛,并且它们的用法覆盖了主要的语法点。"应该说,那些高离析频率和高使用频率的离合词代表了离合词的特点,而那些低频离合词的代表性较差,不具备典型性。

3.2.2.3.1　重点离合词

考察发现,只有60个离合词离析频率超过0.1,我们称之为重点离合词[①]。请看下表:

[①] 0.1的离析频率应该属于偏低的了。但由于离合词的离析频率普遍偏低,我们只能以0.1为最低限。

表6 60个重点离合词离析情况一览表①

序号	离合词	词级	离析例数	有效总量	离析频率
1	叹气	丙	1,527	1,876	0.814
2	搞鬼	丁	31	43	0.721
3	沾光	丁	120	172	0.698
4	听话	丁	489	911	0.537
5	把关	丁	361	731	0.493
6	放假	甲	185	440	0.42
7	当面	丙	451	1,131	0.399
8	干杯	乙	75	203	0.369
9	吃亏	丙	312	987	0.361
10	出名	丁	256	771	0.332
11	鞠躬	丁	225	685	0.328
12	泄气	丁	68	213	0.319
13	吃苦	丙	309	992	0.311
14	请假	甲	172	563	0.306
15	洗澡	甲	310	1,024	0.302
16	接班*	丁	36	121	0.298
17	帮忙	乙	642	2,164	0.297
18	争气	丁	108	369	0.293
19	吃惊	乙	528	1,895	0.279
20	见面	甲	897	4,164	0.275
21	问好	甲	85	323	0.263
22	打针	乙	61	234	0.261
23	劳驾	甲	28	109	0.257
24	上当	乙	239	966	0.247
25	睡觉	甲	701	2,847	0.246

---

① 表中离合词带有"*"符号的,请见本表后意义解释。以后各章节引用这些离合词用例,除非特别说明,均指该表所释的意义。

续表

26	拐弯$_2$*	丙	21	86	0.244
27	操心	丙	128	544	0.235
28	念书*	丙	177	885	0.2
29	随便	乙	80	407	0.197
30	照相	甲	97	509	0.191
31	排队	丁	185	975	0.19
32	告状	丁	69	369	0.187
33	敬礼	乙	72	387	0.186
34	出神	丁	63	338	0.186
35	吵架	丙	117	631	0.185
36	拜年	丁	43	239	0.18
37	狠心	丁	55	321	0.171
38	遭殃	丁	27	150	0.16
39	开课	乙	14	85	0.165
40	打架	丙	142	932	0.152
41	鼓掌	乙	121	808	0.15
42	交手	丁	29	195	0.149
43	下台*	丁	64	448	0.143
44	吵嘴	丁	24	172	0.14
45	留神	丁	54	393	0.137
46	翻身*	丙	29	211	0.137
47	插嘴	丁	34	255	0.133
48	化妆	丁	80	600	0.133
49	丢人	丁	39	299	0.13
50	走道*	乙	8	62	0.13
51	结婚	乙	678	5,530	0.123
52	跳舞	甲	139	1,137	0.122
53	做主	丁	28	229	0.122
54	站岗	丁	33	274	0.12

续表

55	随意	丁	9	75	0.12
56	生气	乙	262	2,267	0.115
57	理发	乙	45	399	0.112
58	挂钩*	丁	90	837	0.108
59	倒霉	丙	62	591	0.105
60	伤心	乙	164	1,635	0.10

说明:"接班"指继承前人的工作或事业。"拐弯$_2$"指(思路、语言等)转变方向。"念书"指读书或学习。"下台"比喻摆脱困难窘迫的处境。"翻身"指改变落后面貌或不利局面。"走道"指走路、行走。"挂钩"指建立某种联系。以上释义依据《现代汉语词典》(第5版)。

3.2.2.3.2 核心离合词

表6中60个离合词离析频率虽然超过0.1,但有的离析例数和有效总量偏低。如"搞鬼",虽然其离析频率高达0.721,但语料库中出现的离析例数和有效总量分别仅为31/43。"走道"、"随意"也是如此,虽然离析频率超过0.1,但语料库中出现的离析例数和有效总量分别仅为8/63和9/75,说明这些词使用频率较低。

我们确定离析频率超过0.1,且离析例数在200句以上的16个离合词为核心离合词。应该说这16个核心离合词的典型性更强。请看下表:

表7 核心离合词一览表

序号	离合词	词级	离析例数	有效总量	离析频率
1	叹气	丙	1,527	1,876	0.814
2	听话	丁	489	911	0.537
3	把关	丁	361	731	0.493
4	当面	丙	451	1,131	0.399
5	吃亏	丙	312	987	0.361
6	出名	丁	256	771	0.332
7	鞠躬	丁	225	685	0.328
8	吃苦	丙	309	992	0.311

续表

9	洗澡	甲	310	1,024	0.302
10	帮忙	乙	642	2,164	0.297
11	吃惊	乙	528	1,895	0.279
12	见面	甲	897	4,164	0.275
13	上当	乙	239	966	0.247
14	睡觉	甲	701	2,847	0.246
15	结婚	乙	678	5,530	0.123
16	生气	乙	262	2,267	0.115

3.2.3 离合词离析形式考察

我们通过CCL语料库对圈定的207个《汉语水平词汇与汉字等级大纲》(国家汉办1992)中的离合词离析形式进行了穷尽性考察,得到含离合词离析形式的离析形式句14,968句。通过对207个离合词的离析形式进行细致的归纳整理,我们发现离合词在实际语料中的离析形式可以大致归纳为13种(具体情况参见后文)。

表8 207个离合词离析形式一览表

位次	离析形式	出现该离析形式的离合词的数量	出现该离析形式离合词所占(207个)的比率	举 例 (以"帮忙"等为例)
1	A+了(+其他形式)+B	160	77.29%	帮了忙、帮了一个忙、帮了他的大忙
2	A + 补语①+B	103	49.76%	帮完忙、帮起忙来
3	A+名词/代词(的)+B	84	40.58%	帮老师忙、帮他的忙

---

① 补语可以分结果补语、可能补语等。包含词类有形容词,如"透"、"碎"、"完"等;谓词性成分,如"不完"、"得了"、"不了"等,由于这一类成分比较复杂,本表格将表层语法形式上前附于A的成分都归为补语,不再按词类去划分。补语的详细分类及其数据见后文。表9亦同。

续表

4	A+数量词①+B	84	40.58%	帮一回忙、帮两个忙、帮一点忙
5	A+过(+其他形式)+B	74	35.75%	帮过忙、帮过他的忙、帮过一次忙、帮过大忙
6	前置B+A	57	27.5%	忙帮了、连忙都不帮、把字签了
7	A+着(+其他形式)+B	41	19.81%	帮着忙、帮着他的忙
8	A+的+B	36	17.39%	帮的忙
9	A+个②+B	34	16.43%	帮个忙
10	A+形容词③(+的)+B	32	15.46%	帮大忙
11	A重叠+B	19	9.18%	帮帮忙、鼓了鼓掌、伸一伸手
12	A+数词+B	13	6.27%	睡一觉、见两面
13	A+动词性成分(+的)+B	9	4.35%	吃管闲事的亏

---

① 数量词分名量词、动量词、时量词等,它们在语法结构中功能不同:有的修饰名词,有的修饰补充动词。但是,它们作为离合词 AB 的离析成分,具有一致性,就是它们都不是单独同 A 或 B 发生关系,而是跟 AB 整个结构发生关系(见后文分析)。为了保持分类的整齐,我们在本表中暂将其归为一类,表9亦同。它们各自的详细分类和数据请见后文。

② 离合词中间插入"个",如"帮个忙",其中"个"跟"吃了两个馒头"的"个"功能不同(见后文分析)。所以,我们不将"个"归入量词,而将"A+个+B"形式单列出来。表9亦同。

③ 指表层语法形式上修饰 B、做定语的那部分形容词。本书其他表格及文字表述部分亦同。

说明：

某一离合词可以出现多种离析形式，所以出现该离析形式离合词所占（207个）的比率总和超过100%。表中的离析形式并不是严格的分类标准，只是对离析形式特征的概括。表9亦同。

A＋了（＋其他形式）＋B，包括：A＋了＋B、A＋了＋数量词＋B、A＋了＋数量词＋名词＋B、A＋了＋数量词＋形容词＋B、A＋了＋数词＋B、A＋了＋名词/代词（的）＋B、A＋了＋名词/代词＋形容词＋B等。

A＋过（＋其他形式）＋B，包括：A＋过＋B、A＋过＋数量词＋B、A＋过＋数词＋B、A＋过＋名词/代词＋B、A＋过＋形容词（的）＋B、A＋过＋动词＋B等。

A＋着（＋其他形式）＋B，包括：A＋着＋B、A＋着＋名词/代词（的）＋B、A＋着＋量词＋B、A＋着＋形容词＋B等。

在统计离析形式时，为了避免重复计算，我们仅计算第一出现插入形式。如：A＋了＋数量词＋B，其离析形式数量只计入 A＋了（＋其他形式）＋B 中，不再计入 A＋数量词＋B 中。表9的计算方法亦同。

为了更加准确起见，我们还对60个重点离合词中出现的11,498条离析形式句按出现某离析形式的例数进行统计，请看下表：

表9　60个重点离合词离析形式（按出现某离析形式的例数）

位次	离析形式	该形式出现例数（共11,498句）	所占百分比
1	A＋了（＋其他形式）＋B	4,253	37%
2	A＋名词/代词（的）＋B	1,518	13.20%
3	A＋补语＋B	1,274	11.80%
4	A＋数量词＋B	1,033	8.98%
5	A＋过（＋其他形式）＋B	869	7.56%
6	A＋着（＋其他形式）＋B	592	5.15%
7	前置B＋A	316	2.75%
8	A＋数词＋B	292	2.54%
9	A＋形容词（＋的）＋B	275	2.39%
10	A＋个＋B	293	2.55%
11	A重叠＋B	161	1.4%
12	A＋的＋B	111	0.97%
13	A＋动词性成分（＋的）＋B	13	0.11%

综合表 8 和表 9,我们发现,这两个表离合词离析形式出现的位次出入不大。两表都显示离合词插入"了"的离析形式最多,其次是插入补语或插入名词/代词以及数量词的离析形式,然后是插入体标记"过",再次是插入"着"和 B 前置,这七种离析形式应该是离合词的主要离析形式。离合词中插入数词、形容词、"个"、"的"以及动词 A 重叠的情况较居后位,而插入动词性成分的情况最少,居末位。

3.2.4 离合词插入成分情况考察

3.2.4.1 插入"了/ 了＋其他成分"的离合词

这些离合词最多:

见面、帮忙、吃惊、听话、当面、吃苦、吃亏、生气、出名、上当、鞠躬、伤心、打架、操心、跳舞、鼓掌、吵架、沾光、争气、挂钩、问好、念书、化妆、下台、干杯、敬礼、告状、泄气、出神、倒霉、打针、狠心、理发、留神、丢人、挂号、接班、插嘴、搞鬼、站岗、交手、翻身、做主、遭殃、拐弯$_2$、吵嘴、排队、走道、叹气、洗澡、睡觉、结婚、开口、失约、冒险、怀孕、带头、吹牛、开刀、上学、谈天、离婚、参军、照相、握手、请假、拜年、聊天、放心、要命、报名、说情、请客、抽空、退休、着急、放学、灰心、拼命、出院、起床、读书、让步、道歉、动手、捣乱、剪彩、游泳、出差、做客、造反、起哄、提醒、住院、称心、加油、辞职、种地、失业、毕业、散步、动手、作案、有名、打猎、懂事、纳闷、伸手、宣誓、致电、发炎、罢工、入学、投标、对头、上台、闭幕、减产、作文、就职、担心、满月、破产、失踪、登陆、致富、完蛋、失学、开学、考试、决口、害羞、登记、贬值、开工、投资、幽默、延期、生效、定性、报到、还原、出面、绝望、提名、迎面、行贿、起身、开幕、注册、到期、办学、起草、加工、上任、结果、移民、出门、放假、招手

1) 插入"了"或"了＋其他成分"成分的共有 160 个,占总数的 77.29%

① 仅插入"了"的离合词有 78 个。
② 仅插入"了＋其他成分"的有 19 个。
③ 既插入"了"又插入"了＋其他成分"的离合词有 63 个。

2) 其中"了"后的成分多于三种形式的有 25 个:

见面、帮忙、吃苦、吃亏、生气、上当、鞠躬、操心、跳舞、吵架、沾光、念书、干杯、敬礼、告状、倒霉、拐弯$_2$、吵嘴、叹气、洗澡、睡觉、结婚、带头、请客、读书

这些离合词离析情况比较复杂,学生掌握起来有难度。

3.2.4.2 插入"着/着+其他成分"的离合词

这些离合词有：

当面、生气、鞠躬、伤心、打架、操心、跳舞、鼓掌、沾光、问好、念书、化妆、随便、出神、狠心、留神、拐弯₂、叹气、洗澡、睡觉、冒险、怀孕、上学、谈天、聊天、放心、拼命、读书、道歉、做客、起哄、散步、埋头、纳闷、担心、保密、排队、握手、请假、迎面、招手

插入"着"成分的离合词，共41个，占总数的19.81%。

① 仅插入"着"的离合词，共29个。

② 仅插入"着+其他成分"的离合词，共1个。

③ 既插入了"着"又插入"着+其他成分"的离合词，共12个。

3.2.4.3 插入"过/过+其他成分"的离合词

这些离合词有：

见面、帮忙、吃苦、吃亏、生气、上当、鞠躬、伤心、打架、操心、跳舞、吵架、沾光、问好、念书、化妆、倒霉、打针、理发、站岗、交手、吵嘴、洗澡、睡觉、结婚、押韵、开口、冒险、怀孕、开刀、上学、离婚、参军、照相、握手、请假、拜年、聊天、请客、着急、起床、读书、让步、道歉、动手、捣乱、游泳、用心、做客、造反、住院、种地、用功、算数、失业、毕业、散步、作案、打猎、纳闷、伸手、宣誓、及格、待业、入学、失学、探亲、登记、作战、集邮、注册、加工、出门、招手

插入成分"过"或"过+其他成分"的离合词有74个，占总数（207）的35.75%。

① 仅插入"过"的离合词有34个。

② 仅插入"过+其他成分"的离合词有7个。

③ 既插入"过"又插入"过+其他成分"的离合词有33个。

3.2.4.4 插入补语的离合词

这些离合词有：

见面、帮忙、把关、吃苦、吃亏、生气、鞠躬、伤心、打架、操心、跳舞、鼓掌、吵架、沾光、争气、挂钩、问好、念书、化妆、干杯、敬礼、出神、倒霉、打针、狠心、理发、丢人、挂号、接班、插嘴、站岗、交手、翻身、劳驾、做主、拐弯₂、吵嘴、走道儿、叹气、洗澡、睡觉、结婚、开口、怀孕、带头、讲理、吹牛、开刀、上学、谈天、离婚、照相、握手、请假、放假、拜年、聊天、放心、请客、抽空、着急、拼命、出院、起床、读书、动手、游泳、住院、加油、辞职、用功、算数、毕业、跑步、散步、动身、放手、埋头、作案、开学、伸手、宣誓、罢工、入

学、减产、作文、担心、报销、致富、考试、探亲、登记、保密、开工、投资、幽默、办公、投产、结果、出门、施工、排队

插入补语成分离合词有 103 个,占总数(207)的 49.76%。

3.2.4.5 插入"个"的离合词

这些离合词有：

见面、帮忙、出名、鞠躬、生气、打架、跳舞、挂钩、敬礼、理发、挂号、翻身、做主、洗澡、拐弯$_2$、睡觉、结婚、冒险、带头、说情、请客、抽空、道歉、提醒、算数、散步、有名、登记、出面、照相、请假、排队、放假、拜年

插入"个"的离合词有 34 个,占总数(207)的 16.43%。

3.2.4.6 插入数词的离合词

1)"一"

见面、吃惊、鞠躬、打架、吵架、干杯、打针、睡觉、开口、开刀、摄影

插入"一"的离合词共 11 个,占总数(207)的 5.31%。

2) 其他数词"两"、"几"等

见面、上当、鞠躬

插入其他数字的离合词共 3 个,占总数的 1.45%。

3.2.4.7 插入数量词(动量、名量、时量、不定量等)的离合词

这些离合词有：

见面、帮忙、吃苦、吃亏、生气、上当、鞠躬、打架、操心、跳舞、鼓掌、吵架、沾光、争气、问好、念书、敬礼、倒霉、打针、狠心、理发、留神、丢人、挂号、插嘴、站岗、注意、做主、拐弯$_2$、吵嘴、走道儿、叹气、洗澡、结婚、押韵、开口、冒险、怀孕、带头、讲理、吹牛、上学、离婚、照相、握手、请假、排队、放假、拜年、聊天、放心、报名、请客、着急、放学、灰心、起床、读书、让步、道歉、动手、捣乱、游泳、出差、起哄、住院、加油、旷工、用功、跑步、散步、懂事、防疫、伸手、捣蛋、作文、担心、投资、行军、加工、集资、增产、出门、招手

共 84 个,占总数(207)的 40.58%。

3.2.4.8 插入名词(或"名词+的")/代词(或"代词+的")的离合词

这些离合词有：

见面、帮忙、听话、当面、把关、吃苦、吃亏、生气、上当、伤心、打架、操心、跳舞、鼓掌、吵架、沾光、争气、问好、念书、化妆、随便、干杯、告状、泄气、出神、倒霉、丢人、挂号、接班、插嘴、搞鬼、站岗、劳驾、做主、吵嘴、照相、排队、随意、走道儿、叹气、洗澡、睡觉、结婚、冒险、讲理、吹牛、开刀、上学、离婚、聊天、要命、请客、着急、放学、拼命、读书、道歉、捣乱、游泳、出

差、用心、造反、起哄、提醒、称心、辞职、用功、算数、打猎、懂事、致电、发炎、罢工、作文、担心、破产、害羞、保密、投资、办学、送行、献身、结果、就业

共84个，占总数(207)的40.58%。

3.2.4.9　插入形容词(或"形容词＋的")的离合词

这些离合词有：

吃惊、吃苦、吃亏、生气、上当、鞠躬、打架、操心、鼓掌、争气、念书、化妆、敬礼、倒霉、理发、站岗、叹气、睡觉、冒险、谈天、防汛、请假、排队、拜年、聊天、拼命、读书、出差、开工、生效、作战、执勤

共32个，占总数的15.46%。

3.2.4.10　插入动词结构(或"动词结构＋的")的离合词

吃苦、吃亏、打架、操心、跳舞、争气、冒险、道歉、致电

这些离合词共9个，占总数的4.35%。

3.2.4.11　插入"的"的离合词

这些离合词有：

帮忙、吃亏、生气、鞠躬、打架、操心、跳舞、念书、告状、理发、接班、搞鬼、做主、结婚、开口、冒险、带头、上学、离婚、参军、说情、请客、退休、起床、读书、动手、请假、排队、放假、动身、作案、上台、投资、定性、提名、出门

共36个，占总数的17.39%。

3.2.4.12　A重叠的离合词

1) AAB

帮忙、出名、伤心、沾光、打针、接班、洗澡、说情、动手、出面、招手、送行、照相

共13个，占总数的6.28%。

2) A了AB

鼓掌、化妆、狠心、叹气、握手

共5个，占总数的2.42%。

3) A一AB

伸手

共1个，占总数的0.48%。

3.2.4.13　B提前的离合词

这些离合词有：

见面、帮忙、把关、吃苦、吃亏、生气、上当、伤心、操心、跳舞、沾光、争气、问好、化妆、告状、泄气、理发、丢人、挂号、插嘴、翻身、洗澡、睡觉、结

婚、开口、冒险、怀孕、讲理、吹牛、上学、离婚、放心、请客、着急、放学、灰心、拼命、读书、让步、游泳、出差、用心、辞职、用功、有名、懂事、排队、闭幕、考试、保密、开工、办公、开幕、办学、招手、请假、排队

共57个,占总数的27.5%。

3.2.5 离合词离析形式出现种类情况考察

我们发现,虽然207个离合词出现的离析形式有13种,但是,这些离合词离析形式出现的种类分布并不一致,请看下表:

表10　207个离合词离析形式出现情况

离合词离析形式出现种类数量(种)	13	12	11	10	9	8	7	6	5	4	3	2	1
以全部这些种类离析的离合词数量(个)	0	1	1	5	7	9	8	20	15	26	30	33	52
所占207个离合词的比例(%)	0	0.5	0.5	2.4	3.4	4.3	3.8	9.7	7.2	12.6	14.5	15.9	25.1

统计发现,离合词离析形式的出现种类与以全部这些形式离析的离合词的数量和所占比例成反比:越是离析形式种类少的离合词,其数量和所占比例就越大;反之亦然。请看下图(X轴为离合词离析形式出现的种类,Y轴为离合词离析形式出现的种类所占总数的百分比):

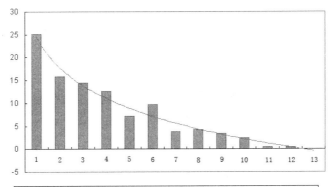

图5　离合词离析形式情况图

统计还发现,大多数离合词出现的离析形式种类在 4 种以下,占到 68.1%,出现 5 种以上(含 5 种)离析形式的离合词只占 31.9%;出现 7 种以上(含 7 种)离析形式的离合词只占 15%,出现 9 种以上(含 9 种)离析形式的离合词只占 6.8%,而出现 11 种以上(含 11 种)离析形式的离合词则不到 1%。

3.3 离合词离析频率与使用频率的关系考察

我们发现,离合词离析频率与其在语言中的使用频率有一定关系。大部分高离析频率离合词常常也是现实生活中高使用频率的词语。低使用频率离合词也常常是低离析频率离合词。请看下表(其中使用频率数据依据的是《现代汉语频率词典》(北京语言学院出版社 1986)):

表 11　前 15 位高离析率离合词与后 15 位低离析率离合词[①]使用频率对比表

离合词	离析频率	使用频率	离合词	离析频率	使用频率
睡觉	0.246	0.01164	节能	0	0.00107
生气	0.115	0.00768	卖国	0	0.00084
见面	0.275	0.00662	命名	0	0.00084
帮忙	0.297	0.00555	移民	0	0.00061
结婚	0.123	0.00517	挑战	0	0.00084
吃惊	0.279	0.00502	成交	0	0.00076
吃亏	0.361	0.00274	请愿	0	0.00068
叹气	0.814	0.00228	建交	0	0.00068
上当	0.247	0.00183	逃荒	0	0.00061
洗澡	0.302	0.00175	会客	0	0.00038
当面	0.399	0.00167	走私	0	0.00038
鞠躬	0.328	0.00167	与会	0	0.0003

---

① 零离析频率离合词并不说明该离合词没有离析的可能,只说明该离合词的离析频率很低,在我们考察的语料中没有出现离析现象。比如,在语料中未出现离析情况的双音节结构中有少数在国家语委语料库中出现,它们是:进口(1 例)、失效(2 例)、挑战(2 例)、吸毒(2 例)、坐班(1 例)、打败(1 例)。因此零离析频率离合词不等于非离合词。

续表

吃苦	0.311	0.00114	失效	0	0.0003
听话	0.537	0.00099	结业	0	0.0003
出名	0.332	0.00038	命题	0	0.0003
平均	0.333	0.003742	平均	0	0.000593

上表显示离析频率与使用频率基本正相关,高使用频率离合词的离析频率高,低使用频率离合词离析频率低。对比来看,高离析频率离合词的平均使用频率是零离析率离合词平均使用频率的6倍多。

4 离合词离析形式常现句式考察

我们通过对北京自然口语、小说、戏剧、散文、新闻、学术著作和法律文本的离合词离析形式出现的句式情况调查统计发现,离合词的离析形式常出现于逻辑关系句(条件句、假设句、因果句、目的句等)、心理-认知动词句、虚拟推测句、情态句、评议句、描述句、恒常句、感叹句、祈使句、疑问句以及否定句等非事件句中,语句不倾向于客观叙述一个事件,而是常常表达对客观现实的主观评判。

4.1 逻辑关系句

离合词离析形式常出现于叙述语体中的条件、假设、因果、目的、转折等逻辑关系句中,在这种逻辑关系句中,叙述者贴近故事中人物的立场,对事件进行主观分析推断,这时叙述者与人物的立场几乎合二为一。

4.1.1 条件句

(12)只要她[结了婚],她好像就把生命在世界上拴牢,这,她与老年间的妇女并没有什么差别。【文件名:\现代\文学\四世同堂.TXT 文章标题:四世同堂　作者:老舍】

4.1.2 假设句

(13)他也想告诉丁约翰不要拿"英国府"当做铁杆庄稼;假若英国不[帮中国的忙],有朝一日连"英国府"也会被日本炸平的。【文件名:\现代\文学\四世同堂.TXT 文章标题:四世同堂　作者:老舍】

4.1.3 因果句

(14) 和祖父同住,过着"少爷"的生活;父亲有十来个弟兄,有好几个都[结了婚],所以这大家族里看着这么多的孩子。【文件名:\现代\文学\散文3.TXT 文章标题:我的母亲　作者:邹韬奋】

(15) 蓝东阳是个无聊的人,老二也是个无聊的人;可是蓝东阳无聊而有野心,老二无聊而没心没肺;所以老二[吃了亏]。【文件名:\现代\文学\四世同堂.TXT 文章标题:四世同堂　作者:老舍】

4.1.4 目的句

(16) 为钱家,祁家,崔家,他都曾表示过气愤,都自动地[帮过忙]。【文件名:\现代\文学\四世同堂.TXT 文章标题:四世同堂　作者:老舍】

(17) 商量商量,我好[睡会儿觉]!【文件名:\现代\文学\四世同堂.TXT 文章标题:四世同堂　作者:老舍】

(18) 刘华玲大笑:就为了离婚才[结的婚]。【文件名:\当代\文学\王朔a.txt 文章标题:浮出海面　作者:王朔】

Heine等(1991)认为,目的与人的意志(will)有关,原因表示说话者对命题之间的逻辑关系的看法,属于"知识"(knowledge)范畴。

4.1.5 转折句

(19) 暑假时带了一肚子主意回去,但[见了面],看你一脸笑,也就拉倒了。【文件名:\现代\文学\散文3.TXT 文章标题:给亡妇　作者:朱自清】

4.2 心理—认知动词句

句子中常出现"觉得、认为、相信、想要、愿意、希望、盼着"等心理-认知动词,表示故事中人物的主观感受和意愿。语言学文献在研究句子的主观性的时候,兴趣之一就是,观察叙述者是如何站在人物的立场上理解他感情的,也就是说,常用的办法是,用第三人称叙述故事中一个人的行为,同时用心理-认知动词(如:觉得、认为、相信、怀疑等)或是类似的短语(如:在他眼里、在他看来等等)来表示故事中人物的主观感受。这种时候,说话人的叙述立场虽然是客观的,但他的视角和感情已经大致等于故事中的那个人物了。因此在这种词语后头的小句就带有明显的主观色彩。(Chafe 1994,Finegan 1995,张伯江和李珍明 2002)

(20) 看蓝东阳那么滑头,他觉得自己是[上了当],所以他不愿再负领队的责任。【文件名:\现代\文学\四世同堂.TXT 文章标题:四世同堂　作者:

老舍】

(21) 同时,她相信招弟是聪明绝顶的,一定不会轻易的[吃了亏]。
【文件名:\现代\文学\四世同堂.TXT 文章标题:四世同堂 作者:老舍】

(22) 那个叫凌瑜的女人不行了,住在医院,她的红斑狼疮已经到了晚期,想[见我一面]。【文件名:\当代\文学\王朔 b.txt 文章标题:许爷 作者:王朔】

(23) 村子里,大家劳动,大家欢喜,盼望着大家多[帮帮我的忙]!【文件名:\现代\戏剧\老舍戏剧 1.TXT 文章标题:柳树井 作者:老舍】

4.3 虚拟推测句

句子所表现的是一种想象的、虚构的事实。句子中常常出现"也许、好像、似乎"等推测类动词,推测类动词跟心理-认知动词的不同在于,使用这类动词的时候,叙述者更贴近故事中人物的立场,几乎等同于第一人称的叙述。"心理-认知"和"推测"都是语言主观性(subjectivity)的表现①。

(24) 也许他们在那条街就曾[见过面],但来去匆匆,或淡然一瞥或偶一回眸。【文件名:\当代\文学\王朔 b.txt 文章标题:许爷 作者:王朔】

(25) 这也如同过马路,人家正思想斗争激烈决心遵守交通规则,旁边有人不管不顾抢先一步冲过去等于就是开了禁不跟上都好像[吃了亏]。【文件名:\当代\文学\王朔 e.txt 文章标题:看上去很美 作者:王朔】

4.4 情态句

句子表现说话人对语句事实内容的可能性和道义性的态度,情态主

---

① 参见张伯江、李珍明(2002)。

要与说话人的认识这一方面的主观性有关①。

(26) 我提议,明天还是可以买,[吃不了亏]的!【文件名:\现代\戏剧\日出.txt 文章标题:作者:】

(27) 多少世纪传下来的规矩,差不多变成了人的本能;不论他怎样不高兴,他也得摆出笑脸给[生了气]的妈妈看。【文件名:\现代\文学\四世同堂.TXT 文章标题:四世同堂　作者:老舍】

4.5 评议句

句子不注重叙述事件,而注重于对事件的评价、议论、看法。叙述者努力贴近故事中人物的立场,句子中常出现表评议的副词以及评议的短语。

(28) 亡了国,他反倒得意起来;[结了婚],他反倒作了犬马。【文件名:\现代\文学\四世同堂.TXT 文章标题:四世同堂　作者:老舍】

(29) 的确,你太老实了,你的母亲一生就[吃了老实的亏];她去世之后,你变得更沉默了,沉默得有点近乎呆。【文件名:\现代\文学\散文 3.TXT 文章标题:流星　作者:谢冰莹】

(30) 胖菊子[生了气];真是给脸不要脸。【文件名:\现代\文学\四世同堂.TXT 文章标题:四世同堂　作者:老舍】

以上 4.2—4.5 句式实际上都是主观句式。张黎(2007)将上述句式的功能归结为说话人"价值性主观表达"。缪锦安(1998)也指出:"怀疑、假定、似乎、推想、相信、意愿都不以事实为基础,没有真假值而言,因而都是言谈者的主观看法。"

---

① 关于情态句的主观性问题,Lyons(1977)以是否"说话者指向"为标准将情态分成主观类(包括主观知识类和主观义务类)和客观类(包括客观知识类和客观义务类)。下面是他的例子(转引自杨彩梅 2007):

Alfred may be unmarried.
 a. 'I (uncertainly) infer that Alfred is unmarried.'(主观知识)
 b. 'In the light of what is known, it is possibly the case that Alfred is unmarried.'(客观知识)
 c. 'I (hereby) permit Alfred to be unmarried.'(主观义务)
 d. 'Alfred is permitted to be unmarried.'(客观义务)

但其实 b. 和 d. 还是隐含另一种"说话者指向"的言语行为,即"I (the speaker) assert that..."这一言语行为。(参见 Austin 1962;Palmer 1986,2001;杨彩梅 2007;张黎 2007 等)所以,我们相信情态句都不同程度地表达说话者的某一主观认识。

4.6 描述句

作者对行为事件的情状进行临摹、状写时,故意不厌其烦地堆砌一大堆修饰语,这种超出口语体句式常规①的做法,看似客观描述,实际上隐含作者的主观态度。

(31)我们在那个上海批发,外国运来的瓷砖所砌成,小游泳池似的"贵妃池"中洗了澡。【文件名:\现代\文学\散文 3.TXT 文章标题:回首可怜歌舞地 作者:徐迟】

(32)我正好端端地像个乖孩子一样睡着觉,人就突然闯进来,搜身又讯问。【文件名:\当代\文学\王朔 b.txt 文章标题:橡皮人 作者:王朔】

(33)"祁先生,"他[鞠了个短,硬,而十分恭敬的躬]。【文件名:\现代\文学\四世同堂.TXT 文章标题:四世同堂 作者:老舍】

例(31)表面上是对浴池的描写,实际上表达了作者对浴池的主观看法。张伯江、李珍明(2002)指出:"描写性定语有很强的主观色彩。"我们认为,不仅定语,其他复杂的修饰成分也具有一定的主观色彩,如例(32)。

离合词离析形式也是这样,例(33)用了近十个字描写"他"鞠躬的行为,正是隐含了作者对"他"鞠躬的一种讽刺。

封宗信(2004)认为,在叙事小说中,"作者表面上的冗长和累赘,恰恰是他强烈的元语言意识使他在叙事过程中对叙事话语进行巧妙地阐述和装扮。"他举的例子是:

(34) At this moment, the entire group of people broke into a <u>deep, slow, rhythmical chant of "B-B! … B-B! … B-B!" over and over again, very slowly, with a long pause between the first B and the second — a heavy, murmurous sound,</u> … (Orwell, 1954:16)

画线部分是作者有意不厌其烦地进行描写,实际上,作者正是用这样的手法表达自己的情感态度。

4.7 恒常句

恒常句一般指表现经常性、习惯性的行为、状态、属性的句子。张黎

---

① 口语体句式一般为比较简短的流水句,较少修饰成分。

(2007)指出,表恒常性的、习惯性的行为、状态、属性的主观性要强于一次性的、具体的行为、状态、属性。从认知上讲,恒常发生的司空见惯的事情本身,往往不太容易成为人们关注的焦点,而恒常事情背后的东西却常常引发人们思考。比如"他每天迟到"。我们在叙述这个事件时,大概并不关注"他迟到"这个事件本身,而是考虑这个事件背后的其他东西(比如迟到原因、后果等),也就是说,恒常事件本身仅作为背景,其功能是诱导对事件的主观评论,这时整个句子往往带上叙述者的主观性。

从另一个角度讲,恒常句属于情态句的一种。Halliday(1994:89)谈到,命题上肯定和否定的两极意义为断定和否决。肯定为是,否定为不是。还有两类为中间或然性:1)可能程度"可能的/很可能/确定的";2)恒常程度"有时/通常/总是"。前者等同于"要么是,要么否",即"大概是,大概否",并伴有不同程度的可能性。后者等同于"也许是,也许否",即"有时是,有时否",并伴有不同程度的恒常性。情态句表达说话人的主观认识,因此我们可以将恒常句归为主观句。

(35)到潘佑军家玩过几次,他那个汉奸妻子做作到了令人作呕的程度,总是[当着我们面]表示她和潘佑军多么如胶似漆,无论是那么窄小的一张椅子,她也要和潘佑军挤着坐——那是在她家呀!【文件名:\当代\文学\王朔a.txt 文章标题:过把瘾就死 作者:王朔】

(36)别的司机都叫他"许爷"或"大哥",连车队的头儿都对他畏惧三分,[见了面]很客气地打招呼,主动上烟,对我们这些不知名的仅仅是许立宇带来的朋友也态度谦和。【文件名:\当代\文学\王朔b.txt 文章标题:许爷 作者:王朔】

4.8 感叹句

感叹句表达说话人强烈的感情,在各句式(陈述、祈使、疑问等)中,感叹句的主观性最强(李善熙 2003)。

(37)我常想,一个人要是能够只[睡一个钟头的觉],干二十三个钟头的活儿,有多么好啊!【文件名:\现代\戏剧\老舍戏剧1.TXT 文章标题:西望长安 作者:老舍】

4.9 祈使句

祈使句是说话人要求对方做某种事情,在语用平面上,祈使句是专门用来表示说话人意愿或希望的句子。祈使句的主语施事要做的事正是说话人想要他做的事,或者是说话人自己也想要做的事,因此祈使句表现出说话人和主语施事之间的某种"认同",祈使句的主语也常叫做"言者主语"(speaker subject)。(潘国英 2007)

(38) 我求你[帮点忙]!【文件名:\现代\文学\四世同堂.TXT 文章标题:四世同堂 作者:老舍】

(39) 干女儿,你[帮你哥哥的忙],多分分心!【文件名:\现代\戏剧\老舍戏剧1.TXT 文章标题:残雾 作者:老舍】

4.10 疑问句

疑问句是说话人对某事实表达一种疑惑,要求对方予以回答或澄清,不注重事实的陈述;张伯江(1997)指出:疑问句与一般叙述句相比,是一种非事件句,它不在连续事件的叙述中发挥作用,它只是表达一种征询的态度。

(40) 我说,你[结了婚]没有?【文件名:\现代\戏剧\老舍戏剧1.TXT 文章标题:西望长安 作者:老舍】

4.11 否定句

否定句最基本的用途也不是叙述一个事件,而是否认一个事实或观点,即说话人/叙述人相信某事实不存在或某观点是错误的。

(41) 从这么大(比)我把你拉扯起来,你就忘恩负义,不[听我的话];没事儿跟那个姓王的在一块儿……【文件名:\现代\戏剧\老舍戏剧1.TXT 文章标题:方珍珠 作者:老舍】

(42) 他当初没[听瑞宣的话],去加入抗日的军队,满以为就可以老老实实地奉养着外婆。【文件名:\现代\文学\四世同堂.TXT 文章标题:四世同堂 作者:老舍】

杨彩梅(2007)指出:疑问句用以询问问题,祈使句用以发出命令或请求,它们都包含一种非行为性/主观性(non-performative /subjective)信息,即"说话者指向"的意见、态度或行为。我们知道,对于一个事实的否认要比叙述一个事实更具主观性。因此,感叹句、祈使句、疑问句、否定句常常体现语言的主观性,这一点已经成为人们的共识。(李善熙 2003)

以上各句式虽然划分的角度并不一致,有些划分并不在一个平面上,但我们可以将他们统一到一个类型上,即:它们都不侧重于事件的客观叙述,而是侧重于对事理的主观评判,我们将上述句式统称为主观句。

下面是离合词离析形式主观句在不同语体中出现情况表:

表 12　不同语体中核心离合词离析形式主观句对比表

语体	字数(万字)	离析句总数	主观句数	主观句所占比率
小说[老舍]	72	268	190	0.709
小说[王朔]	59	155	106	0.684
北京口语	13	24	20	0.833
戏剧	53	162	144	0.889
散文	66.5	70	61	0.871
新闻	67.5	22	18	0.818
学术著作	47	1	1	1
法律文本	59.5	2	2	1
总计	437.5	705	543	0.77

可以看出,在各种语体中离合词离析形式主观句出现的平均频率高达 0.77;有意思的是总字数一百多万字的学术著作和法律文本离析形式句出现得极少,一共只有 3 句,但都出现于主观评议句或意愿句中。例如:

(43)另一方面,长期这样做容易使儿童养成一种消极对抗情绪,或者[当着大人的面]伪装老实,而背后做出很多违犯道德规范的行为,或者完全站在与大人相反的立场上与成人对抗而做出很多违犯道德规范的行为。【文件名:\当代\应用文\儿童心理.TXT 文章标题:儿童的心理世界——论儿童的心理发展与教育　作者:方富熹;方格】

(44)因此,各级办案单位在决定、批准逮捕人犯时,要依照《刑事诉讼法》第四十条规定的条件,严格审查,[把好逮捕关],对于错捕的人,必须依照法律规定及时予以纠正。【文件名:\当代\应用文\法律 2.TXT 文章标题:作者:】

(45)一、严格依照法律规定,[把好逮捕人犯关]。【文件名:\当代\应用文\法律 2.TXT 文章标题:作者:】

5 结　语

　　以上是根据大型语料库对离合词考察后得出的部分结果,其他考察结果和数据将出现于以后各章中。就笔者所知,由语料库入手从对外汉语教学角度研究离合词还是比较鲜见的。值得一提的是,任海波、王刚(2005)此前利用语料库对离合词形式作了一些初步的探索。

　　但是任、王的探索不无缺憾:首先,他们的语料库很小,只有1300多万字。其次,他们考察的语料仅限于小说。在语料量和语体分布极其有限的情况下,能否全面探求离合词的实质,值得商榷。正如任、王坦言:"反映的只是这些离合词在受限语料(即当代文学小说——引者注)的表现,体现出来的离合频度的不同也只是一种相对的差异。"导致缺少离散形式表现的原因,"一是语料规模的限制;二是语体范围限制。"

　　此外,他们没有区分离析双音节结构的不同形式,而将一些本来不能算作离合词的结构纳入进来,这样就影响了结论的严密性与科学性。他们得出的典型离合词是:听话、分清、出事、吸烟、上当、干杯、吃惊、打仗、吃亏、犯罪、握手、享福。且不说这些离合词的典型程度是否跟说汉语的人的语感相符,更重要的是,有的本不是词的结构被当成了典型离合词,如:"吸烟",连收词略宽的《现代汉语词典》(第5版)都没有收之为词,任、王将其定为典型离合词,难以令人信服。

　　实际上,任、王自己也充满疑惑:"这12个典型离合词中有几个可能在定性时引起争议。以'吸烟'为例,'吸'和'烟'都是能够单说或至少是可以独立成词的形式(语素),因此如果按照美国结构主义对合成短语的定义,那么这里的'吸烟'就可能被确定为合成短语,而不是(离合)词。此外'分清'、'握手'等也多多少少存在类似的问题。"如果认定的典型有三分之一以上(实际上更多,按我们的标准有四分之三)有问题,那么典型就会大打折扣。可能就不只是像作者所说的"这种情况的存在尽管可能会影响到典型离合词数量的多寡,但不影响其他离合词作为离合词典型成员的资格"。

　　我们通过大型语料库尝试从科学的角度出发,对离合词的离析形式等各方面的情况进行了更全面的考查,发现了许多有意思的现象。

　　我们研究的特点是:

　　(1)利用两个大型平衡语料库对离合词进行全面研究,以保证结论的客观性;(2)严格区分不同性质的离析结构,以确保研究的科学性;(3)对离合词进行全方位考察,如频率、语体、句式等,发现了一些有意思的现象;(4)本研究有明确的目的性,强调实用,为对外汉语教学实际服务。

本章小结

我们通过 CCL 大型语料库对《汉语水平词汇与汉字等级大纲》中的离合词从各个方面逐个进行检索考察,以期摸清离合词家族的底细,为对外汉语教学与研究服务。

首先考察离合词离析频率。我们发现,207 个产生离析现象的离合词的平均离析频率仅有 0.059。离析频率超过 0.5 的只有 4 个,207 个离合词中 71% 的离合词离析频率低于 0.1,86.5% 的离合词其离析频率低于 0.2。在实际语言中绝大部分离合词(占 98.1%)"合"大于"离"。实际上所谓离合词,"合"是常态,"离"是"异态"。考察发现,只有 60 个离合词离析频率超过 0.1,我们确定为重点离合词。此外,我们确定离析频率超过 0.1,且离析例数在 200 句以上的 16 个离合词为核心离合词。

通过 CCL 语料库对圈定的 207 个离合词离析形式进行了穷尽的考察,得到含离合词离析形式的离析形式句 14,968 句。通过对 207 个离合词的离析形式进行细致的归纳整理,我们发现离合词在实际语料中的离析形式可以大致归纳为 13 种。统计发现,离合词插入"了"的离析形式最多,其次是插入补语或插入名词/代词以及数量词的离析形式,然后是插入体标记"过",再次是插入"着"和 B 前置,这七种离析形式应该是离合词的主要离析形式。离合词中插入数词、形容词、"个"、"的"以及动词 A 重叠的情况较居后位,而插入动词性成分的情况最少,居末位。虽然 207 个离合词出现的离析形式有 13 种,但是,这些离合词离析形式出现的种类分布并不一致。离合词离析形式的出现种类与可以这些形式离析的离合词的数量和所占比例成反比:越是离析形式种类少的离合词,其数量和所占比例就越大;反之亦然。

离合词离析频率与其在语言中的使用频率有一定关系。大部分高离析频率离合词常常也是现实生活中高使用频率的词语。低使用频率离合词也常常是低离析频率离合词。

我们通过对北京自然口语、小说、戏剧、散文、新闻、学术著作和法律文本的离合词离析形式出现的句式情况调查统计发现,离合词的离析形式常出现于逻辑关系句(条件句、假设句、因果句、目的句等)、心理-认知动词句、虚拟推测句、情态句、评议句、描述句、恒常句、感叹句、祈使句、疑问句以及否定句等非事件句中,语句不倾向于客观叙述一个事件,而是常常表达对客观现实的主观评判。

第三章 离合词及离析形式的语义特征

1 离合词的普通日常生活行为语义特征

考察发现,离合词中,大部分是表示人的普通日常生活行为的词。所谓普通的日常生活行为,是指人在日常生活中经常实施和体验的一般行为。包括两个含义:首先,它应该是绝大部分人的基本生活行为,如:见面、起床等;它一般不是一些仅限于特殊领域的特殊行为,如:轧钢、出版等,因为这种行为不是绝大部分人经常实施和体验的生活行为。其次,该行为应该是普通人的个体行为,如:睡觉、洗澡等,而不包括非个体的行为,如:建交、闭幕等。

我们圈定的 207 个离合词中,有 159 个词属于日常行为词,占总量的 77%,而非日常生活行为词只有 48 个,占总量的 23%。这些日常生活行为离合词反映人的生活的各个侧面。如:

普通生活行为:睡觉、起床、理发、洗澡、走路、跑步、散步、动身、出门等;

一般活动举止:结婚、跳舞、叹气、见面、当面、问好、招手、聊天、道歉、鼓掌等;

日常遭遇经历:吵架、打架、吃亏、丢人、遭殃、沾光、上当等;

平时情感活动:吃惊、生气、着急、泄气、伤心等。

1.1 离合词的离析频率与离合词的日常行为特征

我们发现,这 159 个日常生活行为离合词在 207 个离合词词表中的分布并不均衡,日常生活行为离合词倾向于出现在高离析频率阶段,也就是说,离析频率越高的阶段,日常行为离合词分布越密集。试对比离析频率第 1—44 位离合词、离析率居中(第 100—144 位)的离合词和离析频率最低(离析率为零)的 44 个离合词中反映人的日常生活行为的词的分布情况:

甲、离析频率排名居前 44 位(离析率 0.814—0.14)的离合词：

叹气、搞鬼、沾光、听话、把关、放假、当面、干杯、吃亏、出名、鞠躬、泄气、吃苦、请假、洗澡、接班、帮忙、争气、吃惊、见面、问好、打针、劳驾、上当、睡觉、拐弯$_2$、操心、念书、随便、照相、排队、告状、敬礼、出神、吵架、拜年、狠心、遭殃、开课、打架、鼓掌、交手、下台、吵嘴

乙、离析频率排名居中(第 101—144 位,离析率 0.034—0.009)的离合词：

出差、做客、造反、起哄、提醒、称心、住院、旷工、加油、种地、辞职、用功、毕业、失业、算数、散步、跑步、放手、动身、有名、作案、埋头、懂事、打猎、防疫、升学、伸手、宣誓、纳闷、致电、及格、待业、像样、入学、罢工、发炎、闭幕、上台、减产、作文、对头、投标、捣蛋、就职

丙、离析频率为零的 44 个离合词：

播音、裁军、成交、出席、定点、犯浑、会客、建交、节能、结业、进口、救灾、据悉、抗战、旷课、廉政、留念、漏税、卖国、命名、命题、签证、乔装、请愿、缺席、入境、入口、失事、失效、逃荒、挑战、跳远、通商、同屋、吸毒、押韵、与会、越冬、造句、整风、值班、酌情、走私、坐班

考察发现,离析频率居前 44 位的离合词,除少数几个不太典型以外(如:接班、告状等),基本上都是普通的日常行为动词,它们与个人的关系最为密切。

离析频率居中(第 101—144 位)离合词则次之,近一半离合词不是人的普通的日常行为动词,它们有的不表示(或一般不表示)个人的具体的行为动作,如:闭幕、减产、破产、投标、防疫等；有的虽可以表示个人的行为动作,但不是所有的个人常常做或必须经历的普通的具体行为,如:致电、作文、就职、种地、辞职、作案、打猎、升学、宣誓、及格、入学、罢工等。

离析频率为零的 44 个离合词除"犯浑"("犯浑"的日常行为性也不典型)等少数几个外,基本上都不是个人的日常行为动词,它们与个人的关系最为疏远。

应该说明的是,上述所讲的普通的个人日常生活行为词,只是一个相对的概念,因为日常生活行为也有典型与不典型之分,有的时候我们难以一刀切。尽管如此,我们还是可以比较清楚地看出不同阶段中生活行为词所占比率的明显差异。

由此,我们建立一个离析频率与个人日常行为词分布数量的连续统:

离析频率	低	中	高
日常行为词分布	少	中	多

至此,我们可以得出结论:离合词离析频率与普通的个人日常行为词的分布正相关,越是表现日常行为的词,其离析频率越高。

1.2 离合词的离析形式特征与离合词的日常行为特征

统计发现,207个离合词中,离析形式出现的种类共有13种,但分布不尽相同,由12种到1种不等。不过,越是表现个人日常行为的离合词,离析形式越丰富。我们按照离合词出现离析形式数量排列顺序,由高到低,先截取首尾二段对比:

甲、离析形式为12种到7种的前31个离合词:

睡觉、打架、帮忙、吃亏、见面、生气、跳舞、操心、吃苦、鞠躬、冒险、念书、请假、洗澡、读书、结婚、开课、排队、请客、上学、问好、沾光、照相、道歉、鼓掌、开口、离婚、理发、聊天、伤心、争气

乙、离析形式仅为1种的后31个离合词:

贬值、成套、报销、到期、登陆、防汛、防疫、放手、分红、还原、及格、集邮、集资、剪彩、注意、决口、绝望、投标、投产、献身、像样、行贿、行军、延期、移民、遭殃、增产、执勤、执政、施工、违法

离析形式数量居前的31个离合词,除"开课"等少数离合词日常行为特征不太明显以外,其余均为日常生活行为词。而离析形式仅为1种的后31个离合词则基本上不是个人日常生活行为词。我们再对比一下中间的离合词。

丙、离析形式为4种到3种的中间31个离合词:

保密、插嘴、吵嘴、出名、出神、吹牛、辞职、捣乱、登记、懂事、翻身、放学、干杯、讲理、开工、起哄、让步、伸手、说情、算数、谈天、听话、住院、走道、作案、作文、把关、罢工、办学、毕业、参军

我们发现这些离合词中一部分具有日常生活行为性,如:谈天、走道、听话等;也有一部分不具有日常生活行为特征,如:保密、开工、罢工、办学、毕业、参军等。还有一些日常生活性不明显的,如:辞职、让步等。

以上对比充分说明,离合词的离析形式特征与离合词的日常行为特

征具有密切关系,越是表现日常生活行为的离合词,离析形式越丰富。

2 离合词的近体行为语义特征

考察还发现:越是离析频率居前、离析形式越丰富的离合词,其直接关涉人的行为的特性就越强,越具有近体(proximal)特征。表现为这些行为常常是以人的肢体、器官直接或间接参与发出的行为。比如"叹气:心里不痛快而呼出长气,发出声音"(《现代汉语词典》第5版)。所以"叹气"就是明显的人的口腔等器官参与做出的行为。近体行为词有的是单一具体的个人行为,有的是抽象复合的行为。如"叹气"基本上是具体的行为,而"帮忙"、"丢人"则是较为复杂抽象的行为。

先截取离合词离析频率统计表中前、中、后段各50个离合词进行考察。

我们发现离析率居前1—50位(离析率0.84—0.13)的离合词近体行为词达30个,占总数50个的60%。

洗澡、睡觉、叹气、听话、当面、干杯、鞠躬、泄气、帮忙、吃惊、见面、问好、打针、拐弯、操心、敬礼、出神、吵架、狠心、打架、鼓掌、交手、吵嘴、化妆、留神、插嘴、丢人、走道、照相、排队

而离析率居中(第75—125位,离析率0.074—0.015)的离合词近体行为词有14个,占总数50个的28%。这14个近体行为词是:

聊天、放心、着急、起床、招手、道歉、动手、剪彩、游泳、跑步、散步、动身、埋头、打猎

离析率居后(第157—207位,离析率0.007—0.0003)的离合词中近体行为词则只有9个,仅占总数50个的18%。

害羞、留意、安心、出面、迎面、起身、出门、送行、注意

请看下列图示:

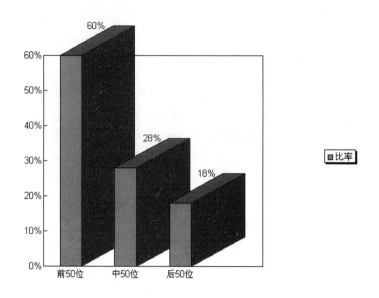

图 6　近体行为离合词分布图

通过以上对比可以看出，离合词离析现象跟人的行为有直接关系，越是关涉人的行为词越有可能离析，越是与人关系密切的行为词离析率越高。

此外，我们发现，离合词离析频率统计表中前、中、后段中出现的 54 个(前 31 个、中 14 个、后 9 个)近体行为词中，有 32 个属于动作发出者自身动作行为词，这些词的语义特点是其行为基本上不关涉外物，或者对外物有所关涉，也对其不产生明显的影响，如：洗澡、起床、害羞等。这类词占近体行为词的 59%，这 32 个自身动作行为词是：

前段(16 个)：洗澡、睡觉、叹气、泄气、吃惊、拐弯、出神、狠心、鼓掌、化妆、留神、插嘴、丢人、走道、翻身、排队

中段(10 个)：着急、起床、动手、游泳、跑步、散步、动身、埋头、纳闷、伸手

后段(6 个)：害羞、留意、安心、出面、起身、出门

这说明离合词中，表示自身动作行为的离合词，占近体行为词的大部分，属于近体行为词的核心。

以上是从离析频率的角度去分析的，从离析形式出现的多寡的角度，

也同样能得出上述结论:离合词离析现象跟人的行为有直接关系,越是关涉人的行为的离合词,离析形式越丰富。请对比本章 1.2 节甲、乙、丙中的例子,恕不赘述。

3 离合词的熟语化特征

3.1 熟语及述宾结构的熟语特征

所谓熟语(idiom),就是语义上具有整体性(即语义不能由组成部分简单推出),结构上具有固定性的语言统一体①。在一定的场合中,统一体形式与所代表的意义之间长期结合,产生了固定用法,该固定用法得到了社会的公认,交际中跟语言使用者形成了一种默契。

熟语是语言结构长期使用而凝固化的产物,汉语中的词包括离合词,大部分都是从短语凝聚来的(王力(1980)称为"仂语凝固化"),许多词在短语阶段或形成之初,其组成部分本来都有实在的语义,后来随着长期使用,熟语化程度不断提高,组成部分逐渐丧失了或部分丧失了原有的语义,而凝聚成了整体意义②。以"见面"为例:

(1) 他日,吾[见]蔑之[面]而已,今吾见其心矣。【文件名:\02 春秋\左传.TXT 文章标题:左传　作者:】

(2) 吾闻之,'鉴於水者[见][面]之容,鉴於人者知吉与凶'。【文件名:\04 西汉\史书\史记.TXT 文章标题:史记　作者:】

(3) [见面]之时,切须存其父子之礼。【文件名:\09 五代\敦煌变文集新书.txt 文章标题:敦煌变文集新书　作者:】

(4) 吾久闻赵云之名,未尝[见面];今日年老,英雄尚在,方信当阳长坂之事。【文件名:\13 明\小说\三国演义(下).txt 文章标题:作者:】

(5) 二姐不管是谁,[见面]就先请安,后倒茶,非常紧张。【文件名:\当代\文学\大陆作家\老舍长篇 3.txt 文章标题:正红旗下　作者:老舍】

(6) ……就汉化了,要说保留着满族的特点的习惯,你像过去满族的礼节吧,[见面儿],见长辈什么伍的,请安,N,其他的这个,一般在北京这儿,好像没有什么太,太大的不同,跟一般的【文件名:\当代\口语\北京话口

---

① 本定义吸收了董秀芳提出的建议,谨致谢忱。
② 董秀芳(2002)有此论述。

语.txt 文章标题：作者：王亨年】

通过"见面"一词的演变过程可以看到,随着时间的推移,"见面"的语义不断整合,最后我们难以辨认出各组成部分的具体意义,语义上已经凝聚成类似英语"meet"的整体意义,"而意义的整体性正是熟语的本质特征。"(张云秋、王馥芳 2003)

王力(1944)就注意到了这个现象,他指出,告状、打仗、说话等"整个仂语的作用等于一个动词",如"说话"相当于"言"和"speak"。

吕叔湘(1956)也提到,"有一点是初学文言的应该注意的,白话里有许多动词常常带一定的止词,合起来只抵得文言的一个动词。"例如：

[话]	[文]	[话]	[文]
走路	行	招手	招
睡觉	眠	点头	颔

吕叔湘(1979)继续指出,一些词"只有单一意义,难于把这个意义分割开来,交给这个组合的成分,例如'走路、洗澡、打仗'等等。因此,有人管这种组合叫做离合词"。

林汉达(1953)就探讨了这个问题存在的根源,他也认为：受词(即述宾双音节结构中的宾语成分——引者注)只说明动词本身的意义,与动词一起说明主语发出的一个动作,而不是动作的目的。如"唱歌","歌"只是补足"唱"的意义,共同说明主语所做的一个行动,不是指具体的歌曲。又如"走路","只是表达一种动作,而不是一种动作加上动作所及的一个目的。"

相原茂(1984)进一步从熟语化的角度对这个问题进行了探讨,他认为,吃饭、走路、唱歌、念书、跳舞、亲嘴、握手、买东西等 V+N 结构都是汉语中的熟语。这些结构的前后两部分是作为一个整体来表示习惯性的行为方式,而不是偶发的行为或具体的事件(event)。上述这些 V+N 结构中 V 和 N 高度融合、一体化,N 已经失去了个体性、具体性,N 的可预测性非常高,"吃"的是"饭","走"的是"路","唱"的是"歌","念"的是"书","跳"的是"舞","买"的是"东西"等,因而 N 所含信息量非常低,N 已经被 V 吸收了。N 的作用就是促使 V+N 结构行为方式化,"这一点对宾语与动词的融合、一体化——表示行为方式来说,再合适不过了,因为表示行为方式时,重点是行为,而非宾语。"(相原茂 1984，大河内康宪 1993)

大河内康宪(1985)认为,"有些动宾结构其动作行为的状态是显而易见的,那么它的宾语前面一般不出现'一个',如'吃饭'、'说话'、'看书'这里的宾语是动词的陪衬,最缺乏信息价值,它只不过跟动词结合在一起表示一般行为而已。"

3.2 离合词的熟语性

汉语的离合词实际上是熟语化程度很高的形式。赵金铭(1984)对《现代汉语词典》作了一个统计,"中间可插入其他成分的动词性的 DM(指"动+名"格式——引者注),即词典中在词条中间加斜的双短横者,共计 2533 条,绝大部分都是常用格式。"

汉语的离合词绝大部分是述宾式,根据施茂枝(1999)统计,95.09%的离合词是述宾式[①]。我们圈定的 207 个离合词中,述宾式的有 195 个,占 94.20%;只有 12 个原本不是述宾式,它们是:洗澡、帮忙、吃惊、睡觉、退休、捣乱、游泳、提醒、报销、考试、登记、幽默。

首先看述宾结构离合词。叹气、搞鬼、沾光、听话、把关、见面、当面、吃亏、吃苦、生气、出名、上当、鞠躬等,V 和 N 已经高度融合、一体化了,形式上 N 已经失去了个体性、独立性。试以词组"买书包"和离合词"叹气"比较:

买书包	叹气
a. 买的是书包	*叹的是气
b. 买的不是书包	*叹的不是气
c. 把那个书包买了	*把那口气叹了
d. 买了他自己的书包	*叹了他自己的气[②]
e. 买了一个书包,那个书包很便宜	?叹了一口气,那口气很长

实际交际中,我们也难以指出具体的"气"、"鬼"、"光"、"话"等是什么。所以 V+N 结构在长期使用的过程中,V 和 N 之间的理据性逐渐被语言使用者超越,意义产生了扩展,而不是 V 和 N 简单的加合。"熟语性是由于内容的组成单位与形式上可分离开的单位之间的关系的理据性丧失的缘故而产生的,熟语性会导致语言单位通过其组成部分的转义形成

---

① 施茂枝(1999)指出:《现代汉语词典》(1996 修订本)动词离合词 2889 条,"占词典全部离合词的 92.86%,占述宾离合词的 97.6%。"我们依此推算 95.09%的离合词是述宾式。

② 离析形式中有"把澡洗了",实际上"澡"不具有独立性,因为我们不能说"把那个澡洗了"。离析形式中有"洗你的澡"、"上他的当"、"吃他的亏"等。实际上,中间的代词都不修饰 B,因此这些都不是领属结构。

融合意义,这是组成部分的语义独立性丧失,结构值转变。于是,具有熟语性的语言单位的形式与内容特征便不相吻合。"(林春泽 2005)

3.3 离合词熟语化的机制

熟语意义扩展的方式主要是隐喻(metaphor)和转喻(metonymy)。(张辉 2003)隐喻是两个相似的认知模型之间的投射(mapping),比如"山脚"、"瓶颈"就是人体的构造(源域 source domain)与物体的构造(目标域 target domain)之间的投射。统计得出的 195 个述宾离合词中主要以隐喻方式扩展的有"搞鬼、沾光、把关、上当、拐弯$_2$、下台、吹牛、捣蛋、上台、完蛋、配套、起草、倒霉、遭殃、丢人、挂钩、加油、担心、要命、结果"等 20 个,这些都是以隐喻的方式从不同的源域投射到生活行为认知域(也包括从一个生活行为认知域到另一个生活行为认知域),从而将意义扩展,使其规约化熟语化。"搞鬼"是将宗教域(源域)投射到生活行为域(目标域),意义扩展为:暗中使用手段或做手脚[①];"把关"是将军事域(源域)投射到生活行为域(目标域),意义扩展为:根据已定的标准,严格检查,防止差错;"上台"、"下台"是将演艺域(源域)投射到行为域(目标域),意义扩展为:官员上任或卸任官职、摆脱尴尬局面。

除了隐喻外,我们发现大部分离合词的意义主要是以转喻的方式扩展。据考察,195 个述宾式离合词除去上述 20 个述宾式离合词意义是以隐喻方式扩展之外,其他基本上以转喻方式扩展。

所谓转喻,就是指同一认知模型中两个相关的认知范畴之间的过渡。如果说隐喻的认知基础是事物之间的相似性,那么转喻的认知基础是事物之间的相关性。转喻和隐喻都是人们一般的思维方式。转喻常常是事物—特征、整体—部分、容器—内容、具体—抽象、一般行为—具体动作等之间的转指。比如"他是靠耍笔杆子吃饭的"。实际上,这句话中"耍笔杆子"和"吃饭"主要都是转喻的用法。"耍笔杆子"是用动作特征转指工作,而"吃饭"是用生活中最显著的动作特征——"用餐"转指"生活"。它们之间的转指都分别是在同一个认知模型中进行的。如"耍笔杆子"是在"职业"这个认知模型中以特征代替行为,而"吃饭"也是在生活的认知模型中,以具体动作转指一般行为。

[①] 《现代汉语词典》第 5 版。以下"把关"、"上台"、"下台"释义均参照之。

离合词转喻的方式主要是用具有代表性的典型动作来转指某一行为方式。如"叹气"是用呼出长气、发出声音这一典型动作来转指人心情不痛快;"干杯"是用碰杯或喝完杯中的酒来转指劝酒或庆祝这些行为方式;"听话"是用耳朵接受别人说话这一典型动作来转指顺从这一行为方式。以上例子是整体转喻,还有一些词,是部分转喻,即通过离合词的一部分转喻来达到语义扩展的目的,如"见面","面"是人的"脸",脸是人的最突出的最易辨识的部分,见到"脸"就是见到了人,也就"彼此对面相见"(《现汉》第5版)了。通过转喻一些离合词已经熟语化、规约化了。

Lakoff(1987)认为,在转喻认知模型中,社会常规(serotypes)实际上是一种转喻,它是由一个次范畴通过社会的约定代表整个范畴,以便能快速地对人和事做出判断和评价。它在描述概念结构时具有重要的参照作用。

应该指出的是,无论是隐喻还是转喻,离合词的规约化程度是不同的,有的规约化程度较高,有的程度比较低。试比较"交手"和"握手":"握手"的动作更为具体,"交手"略微抽象,因为"握手"的"手"在某种情况下,可以实指。这时的"握手"就会向短语游移。如:

(7) 70多岁的刘老汉,拄着一条拐棍,身边偎依着两个孩子……邵正杰[握着老人的手],眼泪刷刷地流下来。【文件名:\当代\人民日报\1996\96News07.txt 文章标题:作者:】

而"交手"的"手"则不能实指。如:

(8) 杨得志同志一生打过很多仗,和各种不同的敌人都[交过手],每次他都能抓住敌人的弱点战而胜之。【文件名:\当代\人民日报\1995\Rm9504b.txt 文章标题:作者:】

*(8′) 杨得志同志一生打过很多仗,都[交过敌人各种不同的手],每次他都能抓住敌人的弱点战而胜之。

因此,"交手"除了用于交战域外,还可以扩展到其他认知域,如竞技域等。如:

(9) 国奥队从来没有同新加坡队、马来西亚队[交过手],相互不了解。【文件名:\当代\人民日报\1995\Rm9501a.txt 文章标题:作者:】

隐喻也是这样,"下台"更为具体,而"起草"则较抽象。不过,尽管一些离合词的熟语化程度较高(如"起草"等),但这些离合词的理解和使用还常常受到这种隐含的投射或过渡的影响或制约。

还有一些离合词虽然也是通过隐喻或转喻方式获得意义的,但是随着时间的推移,一些离合词的规约化熟语化程度不断提高,两个认知域或同一个认知域的两个认知范畴之间的投射或过渡关系已经淡化、隐含或消失了。比如属于隐喻的"沾光、上当、吹牛、捣蛋、完蛋、倒霉、没辙、遭殃、丢人、担心"等;属于转喻的"起哄、留神、结婚、灰心"等。这种情况实际上是超隐喻化(hypermetaphorization)和超转喻化(hypermetonymization),即一个隐喻投射或转喻过渡,被应用于原有的语境之外。换句话说,超隐喻化和超转喻化是熟语规约化提高到一定程度的产物,我们平时对这些结构的认知似乎已经超越了其中的投射关系或过渡关系而直接指向目标域。从这个角度来讲,超隐喻化和超转喻化的离合词,其熟语化程度最高。

再看那 12 个非述宾式离合词:睡觉、洗澡、吃惊、帮忙、退休、捣乱、游泳、提醒、报销、考试、登记、幽默。这些离合词除了"幽默"是外来语音译词难以用隐喻和转喻解释以外,其他都可以用转喻或超转喻来解释。即都是通过代表性的动作来指代一般的行为方式。"睡觉"是通过睡眠和觉醒这两个最具代表性的睡觉的端点动作来指代"睡觉"这一行为方式①;"洗澡、吃惊、退休、游泳、考试、登记"等是通过叠加的两个相同或相似动作来转指某行为方式;"捣乱、提醒、报销"是通过带有结果的动作来指代一般行为方式。其中"捣乱"在语义转喻中过渡关系已经淡化,具有一定的超转喻性,熟语程度更高。

以上讨论了离合词熟语化的机制——隐喻和超隐喻、转喻和超转喻。实际上,隐喻和转喻在熟语化过程中有的时候是不可分的。也就是说,隐喻和转喻有的时候会共同发挥作用。比如,"吃亏"意义的扩展是从生活域投射到行为域,是隐喻,可是"吃"又转喻"接受——遭受"②,"亏"又转喻"一切损失",前者是一般代表特殊,后者是部分代整体,又是转喻机制

---

① 我们不认为"睡觉"是偏义动词,而是认为其行为意义是由睡眠和觉醒两个端点动作转喻而来。从"睡觉"的熟语化过程中可以看出(随着熟语化过程的完成,"觉"的语音形式也发生了变化)。如:

a. 昔有一乳母抱儿涉路,行到疲极,睡眠不觉。【文件名:\06 六朝\小说\百喻经.TXT 文章标题:百喻经　作者:】

b. 倘若睡觉,亟来报知,切勿误事!【文件名:\13 明\小说\二刻拍案惊奇(上).txt 文章标题:作者:】

c. 你与我睡觉之时,也不说我是鬼。【文件名:\14 清\小说\续济公传(上).txt 文章标题:作者:】

② "吃"先转喻为"接受",然后再进一步转喻为"遭受",这是董秀芳告诉笔者的。

在起作用。Goossens(1990)首先注意到了隐喻和转喻的互动在语义扩展中的作用,于是他创造了"隐转喻"(metaphtonmy)这一术语来表达这种互动关系,可见隐喻和转喻在语义扩展中是相互交织的。

从历时的角度看,就汉语的双音节结构单位来说,熟语化程度越高,其词化的可能性越大。但熟语化与词化是单向蕴含关系,也就是说熟语化程度高的双音节结构单位意味着词化,但词化的双音节结构单位未必都是熟语化的产物①。

此外,在共时平面上,熟语化的另一个显著标志就是其使用的口语化和高频化。如此说来,我们对离合词是汉语双音节结构高度熟语化的表现形式应不存异议。

熟语化程度高的结构往往具有不可类推性。如大部分含有工具宾语的动宾结构具有熟语性,如"吃大碗"、"写毛笔"、"喝小杯"、"抽烟斗"等。其中动词并不表示具体的动作,都含有"使用"的意思(任鹰 2000),而不同的"工具名词"也隐含着相对应的转喻义,即"大碗里的面"、"毛笔字"、"小杯里的水或饮料"、"烟斗里的烟"。但是"用+工具名词 + V"格式大部分不能变成"V+工具名词"式,另外也不能根据"吃大碗"、"写毛笔"等类推出"吃碟子"、"写水笔"来。因此上述动宾结构"有很强的熟语性,即通常不大能够援例类推"(徐枢 1985,张云秋、王馥芳 2003)。离合词也是这样,由于离合词具有高度熟语性,离合词不是由其他结构类推来的,离合词之间也不具有类推性,此外离合词的离析形式也不具有类推性,比如说,"吃亏"不是由其他结构如"吃瓜"推导而来,离合词"吃亏"也不能推导出离合词"吃苦"来。另外,离合词"吃亏"的离析形式不是由其他结构推导出来,也不能推导出其他离合词如"吃苦"的离析形式(具体分析详见第八章)。

3.4 离合词熟语化的动因

前文讨论了离合词熟语化及内在机制等一些问题。离合词为什么会熟语化?前文似乎已经回答了这个问题:因为离合词大部分都是从短语凝聚来的,许多词在短语阶段或形成之初其组成部分本来都有实在的语义,后来随着长期使用,组成部分逐渐丧失了或部分丧失了原有的语义,

---

① 如双音节的外来词"玻璃"等。

而凝聚成了整体意义,因此熟语化了。

实际上,这个问题回答得并不彻底。如果我们进一步问:为什么离合词长期使用后组成部分逐渐丧失了或部分丧失了原有的语义,而凝聚成了整体意义?

离合词熟语化的动因首先还要从人们的认知心理谈起。我们认为,长期使用的语言结构,在话语中重复率、使用频率高。从认知上讲,一个行为长期重复就会从原始动机中解放出来,而变成有固定意义的符号。语言也是如此,如见面的问候语由于长期使用,其原始内涵已经被"漂白"(bleached)。其次,重复出现的事物对人们大脑的刺激会减弱,人们对此的反应也会减弱,从而使形式和意义弱化。意义弱化了,才有可能发散、转移。上述分析的离合词的隐喻和转喻的实现就是以离合词意义的弱化为基础的。此外重复久了的事物容易产生"组块"(chunk),即倾向于呈整体形式出现。比如刚开始学开车时,常常把开车的起步动作分解记忆并按要领一步一步地操作,如果是一个开车多年的老司机,他就不会意识到各步骤的存在。因为事物长期重复,对人的刺激就会减弱,从而人们就常常忽视其内部的界限。离合词的熟语化也是这样,"见面"长期使用,我们就很少考虑其内部各部分的意义,而在认知上直接"抄近路"[①](shortcut)到类似英语"meet"的意思。

从离合词内部结构来讲,离合词是短语 V+N 通过转喻或隐喻转化而来,我们发现,转化为离合词的短语 V+N 中的 V 大部分都是高频动词。请看统计出的 60 个重点离合词:

叹气、搞鬼、沾光、听话、把关、放假、当面、干杯、吃亏、出名、鞠躬、泄气、吃苦、请假、洗澡、接班、帮忙、争气、吃惊、见面、问好、打针、劳驾、上当、睡觉、拐弯$_2$、操心、念书、随便、照相、排队、告状、敬礼、出神、吵架、拜年、狠心、遭殃、开课、打架、鼓掌、交手、下台、吵嘴、留神、翻身、插嘴、化妆、丢人、走道、结婚、跳舞、做主、站岗、随意、生气、理发、挂钩、倒霉、伤心

这 60 个重点离合词中,除少数几个外,大部分 AB 结构中的 A 都是使用频率比较高的动词。如"吃"就占了 3 个(吃惊、吃亏、吃苦),此外,还有"见"、"睡"、"帮"、"听"、"打"、"问"、"做"、"站"、"跳"、"出"、"上"、"下"、"走"、"搞"、"丢"、"念"、"吵"等。越是高频的动词,其论元结构越不稳定,V+N 结构的意义越容易产生游移,V+N 结构熟语化的可能就越大(陶

[①] "抄近路"的译法是董秀芳告诉笔者的。

红印 2000)。正如 Hopper(1995)所指出的:高频及物动词常常与其他词语组合成熟语、固定语。

由此,关于离合词的熟语化,我们就找到了其内在动因。

4 离合词离析形式的语义结构

以上讨论了离合词的语义产生机制,我们更关心的是,离合词离析后情况如何呢?我们先从探讨离合词离析结构的句法语义功能入手。陆丙甫(2004)指出,就功能分析而言,语法研究应该以语义功能为起点,因为它不可缺少,是最起码的关系。

我们已经知道,离合词在熟语阶段,V+N 结构中 V 和 N 高度融合、一体化,少量的非 V+N 结构也在使用中规约化。

离合词 AB 通过插入成分等方式产生离析结构(我们称之为 AXB 结构①),从而进入了句法层面。这些插入成分(我们称之为 X)有:助词(了、着、过、的)、代词、名词、形容词、重叠动词、数量词(动量词、名量词、时量词等)。

那么 A、B 和插入成分 X 三者的关系如何呢?

这三者的关系根据组合无非有四种情况:

1) X 跟 A 单独联系;

2) X 跟 B 单独联系;

3) X 跟 AB 整体发生联系;

4) X 跟 A 或 B 以及 AB 都没有联系。

首先可以排除第四种情况,因为根据距离相似原则,X 如果跟 A 或 B 以及 AB 都没有联系的话,X 就不可能插入 AB 之中。

王铁利(2001)证明了 X 既不和 A 单独发生联系,也不和 B 单独发生联系,而是和离合词 AB 整体发生联系。不过她论证的只是 X 为代词或名词情况下 X 跟 AB 的关系,以此来类推所有的插入成分与离合词 AB 的关系,说服力略嫌薄弱。

其实,关于 X 跟 AB 的关系,赵金铭(1984)已经明确指出,有些 DM(动+名)中间所插入的成分,尽管从表面上的语法关系来看,插入成分为

---

① 离析形式还有 B 提前,如"见面——连面也没见"。为了叙述方便,我们暂时统称为 AXB 形式。

M 的修饰语,实则恰是整个 DM 的对象。赵先生所说的"对象"是广义的,从这个角度讲,赵先生的观点很有见地。

离合词 AB 中间插入 X 后,AB 的基本语义并未改变,因为离合词 AB 形式上已经熟语化,语义上已经规约化。正如吴道勤、李忠初(2001)指出:离合词在被拆开使用之后,其语义并不按照其组合成分独立式的字面义重新组合,而是仍然保留了"离合词"原有的词义不变。所以,离析结构 AXB 中,AB 仍保持语义上的相对独立性,这是离合词离析结构赖以存在的基础。既然离合词 AB 离析后原有的语义不变,那么 X 只能与 AB 整体发生联系了。

如"吃了一个亏",语义上就是"完成了一个吃亏这个行为"。"了"并不限于表示动作"吃"的完成,"一个"也不只修饰"亏"。如果"了"仅仅单独跟"吃"发生语义关系的话,那么其语义就会发生变化。

试比较:

甲.吃了一个苹果　　　　乙.吃了一个亏
　你吃了几个?　　　　? 你吃了几个?
　吃了一个。　　　　　? 吃了一个。

甲例中"吃"的语义没有变化,而乙例的"吃"失去"亏"后,已经难以显示其遭受义了,除非有特殊语境的帮助。

同样,"一个"也不表示"亏"的数量,因为语料中没有"吃了两个亏、吃了三个亏"之说;而且"亏"也并没有专门的量词,只能用通用量词"个"。

B 提前的情况似乎是一个特殊,如:

(10)他打开窗户探出头冲着楼下叫道,一楼的,等会儿再用水好不好,让我将[澡][洗]完。【文件名:\当代\作家文摘\1996A.文章标题:分享艰难(连载之一)作者:刘醒龙】

实际上,这种情况并不特殊,虽然 B 提前了,但"语义上,深层结构上仍然是受 V+O 控制,V+O 可以说是这种格局构成和理解的基底式"。(储泽祥 1996)

我们认为,离合词离析结构 AXB 的语义构成分两个阶段,首先 A 和 B 结合并保持基础语义,然后 X 跟 AB 相互作用形成 AXB 结构整体语义。AXB 语义结构图示如下:

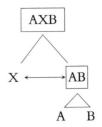

图 7　离合词离析结构语义关系结构图

AXB 结构语义类型主要有如下几种：
1) 动作行为关涉时间　如：洗了/过/着澡　洗澡 ⟷ 隐性时间①
　　　　　　　　　　　　　　洗一个小时的澡　洗澡 ⟷ 显性时间
2) 动作行为关涉结果　如：化上妆　化妆 ⟷ 结果
3) 动作行为关涉量　如：洗洗澡/洗一次澡/洗一个澡　洗澡 ⟷ 量
4) 动作行为关涉受事　如：出我的丑　出丑 ⟷ 受事"我"
5) 动作行为关涉施事　如：睡你的觉　睡觉 ⟷ 施事"你"
6) 动作行为关涉对象　如：丢我的人　丢人 ⟷ 对象"我"
7) 动作行为关涉进行的方式　如：睡个舒服觉　睡觉 ⟷ 方式舒服
8) 动作行为关涉进行的范围　如：吃过战争的苦　吃苦 ⟷ 范围在战争方面
9) 动作行为关涉来源　如：沾了人家小姨子的光　沾光 ⟷ 来源从人家小姨子那儿
10) 动作行为关涉原因　如：吃他的亏　吃亏 ⟷ 原因
11) 对动作行为的强调或确认　如：澡洗了　洗澡 ⟷ 强调
　　　　　　　　　　　　　　　昨天洗的澡　洗澡 ⟷ 确认

5　离合词离析结构句的及物性

及物性是人类语言的共同特征，及物性反映句子的整体性质，而不是句中某一两个成分之间的关系。Rice(1987)对及物性的定义是，施事通

---

① "体"不与情境时间(the time of the situation)直接关联(Comrie 1976)，我们姑且称为隐性时间。

过行为对受事的影响。及物句的格式通常是[NP₁—V TRANS—NP₂]，NP₁(主语、施事)通过某个行为对 NP₂ 进行影响，使其状态或位置发生变化。及物性有许多要素组成，构成一个从及物到不及物的连续统，这个连续统涉及到表示论元的名词短语的许多参数以及各种语用参数，每一要素说明及物性某一方面的特征，句子体现的及物性原型特征越多，越靠近及物性的一端，否则接近不及物的一端。(Croft 2003)见表13：

表 13　及物性特征束(Hopper & Thompson 1980)

及物性特征束	高及物性特征	低及物性特征
A. 参与者(participants)	两个(施、受)或更多 2 or more participants, A & O	一个 1 participant
B. 动作性(kinesis)	动作 action	非动作 non-action
C. 体貌(aspect)	完成体 telic	非完成体 atelic
D. 瞬时性(punctuality)	瞬止的 punctual	非瞬止的 non-punctual
E. 意愿性(volitionality)	意志的 volitional	非意志的 non-volitional
F. 肯定性(affirmation)	肯定的 affirmative	否定的 negative
G. 语态(mode)	现实的 realis	非现实的 irrealis
H. 施动性(agency)	有效力的 A high in potency	无效力的 A low in potency
I. 宾语受动性(affectedness of O)	受事完全被影响 O totally affected	受事不受影响 O not affected
J. 宾语个体性(individuation of O)	高度个体化 O highly individuated	非个体的 O non-individuate

Taylor(1995)曾对上面的特征进行过总结和解释：

a) 及物句是描写的事件有且只有两个参与者,而且在句式中分别为主语和宾语。
b) 两个参与者是高度个性化的,即它们是离散的,具体的实体(有明确的所指),相互区别。
c) 主语 NP 的所指,即施事发起整个事件,是事件的全部责任者,再者,主语 NP 是句子的话题,主语是句子的表述对象。
d) 施事有意识有意愿地实施某个行为,控制某个事件,由于意识是人类所具有的特征,因此,典型的施事应该是具有行为能力的人。
e) 施事的行为导致受事,即宾语的所指发生某种变化,而且这种变化是施事所要达到的目的。通常情况下,受事不是有生命的实体。
f) 事件发生后,受事的状态发生了变化,通常情况下,受事所经历的变化可以感受或观察到。
g) 事件是瞬时的,尽管事件在时间上是可以延续的,但其内部结构,起始与结束之间的状态不是表述的核心。
h) 施事对受事的行为通常是直接接触,而且对受事的影响会立刻显现出来。
i) 事件具有因果关系,施事的行为导致受事的状态发生变化。
j) 施事和受事不仅是两个不同的实体,而且通常处于对立的关系之中。
k) 句式所表述的事件必须是真实的,非想象的,非假设的,或与事实相反的。
l) 施事的行为对受事整体造成影响,使其全部发生变化。

如果一个及物句具有上面所有的特征,那么,它的及物性最高,就被称为"原型及物句"。如:

(11) 张三吃了那个苹果。

例(11)具备了上述及物性的所有特征。

我们回过头来考察一下离合词的离析结构句的及物性情况,请看实际例句:

(12) 可是杨新舍不得离开故宫,虽然[吃了些苦],故宫的文物却如强大的磁石吸住了他,使他不能离去,他相信终有一天,蒙在这些稀世珍宝上的尘垢终将拂去,显出其耀眼的光华。【文件名:\当代\作家文摘\1996\1996B.TXT 文章标题:杨新:热心于海峡两岸文物交流 作者:卜林龙】

(13) 有一次我窘迫地发现只有自己一个人[上了他的当]，他当时快乐的笑声使我小小的自尊心受到了伤害。【文件名:\当代\文学\余华.TXT 文章标题:在细雨中呼喊　作者:余华】

(14) 晚上到饭车吃饭，待者穿着小礼服，[鞠着躬]和客人说话，客人也大都换上整齐的衣服端端正正坐着，与俄国饭车空气大不相同。【文件名:\现代\文学\散文 3.TXT 文章标题:西行通讯(附录之二)　作者:朱自清】

(15) 咱们……可不能[丢这个人]，不能的，慧素。【文件名:\当代\作家文摘\1995\1995A.文章标题:张伯驹和陈毅的交往(5)　作者:刘军】

(16) 你是不是还有点[生我的气]？【文件名:\当代\文学\王朔 a.txt 文章标题:浮出海面　作者:王朔】

(17) 就算咱们[结]不成[婚]了，也不至于就成仇人了吧？【文件名:\当代\文学\王朔 a.txt 文章标题:永失我爱　作者:王朔】

(18) 但是第二天一清早，有人到法院去[告了那人一状]，逼他破了产，所以我始终没有拿到分文。【文件名:\当代\读者\读者(合订本).txt 文章标题:作者:】

(19) [游完泳]上岸天色已经昏黑，一个叫小毕的叔叔，发现地上有个二分钱钢蹦儿，弯腰去拣，摸了一口痰。【文件名:\当代\文学\王朔 e.txt 文章标题:看上去很美　作者:王朔】

通过上述例句，我们观察到，含有离合词离析形式的句子只具备较少的上述及物性特征。请看下表：

表 14　例句(11)与离合词离析结构句及物性特征对比一览表

特征/句式	a)	b)	c)	d)	e)	f)	g)	h)	i)	j)	k)	l)
例句(11)	+	+	+	+	+	+	+	+	+	+	+	+
离析结构	−	−	+	+	−	−	+/−	−	−	−	+/−	−

及物性假说(Transitivity Hypothesis)认为，一个语言中的(a)(b)两个句子，如果(a)句在上述表 13 中 A-J 任何一项特征方面显示为高及物性的，那么，(a)(b)两句中的其他语法/语义区别也将体现出(a)句的及物性高于(b)句。

(a) A　　V　　O　　　　　　(a) A　　V　　O
　　［telic］［x］　　　　　　　　　［x］［indiv.］
(b) A　　V　　O　　　　　　(b) A　　V　　O
　　［atelic］［y］　　　　　　　　［y］［non-indiv.］

无疑，离合词离析结构句的及物性是大大低于例句(11)的。

我们发现离合词离析形式 AXB 中 B 的性质是造成含有离合词离析形式的句子及物性低的主要因素。在句法平面上 AXB 中 B 虽然上升为 A 的支配成分，但是 B 还不具备原型受事的特征，B 的个体化程度很低。

跨语言的研究表明，典型受事具有以下特征：

a. 变化性，指有关事件使得该事物的状态发生了变化。如：他打破了<u>玻璃</u>。

b. 渐成性，事件的所成之物是在动作过程之中逐渐形成的。如：张三捏了一个<u>泥人</u>。

c. 受动性，指该事物承受某个动作或事件的结果。如：小万打了<u>张三</u>。

d. 静态性，指该事物基本没有位移的变化。如：子弹穿过<u>靶子</u>。

e. 附庸性，事物是该事件的产物，是事件的结果。如：老徐画了一只<u>小羊</u>。

考察发现，离合词离析形式 AXB 中的 B 基本上不具备上述变化、渐成、受动、附庸的特征，B 也不具备静态的特征。看一个例子：

(20) 自那以后，我们再没有一块儿［跳过舞］。【文件名:\当代\读者\读者(合订本).txt 文章标题：作者：】

"舞"没有发生变化，也不是动作或事件的结果。"舞"也不具备静态性，因为受事的静态性是跟施事的位移性相对应的。例(20)中的"我们"跟"舞"根本不处于对立的关系中，因此，"我们"对"舞"来讲谈不上位移性，反之"舞"对"我们"来讲，也谈不上静态性。

B 也不具备个体性，已有研究表明，以下特征决定受事的个体化程度：专指的、人或有生命的、具体的、单数的、可数的、有指称意义的或者定指的。体现以上特征的，个体化程度高，反之，则低。我们看上例中的 B "苦"、"当"、"躬"、"人"、"气"、"婚"，有时仅具有弱有指性，其他特征均不具备。因而 B 的个体性极低，不是事件的参与者，所以施事也不会对 B 产生影响，B 当然不会有什么状态或位置的变化。有意思的是，例(15)

中,"丢这个人"中出现了"这个",实际上,"这个"并不修饰"人",因为我们不能说"这个人丢了"。这里,"这个"只是承担语用功能(见第五章分析)。

原型及物性的核心含义就是:一个事件涉及到两个参与者(施事、受事),施事导致受事的状态或位置发生变化,原型主语应该是施事,原型宾语应该是受事。既然B没有什么状态或位置的变化,那么,离合词离析形式AXB的低及物性就在预料之中了。

我们观察到,离合词离析形式倾向出现于非现实句中,如虚拟句、否定句、条件句、因果句、意愿句等(见第二章)。这也是其低及物性的表现之一。

根据认知语言学的观点,一个结构的语义特征肯定会在句法上得到体现,即一个结构的语义特征和句法体现应是一致的(Langacker 1987)。

Rice(1987)深入研究了及物性与被动句之间的关联,他的研究表明,一个及物句是否是原型及物结构与被动化有关,原型及物句都可以变成被动句。我们发现所有离合词离析结构的句子都不能转化为被动句。测试一下上述例(12)—例(19):

*(12′) 可是杨新舍不得离开故宫,虽然些[苦被吃了],……

*(13′) 有一次我窘迫地发现只有自己一个人[他的当被上了],……

*(14′) 晚上到饭车吃饭,待者穿着小礼服,[躬被鞠]着和客人说话……

*(15′) 咱们……可不能[这个人被丢],不能的,慧素。

*(16′) 你是不是还有点我的[气被生]?

*(17′) 就算咱们[婚被结]不成了,也不至于就成仇人了吧?

*(18′) 但是第二天一清早,有人到法院去那人一[状被告]了,逼他破了产,所以我始终没有拿到分文。

*(19′) [泳被游]完上岸天色已经昏黑,一个叫小毕的叔叔,发现地上有个二分钱钢蹦儿,弯腰去拣,摸了一口痰。

我们在CCL语料库中对207个离合词进行穷尽的考察,搜索到了14,968句带有离合词离析形式的句子,这些句子中的离合词离析形式没有一例以被动式离析。这足以说明,离合词离析形式句的低及物特征。实际上,被动结构与及物性的关联,是容易理解的,因为被动结构必须具有致使性语义特征,也就是说,被动句主语必须是动词所表达事件的受影响者,否则该被动结构就不能成立。我们考察的离合词离析结构中的B

没有受到影响,因而它就不能与被动句产生任何关联。

由此,我们认为:离合词离析形式句及物性低的原因主要还是离合词 AB 离析后,离析形式中的 B 仍然受整个 AB 结构语义的制约,B 虽然跟 A 离开了,但语义上还不具备独立性,其受事地位还没有建立起来,即便占据宾语位置,也只是一个先天不足的"畸形"宾语。另外,A 由于受整个 AB 结构的制约,动作性也不完整,所以如果将 A 与整个 AB 结构"割裂"开来,单独考察,那么 A 的动作性也是"畸形"的。

从认知角度上讲,AXB 结构的低及物性有其更深层的原因。我们已经证明了,离合词大部分是日常行为动词,所谓日常生活行为动词,是指反映人们每天(或常常)做或经历的一般行为的动词,这些词使用频率高,熟语性强。这些动词所指的行为代表我们生活中每天或常常对某些事物进行处置。这种处置行为在人们的认知中已经司空见惯了,因而整个处置过程便被人们忽略掉了,被处置物也渐渐成为动作的一部分。最典型的例子是"吃饭"。我们每天吃饭,对"饭"的处置已经习焉不察了,"饭"也就成为"吃饭"行为的一部分。"饭"难以跟"吃"分离从而失去了个体性和受事特征。即使"吃饭"在一定的语用因素促动下,产生离析现象,"饭"也不能完全恢复其受事性。因此可以认为,这是离合词离析结构低及物性的根本原因。

本章小结

本章讨论了离合词及其离析形式的语义特征。

离合词中,大部分是表示人的普通的日常生活行为的词。统计发现,离合词离析频率与普通的个人日常行为词的分布正相关,越是表现日常行为的词,其离析频率越高;离合词的离析形式特征与离合词的日常行为特征也具有密切关系,越是表现日常生活行为的离合词,离析形式越丰富;离合词大部分是个人自身动作的行为词。离合词的这些语义特性跟说汉语的人对客观世界的认知方式有着密切的关系。

汉语的离合词实际上是熟语化程度很高的形式。从离合词内部结构来讲,离合词是短语 V+N 通过转喻或隐喻的方式转化而来的,而这些结构的高使用频率是其熟语化的动因。

离合词离析结构 AXB 的语义构成分两个阶段,首先 A 和 B 结合并保持基础语义,然后 X 跟 AB 相互作用形成 AXB 结构整体语义。

离合词离析形式具有低及物性的特点,这主要跟离合词 AB 离析后,离析形式中的 B 仍然受整个 AB 结构语义的制约而不具备独立性有着直接关系。

第四章 离合词离析形式的篇章特征

1 离合词离析形式信息结构特点

汉语的句子中,宾语往往是一个句子的焦点,表示最新信息。离合词未离析时,AB结构的A和B高度融合、一体化,B已经失去了个体性、具体性。B的可预测性非常高,所含信息量非常低,B的信息几乎已经被A吸收了,因而B基本上是无指的。B的作用就是促使AB结构行为方式化(见第三章分析)。离合词AB离析后,A和B都上升为句法层面,在AXB形成小句的情况下,B就成为了A的宾语[1]。那么,在篇章中,AXB中B的情况如何呢?在研究离合词离析形式AXB的信息结构时,AXB中B的性质和功能是一个关键因素。这些问题搞通了,离合词离析形式的信息结构的问题就解决了。

---

[1] 关于一些离合词(如"结婚"的"婚"、"吃他的亏"中的"亏"等)离析后后项成分B的句法地位,张伯江(1994)认为,"从语法上说,这些例子里的N_2(如'吃他的亏'中的'亏'——引者注)在词汇平面上不成词,但在句法平面上却无妨是个句法成分,这就是吕叔湘先生曾论述过的'临时单音词'现象。静态地看,它往往是黏着语素,放在一定的句法结构里,却是个独立的句法单位,因此我们有理由把N_2当做一个自足的成分看待。"王铁利(2001)论证了"结婚"的"婚"、"洗澡"的"澡"、"睡觉"的"觉"等的名词地位。我们收集的例子有离合词后项成分离析后同名词并列和用于"是"字句的宾语的用法。这足以说明离合词后项成分离析后的名词性质。如:

a. 李小兰领小菊去洗了个头和澡,替她买了洗头膏、香肥皂、毛巾牙刷牙膏、水杯、……【文件名:\当代\文学\池莉.txt 文章标题:太阳出世 作者:池莉】

b. 由四大妈陪伴着,她穿着孝衣,在各家门口给帮过她忙与钱的邻居都道了谢。【文件名:\现代\文学\老舍 四世同堂.TXT 文章标题:四世同堂 作者:老舍】(王铁利2001也引用了此例)

c. 明知这是当,还是上了当,既然无办法,也就随他去罢。【文件名:\现代\文学\俞平伯.TXT 文章标题:稚翠和她情人的故事 作者:俞平伯】

1.1 AXB 结构中 B 的信息性质

1.1.1 新信息

新信息一般是一个语篇中首次引入的、预料受话人当时意识中没有的信息,新信息往往是话语事件的主要参与者,具有较强的话题连续性(topic continuity)。(Givón 1983)也就是说,叙述中第一次引进了新信息的话,一般后续小句的相关成分要采用定指、零形式回指等手段对其进行追踪(tracking)。

我们拿几个实际语料例子来对比(本文中出现的符号[?],表示对加点的成分零回指):

(1)后来为了实用,他卖了小菲亚特[买了一辆大发],这辆大发形同公车——公司运货接送客人什么的全用这辆车,该谁的公务谁开[?]。【文件名:\当代\报刊\报刊精选\1994\06.txt 文章标题:作者:】

(2)为了丧事上风光,贾珍就给银子[买了一个头衔],这个头衔就是龙禁尉,这个龙禁尉是给贾蓉买的。【文件名:\当代\电视电影\百家讲坛\041207—050115\12月7日《揭秘秦可卿》(上)刘心武.txt 文章标题:作者:】

(3)现在我们就夫妇俩儿,老俩儿在一块,还有个孙子在这儿上学,其余都出去了,我那个大孙子去年考上了大学,建筑工程学院,他是六十五中毕业的,……【文件名:\当代\口语\北京话口语.txt 文章标题:作者:松淑琴】

例(1)、例(2)是用一个有指形式"一辆大发"、"一个头衔"引入一个新的信息,然后用定指的形式、零形式回指追踪叙述。例(3)是一个叙述自己后代情况的一段话,当要引入新的事件参与者"孙子"时,作者就用一个存现句将其引入,"孙子"前加量词"个",作为新信息的标志。后边的句子分别以指示代词和第三人称代词的形式对"孙子"进行追踪。这时新信息"孙子"是叙述的主线,话题连续性较强,因为"一个概念在语篇中多次出现,并且以不同的形式追踪,这是它具有话题性的表现"。(刘丹青 2005)这里的新信息"孙子"具有很强的启后性。

对比下面例(4)和例(5),"吃了亏"和"当着面"中的"亏"和"面"似乎没有启后性,后续小句也没有采取相应的手段分别对"亏"和"面"进行追踪,"亏"和"面"不具备话题连续性。

(4)后来小舅就不提地的事了,可终归觉得[吃了亏],还丢了面子,心里老是疙疙瘩瘩,也就和俺家断了来往,过年过节也不走动。【文件名:\

当代\作家文摘\1993\1993B.TXT 文章标题:石门呓语《石门夜话》续篇(连载之四) 作者:尤凤伟】

(5)[当着面],人们称他司令员,背地,都亲切地叫他"胡子"。【文件名:当代\作家文摘\1995\1995B.TXT 文章标题:大决战前夕的一次秘密演出 作者:刘春声】

再以"见面"、"游泳"、"毕业"、"沾光"等离合词的离析形式为例,看一看名词成分"面"、"泳"、"业"、"光"等是否具有新信息的性质:

(6)心情稍好一点时,母亲说服了一向固执的他,介绍他与一个漂亮的姑娘[见了面];过了几日,他们到乡政府登了记;又过了几日,他们决定了结婚的日子。【文件名:\当代\作家文摘\1997\1997A.TXT 文章标题:罪恶,从一场婚姻开始 作者:张永霞】

(7)侯七奶奶给她家老大说的这门亲事,女方的父亲是一位老世医,这位姑娘年龄是大了些,比侯天成大4岁,也引见着两个人[见了面],侯天成也没表示反对;只是到了结婚的时候,侯七奶奶主张大事操办,倒是侯天成说最近以来时兴旅行结婚,侯七奶奶怕不答应侯天成的要求,他又要哭,于是无可奈何,也就让他们旅行结婚去了。【文件名:\当代\报刊\作家文摘\1997\1997B.TXT 文章标题:糊涂老太——府佑大街纪事(2) 作者:林希】

(8)对门住的年轻人同她[见过面],可是从来没有打过招呼,他走了过来,离得不远,站定了,轻轻的说了一声:……【文件名:\现代\文学\散文3.TXT 文章标题:爱 作者:张爱玲】

(9)事实上,这些年来,高女士一直就在我们的身边,我从来没有[见过她的面],但是,她攥着那封信,其动机就是有朝一日保护我,她在许多场合里都说过,她认为梁大牙是凹凸山地区最优秀的抗日军人。【文件名:\当代\电视电影\历史的天空.txt 文章标题:作者:】

(10)二十五号南头一张双层床上住着一个历史系学生,一个中文系学生,一个上铺,一个下铺,两个人合住了一年,彼此[连面都没有见过];因为这二位的作息时间完全不同。【文件名:\当代\文学\大陆作家\汪曾祺.TXT 文章标题:鸡毛 作者:汪曾祺】

(11)有一天,王光美同志邀我和佳楣、余叔、胡明等七、八个女同志到第一泳场聚聚,正赶上毛主席[游完泳],穿着浴衣,坐在那儿吸烟休息。【文件名:\当代\作家文摘\1993\1993A.TXT 文章标题:在毛泽东的专列上 作者:水静】

(12)那会儿招家属的时候儿呢,咱们孩子岁数儿不够,赶到咱们孩子[毕了业]呢,就是上部队了都。【文件名:\当代\口语\北京话口语.txt 文章

标题:作者:金淑惠】

（13）惹得孔太平生气了,他说,夫妻几年,未必你还不了解我的为人,经济上家里[沾没沾别人的光]你应该最清楚,作风上怎么说你也不信,我发个誓,若是在外有别的女人,那东西进去多少烂多少,老婆一下子破涕为笑,还嗔怪他一张臭嘴只会损自己【文件名:\当代\作家文摘\1996\1996A.TXT 文章标题:分享艰难(连载之五) 作者:刘醒龙】

例(6)—(13)中"见面"、"游泳"、"毕业"、"沾光"等离合词的离析形式中"面"、"泳"、"业"、"光"都没有作为故事的主线进行叙述,都没有启后性,不具备话题连续性。

以例(9)为例,文章以"高女士"为线索进行叙述,到第二句引入"我从来没有[见]过她的[面]",但是文章的线索并没有沿着"她的面"进行,而是继续以"高女士"为对象进行叙述。请看下面的叙述线索:

(9′) 这些年来,高女士……,{我从来没有见过她的[面]},她……,其……,她……,她……。

一个新信息常常具有很强的启后性,这里"她的面"没有启后性,不具备话题连续性,似乎没有提供新的信息。

上述例子离合词的离析形式 AXB 有一个特点,就是 B 的前面都没有数量词修饰。很多情况下,述宾结构如果要引进新的信息,要采用引入数量词修饰宾语的手段,凸现宾语。比如"买书"的"书"是无指的,我们不能将"书"与实际语境的"书"对应起来。如果我们要将"书"作为新信息引入,"书"前一般要加数量词,并且常常可以用定指手段进行回指。如"我买了一本书,那本书很好看"。

来看一下 B 前面有数量词的离析结构中 B 是否具有新信息性质。以"洗澡"、"撒谎"、"敬礼"等离合词的离析形式为例:

（14）她……,而是顺便先到一个朋友家痛痛快快[洗了一个澡],把监狱生活给她身上带来的污垢统统洗掉了,又借了一件干干净净的衣服穿在身上,这样,她才一瘸一拐地回到家里去。【文件名:\当代\报刊\作家文摘\1994\1994B.TXT 文章标题:郭沫若和他的三位夫人(9) 作者:桑逢康】

（15）晚饭前,女主人又让刘称妹美美地[洗了一个澡],然后把早已准备好的新裙子和新鞋袜,给她换上,山里的妹子顿时变成活泼可爱的"白雪公主",连晚上来看望她的清新县的老师,都几乎认不出她来了。【文件名:\当代\报刊\报刊精选\1994\05.txt 文章标题:作者:】

（16）他[洗了一个澡]后,头脑顿时清醒起来,连忙打电话告诉 S,让

4日早晨7点45分的机票作废,留下来了却这件事。【文件名:\当代\报刊\报刊精选\1994\05.txt 文章标题:作者:】

(17) 她先跑到屋子旁边的螺冲里去[洗了一个澡],然后去摘了一大抱菖蒲、柳枝、龙眼叶、黄皮叶回来,把菖蒲和柳枝插在门口,把龙眼叶和黄皮叶用沙煲熬了一煲净水洗头。【文件名:\当代\文学\大陆作家\欧阳山 苦斗.txt 文章标题:作者:】

(18) 他又觉得自己在赵青布置好的染缸里[洗了一个澡],染了一身黑,就是跳到黄河里也洗不清了。【文件名:\当代\文学\大陆作家\雪克 战斗的青春.txt 文章标题:作者:】

(19) 晚上,蓝萍向唐纳[撒了一个谎],急匆匆走出家门,直奔黄敬住地。【文件名:\当代\作家文摘\1993\1993B.TXT 文章标题:她还没叫江青的时候(连载之十八) 作者:王素萍】

(20) 巡警向车内的司机[敬了一个礼],司机只当没看见;他又一次次地敬礼,司机仍是躲在车内置之不理。【文件名:\当代\人民日报\1995\Rm9511a.txt 文章标题:作者:】

上述例子中,"澡"、"谎"、"礼"虽然出现了数量词"一个",但后续小句的相关成分也并没有分别对"澡"、"谎"、"礼"等进行追踪,而是继续以"她"或"他"的零形式叙述下去。看例(14)的叙述线索:

(14′) (她)……,[?]{洗了一个澡},[?]把……,[?]又借了……,这样,她才……。

再看例(19)的叙述线索:

(19′) 蓝萍……{撒了一个谎},[?]……,[?]……。

例(14)中,叙述线索是以"她"为主线,尽管在叙述中,出现了离析形式"洗了一个澡",但是,故事还是继续以"她"的零回指形式对"她"进行叙述,而没有将叙述的线索转到"澡"上。这说明,"澡"并没有启后性和话题连续性,"澡"的数量结构也没有引入新信息。

例(19)也没有以"谎"为主线,说明"谎"也没有引入新的信息。

1.1.2 旧信息

篇章中,离析形式 AXB 中的 B,如:"当 X 面"的"面"、"吃 X 亏"的"亏"、"洗 X 澡"的"澡"、"撒 X 谎"的"谎"、"敬 X 礼"的"礼"等是否是旧信息呢?我们知道旧信息的特点是它在语篇上具有承前性,即一个句子引进新信息后,后续小句往往用一定的形式,承继前边的相关信息叙述下去。如例(3)中叙述者先用一个存现句引入新信息——事件参与者"孙子",后续小句用定指形式"我那个大孙子"或代词"他"为话题,继续对"孙子"叙述,这时后续小句的话题成分"我那个大孙子"、"他"就是旧信息。

考察发现,离合词离析形式 AXB 中的 B 在篇章中并没有承前性。下面例(21)以"两个学生"为线索,小句"彼此连[面]都没有[见]过"前面的句子都没有涉及"面",所以"面"也没有承前性。

(21) 五号南头一张双层床上住着一个历史系学生,一个中文系学生,一个上铺,一个下铺,两个人合住了一年,彼此连面都没有见过:因为这二位的作息时间完全不同。

1.1.3 偶现新成分

承前性是旧信息的标志,启后性是新信息的标志,由此看来上述各句的 AXB 中 B 既不是新信息,也不是旧信息。我们认为 B 是偶现(incidential/trivial)新成分,偶现成分一般是篇章中只出现一次的概念成分,不具备话题连续性。王铁利(2001)也指出,"这里的离析形式是偶现新信息的载体。"

陶红印、张伯江(2000)对"偶现"新成分做了清楚的解释。(下面例句(22)—(24)引自陶红印、张伯江(2000))

(22) 及至引见,到了老爷这排,奏完履历,圣人往下一看,见他正是服官政的年纪,脸上一团正气,就在排单里"安学海"三个字头上,点了一个朱点,用了榜下知县。(《儿女英雄传》1 回)

(23) 又见班里两个人提着灯笼出来关门,把一把锁锁了,各自归家去了。(《水浒传》56 回)

(24) 两个公人自去炕上睡了。把一条铁索将卢员外锁在房门背后,声唤到四更。(《水浒传》62 回)

陶、张文认为,例(22)中"一个朱点"、例(23)中"一把锁"、例(24)中"一条铁索"都是典型的不具备话题连续性的偶现新成分,语篇上既不承前也不启后。

下面的语料都似乎不支持我们的观点:

(25) 从下城到彼尔姆这段路上,聂赫留朵夫同玛丝洛娃只[见过两次面]:一次在下城,在犯人们坐上装有铁丝网的驳船以前;另一次是在彼尔姆的监狱办公室。【文件名:\当代\翻译作品\文学\复活.txt 文章标题:作者:】

(26) 金枝又说:"大立,刚才玉英一说我才想起来,我还得向你道歉呢。""道什么歉?""为你挨了我爸一棍子,付出了'血的代价'啊。"【文件名:\当代\文学\大陆作家\陈建功 皇城根.TXT 文章标题:皇城根　作者:陈建功;赵大年】

(27) 明霞又[帮了丁务源的忙]，把三天改成六天。【文件名:\现代\文学\老舍短篇.TXT 文章标题:不成问题的问题　作者:老舍】

(28) 这时候,明霞又[帮了妙斋的忙],替他说了许多"不要太忙,他总会顺顺当当地搬出去"……【文件名:\现代\文学\老舍短篇.TXT 文章标题:不成问题的问题　作者:老舍】

(29) 过去听徐义德说他是工商联的委员,工商界的红人,又和政府的首长有往来,凭现在她和冯永祥的交情,只要她说一声,难道他[这个忙还不帮]吗?【文件名:\当代\文学\大陆作家\周而复 上海的早晨.txt 文章标题:　作者:】

例(25)中,句子引入"见过两次面",下面接着解释这两次见面的时间或地点,似乎"面"具有启后性。实际上,后续句追踪的不是"面",而是"见面"这个行为,因为如果我们把"面"补在"一次"和"另一次"后的空位上,句子就显得很不自然,因此"面"仍然没有话题连续性。

?(25′) 从下城到彼尔姆这段路上,聂赫留朵夫同玛丝洛娃只[见过两次面]:一次面在下城,在犯人们坐上装有铁丝网的驳船以前;另一次面是在彼尔姆的监狱办公室。

例(26)"道什么歉"前有"道歉"作为先导,后又有道歉的原因或内容:道歉——道什么歉——道歉的原因/内容,似乎"歉"既有承前性,又有启后性。实际上,并不是"歉"具有承前性和启后性,而是"道歉"离析结构"道什么歉"具有承前性和启后性。同样,例(27)和例(28)"帮忙"的后续句子是"帮忙"的内容,但后文并没有沿着"忙"叙述下去,仍然以"明霞"为主线,以零形式回指"明霞"叙述下去。

(28′) 明霞又[帮]了妙斋[的忙],[ø]替他……

例(29)"忙"被指代词"这个"修饰,似乎从句法来讲已经定指化。实际上,"这个"虽然句法上修饰"忙",但是前文并没有出现"忙"。

下面的例子可以很好地证明我们的判断:

(30) 身兼数职的学部委员宋健,3年中与学生[见过十几次面]进行指导,由于身份特殊,两人见面有时在清华,有时在中南海国务委员的办公室里,但大多数在宋健曾长期工作过的航天部710所;……【文件名:\当代\报刊\报刊精选\1994\01.txt 文章标题:作者:】

例(30)中"见面"的离析形式"[见过十几次面]"被引入后,后面叙述时以离合词完整形式"见面"进行追踪,而不是以"面"或"面"的定指等形式回指。

1.2　AXB 结构中 B 的信息状况

前文证明,篇章中 AXB 中 B 既不是新信息,也不是旧信息,是偶现新成分,那么这些偶现新成分的信息状况如何呢？我们认为 AXB 中 B 是易推信息(accessible information)。

在话语交际中,不同的概念在人的大脑中的认知状态是不一样的,有的概念在交际中处于活动(active)状态,这个概念已经在听者的认知系统中建立起来,属于已知信息,即旧信息。有的概念在交际中处于不活动状态,叙述者需要采取一定的手段,才能使听者建立起相关的概念,这个概念属于未知信息,即新信息。有的概念介于上述两种信息之间,即虽然概念在当前的状态下尚未建立起来,但是听者可以通过相关背景知识来推知它的所指,这种信息可以在言谈交际中被激活,处于半活动(semi-active)状态,这类成分就是易推信息。在旧信息到新信息的连续统中,易推信息处于中间位置：

旧信息＞易推信息＞新信息

易推信息的理解有赖于听者的知识系统,大致包括下面几个方面：(1)人类共有的知识。如亲属关系、肢体与人之间的关系；(2)言谈场景规定的知识内容。如在战场上,战士说："没子弹了！"(3)说话人和听话人共有的知识。如"汉语课在俄文楼"。"俄文楼"是所有北大对外汉语教育学院师生都知道的地方(方梅 2005,刘丹青 2005)。

我们对 AXB 中 B(如例(6)、例(7)、例(8)、例(9)、例(10))的识解,跟上述知识有所区别,它不仅依赖说话人和听话人共有的知识,即两个或多个人相见的言谈场景知识,还依赖人们对"见面"这个词共有的源认知域的语义知识。尽管离合词具有高熟语化的特征(见第三章),意义高度整合,其组成部分的部分意义模糊化。但是,"熟语的来源认知域并没有完全从熟语的约定意义中消失,而是保留下来,作为属于规定意义的一部分,对语篇的连贯有一定影响。"(张辉 2003)再看一个"请假"的例子：

(31)当他意外地接到自己发表在某刊上的一篇千字散文入选《凡人文集》一书并被邀请参加该书首发式的邀请函时,兴奋得接连几夜都没有睡好觉,临近日期,他兴冲冲地向单位领导[请了假],在同事们的一片祝贺声中,怀着一腔的激动,踏上了南行的列车。【文件名:\当代\作家文摘\1994\1994A.TXT 文章标题:《凡人文集》大骗局　作者:他他;谷雨】

"他"获得邀请函欲参加首发式,"临近日期"跟领导"请了假",我们可以通过相关的背景知识结合言谈场景激活已经上升为句法层面的"假"。

下面的例子更能说明 AXB 中 B 的易推性:

(32) 七叔求你点儿事,钥匙掉立柜夹空了,我寻思你手小,兴许能[帮这个忙]。【文件名:\当代\作家文摘\1997\1997A.TXT 文章标题:千里只身寻魔 作者:郝志宏;孙同喜;刘林】

(33) 另外在肚子和背上抹两圈以及特别注意一下脸和脚之后,就蹲到水里洗清,一个[澡]就算是[洗]好了。【文件名:\当代\读者\读者(合订本).txt 文章标题:作者:】

(34) 为了不给繁森丢脸,她安于平常,甘于艰苦,丝毫没有地局级干部夫人的优越感;为了不给繁森丢脸,她在西藏探亲时,能够脱下外套给一位老人穿上;路见一群衣衫褴褛的孩子,立即把随身带的三百元钱分给他们;女儿结婚时,她谢绝了一切善意的帮助;好不容易随丈夫到一趟北京,游八达岭和十三陵,她不坐公家的小汽车而乘公共汽车,就是认准了"[你的光咱不沾]"。【文件名:\当代\人民日报\1995\Rm9505b.txt 文章标题:作者:】

(35) 为某些强权国家的附庸,当殖民地"二等公民"的[苦],台湾人民早就[吃]够了,"台独"对台湾人民不是福音,只是祸害。【文件名:\当代\人民日报\1995\Rm9504a.txt 文章标题:作者:】

(36) 他讲话中引用的一些农民的老实话,竟被当成反党言论,讲实话,还是[吃了亏],他被打成"江、魏反党联盟",受到错误的批判和处理,被下放到福建三明钢铁厂任副厂长。【文件名:\当代\人民日报\1995\Rm9504b.txt 文章标题:作者:】

以上各例中,AXB 出现后,前文没有 B 的先行形式,后文也没有出现 B 的定指、零形式回指等对 B 进行追踪。

(36′) 他……{吃了亏},他……,[ø]……,[ø]……。

不过篇章中出现了一些相关背景信息。例(32)"钥匙掉立柜夹空了"是"帮忙"的原因;例(33)"在肚子和背上抹两圈以及特别注意一下脸和脚之后,就蹲到水里洗清"是洗澡的方式;例(34)"善意的帮助"和"坐公家的小汽车"是"沾光"的内容;例(35)"当殖民地'二等公民'"为"吃苦"的原因或遭遇;例(34)"他被打成'江、魏反党联盟',受到错误的批判和处理,被下放到福建三明钢铁厂任副厂长"是"吃亏"的表现或结果。以上这些都是激活 AXB 中 B 的言谈场景。

由于 B 上升到句法层面，在述宾结构的强势整合下，B 也占据一个句法位置，也要求赋予一定的语义角色，承载一定的信息。这时候 B 的源域语义信息就浮现出来，如"见面"的"面"，"面"本来就是人的脸的意思，这里"面"在篇章中，通过转喻，语义实化。这样说来，例(32)人们就将"钥匙掉立柜夹空了"需要拿出来这个"事"通过转喻，过渡到"这个忙"上；例(33)人们就将"在肚子和背上抹两圈以及特别注意一下脸和脚之后，就蹲到水里洗清"这种洗澡的方式过渡到"一个澡"上；例(34)就将别人"善意的帮助"和"坐公家的小汽车"过渡到"你的光"上；例(33)就将"当殖民地'二等公民'"过渡到"苦"上；例(36)就将"他被打成'江、魏反党联盟'，受到错误的批判和处理，被下放到福建三明钢铁厂任副厂长"过渡到"亏"上。所以，这些例子中激活 B 既借助 B 的源认知域的语义知识，还有叙述的命题内容等背景信息。

这里，我们似乎感到 AXB 中的 B 已经有指化了。但是，受话人主要是靠共有的源认知域的语义知识(有的时候辅以命题内容，如例(32)—(36))去推知 B 的所指，共有的知识的易推性还是相对较弱的。下面是各概念成分的易推性连续统(方梅 2005，刘丹青 2005)：

第一人称＞第二人称＞第三人称＞回指性名词＞
已叙述命题内容＞现场环境＞共有知识＞言谈修正内容

从这个角度来说，我们认为篇章中一些 AXB 形式中的 B 具有弱有指性。

2　离合词离析形式的篇章地位

2.1　前景与背景

叙述语体的基本功能是叙述一个事件。我们知道，离合词多出现于小说等口语化的语体中(见第九章)。所以有必要考察一下，离合词离析形式在实际话语中的作用。

叙述一个故事应该以时间顺序为线索，沿着一条故事主线进行。语篇中，有些语句所传达的信息是故事的主线，这种构成故事主线的信息，我们称为前景(foreground)信息。前景信息直接描述事情的进展，回答"发生了什么"这样的问题。还有一些语句，它们所表达的信息是围绕故事主线进行铺排、衬托或评价的，传达的是非连续的信息，这种信息被称为背景(background)信息。背景信息常被用来回答"为什么"或"怎么样"发生等问题。在篇章中,一般情况下,前景信息是主要信息,而背景信息只是辅助信息。

跨语言的研究表明,前景信息和背景信息的区别在各种语言中都有不同程度的存在。比如,在 Swahili 语中,在叙述主线上表示前景的动词都要加前缀-ka,表示背景信息的动词都加前缀-ki。(Hopper 1979)

Tu-ka-enda kambi － ni，hata usiku tu-ka-toroka，tu-ka-safiri siku kadha，
 we went camp to and night we ran off we traveled days several
tu-ki-pitia miji fulani，na humo mwote hamna mahongo
 we passed villages several and them all was-not tribute

'We returned to the camp, and ran away during the night, and we traveled for several days, we passed through several villages, and in all of them we did not have to pay tribute.'

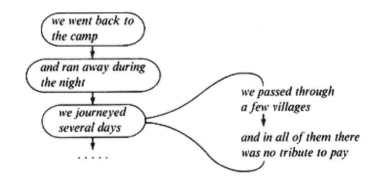

一般来讲,篇章中前景句和背景句大致具有如下对立特征:

前景句	背景句
时序性(依时间的顺序)	共时性(伴随的,跟事件交叠的情景)
事件视角(有始有终的整体性)	情况视角(不看重有无始终)
主语的一致性	主语的不一致性
焦点的无标记性	焦点的有标记性
人类话题	话题的多样性
动力事件性	静态情境性
前景化(叙述中的必要环节)	背景化(理解动机的必要条件)
现实性	非现实性

看以下两个例子:

(37)(我父亲)后来被日本后来那个打,日本最讲打人哪,这么着我父亲[生一口气],他这挨,挨一顿冤打,冤枉打,这么[生口气],后来就,病倒了,我很小很小的时候,那我才多大,虚岁十一,按周岁来算,我虚两岁,才九岁。他能跟我说什么呢,都晕得都要死了,躺在床上动不了窝儿,后来最后死了,……【文件名:\当代\口语\北京话口语.txt 文章标题:作者:慈秀清】

(38)我和高晋边哭边互诉衷肠,争着抢着表白自己其实多重感情,……说完哭,哭完说,边哭边说,泣不成声,哭得一塌糊涂,脸都哭脏了。最后,哭累了,收泪揩脸,肩并着肩往荫凉地方走。一个小孩从花园跑过,看到我们一群人个个眼睛红红的、悲怆地肩并肩走,好奇地停下,张大嘴怔怔呆望。"看什么看!"我怒吼一声,朝小孩踢了一脚,他连滚带爬地跑了。【文件名:\当代\文学\大陆作家\王朔 a.txt 文章标题:动物凶猛 作者:王朔】

以上两个例子画线部分属于背景信息,其他是前景信息。我们看前景信息基本上是按照故事的主线,以时间的顺序进行叙述,按照一个统一的叙述主角(例(37)中的"我父亲"、例(38)中的"我")叙述一个完整的事件。而背景信息则是评论"日本最讲打人哪"或是非叙述主角事件等,背景信息不按故事的主线去叙述。

可见是否是故事的主线,是断定前景句和背景句的关键。什么是故事的主线?对多种语言的研究表明,描写故事的主线的句子有以下特征:

a.可以按活动的时间顺序排列下来;

b.都是实际上发生了的事;

c.故事的情节必不可少;

d. 都是实际上完成了的事；

e. 通常由主句表示。

以上五点是目前话语研究中常被用来确定故事主线的标准。

2.2 离合词的离析形式在篇章中的功能

离合词的离析形式在篇章中的功能是什么？

通过前文的讨论可以看出：B 不能像一般的名词一样自由地起到篇章作用，它受到离析形式 AXB 整体结构的强烈制约，离合词离析形式 AXB 在篇章上具有信息功能的整体性。具体表现为：

1) 离合词离析形式 AXB 整体上具有承前性，如例(34)等；

2) 离合词离析形式 AXB 整体上具有启后性，如例(25)等；

3) 离合词离析形式 AXB 整体上既有承前性又有启后性，如例(26)等；

4) 离合词离析形式 AXB 整体上既不承前也不启后，如例(14)等。

不过，这样的结论似乎还不彻底。我们想知道，这四种情况，到底哪一种是其主要表现形式。我们通过语料库对《四世同堂》、《王朔文集》、《现代散文》、《老舍戏剧》、《北京口语》(共 263.5 万字)中"结婚"的离析形式进行考察，检索到 47 个"结婚"的离析形式。发现离合词离析形式 AXB 信息结构的特点是其大部分在篇章中既不承前也不启后，我们认为这跟 B 的信息性质是相关的。请看表 15：

表 15 "结婚"离析形式篇章功能分布

	四世同堂	王朔文集	现代散文	北京口语	老舍戏剧	总计	比率
前景句	7	4	2	4	2	19	40.4%
背景句	7	7	5	4	5	28	59.6%
总数	14	11	7	8	7	47	100%

我们发现，离合词的离析形式在篇章中，以做背景句为常。近 60% 的"结婚"的离析形式做背景句。

只通过一个离合词"结婚"去判断离合词离析形式的篇章功能，可能证据略显单薄，应该扩大考察范围，以期保证考察的客观性。我们再随机选取"帮忙"做验证性考察。考察的文本是约 72 万字的老舍的《四世同

堂》。通过搜索,我们得到含有"帮忙"的离析形式的句子共 57 个,按照故事主线的标准进行检验,结果如下:

表 16 "帮忙"离析形式篇章功能分布

	数量	比率
前景句	22	38.6%
背景句	35	61.4%
总计	57	100%

通过以上两个表格的对比考察,发现两个考察的结果大致接近,因而可以得出结论:离合词的离析形式在篇章中更倾向于做背景。

2.3 离合词离析形式在篇章中做背景的情况

2.3.1 离析形式出现于定语结构

请看例句:

(39) 你送了他鱼肉,我听到很高兴:我们[结了婚]的人对于他们这些单身汉实在应当多怜惜些。【文件名:\现代\文学\散文 3.TXT 文章标题:海外寄霓君 作者:朱湘】

(40) 由李四妈陪伴着,她穿着孝衣,在各家门口给[帮过她忙]与钱的邻居都道了谢。【文件名:\现代\文学\四世同堂.TXT 文章标题:四世同堂 作者:老舍】

2.3.2 离析形式出现于时间从句

请看例句:

(41) 姐姐,她来了以后,这是什么,李姐、王姐,那么叫,这玩儿,将来[结了婚]以后,你再叫嫂子,反而显得远了。【文件名:\当代\口语\北京话口语.txt 文章标题:作者:薛晶如】

2.3.3 离析形式出现于条件、假设等逻辑关系从句

请看例句:

(42) 你要是不顾一切的乱来,把老三放走,又[帮钱家的忙],我可是真不甘心受连累!【文件名:\现代\文学\四世同堂.TXT 文章标题:四世同堂 作者:老舍】

(43) 他觉得钱家的丧事仿佛给了他一点寄托,[帮人家的忙]倒能够暂时忘记了自己的忧愁。【文件名:\现代\文学\四世同堂.TXT 文章标题:四世

同堂　作者：老舍】

（44）他也想告诉丁约翰不要拿"英国府"当做铁杆庄稼；假若英国不[帮中国的忙]，有朝一日连"英国府"也会被日本炸平的。【文件名：\现代\文学\四世同堂.TXT 文章标题：四世同堂　作者：老舍】

（45）只要她[结了婚]，她好像就把生命在世界上拴牢，这，她与老年间的妇女并没有什么差别。【文件名：\现代\文学\四世同堂.TXT 文章标题：四世同堂　作者：老舍】

（46）今天，他和小文仿佛忽然变成了好朋友，因为小文既肯[帮祁家的忙]，那就可以证明小文的心眼并不错。【文件名：\现代\文学\四世同堂.TXT 文章标题：四世同堂　作者：老舍】

2.4　离合词的离析形式在篇章中做背景的特点

2.4.1　离析形式作为已知事实被重新提起

请看例句：

（47）如今他竟和比他年轻四十岁的李眉[结了婚]，我觉得这真像个传奇。【文件名：\现代\文学\散文3.TXT 文章标题：艺术与爱情　作者：张秀亚】

（48）天佑太太明白老大的心意——他的善心是有分寸的，虽然[帮了冠家一点忙]，而仍不愿与晓荷为友。【文件名：\现代\文学\四世同堂.TXT 文章标题：四世同堂　作者：老舍】

2.4.2　离析形式作为推断的或未然的事实

请看例句：

（49）姐姐，她来了以后，这是什么，李姐、王姐，那么叫，这玩儿，将来[结了婚]以后，你再叫嫂子，反而显得远了。【文件名：\当代\口语\北京话口语.txt 文章标题：作者：薛晶如】

2.4.3　离析形式用于表达情态/意愿的句子

请看例句：

（50）长顺恼的是瑞丰不该拒绝[帮小崔的忙]，小崔是长顺的，也是瑞丰的，邻居，而且给瑞丰拉过车，而且是被砍了头，而且……长顺越想越气。【文件名：\现代\文学\四世同堂.TXT 文章标题：四世同堂　作者：老舍】

（51）学者们既不肯来[帮他的忙]，而他认识的人又少，所以他只推荐了他的一个学生做副局长，替他操持一切；局里其余的人，他本想都不动。【文件名：\现代\文学\四世同堂.TXT 文章标题：四世同堂　作者：老舍】

王铁利(2001)也指出,离合词所在的小句一般很少用于结句,总是处于背景句中,很少用以报道前景信息。不过她没有进行论证。本书在实际语料基础上进行了充分的论证,证实了离合词离析形式在篇章中的地位。

本章小结

本章讨论离合词离析形式的篇章特征。

首先讨论离合词离析形式 AXB 信息结构特点。篇章中 AXB 结构中 B 既不是新信息,也不是旧信息。B 是偶现新成分,它一般不具备话题连续性。AXB 中 B 属于易推信息。一些 AXB 形式中的 B 仅具有弱有指性。

通过语料考察,我们发现离合词的离析形式在篇章中倾向于做背景。离合词离析形式做背景时一般出现于定语结构、时间从句、条件和假设等逻辑关系从句中。离合词的离析形式在篇章中做背景具备以下特点:离析形式作为已知事实被重新提起;离析形式作为推断的或未然的事实;离析形式用于表达情态/意愿的句子。

第五章 离合词离析形式的主观性倾向
——体现说话人的视角

1 语言的主观性与离合词离析形式的关联

1.1 关于语言的主观性

长期以来,语言学研究占主导地位的一直是结构语言学和形式语言学流派,许多语言学家不承认语言的主观性,他们主张语言的功能就是"客观地"表达命题(沈家煊 2001)。Lyons(1982)指出:"现代英美语言学家一直有一种唯理智论的偏见,即认为语言基本上是(即便不完全是)用来表达命题式思维的。"

随着语言学研究的不断深入,人们越来越深刻地认识到,语言不是主要用于叙述事件或表达命题的,语言主要是用来表达态度、传递感情的,即语言是表达主观性的工具①。这一认识实际上是回到了语言的本质上,语言是社会的产物,是人类最重要的交际工具。人类交际的任务主要是什么?显而易见就是沟通信息,交流思想。叙述事件或表达命题只是人们表达思想的依附形式。可是,从索绪尔到布龙菲尔德到乔姆斯基的形式主义语言学却忽视了语言在人类交际中的根本功能。戴浩一(1990)指出,语言是人类主要的交际工具。我们在说话的时候,把思想纳入词语,向别人传达自己的所为、所感、所见、所思和打算做的事情。我们在听话的时候,把词语转化为思想,理解别人要自己知道的他的动作、感情、知觉、思想和意图。交流思想既然是语言的根本(如果不是唯一的)功能,语

---

① 参见 Finegan(1995)"Language not strictly as form nor as the expression of proposition thought, Language not as autonomous structure nor as representing logical propositions, but language as an expression – an incarnation, even-of perceiving, feeling, speaking subjects".

言学研究就应以语言、思想、现实间的关系这个总题目为核心。因此近年来人们对"主观性"的关注,实际上就是语言学研究对长期偏离核心的回归。

"主观性"(subjectivity)是指说话人在语言表达过程中的"自我表现(self-expression)"。即说话人在说话时表明自己的立场、态度和感情,从而在话语中留下自我的印记。说话人总是通过他们使用的句子结构、词语、语音、语调以致身体语言表现"自我"。(沈家煊 2001)

最早对语言主观性予以关注的语言学家要数 Benveniste 和 J. Lyons。Benveniste(1971)指出,"语言带有的主观性印记是如此之深刻,以至于人们可以发问,语言如果不是这样构造的话,究竟还能不能名副其实地叫语言。"因而他提出了主观化(Subjectification)概念;J. Lyons(1977)用语言存在主观性印记这一事实来批判语言学研究中的唯理智论。他认为"说话人在语句中的自我表现并不能归属于一组命题"。

20 世纪后期,随着功能语言学和认知语言学的兴起和发展,人们对语言的主观性问题逐渐予以重视,发现主观性在人类交际中作用非常大,从某种角度上说,主观性左右着意义的形成和识解。近些年来,主观化研究不断深入和发展,人们从研究主观性的显性表达形式(如日语)推及到研究隐性表达形式(如英语等);从语义变化研究引向语法化中的主观化研究等。代表人物有 J. Lyon,Langacker,Traugott 等。(徐学萍等 2006)

汉语主观性的研究已有一些成果,汤廷池(Tang 1986)研究了汉语的移情等级;张洪明(Zhang 1994)从历史的角度,研究了"被"字句是"移情"过程的产物;此外毕永峨、吕维伦和黄淑萍等对汉语的情态动词和动词"给"和"有"的主观化问题做了专题研究(徐学萍等 2006)。目前大陆语言学者对语言的主观性、主观化的问题关注得越来越多。沈家煊(2001,2002)专门撰文介绍语言的主观性和主观化并对"把"字句的主观性进行了研究;李善熙(2003)的博士论文专门研究了主观量的表达;史金生(2003)研究汉语语气副词,以揭示汉语主观表达的方式和特点;杨万兵(2005)的博士论文则专门对现代汉语语气副词的主观性和主观化进行了研究。还有一些学者如张伯江(2002)等都把主观性和主观化作为研究汉语语义和句法的重要理论依据。

1.2 离合词离析形式类型

以往对离合词的研究,往往注重于离合词的性质、离合词的归属等,很少联系到离合词离析结构(离析形式)的语言功能。我们考察发现离合词离析结构(离析形式)跟语言的主观性有着密切的关联。

通过 CCL 语料库对圈定的 207 个《汉语水平词汇与汉字等级大纲》(国家汉办 1992)中的离合词离析形式进行了穷尽的考察,归纳出离合词离析形式共 13 种:

1) A+了(+其他形式)+B
2) A+补语+B
3) A+名词/代词(的)+B
4) A+数量词+B
5) A+过(+其他形式)+B
6) 前置 B+A
7) A+着(+其他形式)+B
8) A+的+B
9) A+形容词(+的)+B
10) A+个+B
11) AA+B
12) A+数词+B
13) A+动词结构(+的)+B

我们将首先通过对离合词离析形式的考察,证明离合词离析形式的主观性表现。

1.3 离合词离析形式的主观性倾向

关于语言的主观性,目前比较一致的意见是语言的主观性主要体现在三个方面:

1) 说话人的视角(perspective)
2) 说话人的情感(affect)
3) 说话人的认识(epistemic modality)

不过,这三个方面常常是相互联系,相互交织,很难分开的(Finegan

1995)。离合词离析形式在不同程度上体现了语言的主观性。

我们考察的思路是,先从离合词离析形式入手,考察其不同程度地体现语言主观性的表现(第五、六、七章),同时将其出现情况跟一般动宾结构进行比较,证明离合词离析形式的功能表现是受主观性支配的(第五、六、七、八章);最后我们从离合词离析形式更广的角度,即从离合词离析形式整体的语义语用表现及语用环境入手深入验证离合词离析形式的主观性表现(第八章)。

2 离合词离析形式体现说话人的视角(Ⅰ)
———离合词插入体标记

"视角"就是说话人对客观情状的观察角度,或是对客观情状加以叙说的出发点。这种"视角"主观性经常以隐晦的方式在语句中体现出来,最典型的例子是动词的"体"(aspect)。比较下面两个英语句子(转引自沈家煊2001):

(1) John is gone.
(2) John has gone.

例(1)只是客观地报道过去发生的一个动作(约翰离去)。例(2)是现在完成体,说话人从"现在"(即说这句话的时刻)出发来看这个动作及其结果,主观上认为它跟"现在"有关系,具有现时相关性(current relevance)[①](Kathleen Carey 1995),比如说,因为约翰走了,所以他帮不上忙了。因此例(2)的主观性程度高于例(1)。

"体"是说话人从时间的角度对事件进程观察的方式。不过,"体"表示的动作或状态并非总是与自然时间对应,而应以语言时间(linguistic time)为框架。语言时间是指语言交际者所感知的一种"心理时间"(psychological time),带有语言交际的主观色彩。(文旭、伍倩 2007)

体可以分完成体和非完成体等。胡裕树、范晓(1995)将汉语的完成体和非完成体分别分成如下几类:

---

① 现时相关性(current relevance),Kathleen Carey(1995)表述为:"Current relevance is an inherently subjective notion in that the link between the past event and the current situation is dependent on the attitude/judgement of the speaker." (见 Stein & Wright, Subjectivity and Subjectification. Cambridge: Cambridge University Press, 1995.)

完成体：
a 现实完成体，表达现实的完整事件，形式是：V+了。
b 经历完成体，表达经验历程上的完整事件，形式是：V+过。
c 短时完成体，表达短时的完整事件，形式是动词重叠：VV。
非完成体：
a 持续非完成体，指明事件在持续中，形式是：V+着。
b 起始非完成体，指明事件起始并将继续，形式是：V+起来。
c 继续非完成体，指明事件到达某中间点后还将持续，形式是：V+下去。

我们基本上同意上述分类，但认为从表达语言的主观色彩来看，短时完成体（动词重叠 VV）主要表现说话人对动作量的主观判断，其他主要是从时间的角度不同程度地表现说话人的视角。下面先讨论从时间的角度体现说话人视角的体形式。

2.1 离合词离析形式"A+了(+其他形式)+B"的主观性

完成体"了"用在动词后边，在话语中除了叙述一个过去的事件，还表示说话人的视角。沈家煊(2002)指出，动词用了完成体"了"的句子表明"说话人从'现在'(即说这句话的时刻)出发来看待这个事件，把它跟'现在'联系起来"。他举例指出，"他学了英语""含有现在会英语的意思"；"'我吃了野菜'给人以话还没有说完的感觉。"

离合词在句子中产生大量"A+了(+其他形式)+B"的离析形式，看下例：

(3) 他[洗了澡]，换了衣，拿那涤确良衫去洗，方知没有肥皂。【文件名：\当代\作家文摘\1995B.TXT 文章标题：贾平凹 de 情感历程(1)　作者：孙见喜】

(4) 在弄堂口，正碰上剑虹，她[撒了个谎]，便直奔秋白处。【文件名：\当代\读者\读者(合订本).txt 文章标题：作者：】

例(3)说话人(叙述者)从"现在"出发去看"洗了澡"这个事件，把它跟"现时情境"(current situation)——"拿那涤确良衫去洗，方知没有肥皂"联系起来。这时"出发点就不再是语法主语'他'，而是言语场景中的说话人'我'，'我'是主观识解的实体，是言者主语(speaker subject)"，"我"和动作完成之间的关系处在主观轴上（具体参见沈家煊 2001，恕不赘述）。如果只有"他洗了澡"没有后文，就给人以话还没有说完的感觉。

值得注意的是,我们统计的离合词离析形式,无论从哪个角度统计,A和B之间插入"了"的离析形式都是位居第一的形式(第二章表8和表9),这说明离合词最主要的离析形式是"A+了(+其他形式)+B"。这也告诉我们离合词离析形式的主观性主要表现在体现说话人的视角这个方面[①]。

2.2 离合词离析形式"A+过(+其他形式)+B"的主观性

离合词离析形式中,插入经历完成体"过"的情况在我们统计表中位居前列,可见这也是一种主要的离析形式。"A+过(+其他形式)+B"是如何表现语言的主观性呢?先看一个实例:

(5) 庄先生,我过去[吃过苦],而且能吃苦,你可不要把我看成是外国的娇小姐,我是来自中国西北黄土高坡的普通的劳动妇女。【文件名:\当代\作家文摘\1996\1996B.TXT 文章标题:庄则栋与佐佐木敦子(5) 作者:庄则栋;佐佐木敦子】

(6) 他刚[理过发],穿一身出门的衣装,显得年轻了。【文件名:\当代\作家文摘\1993\1993A.TXT 文章标题:丁香无语——父亲秦兆阳剪影 作者:秦晴】

经历完成体"-过"跟现实完成体"-了"的显著区别就是,经历完成体表示的事件已经终结了,而现实完成体表示的事件已经实现但还没有终结。不过,叙述的事件已经终结了,并不表明没有现时相关性。Comrie(1978)将经历体描述为,表明"一个特定的情景在过去的某个时刻到现在的这段时间里,至少出现过一次"。(屈承熹 2006)经历体表明这种情况的作用是什么,Comrie 没有说明。我们认为说话人用经历体意在"现时情境"。刘月华(1988)分析了 600 万字的语料发现,说话人用经历体"-过"时,总是为了说明什么,解释什么。她的观察非常敏锐,发现了经历体"-过"的实质。看例(5),说话人说"我过去吃过苦",绝不是只是说明过去的事实,而是为了现时情境需要——"你可不要把我看成是外国的娇小姐"。还是屈承熹(2006)说得好:"我们有理由把汉语经历体'过'理解为一种手段,它把先前发生过一次或重复了多次的事件归入一个在说话时

[①] "了"在汉语中其他情况下出现的频率也非常高,但从"了"与其他体标记在离合词离析形式中出现的情况对比来看,离合词中"了"的高出现频率是与离析形式的主观性有密切关联的(见本章和第八章的分析)。

虽已不再存在,但却和当前的实际话题(topical entity)有关的情景或状态中去。"谢应光(1997)认为现时关联(即"current relevance"——引者注)并不是完成体(现在完成体)所独具的特征,谓语动词用过去时的句子也能产生现时关联。因此,我们有理由相信,经历体"-过"也具有现时相关性。

此外,"-过"的作用是将一个过去发生的事件看成是一种状态(屈承熹 2006)。Smith(1994)提出在语义分类上经历句属于静态。她把"-过"的特点归纳为:

静态[[动词串+完成体]+"过"]

这容易理解,经历完成体"-过"表明事件已经终结,那么就自然地转入一种静态(状态),因为过去的事件人们已经不可能改变它了。但这种状态还要对现时情境产生影响——"指明过去的状态和说话时的实际话题相关的功能,在所有情况下都发挥着作用"。(屈承熹 2006)

由此看来,经历体"-过"跟完成体"-了"一样,都不同程度地体现了说话人的视角。

2.3 完成体"-了"与经历体"-过"的主观性对比

完成体"-了"与经历体"-过"的主观性程度是不一样的。完成体"-了"比经历体"-过"的主观性要强。沈家煊(2002)用"-了"后面可以加状态形容词做补语,而"-过"后不能加状态形容词证明"-了"比"-过"的主观性强,如(转引自沈家煊 2002):

(7) 输了个精光 * 输过个精光

　　打了个落花流水 * 打过个落花流水

实际上,我们对比"-了"和"-过"的表现就能理解这一点。完成体"-了"表示"实现",不过"实现"并不表示事件终结,因而"-了"与"现在"有不可分割的联系,现时相关性①强,主观性强。而经历体"-过"表示事件的终结,是说话人从"现在"看过去事件对现时情境的影响。也就是说,经历体"-过"跟"现在"的关系是间接的,现时相关性差,主观性相比较弱。

---

① 有人(如 Li & Thompson 1984,叶萌 1999)认为"了₂"具有现时关系(currently relevant state)的功能,不过他们指的"现时关系"一般"表示事件的发生与当时说话的主题(topic)、时间有关"。(叶萌 1999)我们采用 Kathleen Carey(1995)的"现时相关性"概念。

卢加伟(2006)指出:"过去时中的现时关联是相对的,它有可能产生现时关联现象,主要看说话者的目的是否为了强调现时情况以及是否能够提供上下文让对方推测出该事件的现时情况;完成体中的现时关联是绝对的,它能够直接让对方得知先时事件的现时情况,现时关联是完成体固有的内在语义特征。"陈前瑞(2003)认为"-了"和"-过"都属于从外部观察情状的外部视点体,但"-了"是"核心视点体"而"-过"是"边缘视点体",这个论断有一定道理。

完成体"-了"和经历体"-过"的主观性程度的差异也反映到离合词的离析形式上,就是以"-了"离析的离合词的数量远远超过以"-过"离析的离合词的数量;以"-了"离析的离合词离析形式句的数量远远超过以"-过"离析的离合词离析形式句的数量。(参看后文表17、18、19)

2.4 离合词离析形式"A+着(+其他形式)+B"的主观性

"-着"是持续体标记,表示事件还没有完成,是人们从事件的内部对事件的观察。"-着"跟"-了"和"-过"对事件观察的视角不同,后两者是说话人从事件的外部对事件的观察。

通过实例对比一下:

(8) 大家立在床上[鼓着掌]扯开嗓子喊。【文件名:\现代\文学\老舍长篇2.txt 文章标题:赵子曰　作者:老舍】

(9) 那些日子,吴金民显得焦虑不安,[当着老伴的面],香烟一支接着一支地抽。【文件名:\当代\人民日报\1995\Rm9509a.txt 文章标题:作者:】

(10) 想到这里,他挣扎着[起了床],觉着自己已经好多了。【文件名:\现代\文学\老舍长篇2.txt 文章标题:鼓书艺人　作者:老舍】

(11) 劳您驾给他接上,别让他起床,晶晶从没有[起过床]的,他可乖了,半夜里一接上准尿。【文件名:\当代\读者\读者(合订本).txt 文章标题:作者:】

我们发现,用"-了"和"-过",说话人很注重已然事件与"现在情境"的联系与影响。如例(10)"[起了床]"→"现在"情境:"觉着自己已经好多了。"例(11)"从没有[起过床]"→解释:"他可乖了,半夜里一接上准尿。"这些都是外部视角。

就"-着"而言,它只是从事件内部观察,表示事件的持续,它关注的是事件"鼓掌"或"当面"内部的部分情状。

不过,虽然"-着"关注于事件的内部,但是它还是注重与其他事件的联系的。如例(9)"鼓着掌"是作为伴随事件,其相关事件是"扯开嗓子喊"。

陈刚(1980)认为,"主语+动词+'着'+(宾语)"这样的形式给人的印象是话没有说完,即提供了一些情况,而在这些情况下发生的事情没有说出来。他认为以下形式不大能成立(以下 4 例转引自陈刚(1980)):

(12) 他们开着会

(13) 外面下着雪

要使这些形式成立,一个方法就是后面接上别的分句。如:

(12′) 他们开着会,外头下起雨来了。

(13′) 外面下着雪,可一点儿也不冷。

刘一之(1999)也认为"V 着(O)"的意思是给出了一个背景条件、一种情况,整个句子的意思是在这个背景下,或在这种情况下发生了什么事。此外,方梅(2000)也认为"V 着"具有依存性(dependendent),它总是处于从属地位,结构上不自足。

上述说法是有道理的,说明前贤都敏锐地感觉到了"-着"与其他事件的联系。这种联系是什么?屈承熹(1983)认为是一种伴随关系。他把"着"称为伴随体(concomitative)标记,这个论断很有道理。"伴随"是表明该动作与主要动词所示事件同时发生或者存在。就说话人视角而言,就是将两个事件叠起来看。

从认知上讲,观察的角度不同,人们对事物的关注度(degree of awareness)就不同。由于完成体是从事件的外部去观察,因而观察的范围,不仅包括事件本身而且还包括该事件与相关事件("现时情境")的联系与影响,因此观察的范围大,关注度比较低;而非完成体表示事件还在持续,是说话人从事件的内部观察,因而其观察的范围比较集中,关注度比较高。

这是从理论上来讲的,实际上我们说非完成体关注度高还有具体语言事实佐证,就是非完成体"-着"可以带确定行为范围的时间标志,如"……的时候"、"正……的时候"、"正在"等。

(14) 我们[散着步]的时候,帕布罗有好几次弯腰去摘墙边花床里的花。【文件名:\当代\翻译作品\应用文\塞莱斯廷预言.txt 文章标题:作者:】

(15) 小鬼等得瞌睡都上来了,正[打着盹]的时候,忽然听见"咚咚咚"的脚步声,有人来了!【文件名:\当代\报刊\故事会\故事会 2005.txt 文章标

题:作者:】

(16) 就在那天晚上,一家人都[睡着觉]的时候,他把心一横,背上行李,拿上瓦刀走出家门。【文件名:\当代\文学\大陆作家\梁斌 红旗谱.txt 文章标题:作者:】

一般来说"-了"、"-过"小句不能加确定行为范围的时间标志,如不能将以上例句的"-着"换成"-了"或"-过"。

*(14′) 我们[散了/过步]的时候,帕布罗有好几次弯腰去摘墙边花床里的花。

*(15′) 小鬼等得瞌睡都上来了,正[打了/过盹]的时候,忽然听见"咚咚咚"的脚步声,有人来了!

*(16′) 就在那天晚上,一家人都[睡了/过觉]的时候,他把心一横,背上行李,拿上瓦刀走出家门。

关注度可以反映人们对事件状况聚焦的幅度。有确定行为的时间范围,客观性强,人们对事件的关注度高,现时相关性差,主观性低;没有确定行为的时间范围,人们对事件的关注度低,现时相关性强,因而主观性高(Kathleen Carey 1995①)。这一点似乎也容易理解,我们拿拍摄的例子打一个不恰当的比方,在高空中拍摄校园聚焦度低(范围模糊,关注度低),清晰度低,客观性差,拍摄的影像容易使人产生联想(现时相关性强);而在校园内部拍摄某一景点,聚焦度高,清晰度高,客观性强,人们想象的余地比较小(现时相关性差),因而主观性差。

我们可以从"-了"、"-过"、"-着"与"现在"的关系来看,"-了"表明说话人从"现在"出发来看待这个事件,把它跟"现在"联系起来,它跟"现在"的关系是直接的;"-过"表示事件的终结,是说话人从"现在"看过去事件对现时情境的影响,它跟"现在"的关系是间接的;而"-着"跟"现在"的关系是伴随关系,"伴随"不一定对现时情境产生影响,也就是说,它可以产生影响,也可以不产生影响。如例(12′)"他们开着会"与"外头下雨",例(14)"我们散着步"和"帕布罗弯腰去摘花",它们之间就不一定有直接的影响。因此,"-着"的现时相关性关系更差,主观性更弱。请看示意图:

---

① Stein & Wright, *Subjectivity and Subjectification*. Cambridge:Cambridge University Press,1995.

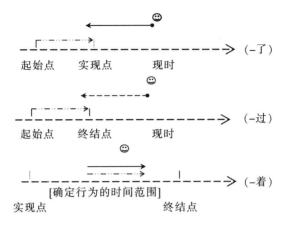

图 8　"-了"、"过"、"-着"与"现在"的关系

由此看来,"-着"跟"-了"和"-过"相比,主观性程度较低。我们可以建立一个三者主观性连续统：

$$-了＞-过＞-着$$

这个连续统跟我们统计的三者在实际语料中出现的离析情况基本吻合。看下表：

表 17　完成体"-了"、经历体"-过"、非完全体"-着"在离合词中主观性表现对比表

离析形式 数　量	-了	-过	-着
可用该形式离析的离合词数量(共207个)	160	74	41
60个重点离合词中出现该形式的离析句	4253	869	592

根据表格,207个离合词中可用"-了"、"-着"、"-过"形式离析的离合词数量接近以二分之一之差依次递减。

60个重点离合词出现的离析形式句中,三种离析形式的离析句数量也依次降低,基本情况跟207个离合词类似。

具体看一下"-了"、"-着"、"-过"离析形式离析句在60个重点离合词当中的分布情况：

表 18 "-了"、"-过"、"-着"离析形式离析句在 60 个重点离合词中出现情况

数 量 离析形式	-了	-过	-着
出现该离析形式的离合词数量	60	34	21
未出现该离析形式的离合词数量	0	26	39

我们发现"-了"、"-过"、"-着"的主观性跟以其形式离析的离合词的数量呈正相关:随着"-了"、"-过"、"-着"主观性程度的逐步降低,60 个重点离合词中出现"-了"、"-过"、"-着"离析形式的离合词的数量在逐步降低。

需要说明的是:虽然"-了"、"-过"、"-着"在一般的动宾句中也大量出现,但是"-了"、"-过"、"-着"出现于离合词离析形式中与出现于一般动宾句中情况是不一样的,突出表现为前者是跟语言的主观性紧密关联的,具体分析见本书第八章。

2.5 离合词离析形式"A＋起＋B 来"和"A＋下去＋B"的主观性

非完成体标记"起来"、"下去"也体现了说话人的视角。它们也显示说话人以"现在"作为参照点,来看待这个事件的起始和持续。看实际的例子:

(17) 于是他左转身,右转晓,四面[鞠起躬来]。【文件名:\当代\文学\梁晓声.TXT 文章标题:钳工王 作者:梁晓声】

(18) 为了留给这位大导演一个良好的第一印象,她立刻一改愁容,[化起妆来]。【文件名:\当代\作家文摘\1993\1993A.TXT 文章标题:她还没叫江青的时候(连载之八) 作者:王素萍】

(19) 不过,说到这里,他又[生起气来],他说,这帮家伙也太过分了,我倒要看看他们究竟是谁。【文件名:\当代\作家文摘\1996B.TXT 文章标题:县长朱四与高田事件(6) 作者:季宇】

(20) 说起张道士把全义抱过来时那可怜劲儿,这丫头,又忍不住[伤起心来]啦。【文件名:\当代\文学\皇城根.TXT 文章标题:皇城根 作者:陈建功;赵大年】

(21) 你看:当咱们在学校的时候,你说你[念不下去书]。【文件名:\现

代\文学\老舍长篇2.txt 文章标题:赵子曰　作者:老舍】

上述例子都体现了说话人(说话人以叙述者的身份)对事件从内部的观察。

"-起来"、"-下去"跟"-着"一样,是从事件内部对事件进行观察,关注的是事件的一部分情状,因而它们关注度高,主观性低。不过,"-起来"、"-下去"跟"-着"的关注度还不完全一样,就是"-着"虽然关注于事件的内部,但是它有时还要顾及其他情状。反映在句法上,就是"-着"一般自足性较差。而"-起来"、"-下去"一定是在更加确定的时间范围内的关注,比如,上述含有"-起来"、"-下去"的离析句子都提示了事件发生的更为明确的行为的时间范围:"于是"、"立刻"、"说到这里"、"说起"、"当咱们在学校的时候"等。因此,它不用顾及其他情状,关注更为集中。反映在句法上就是"-起来"、"-下去"自足性更强。我们可以比较:

(22) 我开始弹奏非常忧伤的曲调,只见狗[叹着气],用悲伤的目光瞧着我,眼睛里饱含着泪水。【文件名:\当代\读者\读者(合订本).txt 文章标题:作者:】

?(22′) 我开始弹奏非常忧伤的曲调,只见狗[叹着气]。

但例(23)就可以成立:

(23) 于是,在他们童年时代第一次,也仅仅是这一次,[打起架来]。【文件名:\当代\读者\读者(合订本).txt 文章标题:作者:】

"-起来"、"-下去"一般要外显事件发生的确定时间,表明其聚焦于一定范围,关注度高,客观性强。看来,"-起来"、"-下去"比"-着"客观性更强,主观性更弱。反映在离合词离析形式数量上,就是这两种形式出现的更少(见表19)。

2.6　插入"-了"、"-过"、"-着"、"-起来/-下去"形式离合词离析句的主观性程度连续统

由以上分析可以看出,插入"-了"、"-过"、"-着"、"-起来/-下去"形式离析句反映的语言的主观性构成了连续统。

Langacker(1990)阐释语言主观性这个定义时打了一个比方:如果把戴着的眼镜摘下来拿在手里作为观察的对象,眼镜的客观性就强;如果是戴着眼镜看东西,眼镜已成为观察主体的组成部分,眼镜的主观性就强。他又用"舞台"来打比方,作为观察对象的眼镜是在舞台上(onstage),是台下观察主体注意的中心,具有高关注度(high degree of awareness),客观性强,主观性差。作为观察主体一部分的眼镜不是注意的中心,不在舞台上而在舞台下(off-stage),关注度低(low degree of awareness),那么主观性强,客观性差。

我们回过头来观察插入"-起来/-下去"、"-着"、"-过"、"-了"的离析形式结构句,实际上,它们是一个由台上逐渐过渡到台下的过程。表现为确定行为范围的时间越来越不明确,关注度越来越低,主观性越来越强。图示如下:

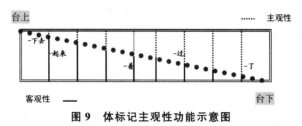

图 9 体标记主观性功能示意图

这一认识跟我们的考察结果恰好相符,请看表 19:

表 19 离合词含有体标记的离析形式主观性对比表

离析形式 数 值	-了	-过	-着	-起来	-下去
207个离合词中可用该形式离析的离合词数量	160	74	41	15	1
207个离合词中可用该形式离析的离合词比率	77.29%	35.75%	19.81%	7.24%	0.48%
60个重点离合词出现该形式的离析形式句数量	4253	869	592	83	1
60个重点离合词出现该形式的离析形式句比率①	37%	7.56%	5.15%	0.72%	0.01%

---

① 60个离合词出现的离析句总数为 11,498 句。

为了更加直观,我们将表19中可用不同离析形式离析的离合词数量用柱形图表示如下:

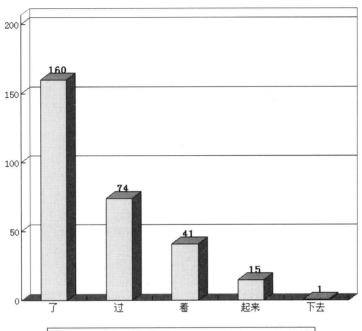

图10 含有体标记的离合词离析形式主观性示意图

通过上述图表,可以发现,体标记在离合词离析形式中的出现数率是受语言的主观性所支配的,这一点跟体标记出现于动宾短语中是不同的(具体论述见第八章)。

2.7 插入其他体标记(结果补语)离析形式句的主观性

实际上,前文引述的胡裕树、范晓(1995)对体的分类只是一个大致的分类,汉语中具有体功能的表现形式也不只是上述这几种,而且严格地讲完成体和非完成体也没有截然的界限。比如关于完成体,从广义角度来讲,动词后边的结果补语如"完"、"好"以及数量词等都具有完成体的意义。正如谭傲霜(1991)指出:动宾结构中表示受事与施事的成分,动趋结构和有处所词的动补结构中表示终点的成分,表示动作时量和表示物量的成分都蕴含着完成体的意义。Li & Thompson(1981)认为：趋向、处所、间接宾语、复杂的状态四种短语可以起"-了"的作用。吕叔湘在1956年也指出："表方位之上、下，表向背之出、入、来、去，表起讫之起、住，表效验之了、着、定、成，以及其他诸多限制动态乃至说明宾语之词；凡此种种皆以结束动词之势向为其作用，姑总称之为结动词。"此外，他在1987年又补充说"动结式和动趋式短语都带有完成的意思"。

我们在认真采纳前人研究成果的基础上，从广义的角度，将动词后的结果补语，如"V+完"、"V+上"、"V+到"、"V+掉"等补语形式也看成是体标记①。理由是：

1)从历时的角度讲，体标记是由补语或者说大部分是由结果补语演化而来的，并且该演化进程还在继续；

2)体标记的演化并不同步，有的语法化程度高，如"了"；有的语法化程度稍低，如"过"；有的更低，有的甚至还没有完全语法化，如上述的补语形式。因此，各种体标记的语法化程度是一个连续统，难以截然分开；

3)虽然一些补语的语法化程度不同，但它们也在不同程度上具有体的语法功能。

我们看一下离合词离析形式句中插入补语的情况。我们统计了60个重点离合词离析形式句的离析情况，这60个离合词离析形式句中共有45个离合词出现了不同形式的补语，表20是各离合词插入补语形式的情况：

表20 离合词离析形式句中插入补语情况一览表

位次	离合词	插入的补语形式	离析句数量
1	睡觉	着$_2$、不着$_2$、得着$_2$、不好、好、上、不成、不了、足、稳、完	267
2	把关	好、住	178
3	见面	上、到、不到、着$_1$、不着$_1$、不成	96
4	洗澡	完、过$_1$*、上、不上、好	86
5	挂钩	起来$_2$*、上、得上	85

---

① 方梅(2005)将结果补语"到"、"过"称为准时体标记。

续表

6	下台	得了、不了、不来	64
7	排队	起来、成、不上、好、不到	59
8	吃苦	够、不了、不到、不上、得、不来、得、得起	50
9	跳舞	完	43
10	操心	碎、尽、坏、够、到、起、不起、上	31
11	打架	上、完、输	30
12	伤心	透	30
13	狠心	下、得下、不下	25
14	结婚	不了、不成	19
15	化妆	好、完、上	18
16	插嘴	不上、不进、上	18
17	做主	得了、不了、得、不得	17
18	站岗	完、好、惯	16
19	丢人	透、死、尽、不起、不了、大	15
20	念书	好、完、	14
21	帮忙	不上、不了	12
22	吵架	起、上、完	11
23	打针	完、上	11
24	接班	过$_1$、好、上、不上、不了、下	11
25	理发	完	10
26	照相	完、不成、好	10
27	沾光	到、上、不上、不了	9
28	倒霉	透、尽、足、大	9
29	叹气	上、出、完、过$_1$、罢	9
30	翻身	过$_1$、过$_1$……来、过$_1$……去、不了、不过$_1$、转、出、起、回	8

续表

31	鞠躬	完、上	7
32	请假	上、下、不了	7
33	交手	上	5
34	争气	不来、出、回	3
35	敬礼	过$_1$、完	3
36	拐弯$_2$	过$_1$	3
37	走道	得动、不动	3
38	吃亏	不了、不起	2
39	干杯	掉、完	2
40	劳驾	不起	2
41	问好	完	1
42	吵嘴	完	1
43	开课	出	1
44	放假	完	1
45	拜年	完	1

说明：表中带＊的"过$_1$"是表示动作完毕的意思。如：小时候在农村老家，晚上[洗]过[澡]，一把扇子是不离手的，既可扇风又可驱蚊。【文件名：\当代\人民日报\1995\Rm9501b.txt 文章标题：作者：】"起来"表示动作完成或达到目的。如：人们把读书、求知同个人的事业和前途[挂]起[钩]来，就是很自然的了。【文件名：\当代\市场报\市场报 1994A.txt 文章标题：作者：】

表 20 中的补语形式，大致可以分为三类：

1)结果补语：完、过$_1$、上、好$_1$、住、到、起来、罢、掉、出、转、惯、过$_1$……来、过$_1$……去、着$_1$（zháo，如"见着面"）、回等。

2)程度补语：好$_2$、足、稳、够、碎、尽、坏、死、大、透等。

3)可能补语：不好、得好、上、不上、得起、不起、不成、不了、到、不到、着$_2$（zháo，如"睡着觉"）、不着（zháo）、得着$_2$（zháo）、得了、不了、不来、得下、不下、得动、不动、不过、不进等。

我们认为，1)类结果补语在不同程度上具有完成体的意义，表达说话人的主观视角；2)、3)两类主要跟说话人主观的认识和情感有关，这两类我们将在后文讨论。这一节先讨论1)类。先看例句：

(24)[洗完澡]，我买了一些"天福号"的酱猪肘，孩子似的无忧无虑地回家。【文件名:\当代\文学\王朔a.txt 文章标题:浮出海面　作者:王朔】

(25)一日，当徐国梁在大世界对面的温泉浴室[洗完澡]，正欲上汽车时，朱、郑两人眼疾手快，拔枪同时向徐射击。【文件名:\当代\作家文摘\1994\1994A.TXT 文章标题:"江淮大侠"王亚樵刺蒋轶事　作者:王培垠】

(26)记得上小学时有次我把扇子忘在教室里，晚上[洗过澡]才想起来，吓得摸黑赶一里多路到学校。【文件名:\当代\人民日报\1995\Rm9501b.txt 文章标题:作者:】

(27)她躲在家里，[化上浓妆]，穿各种时装仔仔细细地照过了镜子。【文件名:\当代\作家文摘\1997\1997D.TXT 文章标题:未来往往(8)　作者:池莉】

(28)我刚[化好妆]，有人找我。【文件名:\当代\文学\王朔a.txt 文章标题:浮出海面　作者:王朔】

(29)还没有[见到大哥的面]，母亲已预先哭得昏天黑地。【文件名:\当代\作家文摘\1994\1994A.TXT 文章标题:大哥　作者:蒋子丹】

上述几个例子中的离合词都以结果补语为离析形式，虽然这些补语形式语法化程度比较低，但是这些结果补语的功能与完成体标记接近，都在一定程度上体现了说话人在叙述一个过去的事件的同时，还表示出说话人的视角，把它跟"现时情境"联系起来。我们可以拿例(24)跟例(3)比较，为了明确起见我们把例(3)和例(24)重抄在下边：

(3)他[洗了澡]，换了衣，拿那涤确良衫去洗，方知没有肥皂。【文件名:\当代\作家文摘\1995B.TXT 文章标题:贾平凹de情感历程(1)　作者:孙见喜】

(24)[洗完澡]，我买了一些"天福号"的酱猪肘，……。【文件名:\当代\文学\王朔a.txt 文章标题:浮出海面　作者:王朔】

例(3)和例(24)都是说话人(叙述者以故事主角的角度)从"现时情境"出发去看"洗澡"这个事件，把它跟"现在"联系起来。这时出发点就不再是语法主语，而是言语场景中的"我"，"我"是主观识解的实体，是言者主语。如果只有"洗了/完澡"没有后文，都给人以话还没有说完的感觉。关玲(2003)通过比较"V完"句式和"V了"句式，认为它们的相同点是都不能简单结句。

另外，还有一个证据，就是"-了"和"-完"等补语形式都可以带"之后/以后"，表示其与"现时情境"的联系，体现说话人的主观视角。

(30)[作了案]之后，大摇大摆的走进茶馆酒肆，连办案的巡缉暗探

都得赶过来。【文件名:\现代\文学\老舍短篇.TXT 文章标题:八太爷作者:老舍】

(31) 自从跟他这个老婆,当时的地主女儿发生不正当的关系[怀了孕]以后,便消沉下去了。【文件名:\当代\文学\大陆作家\刘绍棠 运河的桨声.txt 文章标题:作者:】

(32) 看护孩子的保姆,她每每替孩子[洗过澡]以后,就很关心地把他们放进温暖的被窝里去。【文件名:\当代\读者\读者(合订本).txt 文章标题:作者:】

不过"完"、"过"(补语的"过",如例(29))等补语毕竟语法化程度比较低,其词汇意义比较强。语法化程度不同,其主观性程度也不尽相同。比如在表达时间性上"-完"、"-过"等补语形式跟"-了"等不完全一样。"-完"、"-过"等补语形式常常可以带确定行为范围的时间标志①,这样事件的范围更为集中,关注度更高。比如,下面例中"洗完澡"可以加上一个外在的确定行为范围的时间标志,而"洗了澡"则倾向于不加。请看:

(24′)[洗完澡]的时候,我买了一些"天福号"的酱猪肘……。

*(3′) 他[洗了澡]的时候,换了衣,拿那涤确良衫去洗,方知没有肥皂。

我们再看一些实际的例子:

(33) 等客人[吃完饭]的时候,村秘书徐根宝已经把一些要做的小事做了。【文件名:\当代\文学\大陆作家\李佩甫 羊的门.txt 文章标题:作者:】

(34) 同宿舍里,她有一位很要好的女友,两人[跳罢舞],练完功说说悄悄话的时候,那女友情不自禁地夸团里的个小伙子舞跳得如何如何好,人品如何如何出众……【文件名:\当代\报刊\作家文摘\1994A.文章标题:赵青与刘德康的生死恋 作者:贻林】

以上例(33)、(34)中补语形式"完"和"罢"都不能换成"了"。这说明,"-完"、"-罢"等可以关注于某一时刻,所以其关注度比"-了"高,因而插入补语形式的离合词离析形式的客观性更强。

3 离合词离析形式体现说话人的视角(Ⅱ)
—— 主观量

离合词离析形式体现的主观性还表现在说话人对事物量的主观判断

---

① 这一点关玲(2003)也敏锐地察觉到了,她指出"V 完"句指示持续时间、终点时刻的作用,是"V 了"句所不具备的,并进一步指出"V 了"句即使带时间状语,也是受限制的。

上。人们对事物的量的认识往往不是被动的,而是主动的,也就是人们常常从主观的视角出发去感受、评价、认知事物的客观量。

从不同的视角出发,我们对客观量的感觉评价也不一致。比如一个人26岁结婚,在一些农村,可能有人从当地传统观念的视角出发说,"她26岁才结婚",觉得她结婚晚;如果在北京、上海等大城市,可能有人说"她才26岁就结婚了",认为她结婚早。李宇明(1997)举过两个例子:"他只吃了两个苹果"和"他竟然吃了两个苹果",由于说话人的出发点不同,前者包含的说话人的主观评价是"吃的苹果不多","两个"是主观小量;后者包含的说话人的主观评价是"吃的苹果太多","两个"是主观大量。

类似的情况在现实生活中司空见惯。看下例:

(35)他绝对没想到日本人敢逮捕英国府的人!不过,拿英国人与日本人比较一下,他就没法不把英国加上个"大"字,日本加上个"小"字。这大小之间,就大有分寸了。【文件名:\现代\文学\老舍 四世同堂.TXT 文章标题:四世同堂 作者:老舍】

例(35)中的"大"和"小"都是说话人从不同的视角出发所作的判断。实际上客观外物,没有大小好坏,大小好坏只是人对外物的主观判断而已。

英语中也有类似的表达,同样是"一些"或"几个",说话人主观上觉得少,就用 little 或 few,主观上觉得不少,就用 a little 或 a few。(沈家煊 2002)

就人类交际来说,人们也要传递对客观事物主观量的认识和评价。客观的量是没有意义的,主观量才有意义。比如,一位医生给一个不懂医学的人查体时说,你身体的磷酸肌酸激酶的值是252,查体的人肯定毫无感觉,他肯定还要问医生对这个量值的评价。但如果医生说你的磷酸肌酸激酶的值252不正常,查体的人肯定能体会到这一数值的含义。陈嘉映(1999)认为,"她的眼睛三平方厘米",表达的是客观量,没有意义。"她的眼睛大"表达的是主观量,有意义。因此,在语言表达上,客观量要绕到主观的概念上才有意义。

前文说过,语言不是主要用于叙述事件或表达客观命题的,而是主要用来表达态度、传递感情的,即语言是表达说话人主观性的工具。因而人们对客观事物量的主观认识势必要通过语言的各种形式表达出来。

3.1 插入不定量词"(一)点"、"(一)些"的离析形式主观性

我们统计了 60 个重点离合词中出现的不定量词的情况,这 60 个离合词离析形式句中,共有 11 个离合词出现了以不定量词离析的离析形式句,共出现了 100 句。请看:

表 21　60 个重点离合词离析形式句中以不定量词离析的离析形式句情况表

出现不定量词的离合词	插入"(一)点"离析形式句数量	插入"(一)些"离析形式句数量	离析形式句总数
吃苦	16	2	18
吃亏	23	0	23
生气	1	0	1
上当	0	1	1
鞠躬	0	1	1
操心	9	1	10
沾光	7	2	9
争气	1	0	1
倒霉	3	0	3
留神	32	0	3
没辙	1	0	1
总计	93	7	100

通过上表,我们发现离合词离析形式句中出现的不定量词 93% 是"(一)点",而"(一)些"只有 7%。

我们看例句:

(36) 自己[吃点苦],受点累,又算什么呢?【文件名:\当代\人民日报\1995\Rm9509b.txt 文章标题:作者:】

(37) 当你到商店时,稍微[留点神]就会发现,许多人在商店购物结算时拿出一张小卡片,可以享受九折、八折等优惠。【文件名:\当代\人民日报\1995\Rm9503a.txt 文章标题:作者:】

(38) 我们内地,已有消费委员会之类的机构,是否可以仿行,抓住若干市场上常销的重点商品,分门别类编出调查专册,在市场上散发给顾客

们，让大家提高识别真伪的本领，少[上些当]呢?【文件名:\当代\市场报\市场报 1994A.txt 文章标题:作者:】

刘月华(1988)认为,"(一)点儿"用于动词、形容词后,表示程度,意思是"略微";"(一)些"用于动词、形容词后,表示不太高的程度。这些解释有一定道理,因为,上述例句中都出现了一些表示小量的表达:"又算什么呢"、"稍微"、"少"等。不过这些解释并没有考虑到语用层面。我们发现,一些离析形式中的不定量词的量是随着说话人的视角而变化的,在实际话语中"点"和"些"未必都表示程度低。请看例(39):

(39)若是我的一场病,真能让他们弟兄知道自重自爱,就是[吃些苦],我也是不冤的;我们这样的家庭是万万不能败下去的呀!【文件名:\当代\作家文摘\1995B.TXT 文章标题:婢女春红(连载之六)　作者:林希】

这里,"吃些苦"中"些"绝不是表示不太高的程度。因为,我们可以在"吃些苦"前加上"多",而不能加上"少"。如:

(39′)若是我的一场病,真能让他们弟兄知道自重自爱,就是多/*少[吃些苦],我也是不冤的;我们这样的家庭是万万不能败下去的呀!

下一个实例更能说明问题:

(40)先生你看,我们多[留点神],你自己也得[注点意],两下一凑合,准保丢不了东西了。【文件名:\现代\文学\老舍短篇.TXT 文章标题:我这一辈子　作者:老舍】

这里"[留点神]"前面出现了"多",显然不是"略微留神"的意思。这说明离合词离析形式中不定量词的量是由说话人主观视角决定的。

也有人认为例(39)中的"吃些苦"、例(40)中的"留点神"是表示委婉。而且,委婉的语气是从"些"和"点"程度低的意义语法化而来。确实,有的时候句子中"吃些苦"比"多吃苦"的语气委婉得多,尤其是在祈使句中。但是,即使我们承认委婉的语气是从"程度低"的意义语法化来的,这里语气委婉的结果也是以"点"和"些"失去"程度低"的意义为代价的。也就是说,"A(一)点 B"和"A(一)些 B"在说话人强调程度低的话语环境中,表现为主观小量,而在说话人强调程度高的话语环境中就失去了程度低的意义,代之以委婉的语气和主观大量的倾向。因此,说话人的主观视角可以左右"(一)点"和"(一)些"的"量"。图示如下(实线表示其主要功能,虚线表示其附加功能):

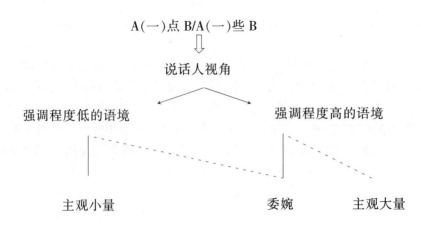

图 11　说话人视角对不定量词表达功能的影响

3.2　离合词重叠形式的主观性

我们统计了60个重点离合词,其中9个离合词出现了重叠形式,重叠形式有两种:"AAB"和"A 了 AB",重叠式离析形式句共出现了122句。请看下表:

表 22　60个重点离合词重叠式离析形式句统计表

重叠形式数值 离合词	AAB		A 了 AB	
	条数	占该离合词离析句的百分比	条数	占该离合词离析句的百分比
帮忙	114	17.76		
出名	1	0.39		
伤心	1	0.52		
鼓掌			1	0.83
照相	1	0.1		
化妆			1	1.19
打针	2	3.28		
接班	1	2.78		
洗澡	1	0.32		
统计	120		2	

动词重叠含有动量的意义,可以表现动作的量。李宇明(1996)指出,词语重叠是一种表达量变化的语法手段,"调量"是词语重叠的最基本的语法意义。刘月华(1988)认为动词重叠的基本语法意义是表示动作持续的时间短或进行的次数少,即表示少量。如(转引自刘月华1988):

(41) 老四不好意思地笑笑,退回到墙根去了。

不过我们考察了离合词重叠形式的离析形式句,发现很多不能显示动词重叠表示"少量"的语义。如:

(42) 在我们的左面,住有一家砍砍柴、卖卖菜,人家死人或娶亲,去[帮帮忙]跑跑腿的人家。【文件名:\现代\文学\散文3.TXT 文章标题:我的梦,我的青春! 作者:郁达夫】

(43) 我甚至破例地[化了化妆],早晨坐在镜子前面,慢条斯理地描眉画眼,足足鼓捣了半个多小时。【文件名:\当代\作家文摘\1995\1995A.文章标题:爱情错觉(连载之三) 作者:姜丰】

例(42)中,"帮帮忙"和"砍砍柴、卖卖菜、跑跑腿"这些重叠形式并列,我们看不出来有"动作持续的时间短或进行的次数少"的"少量"的意思;尤其是例(43),"化了化妆"不仅没有显示出"少量"的意思,反而表现出"多量"的意思。因为如果说"……慢条斯理地描眉画眼,足足鼓捣了半个多小时"这样的"化了化妆",表示"动作持续的时间短或进行的次数少",实在有点勉强。

朱景松(1998)也对动词重叠表示"少量"的说法提出了疑惑:"我们无法肯定'点点头'、'切切菜'、'踢踢球'一定比'点头'、'切菜'、'踢球'动量小一些,或次数少一些。"

实际上,刘月华本人也难以将其说法贯彻到底。比如她列举的动词重叠的三个语法功能,其中就有两个她自己承认"其功能不是表示动作持续的时间短或进行的次数少,所以前边可以用表示时间长的状语"。她举的例子是:

(44) 为了全面了解情况,他要多听听,多看看,深入地调查调查。

(45) 我要好好回忆回忆那天的情况。

(46) 你要彻底挖一挖思想根源。

刘月华似乎也感觉到了自己的说法的矛盾,她又补充道:"动词重叠具有特别的表达功能,这些功能来自它的语法意义,但不完全等于其语法意义。在使用动词的重叠形式时,一定要特别注意。"读者不免会提出疑问:为什么大部分的"表达功能"跟"语法意义"相差如此之遥,几乎截然相反？动词重叠有时表示少量,有时又表示多量,让学生怎么"特别注意"？看来,刘月华也还没有认识到问题的实质。

动词重叠表示量的意义,这一点应该说是没有异议的。因为"洗洗澡"、"见见面"等形式中,VV后不能再加数量成分。我们觉得还是李宇明(1998)对动词重叠的分析比较全面:"重叠式与基式比较,有些重叠表示动作反复的次数少、持续的时间短,有些表示'多量'。"

应该说,在静态上,这些动词重叠所表现的"量"是客观的、固定的。不过这些客观的量在动态话语中,就被赋予了主观性,而变成了主观量。李宇明(1998)曾指出:"动词重叠所表现出的'量',是语言心理观念上的量,而不是客观物理观念上的可用数量词语(实指性的)标示的量。"李的感觉是对的,不过为什么动词重叠有时表示大量,有时表示小量,他似乎还没有找到根源,我们认为主观量的改变跟说话人说话的视角是有关的。看下面的例子:

(47) 和尚为他们坐监,他们倒好,没一个人肯去[帮帮忙],连头牲口都没人借给。【文件名:\当代\文学\佳作2.TXT 文章标题:最后一场秋雨　作者:田中禾】

(48) 明天我去交活,有我说不圆到的地方,科长可多[帮帮忙]！【文件名:\现代\戏剧\老舍戏剧1.TXT 文章标题:春华秋实　作者:老舍】

例(47)"帮帮忙"表示主观小量,例(48)"帮帮忙"表示主观大量,实际上都跟说话人的视角有关系。例(47)说话人站在"和尚"的立场上,从同情"和尚"的视角,是觉得"帮忙"太少了。而例(48)是说话人希望多"帮忙",所以"帮帮忙"表示主观大量。

为什么动词重叠会使人们产生"多量"或"少量"的主观意象？我们认为,语法是动态的,语法是语用之法,任何一项语法功能都产生于语言运用。动词重叠的典型环境是祈使句和意愿句。祈使句和意愿句都是强主观性的句子,如祈使句:

(49) 大妈行行好,[帮帮忙]吧……【文件名:\当代\文学\徐坤.txt 文章标题:热狗　作者:徐坤】

意愿句是句子中主要动词前常出现"觉得、认为、相信、想、要、愿意、希望、盼着"等心理-认知动词和"让、请"等意愿词以及情态词的句子,表示说话人(或说话人站在故事主角的立场上)的主观感受和意愿。如:

(50) 计划生育小组的人想想也是,……便来找李文娟,说任务压得紧,你一定得[帮帮忙]。【文件名:\当代\文学\当代短篇小说1.TXT 标题:何玉

茄　作者:一个叫李文娟的人】

（51）为迎接即将来访的客人,妈妈正在收拾房间,她想让孩子们[帮帮忙],就转身对我12岁的弟弟说:……【文件名:\当代\读者\读者（合订本）.txt 文章标题:作者:】

（52）父亲决定向办公室请一天假,好在庆祝节日时[帮帮忙],……【文件名:\当代\读者\读者（合订本）.txt 文章标题:作者:】

我们统计了60个重点离合词出现的122句以动词重叠形式离析的离析形式句,发现94.3%的以动词重叠形式离析的离析形式句是祈使句和意愿句。请看表23：

表23　以动词重叠形式离析的离析形式句出现的句式统计表

	祈使句	意愿句	叙述句	总计
出现句数	53	62	7	122
比率	43.5%	50.8%	5.7%	100%

正因为动词重叠多出现于强主观句中,所以动词重叠就容易受说话人主观意愿以至主观视角的左右。这大概是动词重叠有时表示"主观大量",有时又表示"主观小量"的认知基础。我们用大家都熟知的"小马过河"的故事打一个比方,河水的深度是一定的,但不同的动物有不同的参照点和体会,因此对不同的动物来说,对河水的深浅的认知是有差异的。

这也许能解释为什么有人误认为动词重叠表示"小量"的原因。因为近一半的动词重叠出现于祈使句中。祈使句的功用是祈求别人做某事,所以说话人大多试图用和缓的语气来实现自己的交际目的。但是,我们要强调的是:语气和缓并不一定代表"小量"。看下个例句:

（53）松二爷黄爷,[帮帮忙],给美言两句！【文件名:\现代\戏剧\老舍戏剧1.TXT 文章标题:茶馆　作者:老舍】

表面上看,上例"帮帮忙"受"美言两句"的影响,我们确实有动量减弱的感觉。实际上,这是一种错觉。从说话人的角度上看,"帮帮忙"不是少帮忙,而是要多帮忙;"美言两句",也绝不是少说好话。动词重叠只不过是语气和缓的一种手段,语气和缓并不代表量的减弱。正如朱景松（1998）指出:"使用重叠式是说话人尽量把一个动作行为、变化说得轻巧一些的一种表达手段。"如:

（54）等到上了岸,卸米的事,请你[帮帮张千总的忙]。【文件名:\当代

\文学\台湾作家\红顶商人胡雪岩.txt 文章标题:作者:】

(55)村子里,大家劳动,大家欢喜,盼望着大家多[帮帮我的忙]!【文件名:\现代\戏剧\老舍戏剧1.TXT 文章标题:柳树井　作者:老舍】

例(54)"[帮帮张千总的忙]"并不是要"少帮张千总的忙",只不过是为了达到交际成功而采取的一种委婉的表达手段。例(55)也是这样,说话人用"多[帮帮我的忙]"达到了语气和缓的效果,但"[帮帮我的忙]"的量并没有降低而是增加。

深究起来,动词重叠表示"小量"的误解存在着一个逻辑误区,就是人们觉得:祈使句中人们试图通过减少动作量的办法,来减轻对方的心理负担,提出自己的希望请求,以使对方满足自己的要求,因此动词重叠表示"少量"。这种说法有主观猜测之嫌。因为"减轻对方的心理负担,提出自己的希望请求,以使对方满足自己的要求"不一定"动作量减少"。就像人死了,未必是得癌症而死一样,虽然癌症的死亡率高。退一步讲,即使我们承认这样的解释有道理,也只能说明说话人以减少动作量为手段而表达委婉的语气,而不是旨在表达"少量"的语用意义。就像李宇明(1996)所说的:"当人们表意的侧重点转移到这些伴随性的意义、色彩上时,次少时短的意义就会退居到次要的地位上或者完全被忽视,于是便可能引申出新的语法范畴。"这样的话,就有点类似"(一)点"和"(一)些"的主观性表达。而事实上,我们不能证明在祈使句中有些动词重叠表示"少量"的这种感觉。至少这种说法不能解释像例(46)、(48)等一类的句子。为了方便阅读,我们将例(46)、(48)重抄如下:

(46)你要彻底挖一挖思想根源。

(48)明天我去交活,有我说不圆到的地方,科长可多[帮帮忙]!【文件名:\现代\戏剧\老舍戏剧1.TXT 文章标题:春华秋实　作者:老舍】

我们认为离合词重叠离析形式的量跟说话人说话的视角有关。沈家煊(2002)认为客观量由于不同视角而产生不同的心理意象,即所谓"横看成岭侧成峰";半瓶水在悲观和乐观人看来结果不同:悲观的人认为"量少",而乐观的人认为"量多"。这些生动的例子有助于我们对离合词重叠离析形式主观量的形成予以更深刻的理解。

总之,从说话人主观性的角度去解释动词重叠的量,可以更加深刻地认识到语言的本质,并且还可以解决前人在处理该问题上的尴尬局面。

4 离合词离析形式体现说话人的视角(Ⅲ)
——指示视角

指示(deixis)是指说话人对话语中的事物或情景的识别,体现了说话人的主观视角。

4.1 插入数量结构的离析形式的主观性

离合词 AB 插入数量结构也是离合词离析的主要方式(见第二章表 8 和表 9),我们说的数量结构主要是指:"数+名量词(不包括单独出现的'个')"、"数+动量词"、"数+时量词"。我们发现:离合词插入数量结构,即"A+数量词+B"结构体现了说话人的主观性。

4.1.1 插入"数+名量词"

我们先谈离合词插入"数+名量词"(以下简称名量词)的情况。离合词插入名量词主要有四种形式:"A+名量词+B"、"A+了+名量词+B"、"A+过+名量词+B"、"A+着+名量词+B"。我们统计了 60 个重点离合词,有 21 个离合词出现了以名量词离析的例句,其离析情况如下:

表 24　离合词插入名量词情况统计表

	A+名量词+B	A+了+名量词+B	A+过+名量词+B	A+着+名量词+B	总数
帮忙	21				21
生气	3				8
鞠躬	9	36	1		46
操心				1	1
跳舞	2	1			3
鼓掌		2			2
沾光		1			1
争气	71	4			75
念书	2	3	1		6

续表

敬礼		44			44
打针	2				2
理发	3				3
丢人	1				1
插嘴	3	6			9
拐弯₂		3			3
吵嘴	2	2			4
叹气		13			13
睡觉		4	9		13
洗澡	7	5			12
开课		1			1
照相	12	12	1		25
总计	138	137	12	1	288

我们统计的名量词中,出现的名量词"一个"(如"洗了一个澡")最多,共出现了 161 个,占总数的 56%。此外还有"一肚子"(生一肚子气)、"一份"(操着一份心)、"一声"(鼓了一声掌)、"一口"(争一口气、叹一口气)、"几句"(吵了几句嘴)等。

4.1.1.1 从对名词的分类视角到话语的指示视角

系统使用量词是汉语的特点之一,也反映了说汉语的人长期以来注重对客观事物观察和认知的思维习惯。人们对客观外物观察的角度不同,就用不同的量词(名量词)去表达。比如有侧重从其形状的角度去观察,如:"墙"——"一面墙"、"药"——"一片药"、"领带"——"一条领带"等;有的侧重从其被处置的动作特征的角度去观察,如:"椅子"——"一把椅子"、"嘴"——"一张嘴";有的侧重从其被承载器具的角度去观察,如:"土"——"一车土"、"水"——"一盆水";有的侧重从其附着物的角度去观察,如:"汗"——"一头汗";还有的侧重从其被处置的工具的角度去观察,如:"肉"——"一刀肉"等等。

此外,说话人对同一个事物观察的角度不同,也反映在量词对名词(事物)的不同表达上。比如"鱼",说话人观察的视角集中于其头部,就说

"一头鱼";如果说话人观察的视角集中于其尾部,就说"一尾鱼";如果说话人观察的视角集中于其身体,就说"一条鱼"、"一只鱼"①。看一下实例:

(49)须臾,有大鱼百许头,亦各长一二尺,走水中。【文件名:\10 北宋\小说\太平广记.txt 文章标题:作者:】

(50)周得一霎时买得一尾鱼,一只猪蹄,四色时新果儿,又买下一大瓶五加皮酒。【文件名:\13 明\小说\喻世明言(下).txt 文章标题:作者:】

(51)又转身出外,行至钓鱼矶上,取过预备现成的鱼竿,垂纶钓鱼,钓了一会,却一条鱼儿也不肯上钩。【文件名:\15 民国\小说\元代宫廷艳史.txt 文章标题:作者:】

(52)且幸鳌奴统兵,已离真腊不远,忽见海中现出一只巨鱼,如状……,嘴似鹦鹉,共有八足,略现半身,即望之若山,八足微动,波涛汹涌,雪浪排空。【文件名:\15 民国\小说\元代野史.txt 文章标题:作者:】

(53)他看起来浑身湿答答的,浑身都是鱼腥味(手上还抓着一只鱼)像是个可怜的小东西。【文件名:\当代\翻译作品\文学\魔戒—2.txt 文章标题:作者:】

大河内康宪(1985)指出:对名词来说,量词表示后面各个名词的意义范畴。哪些名词跟哪些量词搭配,体现着人们对名词所指事物的认知方式。变换量词还可以表示说话人在某个时间地点对事物持有的特别认知心理。这跟英语的冠词一样,Father(幼儿使用的词语)和 the father(正值娇憨年龄的儿女使用的词语)二者差异甚大。同是父亲,说话人对父亲的认知角度却有所不同。

我们统计的离合词离析形式句中出现的名量词"一肚子"、"一份"、"一声"、"一口"、"几句"等,实际上也在一定程度上反映了说话人对客观情状的观察视角。

(54)得啦别说了,咱们这是高兴的事,别让那些洋狗弄的[生一肚子气]。【文件名:\当代\文学\王朔 c.txt 文章标题:人莫予毒　作者:王朔】

(55)这种悲伤的默哀足足持续了一分钟,不知谁先[鼓了一声掌],刹那间像起了暴风骤雨,热烈的掌声经久不息,并且响起了阵阵欢呼声。【文件名:\当代\作家文摘\1994\1994A.TXT 文章标题:周恩来与中国的《罗密欧与

---

① 倾向于用什么量词,有时也有地域习惯和时代特色,反映不同地区不同时代的说话人对同一事物的不同观察视角,如"一头鱼"、"一只鱼"等。

朱丽叶》 作者:张玉中】

(56) 说着,他敲了敲烟袋,直起了腰,[叹了一声气]:……【文件名:\现代\文学\现代短篇.TXT 文章标题:雨夕 作者:萧乾】

(57) 他走到渐渐看不清医院的红楼了,[叹了一口气],开始把心神的注意由王女士移到欧阳天风身上去。【文件名:\现代\文学\老舍长篇2.txt 文章标题:赵子曰 作者:老舍】

(58) 有一次吴晗、翦伯赞在谈明朝朱元璋的故事,我[插了一句嘴],大概讲了一句外行话,被吴晗痛损了几句,说:……【文件名:\当代\读者\读者(合订本).txt 文章标题:作者:】

"生一肚子气"、"叹了一口气"是从动作行为发生部位的角度用隐喻的方式去反映说话人对动作行为"生气"、"叹气"的情状的观察。而"鼓了一声掌"、"叹了一声气"、"插了一句嘴"则从动作行为的声音、语句角度去观察动作行为"鼓掌"、"叹气"的情状。

应该指出的是,离合词离析形式中说话人在名量词上反映的对客观情状的观察与一般句子中在名量词上反映的对客观情状的观察不太一样。在一般句子中名量词反映的是说话人对客观事物的观察,而在离析形式中名量词反映的是说话人对动作行为情状的观察,从这个角度上说,这时的名量词已经起到了动量词的作用。

名量词的使用体现了说汉语的人长期以来在话语表达中对其后名词(事物)的习惯观察视角。长期使用的东西功能容易"钝化",语言学中就有历时上"将"字句主观性不断弱化(weakening)的现象。(沈家煊 2002)量词是说汉语的人在长期的交际过程中创造和使用的,从历时的角度上看,话语中说话人在名量词上表现的主观视角在一定程度上有所弱化。看下例:

(59) 那是石学海心中一片充满生机的绿洲,如今他为这绿洲率来了[一峰]耀眼的白骆驼。【文件名:\当代\报刊\人民日报\1998\01.txt 文章标题:作者:】

例(59)中的量词"峰"包含着说话人对骆驼主要特征的观察视角(观察集中于骆驼的最显著特征——驼峰上)。应该指出的是,随着人们对量词的长期习惯使用,其深层次反映的说话人对骆驼特征的观察视角有时在表达层面上不被人们所注意,也就是说,体现说话人对名词观察视角的量词的分类功能弱化了。

不过,正如 Heine 等(1991)指出,语法化过程中不仅有语义脱落的现象,也有语义增加的现象。这个新增加的意义就是语用意义,它来自语境产生的重新解释(context induced reinterpretation)。

金福芬、陈国华(2002)从历时的角度考证了量词的语法化历程:由体现说话人对名词观察视角的量词的分类功能逐渐转向凸现话语中事物(名词)重要性的功能——"个体标记"。个体标记是说话人"强调中心名词的重要性,告诉听话者数词和名词都是新信息,要提起注意"。"这种解释的依据是早期有量词标记的中心名词几乎都指称有价值的物品。"因此,自唐代以来"量词作为个体标记是量词存在的根本原因,而其分类功能是次要原因"。

从说话人对事物(名词)的分类到个体化标记的转变,是量词语法化路途上的一次大的变革,表明其已经从物质域过渡到了空间域,从概念功能过渡到了语篇功能和人际功能,由命题功能变为言谈(discourse)功能,也就是说其主观化程度进一步提高了。

4.1.1.2 个体化的指示视角

金福芬、陈国华(2002)的研究为我们研究共时状态下量词在话语中的功能提供了历时的佐证。立足于共时的一些研究(如大河内康宪(1985)、孙朝奋(1988/1994)等)也表明:从动态话语的角度去看,说话人用不用数量结构,体现了说话人的指示视角。在话语表达中,如果说话人觉得这个事物重要,那么说话人就会采取一定的手段来识别它、突出它。一般来说,说话人常常采用名词前加数量词的办法将名词凸现化。

李文丹(1998)指出:说话人如果觉得一个行为参与者在整个事件中占的地位很重要,那么在语言入码的时候,他就可能把表现这个参与者的名词词组加上一些明显的符号特征,以显示它地位的重要,量词使用就是旨在强调其后名词的重要性。张伯江(1997a)也认为(名词前)量词的存在标志着这些名词成分在说话人心目中的现实性和有界性。

(60)山谷底下,乱石堆里躺着一个人,骨瘦如柴,白发苍苍。(转引自大河内康宪 1985)

这里的"人"是说话人觉得其在话语中非常重要,所以就用"一个"将其突出,因为后边要继续对其加以陈述。句子中"一个人"不是强调人数,而是将"人"变成现实的、具体的、可识别的"人"。正如大河内康宪(1985)指出的:"'一个'正是起着把抽象的事物变成具体、个别事物的作用。"沈家煊(1999b)也认为,带数量词的名词在言谈中的信息地位比光杆名词显著。

反过来讲,如果说话人觉得这个事物(事件参与者)不重要,就会采取一定的手段降低其显著度。

例如在英语中,当名词宾语的指称对象显得不太重要时,这个名词就被合并到动词中,形成了一个复合动词。如:fish for trout——trout-fish(捕鲑鱼),watch the birds——bird-watch(观鸟)。再如:

(61) We went fox-hunting in the Berkshires.
我们曾去伯克郡猎狐。

(62) Early in the chase the hounds started up an old red fox, and we hunted him all morning.
一开始猎狗就碰上了一条红色的老狐狸,我们一直追了它老半天。

在例(61)中,"fox"为无指名词,在言谈中的地位不突出,只代表"猎狐"活动中的构成部分,因此"fox"这个词不具有名词的任何典型特征;而例(62)中,"fox"代表了言谈中的一个重要参与者,在篇章中扮演一个重要角色,所以它带有名词的典型特征,即被冠词和形容词所修饰,以便识别(沈家煊 1999b)。

就离合词 AB(如"洗澡"、"叹气"、"散步"等)来说,离合词不离析时仅表示一种动作行为,B 的信息度极低,是无指成分,名词属性很不鲜明。"这里的宾语是动词的陪衬,最缺乏信息价值。它只不过跟动词结合在一起表示一般的行为而已。"(大河内康宪 1985)不过说话人为了强调这个动作行为,就要采取手段提高 B 的个体性,因为只有提高了名词的个体性和具体性,名词的显著度才能提高,由该事物(名词)参与的动作行为才能被凸现(见第十章)。

一般来说,名词属性越强的成分,其个体性越强,在话语表达中发挥的作用就越大。不过,自身个体性很弱的词可以通过加上量词获得个体性。张伯江(1997a)论证了在"是"字句话语表达中如果名词属性非常鲜明,常常不用"一个"使之具体化;如果名词属性不鲜明,一般要用量词,使之具体化。(以下例子转引自张伯江 1997a)

(63) ？他是一个总统　　　　　他是总统
　　　她是一个老妇　　　　　？她是老妇

我们知道,离合词中名词成分 B 的名词属性很弱,说话人出于强调这个动作行为的需要,就要提高 B 的名词属性——在 B 前加量词。请看:

(64) 这件事,我们当然不知道,他是瞒住我们的,幸而,这个私家侦探,[帮了我一个大忙],他解救了我。

(65) 我[帮了她一个大忙],可是到头来,她还是不把我放在眼内。【文件名:\当代\文学\香港作家\合家欢.txt 文章标题:作者:】

(66) 正当他思索着如何进一步打开销路,扩大生产的时候,发生了一件非常荒唐的事,竟大大[帮了他一个忙]!【文件名:\当代\读者\读者(合订本).txt 文章标题:作者:】

(67) 另外在肚子和背上抹两圈以及特别注意一下脸和脚之后,就蹲到水里洗清,[一个澡就算是洗好了]。【文件名:\当代\读者\读者(合订本).txt 文章标题:作者:】

例(64)"帮忙"离析形式前出现"幸而",离析形式后对"帮忙"之事予以解释,显示了说话人认为"帮忙"行为的重要。例(65)、(66)中也出现了"可是"、"竟",显然表现了说话人对"帮忙"的特殊关注心理。例(67)画线部分是对"洗澡"方式的解释,如果"洗澡"在说话人心目中不重要,说话人也就没有必要对其进行解释。

值得我们注意的是,我们统计的60个重点离合词离析形式句中出现的名量词中,除了一些专用量词(如"一声"(鼓了一声掌)、"一口"(争一口气、叹一口气)、"几句"(吵了几句嘴))以外,出现的数量结构有一半以上是"一个"(147个,占56%),如"洗了一个澡"等,我们有必要对"个"加以探讨。

4.1.1.3 "个"(箇、個)的属性[①]

"个(箇)",《说文》释义为"竹"。在周秦时期,"个"只能用于计量竹子,后来渐渐扩大到计量所有的竹制品。到了汉代,"个"已经可以用来计量大量的物体,如动物、植物等。(金福芬、陈国华 2002)到现代,"个"几乎可以跟各种事物匹配。不过,在现代汉语里,"我们很难看出(跟'个'匹配的)这些事物之间有什么共同或相同之处"(杉村博文 2006),因而现代汉语中"个"已经失去了给事物分类的作用。

既然"个"不具备了量词的原有特性,那么"个"在话语中起什么作用呢? 杉村博文(2006)通过对比"一拳就砸倒个牛"和"一拳就砸到了一头牛"两个句子,认为前一个句子中"个""已经由对事物进行计数、分类、描绘,转向了激活事物的文化属性"。他认为,"个"虽然属于个体量词,但就

[①] 本部分只是将量词"个"与其他量词对比,关于"个"的主观性的近一步论述,请参看第七章第1节。

语义功能来说,它首先是为了表示事物的无定性而存在,其次是"为了激活事物不属于百科全书式知识的某种属性而存在的"①。我们认为,表示事物的无定性(也就是个体性)是说话人为了凸现该事物在话语中的重要地位,"激活事物不属于百科全书式知识的某种属性"是表达说话人在动态话语中的主观视角,二者都是旨在表达说话人的主观意识。因此"个"的主要功能已经转变为表达说话人的主观性。

就现实情况看,话语中专用量词的使用是表达说话人对事件参与者乃至整个事件的关注;而"个"作为通用量词不仅具有上述功能,而且它还激活临时的语用属性,也就是说"个"更专职于表达说话人的主观意识。因此"个"跟专用量词相比,其语法化程度更高,表达的主观性更强。看图12:

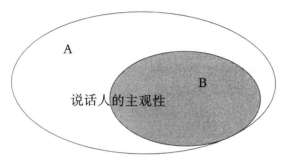

图12 专用量词与通用量词"个"主观性对比图

A 圆代表量词,B 圆代表通用量词"个";颜色深浅代表表达说话人主观性的程度。

上文指出:说话人用不用数量结构,体现了说话人的主观视角。现在我们应该进一步补充:说话人用什么样的量词更是说话人主观性高低的反映。正如杉村博文(2006)指出的那样:"量词的选择与语言表达的主观性(subjectivity)密切相关。"如此看来,离合词离析形式中多出现通用量词"个"这一现象说明,离合词离析形式句的主观性要高于一般的动宾结构句。

通过上述的分析,我们认为,离合词以插入名量词的形式进行离析有

---

① "不属于百科全书式知识的某种属性"是指量词"个"在话语中的临时的语用属性,表达说话人的主观性的属性。(杉村博文 2006)

其一定的认知基础,它反映了说话人凸现该行为事件的主观视角。大河内康宪(1985)说,说话人在说话时,如何去认识某个名词(事物)是由说话人在彼时彼地的心理状态所决定,其他人是无法知晓的。相反,我们可以从说出来的那个名词的形式上来判断说话人彼时彼地的心理。

我们同意李文丹(1998)的论断:分类词组(即名量词——引者注)的作用,最重要的不是在句法上,也不是在语义上,而是在语用上。

4.1.2 插入"数+动量词/时量词"

任何行为动作都要占有一定的时间量。行为动作的时间量一般包括发生的频率和持续的时间,我们一般把表示行为动作发生频率的词叫做动量词或频率词,如"次"、"趟"、"回"等;而把表示行为动作持续的时间的词称为时量词或时段词,如"天"、"小时"、"会儿"等。实际上动量和时量也是相互联系的,动作的发生频率需要一定的时间,一次动作持续时间的长短会影响动作完成的次数。"动作的次数,一方面和'量'的观念相关,一方面也和'时'的观念相关。"(吕叔湘 1956)因此,我们在这一节将动量词与时量词一起讨论。

我们考察的 207 个离合词中出现的动量词有"次"、"趟"、"回"、"场"等;出现的时量词有"辈子"、"年"、"天"、"钟头"、"会儿"、"下"、"阵"等。

我们统计了 60 个重点离合词出现的动量词和时量词的情况,看表 25 和表 26。

表 25 60 个离合词离析形式句出现的动量词情况表

序号	离合词	条数(共 108 条)	占该离合词离析句总数百分比
1	见面	25	2.79
2	吃苦	5	1.62
3	上当	4	1.67
4	鞠躬	1	0.44
5	打架	11	8.15
6	操心	1	0.78
7	跳舞	2	1.44
8	鼓掌	6	4.96
9	问好	7	8.24
10	打针	2	3.28

11	理发	8	17.78
12	留神	1	1.85
13	走道	1	12.5
14	结婚	10	1.47
15	洗澡	15	4.84
16	照相	1	0.1
17	请假	6	0.03
18	排队	2	0.01

表26 60个离合词离析形式句出现的时量词情况表

序号	离合词	条数(共150条)	占该离合词离析句总数百分比
1	吃苦	1	0.32
2	跳舞	5	3.6
3	念书	10	6.9
4	倒霉	7	11.29
5	走道	1	12.5
6	洗澡	2	0.65
7	照相	2	0.21
8	请假	97	0.56
9	排队	11	0.06
10	放假	14	0.08

考察发现离合词离析形式句中插入动量词或时量词也是表达说话人主观性的手段,主要体现说话人的指示视角。

离合词"见面"、"起床"、"洗澡"等不离析时,只表示一种一般的抽象的活动状态。

(68)在日本,男子[见面]总是一边握对方的手,一边深鞠躬。【文件名:\当代\应用文\中国儿童百科全书.TXT 文章标题:作者:】

(69)调查组首先对丁作明的家人进行了慰问,然后就同路营村的村民们[见面]、开座谈会。【文件名:\当代\应用文\中国农民调查.txt 文章标题:作者:】

如果一个状态或事件说话人认为重要,说话人就常常采取一定手段使其凸现化、具体化、个别化。在述宾结构中,说话人在宾语名词前加数量词,以凸现名词进而凸现事件是说话人常采用的手段之一。但是事件与时间是密不可分的,任何一个事件或动作都包含发生次数、发生的时间、持续的时间等等诸多时量要素,因此事件与时间之间的关系更为直接,所以说话人也常常从时间的角度把事件或状态具体化和个别化。"量词把客体个别化,汉语中表示时段和频率的词语则用时间的手段把事件个别化。这样,非客观主义的路子又把我们从英语结构的束缚中解脱出来,使我们看到汉语语法的另一个独有特点,即时段、频率词语和量词共有的真正的观念基础。"(戴浩一 1990)

王静(2001)认为,"时量、动量成分,就是分别从持续时间和发生的次数两个方面对动词表达的概念实施'个别化'"①;说话人通过时量、动量手段对一个光杆动词所代表的行为事件实施"个别化"后,一个表示抽象的、一般的事件、动作、状态的概念就可以转而表示一个特殊的事件,一次具体的动作,或某种特定的状态。

(70) 你不会孤独的,也许能碰上一个年轻的女人,再[结一次婚],不也是天伦之乐吗?【文件名:\当代\文学\比如女人.txt 文章标题:作者:】

(71) 在最太平的年月,张村与李村也没法不稍微露出一点和平的气象,而少[打几场架];不过这太勉强,太不自然,所以及至打起来的时候,死伤的人就特别的多。【文件名:\现代\文学\老舍短篇.TXT 文章标题:敌与友 作者:老舍】

(72) 明辨完了,就要站队,队站对了终生受用无穷,队站错了不知道[倒多大霉]乃至[倒一辈子霉]。【文件名:\当代\文学\王蒙.TXT 文章标题:难得明白 作者:王蒙】

(73) 我还是主张她多[念几年书],那才能有真正的本事,才能自立于社会。【文件名:\当代\作家文摘\1993\1993A.TXT 文章标题:她还没叫江青的时候(连载之五) 作者:王素萍】

上述例子中,"结一次婚"、"打几场架"、"倒一辈子霉"、"念几年书"已经不是抽象的动作状态,而是说话人通过插入动量词或时量词的手段将

---

① 王静提出的"个别化"概念,其"实质就是不断地限定、缩小概念范围,最终指称某个具体的特定的对象",实际上就是说话人刻意凸现的对象,跟我们前文提出的"个别化"概念的内涵基本一致。

"结婚"、"打架"、"倒霉"、"念书"等抽象的动作状态识别而个别化了。因为上述例句中出现的插入动量词或名量词的离析形式所代表的行为,在话语中都被说话人作为一个重要的事件被强调。

例(70)"结一次婚"之前的句子是对"结一次婚"的铺叙,"结一次婚"之后的句子是对"结一次婚"的评论,因此"结一次婚"是说话人在该句的关注点;例(71)、(72)、(73)也是将离析形式作为强调的重心。例(71)、(73)都先用指代词对离析形式前指,然后对其加以评论;例(72)说话人用"乃至"强调。这些手段足以证明这些插入动量词或时量词的离析形式在说话人心目中的分量。

我们可以跟例(68)、(69)对比,这两例的离合词"见面"出现以后,说话人并没有对其作追述、评论等特别处理,"见面"出现之前说话人也没有对此采取任何导引、铺垫等手段。这说明说话人没有将"见面"这一行为作为心目中的关注点,也没有必要将其个别化、凸现化。

从认知上讲,在人们心目中重要的"那一个",人们常常要将它识别、跟其他的区分开来;不重要的东西,人们常常不对其关注而不将其与其他的东西区分。比如我们以前不关注苏丹这个国家,只知道它是一个国家或非洲的国家;但是自从这个国家南部发生独立运动成为举世瞩目的焦点,人们就会对其加以关注,将其识别、与其他国家区分开来。语言学研究也是这样,我们研究离合词,才将其与其他动词区别开来;如果我们不研究它,我们也不会关注它,也不刻意将其与其他动词区别开来。

因此说话人通过插入动量词或时量词的手段将离合词所代表的动作行为个别化、凸现化,实际上说明该行为事件受到了说话人的关注,反映了说话人的主观指示视角。

补充说明一点,一般来讲,表动量成分与动词的关系比时量成分与动词的关系要密切得多,动量成分对动词的"量化"作用强于时量成分。量化是使行为事件凸现化的手段之一,所以我们统计的60个重点离合词中,以动量词离析的离析形式的数量要大大超过以时量词离析的离析形式的数量(见图13)。由此看来,行为事件的个别化,不仅要受到语用的调节,还摆脱不了语义关系的制约。

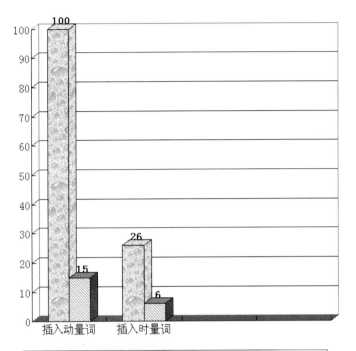

图 13　56 个核心离合词插入动量词、时量词情况对比图

4.2　插入定指成分的离析形式的主观性

定指成分是指离合词 AB 中插入的代词性成分、名词性成分、动词性成分、序量成分、数词以及 B 前置等。沈家煊(2002)指出,定指成分代表说话人认定听话人可以识别的事物,也就是说,"定指"跟"指示"(deixis)有关。而"指示"本质上具有主观性,跟说话人的视角有关[①]。

4.2.1　插入代词性成分、名词性成分、动词性成分、序量成分[②]以及 B 前置等

统计发现,离合词以插入代词性成分、名词性成分、动词性成分、序量

---

　　① 代词性成分、名词性成分、动词性成分除了起定指作用,表达说话人的视角外,还有移情的作用。见后文分析。
　　② 我们通过语料统计发现,插入序量成分非常少见,只有 3 例出现于"跳舞"的离析句中,所以本节不作重点论述。

成分以及 B 前置等情况比较多,看下列统计:

表 27　207 个离合词以定指形式离析情况表

所有离析形式中位次	定指形式	出现定指形式的离合的数量(个)	出现定指形式离合词所占(207 个的)比率	举　例
3	A＋名词/代词(的)＋B	84	40.58％	帮老师忙、帮他的忙
6	前置 B＋A	57	27.5％	忙帮了、连忙都不帮、把字签了
13	A＋动词结构(＋的)＋B	9	4.35％	吃管闲事的亏
总计		149	71.98％	

表 28　60 个离合词离析形式出现定指成分例数统计表

在所有离析式中所居位次	离析形式	该形式出现例数	占所有离合词离析句比率(共 11,498 句)
2	A＋名词/代词(的)＋B	1,518	13.20％
7	前置 B＋A	316	2.75％
13	A＋动词结构(＋的)＋B	13	0.11％
总计		1847	16.06％

统计发现,207 个离合词中,有 71.98％的离合词可以以上述定指成分离析;我们统计的 11,498 句离析形式句中,有 16.06％的离析形式句以上述定指成分离析。

(74) 好孩子,你可没少[帮我的忙],农闲时帮我起粪、垫圈,农忙时帮我浇水,收割。【文件名:\当代\人民日报\1996\96News04.txt 文章标题:作者:】

(75) 原来以为坐班车是公平合理,单位头头的关心,谁知是[沾了人

家小姨子的光]①,以后每天坐车,不都得想起小姨子!【文件名:\当代\文学\一地鸡毛.txt 文章标题:作者:】

(76) 临汾县有一个叫田树楷的人从小没有[见过父亲的面],他出生的时候父亲就在外面经商,一直到他长大,父亲……【文件名:\当代\文学\余秋雨.TXT 文章标题:抱愧山西　作者:余秋雨】

(77) 为这件事赵老的[心都快操碎]了。【文件名:\当代\文学\王朔 d.txt 文章标题:痴人　作者:王朔】

(78) 他一吃过晚饭便躲回房间,根本没有出去,[面都不见]怎样发展地下情?【文件名:\当代\文学\香港作家\蜜糖儿.txt 文章标题:作者:】

(79) 人要经常活动筋骨,老是坐着躺着容易僵化,我年轻时就[吃了不爱运动的亏],现在老了想改也难了,只能做做清洁工作了。【文件名:\当代\作家文摘\1995\1995A.TXT 文章标题:茅盾任文化部长始末　作者:韦韬,陈小曼】

(80) 亚敏上来,怕你一到楼下,就被你的"蝴蝶"围攻,我希望你和亚敏[跳第一个舞],可以吗?【文件名:\当代\文学\香港作家\蜜糖儿.txt 文章标题:作者:】

上例中的代词、名词、序量词都是定指成分。例(79)中"吃了不爱运动的亏"中"不爱运动"在离析形式句中已经失去谓词结构的功能而名词化,成为"亏"的修饰成分,因此也成了定指成分。例(78)的"面"虽然没有名词、代词等修饰成分,但它占据话题位置,是说话人叙说的出发点,话题"前移的过程也是指别性功能增强的过程"(陆丙甫 1998)。

石毓智(2001)指出:有定性的典型例证是客观物质世界的离散个体。在话语中,定指成分常常是听话人可以确认的并跟踪的对象。

相比而言,"A+名词/代词(的)+B"形式中的插入形式(名词/代词)个体属性最强,听话人最容易确认和跟踪(如例(74)、(75)、(76));而"前置 B+A"形式中 B 前置后有定性增强,但毕竟 B 本身的有指性较低(见第三章分析),因而听话人虽然可以确认但难以跟踪(例(77)、(78))。我们再看"A+动词结构(+的)+B"形式,由于插入成分是名词化的谓词性成分,不具有个体性,听话人确认和跟踪就更难(例(79))。听话人容易确认和跟踪的说明其可识别度高,主观性强,不容易确认和跟踪的可识别度

---

① 例(26)、(27)离析形式"帮我的忙"、"沾了人家小姨子的光"中的插入成分"我"和"人家小姨子"除了是定指成分以外,同时还是格关系定语(见"格关系定语"一节的论述)。

低,主观性弱,而这些表现梯度恰好和上述形式出现的数量多寡一致。请看下表:

表 29 离合词定指成分离析形式功能对比表

形式 性质	A＋名词/代词（的）＋B	前置 B＋A	A＋动词结构（＋的）＋B
可确认性	强	强	弱
可跟踪性	强	弱	弱
可识别度	强	中	弱
主观性	强	中	弱
出现数量	多	中	少

另外,定指成分跟前文所述的以前加数量成分为标志的不定指成分相比,个体性更强,说话人觉得对听话人来说更容易识别,所以其在说话人心目中更加凸现,也更能体现说话人的主观视角。

如果说以前加数量成分为标志的不定指成分的主观指示视角是从说话人角度来说的,那么定指成分则是说话人从听话人的角度去着想的。因为一般来说,说话人认为听话人能够识别的就用定指性形式,换句话说,说话人使用有定形式是为了听话人便于识别,因而定指成分体现了交互主观性(inter-subjectivity)[①]。交互主观性其主观化和主观性程度更高,这样看来,统计中以上述定指成分离析的离合词和离析形式句的数量

[①] 交互主观性指的是说话人/作者用明确的语言形式表达对听话人/读者"自我"的关注,这种关注可以体现在认识意义上,即关注听话人/读者对命题内容的态度;但更多的是体现在社会意义上,即关注听话人/读者的"面子"或"形象需要"。(Traugott 1999)

交互主观性派生于主观性并以后者为蕴涵,也就是说,一个语言形式如果具有交互主观性,那么同时一定呈现主观性。从历时角度看,语言形式的交互主观性是通过交互主观化过程而产生的,所谓交互主观化(inter-subjectification)指的是这样的一个符号学过程:意义经由时间变成对"说话人/作者在认识意义和社会意义上对听话人/读者'自我'的关注"这样的隐含义加以编码或使之外在化。交互主观化与主观化这两种机制的区别是,主观化是意义变得更强烈地聚焦于说话者,而交互主观化是意义变得更强烈地聚焦于受话人。但交互主观化总是蕴涵着主观化,不可能存在没有某种主观化程度的交互主观化(一个形式若没有某种程度的主观化就不可能有交互主观化现象。历时地看,交互主观化通常比主观化出现得晚并来源于主观化。(参见吴福祥《人文社会科学前沿扫描(语言学篇)》http://www.cass.net.cn/file/200302285311.html。)

均超过以不定指成分离析的离合词和离析形式句的数量(见第二章表 8 和表 9)就在情理之中了。

4.2.2 插入数词

离合词离析方式中还有一种插入数词的形式,如"见一面"、"见了两面"等。我们对 60 个重点离合词插入数词的情况进行了统计,请看下表:

表 30　重点离合词插入数词情况表

离合词＼形式	插入"一"					插入"两/几"			总计
	一	代词＋一	了＋一	了＋名＋一	过＋一	两	了＋两/几	过＋两/几	
见面	70	120	14	4	28	3	3	10	252
吃惊	49		469						518
上当	2		1	1					4
鞠躬	11		88						99
打架	16		11						27
吵架	12		34		5				51
干杯	36								36
告状				17					17
打针				1					1
睡觉			33						33
开课	1								1
总计	197	120	650	22	34	3	3	10	1039

有趣的是,我们考察发现重点离合词中插入的数词只有"一"、"两"和"几",极少其他数词形式[1]。而"一"、"两"和"几"的分布也极不平衡,其中"两"和"几"只出现了 16 例,仅占总数的 1.5%,而"一"则出现了 1023 例,占总数的 98.5%。

---

[1] 语料中有这样的例子:
李俊生本不会喝酒,这回硬着头皮连[干了 10 杯]。【文件名:\当代\人民日报\1995\Rm9507b.txt 文章标题:作者:】
"干了 10 杯"是否为离合词"干杯"的离析形式,值得怀疑。因为"杯"在这里颇似量词,比如"杯"后可以加上名词"酒"——"干了 10 杯酒"。

前文中我们称"见一面"、"见了两面"等离析方式是插入"数词"的形式,实际上,"一"和"两"等是否为真正的数词还值得怀疑。因为按理说,离合词结构中可以出现"一"和"两"等数词,也应该出现其他数词;可事实是离合词离析形式中几乎只有"一"、"两"和"几"等这三个词出现,说明这三个词跟一般数词不一样。一般认为,"几"表示约数,不是典型的数词。张伯江(1997)认为,汉语里"一"和"两"更多的也是用作表示任意的一个或约数,纯粹表示数量意义的数词应该以"二"以上的数词为典型成员。我们觉得张伯江的看法有一定道理,也就是"一"和"两"的主要功能不是计数。但是,他的说法也不全面,至少在离合词离析形式中"一"和"两"不主要是表示任意的一个或约数(见下面的分析)。

姑且将离合词离析形式中出现"一"的问题往后放一放,先看一下"两"和"几"。我们认为离合词离析形式句中"两"和"几"不只表示约数,更重要的是表示说话人主观量的视角,这一点跟"一点儿"、"一些"类似,请看例子:

(81)学出来的手艺,又同在一个街口上混饭吃,有活没活,一天至少也得[见几面];对这么熟的人,我怎能不拿他当做个好朋友呢?【文件名:\现代\文学\老舍短篇.TXT 文章标题:我这一辈子 作者:老舍】

(82)解放后在北京,她们不在一个单位,不过偶尔在公众场合[见过几面]而已。【文件名:\当代\作家文摘\1994\1994B.TXT 文章标题:关露之死(下) 作者:尹骐】

(83)文博士想——按着美国的规矩——这似乎有点过火;刚[见过两面]就到她自己的屋中去。【文件名:\现代\文学\老舍长篇2.txt 文章标题:文博士 作者:老舍】

例(81)"见几面"中"几"表示主观大量,例(82)"见几面"中"几"表示主观小量,例(83)"见两面"中"两面"不是"两次面",而是表示主观小量,这些主观量的形成都取决于说话人的主观视角。有关主观量的论证请见前文有关"(一)点"、"(一)些"的论述,这里不再赘述。

回过头来看离合词结构中插入"一"的情况。离合词结构中插入"一"的情况跟插入"两"和"几"不一样,下面重点论述离合词中插入"一"的情况。先看例子:

(84)我并不很认识这个孟先生——或者应说孟秘书长——我前几天[见过他一面],还是由宋伯公介绍的。【文件名:\现代\文学\老舍短篇.TXT 文章标题:听来的故事 作者:老舍】

(85) 我气急了,和领导[吵了一架],跑到上级单位去[告了我们领导一状],结果闹得领导受了批评,大学名额也给取消了。【文件名:\当代\作家文摘\1994\1994B.TXT 文章标题:留下婴儿还去日本打工 作者:阿爱英;杜卫东】

(86) 一路上,张全义也在想,这次去找徐承宗算账,当然也不是为了去[吵一架]、骂他一顿,那又能解决什么问题呢?【文件名:\当代\文学\皇城根.TXT 文章标题:皇城根 作者:陈建功;赵大年】

(87) 只见流水神采奕奕地走上舞台,当他走近时,丁团长暗[吃一惊],感到十分意外。【文件名:\当代\作家文摘\1997\1997B.TXT 文章标题:意外 作者:徐荣芳】

我们认为,离合词中插入的"一"已经失去了计数的功能,因为前文说过,我们考察的结果中几乎没有插入"三"、"四"等大于"二"的数词;在这里"一"也没有表示任意的一个或约数的功能,因为"见过他一面"绝不是"任意地见他一个面"或"大约地见他一次面"。那么离合词离析形式中的"一"起什么作用呢?我们认为离合词离析形式中的"一"在话语中主要起指示功能。

石毓智(2004)从语言类型学角度,以大量方言和跨语言的实例证明,数量与有定性之间存在着密切的关系;并且认为,在众多数目中"一"与有定性的表达关系最为特殊、密切,数目"一"具有定指和加强定指的作用。

数量和定指的关系有一定的认知基础。从认知上讲,可区别的事物才能历数。在一个认知域内个体的数量越少,目标就越集中,其在人们的心目中的凸现度就越高。"一"代表唯一、独一无二,因而,它的指别程度最高。就如下面的图14,人们指别图左侧的"这"一个人肯定要比指别图右侧的人或图右侧的"某"一个人来得迅速和准确,也就是说图左侧的这个人比图右侧的人指别度高。

图 14 数量与指别的关系示意图

语言现象也是这样,"数词除了纯粹表示数量以外唯一的功能是表示不为双方互相知道或识别的专指的所指"(Maya Hickmann(西门幻)、梁兆兵 1990)。不过,"在都为有定的名词中,单数事物的有定性最高"(石毓智 2002)。我们比较下面这两个句子(实线表示主要功能,虚线表示次要功能):

(88) a. 照片上有一人。　　b. 照片上有五人。

例(88)a 句中,"一"的指别功能大于计数功能;而 b 句中"五"的计数功能大于指别功能。数字越大,指别性就越低,计数性就越强;反之,数字越小,指别性越高,计数性就越弱。在语法化进程中,由于数目"一"常常代表"唯一"、"独一无二"的特殊性,在话语表达中其计数功能渐渐处于次要地位,而其指别功能不断占据主要地位。

我国最早的诗歌总集《诗经》中就有这样的句子:"蒹葭苍苍,白露为霜,所谓伊人,在水一方。""在水一方",王力解释为"在河的另一方"。可见早在《诗经》年代,"一"在话语中就有衍生定指功能的语用现象出现。(转引自石毓智 2004)

现代汉语中"一"起定指作用也不乏其例,请看:

(89) 那时候,要不,我想起这事儿来了(指说话人早先已谈到姑姑叫娘儿一事),那个,我的爷爷反正是那个医生啊,……【文件名:\当代\口语\北京话口语.txt 文章标题:作者:薛晶如】

(90) 中国在南斯拉夫大使馆被北约轰炸一事使中国把会谈向后拖延了几个月。【文件名:\当代\应用文\WTO与中国.txt 文章标题:作者:】

(91) 事后,商禄多次找王秀英问及其子的助学金一事,王只讲其子出国留学情况,避而不谈归还借款之事。【文件名:\当代\应用文\司法案例.txt 文章标题:作者:】

(92) 汇源公司在无货可供的情况下,将款被冻结一事告知开发公司。【文件名:\当代\应用文\司法案例.txt 文章标题:作者:】

上述例子中的"一事"都不是首次引入,而且"一"都可以用指代词"这/那"代替,因此这些例子中的"一"都具有定指的作用。如例(89),括号内用"一事"前指定指的"这事儿","一事"只能解释为定指。例(92)更为典型,"一事"出现于"将"字句中"将"的宾语位置,则只能解释为定指。

量词也可以起定指的作用,石毓智(2004)认为指代词、量词和数目"一"具有相同的认知基础,都有定指作用。量词的定指作用,汉语文献、普通话以及方言中有大量例证。如"个":

(93) 个是谁家子,为人大被憎。【文件名:\08 唐\唐诗\寒山诗.txt 文章标题:寒山诗校注 作者:】

(94) 要会个中意,日午打三更。【文件名:\11 南宋\佛语录\五灯会元.txt 文章标题:五灯会元 作者:】

(95) 跟实着红裙个女人。(紧紧跟着穿裙子的那个女人。)——广州话(转引自石毓智 2004)

(96) 而今,你个有罪之人,谁有耐心听你那套废话!【文件名:\当代\报刊\作家文摘\1993\1993B.TXT 文章标题:石门呓语《石门夜话》续篇(连载之一) 作者:尤凤伟】

(97) 月明,你个死脑壳,土里土气!【文件名:\当代\报刊\作家文摘\1994\1994A.TXT 文章标题:陈毅与赖月明的战地姻缘 作者:刘水耕】

(98) 都是我这些年太宽厚,活活把你个小妖精宠起来了,你还知道自己是什么东西变的吗?【文件名:\当代\报刊\作家文摘\1995\1995A.TXT 文章标题: 作者:】

"一些方言中,当数目为'1'时,量词前的数字(指'1'——引者注)经常省略"(石毓智 2004)。其实,这种现象不只存在于汉语方言中,汉语文献和现代汉语普通话中也有例证。

(99) 父娘血本,千乡万里辛苦经商,虽然做的不是正大光明交易,也怜他个为利心肠,或是孝养父娘妻子出来,如何叫他折了本去?【文件名:\14 清\小说\东度记(下).txt 文章标题: 作者:】

(100) 个为首来,我好救你。【文件名:\14 清\小说\彭公案(三).txt 文章标题: 作者:】

(101) 你个大军官,这样照顾我这个一无权、二无钱的老头子,图的啥呢?【文件名:\当代\报刊\人民日报\1994\94Rmrb2.txt 文章标题: 作者:】

重要的是,在普通话和很多方言中,数目为"1"时,量词(尤其是量词为"个"时)也经常省略。如上述例(99)—(101),我们再举一个北京话的例子:

(102) 他的女友和其他女孩子在岸边迎接了他,关切地询问他,他仍然惊恐万状,说不出话,架着他的一朋友笑着说:……【文件名:\当代\文学\大陆作家\王朔 d.txt 文章标题:枉然不供 作者:王朔】

如果我们承认量词具有像指代词一样的指别作用的话,那么"一"和量词常常省略其一,就容易理解了。因为"一"具有指别功能,量词也具有指别功能,在交际的足量原则的支配下,保留其一,不失为一个追求高效的交际策略。

李劲荣(2007)指出,"(一)+量词+名词",其中数词基本上只能是"一",不能替换成其他形式,且常常省略,而名词的指称性也相对较弱。这种数量词数量意义的隐潜和名词指称性质的弱化让我们有理由认为其使用是来表达主观性倾向,表现说话人的主观态度的。

现在,我们回过来看离合词中间插入"一"的情况,上述例子中出现了"见过他一面"、"告了我们领导一状"、"吵一架"、"吃一惊"等离析形式。我们认为这些离析形式中插入"一"都是说话人为了将行为指别化,以凸现"见面"、"告状"、"吵架"、"吃惊"等事件。依据就是这些离析形式一般都处于语用峰(pragmatic peak)上——离析形式前有铺垫,后有追踪或评述,或者二者具其一。如例(84):

我并不很认识这个孟先生……我前几天[见]过他一[面],还是由宋伯公介绍的。
　　(铺垫)　　　　　　　　▲(语用峰)　　　(追踪评述)

受离合词结构特点的制约,离析形式中的插入成分"一"的指别作用跟一般的句子的指别作用不太相同,一般句子中名词前的"一"是说话人对名词(事物)的指别(如例(90)),而离合词离析形式"A 一 B"中的"一"除了指别 B 以外,还肩负着指别整个行为 AB 的任务。因为离合词 AB 尽管在话语中 A 和 B 结构上离析,但是 A 和 B 的语义关系并没有分离。

本章小结

本章讨论一些离合词离析形式表现说话人的视角。"视角"就是说话人对客观情状的观察角度,或是对客观情状加以叙说的出发点。这种"视角"主观性经常以隐晦的方式在语句中体现出来。主要从三个方面讨论:

1) 离合词插入体标记体现说话人的视角

离合词中插入"了"、"着"、"过"、"起来"、"下去"以及结果补语等,主要是从时间的角度表现说话人的视角,它们程度不同但有规律地反映了离析形式的主观性。

2）主观量体现说话人的视角

离合词离析形式体现的主观性还表现在说话人对事物量的主观判断上。人们对事物的量的认识往往不是被动的，而是主动的，也就是人们常常从主观的视角出发去感受、评价、认知事物的客观量。

在离合词离析形式中说话人的主观视角可以左右插入成分"（一）点"和"（一）些"的"量"。离合词重叠离析形式的量也跟说话人说话的视角有关。

3）离合词离析形式体现说话人的指示视角

离合词以插入名量词的形式进行离析有其一定的认知基础，它反映了说话人凸现该行为事件的主观视角。说话人通过插入动量词或时量词的手段将离合词所代表的动作行为个别化、凸现化，实际上说明该行为事件受到了说话人的关注，反映了说话人的主观指示视角。

离合词中插入代词性成分、名词性成分、动词性成分、序量成分、数词以及 B 前置等，都体现了说话人的指示视角。指示（deixis）是说话人对话语中的事物或情景的识别，体现了说话人的主观视角。

第六章　离合词离析形式的主观性倾向
——表达说话人的认识

离合词离析形式的主观性还表现在说话人对客观事件的"认识"上。"认识"主要跟语言中的情态范畴有关。如(转引自沈家煊2001)：

(1) a. He *must* be married. 他必须结婚了。
　　b. He *must* be married. 他必定结婚了。

英语情态动词"must"表示"必须"时属于行动情态或道义情态(deontic modality)，如 a 句认为"He"有结婚的必要；而表示"必定"时属于认识情态(epistemic modality)，如 b 句是说话人根据自己的知识对"他结婚了"命题为真的可能性做出的主观推测。行动情态或道义情态涉及说话人的指令、承诺、愿望和评价等，而认识情态则涉及说话人对命题真值的判断(一般来说，后者比前者主观性高)。语言中的情态关注说话人的主观性(Palmer 1986)。

1　离合词插入可能补语形式的主观性倾向

离合词结构可以插入结果补语、程度补语和可能补语等。其中插入可能补语的离析形式句表达了说话人主观上的认识[①]。

我们看一下离合词插入可能补语的情况。我们统计了 60 个重点离合词插入可能补语的情况，这 60 个离合词中共有 22 个离合词的离析形式出现了不同形式的可能补语，表 31 是各离合词插入可能补语形式的情况。

---

① 张黎(2007)将可能补语归为说话人的"价值性主观表达"。

表 31　60 个重点离合词离析形式句插入可能补语情况一览表

序号	离合词	插入的补语形式
1	睡觉	得着、不着、不好、不成、不了
2	见面	不到、不着、不成
3	洗澡	不上
4	挂钩	得上
5	下台	得了、不了
6	吃苦	不了、不到、不上、得、不来、得起、不起
7	狠心	得下、不下
8	结婚	不了、不成
9	插嘴	不上、不进
10	做主	得了、不了、得、不得
11	丢人	不起、不了
12	帮忙	不上、不了
13	接班	不上、不了
14	沾光	不上、不了
15	翻身	不了、不过
16	争气	不来
17	走道	得动、不动
18	吃亏	不了、不起
19	劳驾	不起
20	照相	不成
21	请假	不了
22	排队	不上、不到

　　插入可能补语的离析形式句表达了说话人对命题真值的判断。请看下面例句(着重号为笔者所加)：

　　(2) 高松年神色不动,准是成算在胸,自己冒失寻衅,万一[下不来台],反给他笑,闹了出去,人家总说姓方的饭碗打破,恼羞成怒。【文件名：\现代\文学\钱钟书.TXT 文章标题：围城　作者：钱钟书】

　　(3) 比我较有诗意的人在枕上听松涛,听海啸,我是非得听见电车声

才[睡得着觉]的。【文件名:\当代\读者\读者(合订本).txt 文章标题:作者:】

(4) 后来慢慢也就适应了,友人出差,太太竟[睡不着觉],原因就是枕边缺少了惊涛拍岸的我那友人的鼾声。【文件名:\当代\市场报\市场报1994B.txt 文章标题:作者:】

(5) 等她带着大凤上街时,已经醉得快[走不动道]儿了。【文件名:\现代\文学\老舍长篇2.txt 文章标题:鼓书艺人　作者:老舍】

以上带可能补语的离析形式在句子中表达了说话人(站在故事主角的立场上)对命题的可能性的认识①。

值得注意的是离合词离析形式中出现表示可能语义的补语形式较表示不可能语义的补语形式少得多:以统计的60个离合词为例,表示可能补语的插入形式有10个,而表示不可能的插入形式却达39个,后者是前者的近4倍。见表32:

表32　60个重点离合词可能补语插入形式对比表

数值 类别	数量(个)	比率
表可能的补语形式	10	20.4%
表不可能的补语形式	39	79.6%
总计	49	100%

我们再对不同插入形式出现的离析形式句的数量进行统计,请看下表33:

表33　60个重点离合词插入可能补语数量对比表

数量 离合词	插入表示可能语义 补语形式的离析句数量	插入表示不可能语义 补语形式的离析句数量	总计
睡觉	4	182	186
见面	0	25	25
洗澡	0	14	14
挂钩	1	0	1

---

① 例(2)、(5)中,说话人的叙述立场虽然是客观的,但其视角和情感等大致等同于故事主角了。

续表

下台	4	6	10
吃苦	22	42	64
狠心	6	4	10
结婚	0	10	10
插嘴	0	15	15
做主	4	16	20
丢人	0	8	8
帮忙	0	12	12
接班	0	3	3
沾光	0	5	5
翻身	0	8	8
争气	0	1	1
走道	1	2	3
吃亏	1	11	12
劳驾	0	2	2
照相	0	1	1
请假	0	1	1
排队	1	2	3
总计	44	370	414
占总数的比率	10.6%	89.4%	100%

由表33我们发现,60个重点离合词以补语离析的离析形式中,89.4%的离析形式插入表示不可能语义的补语,而只有10.6%的离析形式插入表示可能语义的补语。

离合词大部分可以表示行为主体的主动性和意愿性,如"洗澡、见面、睡觉"等。依据人的正常期待心理,按照人的意愿发生的事情是如意的事情。如:

(6) 我看到我的女儿会跳舞演讲,有做明星的希望,我的男孩体健如牛,[吃得苦],受得累,我必非常欢喜!【文件名:\当代\人民日报\1995\Rm9506b.txt 文章标题:作者:】

尽管"吃苦"是经受艰苦,但是人们觉得这是一种锻炼,所以"吃得苦"是如意的事情,因而说话人"非常欢喜"。

不能按照人的意愿发生的事情常常是不可能的事情,对人来说是不如意的事情。如:

(7) 我怕[帮不了你们多少忙],只好你们自己照顾自己了。【文件名:\当代\作家文摘\1995\1995A.TXT 文章标题:张伯驹和陈毅的交往(9) 作者:刘军】

"帮不了你们多少忙"对说话人来说是不如意的事情,所以我"怕"①。

一般来讲,人总是向往好的、如意的,而不是向往坏的、不如意的。好的、如意的是正常的、无标记的;坏的、不如意的是反常的、有标记的。不好的事情具有认知凸现性,容易成为人们关注的焦点。比如地震、海啸、火灾、车祸、盗窃、杀人等坏事或不如意的事比好事、如意的事传播得快。就语言来讲,表不如意事情的句子总是比表正常事情的句子主观性强。所以,离合词离析形式插入表示不可能语义的补语比插入表示可能语义的补语多,这跟离合词离析形式的主观性特征是一致的。

不如意的事情常常是人们所不期望的、出乎意料的事情。所谓"出乎意料",是说话人觉得出乎意料,或说话人认为听话人会觉得出乎意料,从认识上讲就是说话人认为句子表达的命题的可能性很小。(沈家煊 2002)

此外我们还发现,插入表不可能语义补语的离合词离析形式句倾向于出现表示"出乎意料"或者"可能性小"的意思的字眼,如例(2)中的"万一"、例(4)中的"竟"、例(5)中的"快"、例(7)中的"怕"等。

一些插入表可能语义补语的离合词离析形式句有的也出现表示"可能性小"的字眼,以降低命题的可能性,如例(3)中的"非得……才"。

这表明,插入可能补语的离合词离析形式主要表现说话人认为句子表达的命题的可能性很小。越是偶发的、出乎预料的,主观性越强。由此可见,插入可能补语的离合词离析形式体现了说话人的主观认识。

2 离合词插入"的"形式的主观性倾向

还有一种离析形式就是离合词 AB 中插入"的"。比如:

(8) 他们发现了,发现我儿子他们破案靠的不是家什,是咱们[帮的

---

① 这里的"怕"已经有情态副词"恐怕"的意思了。

忙],是街道治安联防,那外宾还说咱们是小脚侦缉队呐。【文件名:\当代\文学\比如女人.txt 文章标题:作者:】

(9)有好多情况都是电话中间人[搞的鬼],被白白索要去了好多钱财。【文件名:\当代\市场报\市场报1994A.txt 文章标题:作者:】

(10)四虎子是三月里[结的婚],天赐在四月才找到了先生。【文件名:\现代\文学\老舍长篇2.txt 文章标题:牛天赐传 作者:老舍】

(11)抗战前,他在家里[结的婚],两人感情一直很好,胜利以后他进了城市,接触了好多知识分子。【文件名:\当代\文学\邓友梅选集.TXT 文章标题:在悬崖上 作者:邓友梅】

(12)朱四的太太是一个贤惠的女人,他们是在上海相识而后[结的婚]。【文件名:\当代\作家文摘\1996\1996B.TXT 文章标题:县长朱四与高田事件(2) 作者:季宇】

(13)也许他连对我的根本了解也不够,现世纪因着父母之命而[结的婚],能够做到相敬如宾的地步,已属难能可贵。【文件名:\当代\文学\香港作家\豪门惊梦.txt 文章标题:作者:】

(14)大凤准是为了寻乐才[结的婚],她真有点生大凤的气了。【文件名:\现代\文学\老舍长篇2.txt 文章标题:鼓书艺人 作者:老舍】

我们发现这些插入"的"的离析形式句都表达说话人对命题的强调。例(8)、(9)是说话人强调某责任者的行为事实;例(10)、(11)是说话人强调在一定的时间和地点发生的事件;例(12)、(14)是说话人强调在一定的条件下或背景下发生的事件。证据是表达这些事实的语句前都有焦点强调标记"是",如例(8)、(9)、(10)、(12)、(14);或可以补出焦点强调标记"是",如例(11)、(13)。

(11′)抗战前,他是在家里[结的婚],两人感情一直很好,胜利以后他进了城市,接触了好多知识分子。

我们统计了60个重点离合词,其中17个离合词的离析形式中出现表强调的"的",见下表34。

表34 60个重点离合词中插入"的"的情况表

序号	插入"的"的离合词	条 数 （共102条）	占该词离析句 总数的百分比
1	帮忙	14	2.18
2	吃苦	22	7.12
3	吃亏	6	1.92
4	生气	4	1.53
5	鞠躬	1	0.44
6	打架	1	0.74
7	跳舞	1	0.72
8	念书	5	3.45
9	告状	1	1.45
10	理发	1	2.22
11	丢人	2	5.13
12	接班	1	2.78
13	搞鬼	10	32.26
14	结婚	23	3.39
15	请假	1	0.58
16	排队	3	1.62
17	放假	6	3.24

"所谓'强调'，确切地说应该是说话人主观上的认定"（沈家煊2002）。"强调"的实质就是说话人对命题的确认，它涉及说话人对命题真值的判断。因此离合词插入"的"的离析形式反映了说话人对命题的认识。

上述例(8)—(14)都是说话人对事实的主观确认，也就是说话人主观上确认命题为真。再看两个例子：

(15) 他们十月份在S城的一个乡间舞会上[见的面]。【文件名:\当代\翻译作品\文学\简.爱.txt 文章标题:作者:】

(16) 应该说他们在车站[见的面]。【文件名:\当代\翻译作品\应用文\斯大林肃反秘史.txt 文章标题:作者:】

例(15)、(16)都是说话人确认他们"见面"的事实，表达了说话人主观上认定命题为真的认识。

我们说插入"的"的离析形式表达了说话人主观上认定命题为真的认识,还有一个证据,就是这些插入"的"的离析形式句都反映了过去的事件。发生过的事件一般是真实的事实,对说话人来讲,是应该让听话人相信的事实。张伯江(1997)认为,"过去的事实对说话人来说是确信不疑的,而听话人则未必,所以说话人有必要加以强调,……同时带有肯定的色彩。"

如果说,前文论述的离合词中插入可能补语的离析形式句,主要是表现说话人认为句子表达的命题可能性为小的认识,那么插入"的"的离析形式句,则主要表现说话人认定句子表达的命题为真的认识。

3 离合词离析形式句的情态(modality)表现

以上是从离合词离析结构内部的插入形式入手,探讨离合词离析形式如何表现说话人的认识;下面从离合词离析结构的外部,即语句的层面上探讨一下离合词离析形式句对说话人认识的表现,进而证明离合词离析形式的主观性倾向。

3.1 现实情态与非现实情态

情态是指说话人对其讲话中所涉及的概率或频率以及义务或意愿的判断。"现实"(realis)与"非现实"(irrealis)属于情态范畴。情态反映说话人对命题的认识,说话人用"现实句"表明他认为相关命题表达的事实是现存的、真实可靠的;说话人用"非现实句"认定相关命题所表达的事实只是可能的或假定的。"现实"情态常常用陈述句肯定语气和现在时、过去时等时态表达;而"非现实"情态则常常用否定句、疑问句、祈使句、感叹句等以及将来、恒常等时态表达。Papafragou(2000)指出,我们用情态表达方式来谈论事情,而这些事情此刻并未出现,或许现实世界中根本不会发生。既然事情未出现或不会发生,人们就会赋予一定的期望程度。

就离合词离析形式句而言,离合词离析形式句则常常表现为"非现实情态"。因为离合词离析形式常出现于疑问句、否定句、祈使句、感叹句中,并且常用将来、恒常等时态表达(见第二章)。如:

(17) 你脾气也太大了,一点小事就能闹成这样,哭出的眼泪够[洗一

次澡]的吧?【文件名:\当代\文学\王朔 a.txt 文章标题:过把瘾就死　作者:王朔】——(疑问)

(18) 他不是为[帮方六的忙],而大概是为表示英国府的人不怕日本鬼子。【文件名:\现代\文学\四世同堂.TXT 文章标题:四世同堂　作者:老舍】——(否定)

(19) 昨天我对你真不应该,你别[生我的气]。【文件名:\当代\文学\王朔 a.txt 文章标题:一半是火焰,一半是海水　作者:王朔】——(祈使)

(20) 她真是热心[帮朋友的忙],热心肠,好脾气!【文件名:\现代\戏剧\老舍戏剧 1.TXT 文章标题:残雾　作者:老舍】——(感叹)

(21) 好好儿地念点书,再帮我三年二载的,正经八百的[结了婚],也不枉她从这么大(用手比)就帮我挣钱!【文件名:\现代\戏剧\老舍戏剧 1.TXT 文章标题:方珍珠　作者:老舍】——(将来)

(22) 无论是哪个阶层的群众、哪个单位车辆违了章,民警[敬个礼]或给个示意,都会自觉退回限制线之外,服气地接受处罚或教育。【文件名:\当代\人民日报\1996\96News01.txt 文章标题:作者:】——(恒常)

3.2　情态的表现成分

离合词离析形式句的情态除了用上述一些句式、语气、时态等表达以外,还常辅以情态形式。沈家煊(2001)认为,"认识"主要跟情态动词和情态副词有关。我们认为情态助动词、否定副词、关系连词等也是情态的表达形式,带有这些形式的句子多表示说话人的判断、说话人的认识。(徐晶凝 2005)

情态动词包括:知道、记得、忘(了)、看见、听见、了解、后悔、发现、意识到、责怪、决定、同意、害怕、想、认为、相信、怀疑、断定、承认、假装、以为、设想、梦想、希望、企图、妄想等等。

情态助动词包括:可能、能、应该、会、能够、得、要等等。

情态副词包括:大概、大多、显然、当然、其实、的确、实在、根本、绝对、才、就、可、也、又、还、恐怕、也许、似乎、至少、简直、必然、势必、一定、未必、未免、必须、不妨、千万、宁可、偏偏、只好、索性、难道、到底、究竟、何必、太、多么、真、可、怪、反而、却、倒是、甚至、难怪等等。

否定副词包括:没、不等。

关系连词包括:只有、只要、如果、因为、所以、尽管、不但……而且等。

我们看例句：

（23）看蓝东阳那么滑头，他觉得自己是［上了当］，所以他不愿再负领队的责任。【文件名:\现代\文学\四世同堂.TXT 文章标题：四世同堂　作者：老舍】

（24）从这年后，和他就时时往来，差不多每礼拜要［见好几次面］。【文件名:\现代\文学\散文3.TXT 文章标题：志摩在回忆里　作者：郁达夫】

（25）这个娘们儿大概一辈子没［吃过亏］。【文件名:\当代\文学\王朔a.txt 文章标题：动物凶猛　作者：王朔】

（26）学生们有了困难，交不上房租，只要说明了理由，老先生会［叹着气］给他们垫钱，而且借给他们一些零花。【文件名:\现代\文学\四世同堂.TXT 文章标题：四世同堂　作者：老舍】

（27）他知道，钱先生若和冠晓荷［见了面］，一定不能不起些冲突；说不定钱先生也许一头碰过去，与冠晓荷同归于尽！【文件名:\现代\文学\四世同堂.TXT 文章标题：四世同堂　作者：老舍】

以上情态成分在话语中，都表示说话人对句子命题的真值的判断，例（23）是说话人站在故事主角的立场上对"上当"可能性的判断；例（24）是对"每礼拜见面"频率的判断；例（25）是对"吃亏"概率的判断；例（26）是对接济别人命题的可能性的判断；例（27）是对钱先生和冠晓荷"见面"可能性的判断，这些都表达了说话人的认识。

3.3　情态句分布

我们将非现实句和出现情态表现成分（包括可能补语和确认标记"的"）的句子称为情态句。我们选取了16个核心离合词[①]，考察了437.5万字的不同语体的语料，对离合词离析形式句中情态句分布情况进行了统计。见表35：

[①]　这16个典型离合词是：叹气、见面、睡觉、结婚、帮忙、吃惊、听话、当面、把关、吃亏、洗澡、吃苦、生气、出名、上当、鞠躬。

表35　不同语体中核心离合词离析形式情态句统计表

语体	字数(万字)	离析形式句总数(个)	情态句数(个)	情态句所占比率
小说[老舍]	72	268	180	67%
小说[王朔]	59	155	93	60%
北京口语	13	24	20	83%
戏剧	53	162	131	81%
散文	66.5	70	51	73%
新闻	67.5	22	17	77%
学术著作	47	1	1	100%
法律文本	59.5	2	1	50%
总计	437.5	704	494	70%

统计发现,离合词离析形式句中70%的句子是非现实句或出现情态表达成分,说明离合词离析形式句倾向于表达说话人对句子命题的主观认识。

4　离合词离析形式句的事件特征

本节将从离合词离析形式句所表达的事件角度考察离合词离析形式的主观性倾向。仔细考察后,我们发现离合词离析形式句表达说话人认识的功能有一个最显著的特征,就是在说话人看来,离析形式句所代表的事件是非同寻常的。主要表现为以下四个方面:

4.1　离合词离析形式句所代表的事件对听话人(受众)来说是值得关注的

先看例子:

(28)初秋,弃山星出来的时候,就将百草化成仙水,洒在河里,人们这时[洗了澡],就一年不得病。【文件名:\当代\读者\读者(合订本).txt 文章标题:作者:】

"洗了澡"跟"洗澡"相比已经事件化了①,实际上说话人(作者)将"洗澡"事件化的目的是凸现该形式代表的事件是引人注目的,非同寻常的。以下两例也许更能支持我们的判断:

(29)可想而知,两个人都浑身泥泞,狼狈不堪,于是在房间的卫生间内先后[洗了澡](这是确凿无疑的)。【文件名:\当代\文学\王朔b.txt 文章标题:许爷 作者:王朔】

(30)我发现它的尾巴比平时粗,身上也很脏,不像是刚[洗过澡]的(那是跳楼跳脏了),我紧紧搂着猫就跑回家了。【文件名:\当代\读者\读者(合订本).txt 文章标题:作者:】

例(29)和例(30)中的离析形式句后,说话人(作者)都特意加上评论或说明。可见该离析形式所代表的事件是说话人(作者)认为是应该刻意强调的,是听话人(受众)值得关注的。我们可以对比例(31):

(31)那之后,我们照旧上班,做饭吃饭,睡觉,但彼此一句话不说,甚至都不看对方,同在一个屋顶下生活,转个身抬个手都能触到对方身体,但就像两个幽灵或者两个影子彼此视而不见。【文件名:\当代\文学\大陆作家\王朔a.txt 文章标题:过把瘾就死 作者:王朔】

例(31)中说话人(作者)将"睡觉"与其他行为并列,这只是做一个铺叙,不是说话人表达的中心,因而说话人(作者)并不刻意凸现这些行为,"但"后边的情况才是说话人(作者)关注的重心。因此"睡觉"没有离析化。

应该强调的是,这条特征是离合词离析形式句主观性倾向的相当普遍的特征。此外,还有很多离析形式句除了具备这条特征以外,还兼有表达超出预料或超乎情理的事件、期望达到而尚未达到的事件,以及特殊的、偶发的或在一定条件下发生的事件等特征(见4.2、4.3、4.4)。

我们选取老舍和王朔作品中的语义较为中性的离合词"睡觉"、"结婚"、"洗澡"进行小规模地考察。检索到含有这三个离合词离析形式的句子共74例,统计发现,有47例离析形式句除了具备上述特征4.1之外,还基本上分别属于下文4.2,4.3,4.4类情况(具体例子见本章附录),占总数的63.5%。

---

① 见本书第十章相关论述。

4.2 离合词离析形式句所代表的事件对听话人(受众)来说是超出预料或超乎情理的

整理语料时我们发现,离合词离析形式句所代表的事件,常常是听话人(受众)想象不到的。请看下例:

(32) 三下五除二的,她和东阳[结了婚]。【文件名:\现代\文学\四世同堂.TXT 文章标题:四世同堂 作者:老舍】

(33) 原以为今晚能够清静,谁知朱小芬刚[洗完澡]于真就闯了进来。【文件名:\当代\文学\佳作1.TXT 文章标题:遭遇礼拜八 作者:铁凝】

(34) 邓小平起得最早,天一亮就起床,身体也特别好,即使冬天也[洗冷水澡]。【文件名:\当代\作家文摘\1993\1993B.TXT 文章标题:刘伯承与陈毅的旷世之谊(2) 作者:甘耀稷】

(35) 法国国王路易十四从1647年到1711年的64年间才[洗过一次澡],这一惊人记录保留在路易十四的御医每天为他做的身体状况的详细笔记上。【文件名:\当代\读者\读者(合订本).txt 文章标题:作者:】

这些例句中离析形式前后都出现了表示吃惊或超乎想象的词、短语或关联成分,如"三下五除二的"、"原以为"、"谁知"、"即使……也"、"才"、"惊人"等。我们依据语言结构"观其友"的理论①确信,这些离合词离析形式句所代表的事件是说话人(作者)认为意外的。

4.3 离合词离析形式句所代表的事件是期望达到而尚未达到的

离合词离析形式句所代表的事件常出现于表达说话人愿望的非现实句中。

(36) 我回去[洗个澡],好好[睡一觉]。【文件名:\当代\人民日报\1995\Rm9508a.txt 文章标题:作者:】

(37) 明天,明天,他必须作点什么,刀山油锅都不在乎,今天他可得先好好的[睡一大觉];养足了精神,明天好去冲锋陷阵!【文件名:\现代\文学\四世同堂.TXT 文章标题:四世同堂 作者:老舍】

---

① Firth(1957)认为,考察语言结构的功能时最好的办法是"观其友"(look at the company it keeps),也就是看跟这个语词或结构共现的成分是什么。见本书第七章。

一般来说,期望达到而尚没有实现的事情,说话人认为对听话人来说是有悬念的,因此也属于非同寻常的事情。

4.4 离合词离析形式句所代表的事件是特殊的、偶发的或在一定条件下发生的

这些离合词离析形式句中离析形式前后都出现表示可能性低的修饰语。

(38) 一下雨就遍地泥泞,经常无水、停电,有时一两个月也[洗不上一次澡],连食堂也设在窝棚里。【文件名:\当代\人民日报\1995\Rm9506b.txt 文章标题:作者:】

(39) 有一年,我们曾驶近她所住的那座城市,差一点[见上面]。【文件名:\当代\文学\王朔a.txt 文章标题:空中小姐 作者:王朔】

(40) 为这个,她半夜里有时候[睡不着觉]。【文件名:\现代\文学\四世同堂.TXT 文章标题:四世同堂 作者:老舍】

人们对事物、事件的发展是有着一定的常识性的认识的,基于这种认识,人们有时会对事物、事件的发展具有一种心理上的预料和期待。我们认为,超出预料或超乎情理的、期望达到而尚未达到的,还有特殊的、偶发的或在一定条件下发生的事件,都违反了说话人这种常规的心理预期。这些事件在说话人(作者)看来都是非同寻常的、打破预期的(expectation-breaking)、值得关注的。

功能语法认为,语言形式和语言功能具有对应关系。语言在大多数情形下,以人类活动的常规为准,凡是符合常规的,是认知上的"缺省值",信息度常常较低,在编码上一般表现为无标记项。

在篇章中,对离合词来说,如果说话人认为该离合词情境对听话人来说是寻常的或可以预期的,就往往不处于关注的中心,这样一般不予离析。我们举两个"睡觉"的例子:

(41) 现在,咱们睡觉吧。【文件名:\当代\文学\大陆作家\王朔a.txt 文章标题:永失我爱 作者:王朔】

(42) 他扫雪,他买东西,他去定煤气灯,他刷车,他搬桌椅,他吃刘四爷的犒劳饭,他睡觉,他什么也不知道,口里没话,心里没思想,只隐隐地觉到那块海绵似的东西!【文件名:\现代\文学\老舍长篇1.TXT 文章标题:骆驼祥子 作者:老舍】

上述例子中的"睡觉"都是说话人认为是可以预期的或寻常的,因此不必提高信息度,不用离析。

反过来讲,在篇章中,如果说话人(作者)认为该事件值得听话人(受众)的关注就采取相应形式刻意凸现。离合词 AB 形式中间插入离析成分"了"、"过"、数量词等就是将其事件化,从而提高其信息度,以引起听话人(受众)的注意。可以对比一下下面两个例子:

(43) 老王在床上睡觉。

(44) 老王在床上睡了一觉。

一般来说,在没有其他因素干预的情况下,例(43)所表达的事件是常规的,而例(44)所表达的事件是非常规的,我们可以进行测试:

(45) a. 老王常常在床上睡觉。

＊b. 没想到老王在床上睡觉。①

(46) ＊a. 老王常常在床上睡了一觉。

b. 没想到,老王在床上睡了一觉。

表达的事件是常规的,语言型式(pattern)简单;打破预期的,表现为语言型式复杂。

Dieter Stein(1995)认为,打破正常语言型式的标记形式与语言的"惊讶值程度"(the degree of surprise value)相关,越打破期待,语言的主观性越强,耗费的语言材料就越多,正常语言型式的"扭曲"(disruption)就越厉害。Thompson & Mulac(1989)等也认为,在语法化理论中,结构式中主观成分的增加通常是被看作语用化程度增强的一个标志,而语用化程度的增强常常导致一个格式的句法表现与其常规模式脱轨的现象。(转引自陶红印 2003)

本章小结

本章从离合词离析形式表达说话人的认识角度论述了离析形式的主观性倾向。

就离合词插入成分来说,离合词中插入可能补语的离析形式(句),主要是表现说话人认为句子表达的命题可能性为小的认识;插入"的"的离析形式(句),主要是表现说话人认定句子表达的命题为真的认识。

---

① 除非"睡觉"加上对比重音等非常规手段,(45)b 句才能成立。

从离合词离析形式的外部,即语句的层面上来看,离合词离析形式句中70%的句子是非现实句或出现情态表达成分,说明离合词离析形式句倾向于表达说话人对句子命题的主观认识。从离析形式句所表达的事件角度考察,我们发现离合词离析形式句表达说话人认识的功能有一个最显著的特征,就是在说话人看来,离析形式句所代表的事件是非同寻常的。这就从更大的范围证明了离合词离析形式的主观性倾向。

附录 语料(其中楷体字的例子基本属于特征4.2,4.3,4.4类)

(一)老舍作品

睡觉 13 条

1:赶紧回家[睡个觉]去,等铺子开了门,再好好儿地去拉车! 【文件名:\现代\文学\四世同堂.TXT 文章标题:四世同堂 作者:老舍】

2:老人已经[睡了觉],瑞宣现把他叫起来。【文件名:\现代\文学\四世同堂.TXT 文章标题:四世同堂 作者:老舍】

3:商量商量,我好[睡会儿觉]!【文件名:\现代\文学\四世同堂.TXT 文章标题:四世同堂 作者:老舍】

4:到十点钟左右,他回到家,吃点东西,便[睡一个大觉]。【文件名:\现代\文学\四世同堂.TXT 文章标题:四世同堂 作者:老舍】

5:为这个,她半夜里有时候[睡不着觉]。【文件名:\现代\文学\四世同堂.TXT 文章标题:四世同堂 作者:老舍】

6:午饭后,她要[睡一会儿午觉]。【文件名:\现代\文学\四世同堂.TXT 文章标题:四世同堂 作者:老舍】

7:瑞宣躲在屋里,假装[睡午觉]。【文件名:\现代\文学\四世同堂.TXT 文章标题:四世同堂 作者:老舍】

8:他没有上公园与北海的习惯,但是[睡过午觉],他可以慢慢地走到护国寺。【文件名:\现代\文学\四世同堂.TXT 文章标题:四世同堂 作者:老舍】

9:虽然如此,他还是一心的想去躺下,[睡一觉]。【文件名:\现代\文学\四世同堂.TXT 文章标题:四世同堂 作者:老舍】

10:很早的,他便[睡了觉]。【文件名:\现代\文学\四世同堂.TXT 文章标题:四世同堂 作者:老舍】

11:明天,明天,他必须作点什么,刀山油锅都不在乎,今天他可得先好好的[睡一大觉]；养足了精神，明天好去冲锋陷阵！【文件名:\现代\文学\四世同堂.TXT 文章标题:四世同堂　作者:老舍】

12：二小姐，你等我[睡一觉]，我准陪你打八圈。【文件名:\现代\文学\四世同堂.TXT 文章标题:四世同堂　作者:老舍】

13：他的脑子静不下来，[觉也睡]不踏实。【文件名:\现代\文学\四世同堂.TXT 文章标题:四世同堂　作者:老舍】

结婚 14 条

1：现在，大少爷已[结了婚]，二少爷也定了婚而还未娶。【文件名:\现代\文学\四世同堂.TXT 文章标题:四世同堂　作者:老舍】

2：东阳先生还没[结过婚]！【文件名:\现代\文学\四世同堂.TXT 文章标题:四世同堂　作者:老舍】

3：只要她[结了婚]，她好像就把生命在世界上拴牢，这，她与老年间的妇女并没有什么差别。【文件名:\现代\文学\四世同堂.TXT 文章标题:四世同堂　作者:老舍】

4：在他害病的时候，菊子已经和东阳[结了婚]。【文件名:\现代\文学\四世同堂.TXT 文章标题:四世同堂　作者:老舍】

5：三下五除二的，她和东阳[结了婚]。【文件名:\现代\文学\四世同堂.TXT 文章标题:四世同堂　作者:老舍】

6：到了第二十五小时，东阳来找她；他声明：他收回"着无庸议"的成命，她也要让步一点，好赶快[结了婚]。【文件名:\现代\文学\四世同堂.TXT 文章标题:四世同堂　作者:老舍】

7：亡了国，他反倒得意起来；[结了婚]，他反倒作了犬马。【文件名:\现代\文学\四世同堂.TXT 文章标题:四世同堂　作者:老舍】

8：他[结了婚]，作了事，有了自己的儿女，在多少事情上他都可以自主，不必再和父亲商议，可是他处理事情的动机与方法，还暗中与父亲不谋而合。【文件名:\现代\文学\四世同堂.TXT 文章标题:四世同堂　作者:老舍】

9：难处全在他们俩[结了婚]，就给冠家很大很大的刺激。【文件名:\现代\文学\四世同堂.TXT 文章标题:四世同堂　作者:老舍】

10：快到阴历年，长顺和小崔太太[结了婚]。【文件名:\现代\文学\四世同堂.TXT 文章标题:四世同堂　作者:老舍】

11：[结了婚]，他便是成人了。【文件名:\现代\文学\四世同堂.TXT 文章标题:四世同堂　作者:老舍】

12：[结过婚]，他应当干什么去呢？【文件名:\现代\文学\四世同堂.TXT

文章标题:四世同堂　作者:老舍】

13:可是,今天他却糊糊涂涂的[结了婚],把自己永远拴在了家中。【文件名:\现代\文学\四世同堂.TXT文章标题:四世同堂　作者:老舍】

14:可是,长顺已[结了婚],而且不久就可以做父亲,(太太已有了孕)已经不像先前那么爱生气,爱管闲事,和爱说话了。【文件名:\现代\文学\四世同堂.TXT文章标题:四世同堂　作者:老舍】

洗澡 2 条

1:回到家中,招弟第一件事是[洗个澡]。【文件名:\现代\文学\四世同堂.TXT文章标题:四世同堂　作者:老舍】

2:[洗完了澡],她一气吃了五六块点心。【文件名:\现代\文学\四世同堂.TXT文章标题:四世同堂　作者:老舍】

（二）王朔作品

睡觉 22 条

1:不见她一面,我连[觉也睡]不成,她又不是镇静药,怎么会有这种效果?【文件名:\当代\文学\王朔a.txt文章标题:空中小姐　作者:王朔】

2:就说是休息不够,[睡两觉]就好了。【文件名:\当代\文学\王朔a.txt文章标题:永失我爱　作者:王朔】

3:我和一百多个女的[睡过觉]。【文件名:\当代\文学\王朔a.txt文章标题:一半是火焰,一半是海水　作者:王朔】

4:我有点儿信你和一百多个女人[睡过觉]了。【文件名:\当代\文学\王朔a.txt文章标题:一半是火焰,一半是海水　作者:王朔】

5:他和一百多个女的[睡觉]。【文件名:\当代\文学\王朔a.txt文章标题:一半是火焰,一半是海水　作者:王朔】

6:我在床上躺了很久,似乎[睡了一觉],看看表还不到三点。【文件名:\当代\文学\王朔a.txt文章标题:一半是火焰,一半是海水　作者:王朔】

7:我[睡了一觉]醒来,庭院、各个房间静悄悄的。【文件名:\当代\文学\王朔a.txt文章标题:一半是火焰,一半是海水　作者:王朔】

8:你们,你和那些女孩子[睡过觉]吗?【文件名:\当代\文学\王朔a.txt文章标题:浮出海面　作者:王朔】

9:[睡了一觉]。【文件名:\当代\文学\王朔a.txt文章标题:浮出海面　作者:王朔】

10：如果我还在[睡懒觉]，她就拼命砸门，大声放收音机，把我闹起来。【文件名:\当代\文学\王朔 a.txt 文章标题:浮出海面　作者:王朔】

11：[觉可以不睡]饭可以不吃？【文件名:\当代\文学\王朔 a.txt 文章标题:过把瘾就死　作者:王朔】

12：破涕为笑之后，杜梅又问我，在她之前我和多少女人[睡过觉]。【文件名:\当代\文学\王朔 a.txt 文章标题:过把瘾就死　作者:王朔】

13：还不照样[睡你的觉]。【文件名:\当代\文学\王朔 a.txt 文章标题:过把瘾就死　作者:王朔】

14：我跟人[睡过觉]也不代表我就爱他——我只爱你！【文件名:\当代\文学\王朔 a.txt 文章标题:过把瘾就死　作者:王朔】

15：斯时米兰正在高晋家[睡午觉]，我还未离开时她便在大家的聊天声中躺在一旁睡着了。【文件名:\当代\文学\王朔 a.txt 文章标题:动物凶猛　作者:王朔】

16：那时我才知道他们并不像我以为的那样已经[睡了觉]。【文件名:\当代\文学\王朔 a.txt 文章标题:动物凶猛　作者:王朔】

17：我正好端端地像个乖孩子一样[睡着觉]，人就突然闯进来，搜身又讯问。【文件名:\当代\文学\王朔 b.txt 文章标题:橡皮人　作者:王朔】

18：迷迷糊糊地想，多久没[睡过这么好的觉]了，我这是在家吗？【文件名:\当代\文学\王朔 b.txt 文章标题:橡皮人　作者:王朔】

19：费了九牛二虎之力灌下一百多片，[睡一觉]又醒了。【文件名:\当代\文学\王朔 b.txt 文章标题:许爷　作者:王朔】

20：嗯,我都[睡了一觉]，你抒情把我抒迷糊了。【文件名:\当代\文学\王朔 b.txt 文章标题:许爷　作者:王朔】

21：现在不也都安分随时地打着太极拳，跳着"的士高"，小酒喝着小[觉睡]着，冷眼看上去也就是糟老头子一个。【文件名:\当代\文学\王朔 b.txt 文章标题:许爷　作者:王朔】

22：你得了吧,气你还能[睡得着觉]？【文件名:\当代\文学\王朔 b.txt 文章标题:许爷　作者:王朔】

结婚 11 条

1：至少[结过一次婚]。【文件名:\当代\文学\王朔 a.txt 文章标题:空中小姐　作者:王朔】

2：就算咱们[结不成婚]了，也不至于就成仇人了吧？【文件名:\当代\文学\王朔 a.txt 文章标题:永失我爱　作者:王朔】

3：怎么[结了婚]还这样！【文件名:\当代\文学\王朔a.txt 文章标题:浮出海面　作者:王朔】

4：就为了离婚才[结的婚]。【文件名:\当代\文学\王朔a.txt 文章标题:浮出海面　作者:王朔】

5：至于嘛,不就[结个婚]么,面都不照了？【文件名:\当代\文学\王朔a.txt 文章标题:过把瘾就死　作者:王朔】

6：他不久前也[结了婚],娶了一个外国企业的女雇员。【文件名:\当代\文学\王朔a.txt 文章标题:过把瘾就死　作者:王朔】

7：[婚已经结]了,该尽的义务已经尽了,该排除其他顾虑找个光自己喜欢的人了。【文件名:\当代\文学\王朔b.txt 文章标题:许爷　作者:王朔】

8：我就和现在的妻子[结了婚],你要是不来我就把她忘了。【文件名:\当代\文学\王朔b.txt 文章标题:许爷　作者:王朔】

9：你是说使你心有顾虑裹足不前的是因为你已经[结了婚],道德习俗不允许？【文件名:\当代\文学\王朔b.txt 文章标题:许爷　作者:王朔】

10：总得再[结个婚],不管和谁,儿子还得再过下去。【文件名:\当代\文学\王朔b.txt 文章标题:许爷　作者:王朔】

洗澡 12 条

1：大庭广众之下[洗着鸳鸯澡],回头再潮得乎地对上道梅花枪,抽根儿夺命烟,喝上二两……【文件名:\当代\文学\王朔a.txt 文章标题:永失我爱　作者:王朔】

2：天亮后我去[洗凉水澡],发觉眼睛都红了。【文件名:\当代\文学\王朔a.txt 文章标题:一半是火焰,一半是海水　作者:王朔】

3：[洗完澡],我买了一些"天福号"的酱猪肘,孩子似的无忧无虑地回家。【文件名:\当代\文学\王朔a.txt 文章标题:浮出海面　作者:王朔】

4：刚演出回来,[洗完澡],睡不着。【文件名:\当代\文学\王朔a.txt 文章标题:浮出海面　作者:王朔】

5：于晶在化妆,我拿她的香皂在后台[洗了个澡],通体舒坦地达到大排练厅里,穿着古代衣饰的演员在聊天、……【文件名:\当代\文学\王朔a.txt 文章标题:浮出海面　作者:王朔】

6：散场后,我第一个[洗完澡]出来,在后台门口徘徊了很久,直到大家都出来上了车喊我,才……【文件名:\当代\文学\王朔a.txt 文章标题:浮出海面　作者:王朔】

7：你脾气也太大了,一点小事就能闹成这样,哭出的眼泪够[洗一次

澡]的吧?【文件名:\当代\文学\王朔 a.txt 文章标题:过把瘾就死　作者:王朔】

8:后来,我们拿了手电筒,从澡堂的窗户跳进去[洗凉水澡]。【文件名:\当代\文学\王朔 a.txt 文章标题:动物凶猛　作者:王朔】

9:回来走了一身汗,又去澡堂翻窗户进去[洗凉水澡]。【文件名:\当代\文学\王朔 a.txt 文章标题:动物凶猛　作者:王朔】

10:许立宇刚[洗完澡],短硬的黑头发在刺眼的电灯光下散射出钢蓝的光芒,……【文件名:\当代\文学\王朔 b.txt 文章标题:许爷　作者:王朔】

11:想而知,两个人都浑身泥泞,狼狈不堪,于是在房间的卫生间内先后[洗了澡](这是确凿无疑的)。【文件名:\当代\文学\王朔 b.txt 文章标题:许爷　作者:王朔】

第七章 离合词离析形式的主观性倾向
——表达说话人的情感

随着语言学研究的不断深入,人们越来越相信:语言的主要功能不是表达命题,语言的主要功能是表达人的态度,传递人的情感。离合词离析形式在句子中除了表达说话人的主观视角、主观认识外,还表达说话人的"情感"(affect)。说话人的"情感",广义上说,一般包括说话人的感情、情绪、意向、态度等。(沈家煊 2001)

1 离合词插入"个"形式的主观性倾向

1.1 离合词中插入"个"的情况考察

离合词离析形式句中,有不少是以插入"个"的方式离析。我们统计了 60 个典型离合词,发现有 22 个离合词可以用"个"离析,出现的离析形式句共有 294 句。见表 36:

表 36 60 个典型离合词以"个"离析的离析形式句统计表

序号	离合词	以"个"离析的离析句数(294)	占该词总离析句数的比率
1	见面	15	1.67%
2	帮忙	54	8.41%
3	生气	1	0.38%
4	出名	1	0.39%
5	鞠躬	17	7.56%
6	打架	2	1.48%
7	跳舞	7	5.04%

续表

8	挂钩	1	1.11%
9	问好	6	7.06%
10	敬礼	24	33.33%
11	理发	2	4.44%
12	翻身	1	3.45%
13	做主	2	7.14%
14	拐弯$_2$	3	14.29%
15	睡觉	25	3.56%
16	结婚	3	0.44%
17	洗澡	67	21.61%
18	照相	11	11.34%
19	请假	17	9.88%
20	排队	2	1.08%
21	放假	1	0.54%
22	拜年	32	74.41%

请看例句(着重号为笔者所加)：

(1) 十八年前,我们这个城市的日常生活,样样都离不开排队：买肉、买鱼、买鸡、买鸭要排队,买萝卜、白菜、豆腐、酱油要排队,买米、买油要排队,买煤、买布要排队,买车票、戏票、电影票要排队,买根油条、买个包子要排队,[理个发]、[洗个澡]也要排队……一句话,要生活,就离不开排队;不排队,就简直无法生活。【文件名：\当代\报刊\人民日报\1996\96News11.txt 文章标题：作者：】

(2) 早上刷牙恶心,晚上一身汗回家,[洗个澡]后却是一身水臭;烧出的饭菜臭味扑鼻,难以下咽。【文件名：\当代\人民日报\1995\Rm9508b.txt 文章标题：作者：】

(3) 眼前的舒服驱逐走了高尚的志愿,他愿意快乐一会儿,而后混天地黑的[睡个大觉]；谁不喜欢这样呢,生活既是那么无聊,痛苦,无望！【文件名：\现代\文学\老舍长篇1.TXT 文章标题：骆驼祥子 作者：老舍】

(4) 感动得牛群真想给他们每人[敬个礼]、[作个揖]、[鞠个躬]、[磕个头]。【文件名：\当代\作家文摘\1997\1997A.TXT 文章标题："牛眼"看人高 作

者:刘肃】

(5) 这是我们厂的姚京,挺不错的一个姑娘,碰到难题了,想求你[帮个忙]。【文件名:\当代\文学\王朔 c.txt 文章标题:人莫予毒　作者:王朔】

(6) 在一块堆儿呢,短不了[吵个架][生个气]的,真吵了成骂不成还怪想的。【文件名:\当代\文学\王朔 c.txt 文章标题:无人喝彩　作者:王朔】

1.2　主观标记"个"

在第六章已经论述了"一个"中"个"的主观属性,这里进一步探讨"个"单独出现在动词和名词之间的功能。

关于动词成分和名词成分之间的"个"的功能,有的人认为是"给整个动宾结构附加上'轻巧随便'的非理性意义"(李宇明 1988);有的人认为"加'个'能增添随便、方便、漫不经心等语意"(周明强 2002)。实际上,这些说法不全面,至少对离合词离析形式来说不太全面。如果说,上面例(6)离析形式有那么一点"轻巧随便"意味的话,那么,说其他的例子中的离析形式有"轻巧随便"、"漫不经心"的语义就有点勉强或是有悖事实了。

例(1)、(2)插入"个"的离析形式非但不表示"轻巧随便"、"随便、方便、漫不经心",反而表现了说话人"激动、不满或郁闷"的情绪。因此"轻巧随便"、"漫不经心"等说法不能概括动词成分和名词成分之间"个"的语义功能。那么,离合词离析形式中"个"的功能是什么呢?

我们认为"个"应该是一个"主观标记",标示含有"个"的结构表达说话人(站在故事主角的立场上)的主观情感。

例(1)是一个语义递进的句群,连续列举了十几种买这买那,可以看出越往后列举,说话人越不耐烦,情绪就越激烈;而到情绪最激烈的时候,句子中连续出现了三个"V 个 N",而最后两个"V 个 N"——"[理个发]、[洗个澡]"说话人更是用表达说话人情绪的副词"也"去强化。理发、洗澡并不一定比买萝卜、买米等"轻巧随便"或"方便",为什么"理发"、"洗澡"中间插入"个"? 这说明"V 个 N"比前边的"VN"(如"买萝卜"、"买米"等)具有更强的主观性。

也可以反过来求证。如果将"个"插入前边的动宾结构,将后边动宾结构中的"个"和"也"去掉,语句可能就不能表现出作者渐趋激烈的情绪,读者甚至感觉句子有点奇怪。

? (1′) 十八年前,我们这个城市的日常生活,样样都离不开排队:买个肉、买个鱼、买个鸡、买个鸭要排队，买个萝卜、白菜、豆腐、酱油要排队，买个米、买个油要排队，买个煤、买个布要排队，买个车票、戏票、电影票要排队，买油条、买包子要排队，[理发]、[洗澡]要排队……一句话，要生活，就离不开排队；不排队，就简直无法生活。

此外，我们发现，例(1)—(6)各句中离析形式前后都有表达说话人的情绪、意向、态度的词语或结构与之共现：例(1)、(2)，离析形式前后都出现了"也"、"却"这些表说话人情绪的副词；例(3)、(4)、(5)离析形式前出现了"愿意"、"想"等表示主观意向的情态动词；例(6)两个离析形式前有情态副词"短不了"，后有对动作行为的积极评论。

语法是语用之法，语词组合（即语言运用）的结果也可能影响语词或结构并使之产生自身所不具备的语义色彩，有的语言学家把这种共生现象称之为语义韵律(semantic prosody)。（陶红印 2001）

Firth(1957)认为，考察语言结构的功能时最好的办法是"观其友"(look at the company it keeps)，也就是看跟这个语词或结构共现的成分是什么。由此，从这些插入"个"的离析形式的伴随成分来看，我们也能发现这些插入"个"的离析形式主要表现了说话人的情感，"个"是一个主观标记。

1.3 离析形式中"个"作为主观性标记的旁证

实际上，汉语含有"个"的语言结构表达说话人某种主观色彩也不是孤立的现象。

张伯江、李珍明(2002)论述了"是(一)个 NP"和"是 NP"结构。他们认为"是(一)个 NP"倾向用于主观性的表达，"是 NP"倾向于一般表达。

不过，他们举的用以支持其结论的通篇 33 个实际语料都是"是个 NP"，无一例"是一个 NP"的例子。我们摘用一例：

(7) 假若虎妞是个男子，当然早已成了家，有了小孩，即使自己是个老鳏夫，或者也就不这么孤苦伶仃的了。

这说明他们的结论并不是"汉语里用'(一)个'表达某种主观色彩"，准确地说，是用"个"来表达主观色彩。

以"个"引入事件参与者的存现句/隐现句也常常含有说话人对参与者的主观态度和评价，如例(7)。我们再看：

(8) 有一次村里有[个]恶霸想试试贺龙的胆量，就乘贺氏父子与他

同桌吃饭之机在桌子底下放了一枪。【文件名:\当代\应用文\中共十大元帅.txt 文章标题:作者:】

（9）那时候,黄河下游的夷族,有[个]部落首领名叫后羿（音 yì）,野心勃勃,想夺取夏王的权力。【文件名:\当代\应用文\中华上下五千年.txt 文章标题:作者:】

上面存现句都含有一定的主观色彩。例（8）"个"后接属性色彩强烈的名词"恶霸";例（9）是一个主观评论句。再举两个歌词的例子:

（10）村里[有个姑娘]叫小芳,长得好看又善良,一双美丽的大眼睛、辫子粗又长,……【文件名:\当代\报刊\人民日报\1994\94Rmrb1.txt 文章标题:作者:】

（11）东方红,太阳升,[中国出了个毛泽东]。他为人民谋生存,他是人民大救星。【文件名:\当代\报刊\人民日报\1993\R93_09.txt 文章标题:作者:】

例（10）、（11）是歌词,用"个"引入事件参与者,表达了说话人（歌唱者）对引入的事件参与者的强烈情感。如果将"个"换成"一个",该存现句的情感性就大为降低,甚至变得不太自然。如例（10'）:

?（10'）村里[有一个姑娘]叫小芳,长得好看又善良,一双美丽的大眼睛、辫子粗又长……

例（11）是一个隐现句,"毛泽东"本来是定指的专有名词,没必要用"个",但说话人（歌唱者）用"个"去引入,颇有意味。因为歌词更注重歌唱者（说话人）个人情感的渲染,用"个"更能传递歌唱者（说话人）的感情。

反之,如果存现句/隐现句用"一个"引入参与者,说话人的情感就比较平淡。下面这句用"一个"就很自然:

（12）《诚斋杂记》说,[有一个姑娘]出嫁前,一天早晨洗脸的时候,突然插发的簪子掉在地上摔断了。【文件名:\当代\应用文\中国古代文化史.TXT 文章标题:中国古代文化史（三） 作者:阴法鲁;许树安】

所以,在存现句/隐现句中,"个"比"一个"更能体现说话人的主观感情。这一点似乎容易理解:存现句/隐现句中的"一个"还具有量词的基本语义特征,但"个"却失去或基本失去了量词的语义特征,也就是说,"个"已经由命题功能变为言谈（discourse）功能了。比如例（11）"中国出了个毛泽东","个"已经完全失去了量词的功能,而主要表达说话人的情感。

这里我们又想起另外两个例子,似乎是反例:

（13）山上有个庙,庙里有个和尚讲故事,讲的什么故事呢? 从前有座山,山上有个庙,庙里有个和尚讲故事,讲的什么故事呢? 从前有座山,山上有个庙,庙里有个和尚讲故事,讲的什么故事呢?……

(14)东边来了个喇嘛,西边来了个哑巴,喇嘛手里拎着五斤鳎嘛,哑巴腰里别着个喇叭,别着喇叭的哑巴要用喇叭换手里拎着鳎嘛的喇嘛的鳎嘛,……

例(13)表面上看是故事的泛泛叙述,实际上,这是讲故事的人通过讲故事的形式表现的幽默诙谐,句中动宾结构中出现"个"是表现说话人调侃的态度,因此这并不是反例。例(14)说话人也不是旨在叙述故事,而是表演绕口令。绕口令这种文艺形式也是以调侃为目的的,因此,也不构成反例。

反过来讲,如果上述两例动宾结构中用"一个"替代"个",那么,语句中流溢的诙谐调侃的情感色彩就减弱了。这更能证明"个"的主观标记功能。

除了存现句/隐现句中的"个"能体现说话人的主观情感以外,其他含有"个"的句式也有不少侧重表达说话人的主观情感。

(15)今天碰到你,蛮高兴的,我们做[个]朋友。【文件名:\当代\文学\大陆作家\阿城.txt 文章标题:作者:】

(16)你们怎么抱[个]死小孩回来呀?【文件名:\当代\报刊\作家文摘\1997\1997B.TXT 文章标题:一个日本遗孤和她中国的父母 作者:丁丁】

(17)你[个]洪学智,是不是没有事干了,在山下瞎鼓捣什么!【文件名:\当代\报刊\作家文摘\1996\1996B.TXT 文章标题:洪学智为彭德怀挖防空洞 作者:董保存】

(18)李某骂道:"就说你[个]老东西……"污言秽语不堪入耳。【文件名:\当代\报刊\人民日报\1996\96News05.txt 文章标题:作者:】

(19)赵想,谁贷款谁还,我不就是签[个]字嘛!【文件名:\当代\报刊\人民日报\1994\94Rmrb3.txt 文章标题:作者:】

(20)冯独钟急忙走了一步活棋,反正早晚是[个]死,让给他[个]面子。【文件名:\当代\报刊\作家文摘\1994\1994A.TXT 文章标题:终极美貌(连载之五) 作者:苗长水】

(21)……而凶狠、狡诈的武铁治,……便来了[个]死鱼不张嘴,闭口不谈杀害出租司机卖车的事,审讯工作到了僵持阶段。【文件名:\当代\报刊\作家文摘\1997\1997D.TXT 文章标题:北京,今春缉毒第一大案 作者:杨景亮】

(22)我现在倒要跟你说[个]明白,看看你到底有什么好埋怨的。【文件名:\当代\翻译作品\文学\十日谈.txt 文章标题:作者:】

(23) 大伙儿看看雨下［个］不停,急得真像热锅上的蚂蚁似的,……【文件名:\当代\应用文\中华上下五千年.txt 文章标题:作者:】

例(15)"个"的量词基本功能已经很弱了,因为"个"很难用"一个"替代。比如说"我们做一个朋友"就很不自然。类似的例子还有:

(24) 不嫌弃,我们做［个］邻居!【文件名:\现代\文学\张爱玲 连环套.txt 文章标题:作者:】

例(24)也很难改成"我们做一个邻居",上述其他各例中的"个",也很难或根本不能用"一个"替代。这种超出数量词用法的现象,表明"个"已经不再是句法的要求,而是强调说话人主观情感。

此外,沈家煊(2002)认为将"看把个大小伙子伤心的"、"输了个精光"等句子中加"个",是为了增强句子的主观性。

因此,离合词离析形式句中的"个"的主观标记功能,并不是孤立的现象。我们将"个"定义为主观标记,是有一定事实基础的。

1.4 离析形式中"个"的语法化地位

实际上,"个"成为一个"主观标记"不是一种临时现象,而是长期以来语法化的结果。

金福芬、陈国华(2002)论证了"个"的语法化路径:

名词"竹"＞ 量词(修饰竹或竹制品)＞ 量词(修饰具体名词)＞ 量词(修饰抽象名词)＞ 万能量词＞ 不定冠词(可修饰名词、动词、形容词、代词等)＞ 助词

我们看到,"个"的语法化途径是由名词逐渐过渡到助词。不过他们没有说明"个"的助词用法,他们所得出的不定冠词结论也有待商榷。他们举的不定冠词的例子是:

(25) 有个将军不得名,惟叫健卒喝书生。(《云溪友议》)

(26) 这是野意儿,不过吃个新鲜。(《红楼梦》3.11)

把上述两例中的"个"都定性为不定冠词,我们认为有些勉强。因为跟例(25)的"个"结合的成分与跟例(26)的"个"结合的成分完全不同。前者的"个"是后附的,它跟名词"将军"结合,将其认定为不定冠词尚有一定道理;而后者的"个"附着在谓词"吃"的后面,是前附的,将其认定为不定冠词就缺乏依据了,因为冠词要依附于名词。我们认为例(26)中的"个"

倒更像助词①。

实际上,上述两例中的"个"都有表达说话人主观情感的用法,我们用"主观标记"的概念,就可以将其统一起来。

共时平面上考察的例(15)—(24)比较支持金福芬、陈国华(2002)关于"个"的语法化路线图:"个"的后附成分逐渐例(20)—(23)由一般名词过渡到属性名词(例(18)),再过渡到谓词或谓词结构。随着后附成分性质的改变,"个"与后附成分的关系越来越疏离,而最后成为前边动词的辅助成分—助词。

关于离合词离析形式句中"个"的语法化地位,我们可以将其放在"个"的整个语法化过程中去观察。

离合词离析形式如"洗个澡"、"睡个觉"等,在语句中后项成分如"澡"、"觉"等有指性很低。名词的有指性越低,其属性意义就越强,功能就越接近形容词。因此,我们认为,离合词中插入的"个"已经失去了名量词的功能,而过渡为具有动量词②或助词功能的成分。

严格来讲,离析形式中的"个"不是跟离合词的后项成分(如"洗澡"的"澡")发生关系,而更多的是跟前项成分(如"洗澡"的"洗")发生关系。由于离合词的语义是凝固的,所以更准确地讲,"个"是跟整个离合词发生关系。这一点是跟动宾结构中的"个"有区别的。

这样我们就能大致描绘出"个"的语法化路径图,请看:

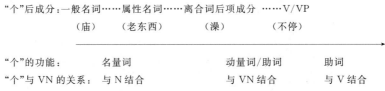

图15 "个"的主观化路径图

2 离合词插入程度补语形式的主观性倾向

离合词还有一种离析形式,就是离合词 AB 中插入程度补语。我们考察了 60 个离析率大于 0.1 的典型离合词插入程度补语的情况,发现插

---

① 张谊生(2003)对此也有相同认识。
② 张伯江(1997)认为离合词中插入的"个"是动量词。

入的补语有以下几种:好、足、稳、够、碎、尽、坏、死、大、透等。见表37:

表37　60个典型离合词离析形式句中插入补语情况一览表

序号	离合词	程度补语形式	插入程度补语离析句数量(293条)
1	把关	好	145
2	睡觉	好、足、稳、熟	36
3	伤心	透	30
4	操心	碎、尽、坏、够	25
5	站岗	好	12
6	倒霉	透、尽、足	9
7	丢人	透、死、尽、大	7
8	接班	好	5
9	吃苦	够	4
10	念书	好	4
11	洗澡	好	1
12	照相	好	1
13	排队	好	14

这13个可插入程度补语的离合词中有9个可以插入程度补语"好"①,我们看插入"好"的离析形式句(着重号为笔者所加):

(27)我们将加强对这类文化团体展播内容和广告用语的审查和管理,认真[把好关],努力把文化宫办好。【文件名:\当代\人民日报\1996\96News08.txt 文章标题:作者:】

(28)为纯文学只剩下最后一块绿地,要坚守这最后一块阵地、一道防线,[站好最后一班岗]。【文件名:\当代\作家文摘\1995\1995B.TXT 文章标题:冯骥才谈大众文学热　作者:x】

(29)更重要的是,你要尽量[念好书],因为我知道你会成为众望所归的人物。【文件名:\当代\读者\读者(合订本).txt 文章标题:作者:】

(30)她得想法[念好书],学了本领,挣到钱,让父母快快结束苦日

---

① "好"用在动词后也有表示动作的结果的意味。我们考察的插入"好"离析句主要是非现实句。非现实离析句,反映的事件并未实现。因此,我们认为将这些"好"归入程度补语更为妥当。

子。【文件名:\当代\人民日报\1996\96News12.txt 文章标题:作者:】

我们发现,"把关"、"站岗"、"念书"等离合词插入补语"好"的离析形式都出现在表达说话人主观意向的句子中,如例(27)—(30),这些离析形式句大部分出现了表示说话人主观意愿的情态词。

有意思的是插入程度补语"好"的32个"睡觉"的离析形式句都是否定句,如:

(31)本来林彪事件一出来后,说老实话,我好几天都没[睡好觉],感到好多过去那么神圣的东西,那么崇拜的东西原来都是假的。【文件名:\当代\文学\一百个人的十年.文章标题:一百个人的十年 作者:冯骥才】

(32)把天下所有的坏事全加在资本家的身上,连昨儿晚上没[睡好觉],也是资本家闹的。【文件名:\现代\文学\老舍长篇1.TXT 文章标题:二马 作者:老舍】

(33)这一次青苗没有哭,但是他一夜没有[睡好觉]。【文件名:\当代\文学\当代短篇小说1.TXT 文章标题:夏青苗求师 作者:浩然】

我们知道,否定句最基本的用途不是叙述一个事件,而是否认一个事实或观点,即说话人认为某事实不存在或某观点是错误的。所以否定句常常表达说话人对句子所表现的命题的态度。

插入离合词的程度补语除了"好"以外,还有"透"、"碎"、"够"、"尽"、"死"、"坏"、"稳"、"大"、"足"等。这些补语形式都是表示极端语义的形容词,形容词表达说话人的主观感觉和判断,具有较强的主观性。插入这些补语的离合词离析形式也常常表达说话人强烈的主观情绪。如:

(34)我们已经尝够了苦头,害怕政治的折磨,她对政治不再感兴趣,已[伤透了心]。【文件名:\当代\作家文摘\1996\1996A.TXT 文章标题:庄则栋与佐佐木敦子(4) 作者:庄则栋;佐佐木敦子】

(35)我是你家明媒正娶的,现在要叫这女人"大嫂嫂",[倒尽了霉]!【文件名:\现代\文学\钱钟书.TXT 文章标题:围城 作者:钱钟书】

(36)孽障呀孽障,你可给我[丢死人]了。【文件名:\当代\作家文摘\1995\1995A.TXT 文章标题:"小的儿"(连载之二) 作者:林希】

总之,我们认为,插入程度补语的离合词离析形式都出现在主观句中,反映了说话人的主观意向、主观态度、主观情绪,表现了说话人的主观情感。

3 离合词插入修饰性定语形式的主观性倾向

现在讨论离合词 AB 中插入修饰性定语的情况。请看例句：

(37) 七妹,这一次如果没有你的帮忙,我永远不可能和希浩在一起,你[帮了我们一个最大的忙],我和希浩一辈子也不会忘记你。【文件名:\当代\文学\香港作家\合家欢.txt 文章标题:作者:】

(38) 现在,走路不担心流氓打,农作物不担心有人偷,能[睡个安稳觉]了。【文件名:\当代\人民日报\1996\96News05.txt 文章标题:作者:】

(39) 他还没看见试官,便已[鞠了三次最深的躬],因为角度太大,他几乎失去身体的平衡,而栽了下去。【文件名:\现代\文学\四世同堂.TXT 文章标题:四世同堂 作者:老舍】

(40) 那会儿要[出个红差],要毙的全是人物,闹着玩呢?【文件名:\当代\文学\当代短篇小说1.TXT 文章标题:金豆儿 作者:张郎郎】

(41) 我找上你算是[倒了八辈子血霉]了。【文件名:\当代\文学\徐坤.txt 文章标题:热狗 作者:徐坤】

(42) 疲倦过度的"皇后"在地下交通站特别优待的照应下,居然有机会[洗了个热水澡],再美滋滋地睡了一觉。【文件名:\当代\作家文摘\11995A.TXT 文章标题:"影后"胡蝶偷渡记 作者:白丁】

考察发现,插入的修饰性定语有两种情况:一是插入的中心修饰成分为形容词,如例(37)—(40);二是插入的中心修饰成分为名词性成分,如例(41)和例(42)。

3.1 插入形容词定语的离析形式

先考察离合词中主要插入成分为形容词定语的离析形式的情况。我们发现 207 个离合词离析形式句中有 33 个离合词插入了形容词定语,具体情况见下表:

表38　207个离合词插入形容词定语情况表

序号	离合词	插入形容词	序号	离合词	插入形容词
1	吃惊	大、小	18	叹气	大、长
2	吃苦	多、不少、大	19	睡觉	安稳、懒、大、好、痛快、闷
3	吃亏	大、小、不少	20	冒险	大、奇
4	生气	大、闲、闷	21	谈天	闲
5	上当	大、恶、洋、糊涂、老	22	防汛	大
6	鞠躬	大、深	23	聊天	大、闲
7	打架	大、恶	24	排队	大、长
8	操心	多、不少	25	拼命	老、死
9	鼓掌	冰冷、倒、反	26	读书	大、多、少
10	争气	小、闲	27	出差	红、黑、美
11	念书	多多的、多、死	28	请假	长
12	化妆	淡、浓	29	开工	全
13	敬礼	大	30	生效	奇
14	倒霉	大	31	作战	殊死、持久
15	理发	洋、长、短	32	执勤	全
16	站岗	不少	33	放假	长
17	拜年	大			

一般而言,形容词是人们对客观事物的性质状态进行评价的词。事物是客观存在的,无所谓大小、好坏、冷热、美丑。所谓大小、好坏、冷热、美丑等都是人的体验、感觉和感受,因而人们对事物性状的判断都是主观的、相对的、因人而异的。一样的事物、情况,有的人感觉好,有的人感觉不好,所以所谓形容词主要是人们对客观事物主观反应的词。正如石毓智(2000)指出,"实际上,形容词所代表的是具有很强主观色彩的近似值。"

不过,形容词所反映的主观色彩也不一致。我们可以将形容词分为三类:a.叙述性形容词,如红、黑、大、小等;b.评价性形容词,如好、坏、懒、老等;c.感受性形容词,如冰冷、舒服、臭等。这三类形容词反映主观性的程度还是有差异的,一般叙述性形容词客观性强而主观性差,感受性形容词客观性差而主观性强。我们按照主观性程度将其排列如下(李善熙 2003):

叙述性形容词＜评价性形容词＜感受性形容词

通过表38,我们发现离合词离析形式中出现的形容词大部分都属于评价性形容词和感受性形容词。

应该说明的是,表38中一些离合词离析形式中出现的"大"、"小"、"红"、"黑"等都不是叙述性的,而是评价性和感受性的。如例(37)的"帮了一个最大的忙","大"在这里并不表示物体的维度,"大"和其他成分一起表达说话人的评价和感受,因而不是叙述性的;例(40)的"出个红差","红"也不是叙述性的,因为所修饰的成分不是具体的物体,"红"并不表示颜色。

这说明,离合词中倾向于插入主观性程度高的形容词,而排斥客观性强而主观性差的叙述性形容词。

整体上看,例(37)—(40)离析形式句都是表达说话人(站在故事主角的立场上)对语句所表现的命题的主观评价、感受和态度。

如例(38)离析形式句"睡个安稳觉"主要是表达说话人对"现在"情状的主观评价和感受。例(39)看似一个客观叙述句,实际上作者(说话人)用复杂的离析形式表达对"他"的"鞠躬"行为的感受。我们可以通过跟离析形式的共现成分证明,例(39)离析形式句中出现了"还"、"就"等表达说话人主观情绪的副词。这样我们就不能不承认这个复杂的离析形式隐含了说话人的主观情感了。

3.2 插入名词定语的离析形式

再看离合词中插入主要成分为名词的离析形式的情况。例(41)是感叹句,说话人用"倒了八辈子血霉"表达了强烈的情绪。例(42)跟离析形式同现的"居然"也表明说话人在离析形式中对命题的态度。

我们发现,插入主要成分为名词的离析形式句,倾向于出现表达说话人情感的"个"(或少量的"一个")。我们统计了CCL语料库中离合词"洗澡"插入名词"热水"的离析形式句。通过检索,共得到插入"热水"的离析形式句81句,我们发现这81个句子中含有"个"(包括少量"一个")的离析形式句就有41句,占总数的一半多;而且插入形式越复杂越倾向于出现"个"。

(43) 你喜欢[洗热水澡]吗?【文件名:\当代\读者\读者(合订本).txt 文章标题:作者:】

(44) 王眉把我领到招待所,给我吃,给我喝,还[洗了个舒畅的热水澡]。【文件名:\当代\文学\王朔 a.txt 文章标题:空中小姐　作者:王朔】

(45) 我现在想做的第一件事是[洗一个舒服的热水澡],喝一口伏特加酒,找一个好女人,……【文件名:\当代\读者\读者(合订本).txt 文章标题:　作者:】

(46) 他猜想,或许是这个小妮子正在[洗个热乎乎的热水澡]。【文件名:\当代\文学\台湾作家\于晴 红苹果之恋.txt 文章标题:作者:】

此外,令我们感兴趣的是,不仅是插入主要成分为名词的离析形式句,插入主要成分为形容词的离析形式句,也出现这种现象:越是插入形式比较复杂的离析结构,插入形式中越倾向于出现"个"(包括少量的"一个")。请看:

(47) 靠兄长靠父母[结了个豪华的婚]就够意思了。【文件名:\当代\文学\池莉.txt 文章标题:太阳出世　作者:池莉】

(48) "祁先生,"他[鞠了个短、硬、而十分恭敬的躬]。【文件名:\现代\文学\四世同堂.TXT 文章标题:四世同堂　作者:老舍】

我们知道,动宾结构中的"个"主要表达说话人的情感,"一个"也不是主要表示对名词的计量,而是具有较强的主观性。因此离合词中插入复杂的定语修饰成分与其说是对名词成分的描写,不如说是通过不厌其烦的描写表达说话人对语句命题的情感罢了。如例(48)"鞠"和"躬"之间相隔 10 个字,作者(说话人)用这样冗长的修饰成分表达了对"他"的行为的主观态度。张伯江、李珍明(2002)认为"描写性定语有很强的主观色彩",如果这个说法成立的话,那么复杂描写性定语倾向于跟表达主观情感的"个"("一个")共现就容易理解了。

4　离合词插入格关系定语形式的主观性倾向

4.1　离合词中插入格关系定语的情况

这节讨论离合词中插入代词性成分、名词性成分、动词性成分等现象,如"念你的书"、"告他的状"、"伤了你的心"、"生妈的气"、"上了她和宋大成的当"、"吃了不懂法的亏"等。关于离合词中插入格关系定语情况,见下表:

表39　207个离合词插入格关系定语离析情况表

在所有离析形式中位次	格关系定语形式	出现格关系定语的离合词的数量	出现格关系定语离合词所占（207个的）比率	举例
3	A＋名词/代词（的）＋B	84	40.58％	帮老师忙、帮他的忙
13	A＋动词结构（＋的）＋B	9	4.35％	吃管闲事的亏
总计		93	44.93％	

表40　60个离合词插入格关系定语的离析形式例数统计表

在所有离析形式中所居位次	离析形式	该形式出现例数	占所有离合词离析句（11,498）比率
2	A＋名词/代词（的）＋B	1518	13.20％
13	A＋动词结构（＋的）＋B	13	0.11％
总计		1531	13.31％

请看实际语料：

(49) 行了,行了……你别干这个……干这个伤身子骨,你还是好好地[念你的书]吧！【文件名:\当代\文学\张贤亮.TXT 文章标题:绿化树　作者:张贤亮】

(50) 你要是看我是个人,子曰,[睡你的觉]去,不必再问!【文件名:\现代\文学\老舍长篇2.txt 文章标题:赵子曰　作者:老舍】

(51) 我决定不动声色地[洗我的澡],以便看看到底是怎么回事,回去再和大蝎算账。【文件名:\现代\文学\老舍长篇2.txt 文章标题:猫城记　作者:老舍】

(52) 她的西班牙文不好,可是讲出来叫人笑叫人哭都[随她的意]。【文件名:\当代\读者\读者(合订本).txt 文章标题:作者:】

(53) 好吗,我是所长,你倒弄个里长来[丢我的人],你昏了心啦吧?【文件名:\现代\文学\四世同堂.TXT 文章标题:四世同堂 作者:老舍】

(54) "我……"小娟见他气得脸青面黑,自知自己的粗俗[伤了赵大哥的心],忙一头跪下去,苦苦哀求他原谅自己。【文件名:\当代\作家文摘\1995\1995B.TXT 文章标题:超越世俗的真诚 作者:袁鹰】

(55) 至于跑跑腿呀,上趟街呀,恐怕还得多[劳李四爷的驾]。【文件名:\现代\文学\四世同堂.TXT 文章标题:四世同堂 作者:老舍】

(56) 她只"哟"了一声,不便再说什么,多说更[泄自己的气]。【文件名:\现代\文学\四世同堂.TXT 文章标题:四世同堂 作者:老舍】

(57) 老大爷,我真想[帮您的忙],可是不行啊,那再造金丹也是有数儿的。【文件名:\当代\文学\皇城根.TXT 文章标题:皇城根 作者:陈建功;赵大年】

(58) 您能[做他的主]吗?【文件名:\当代\文学\北京人在纽约.TXT 文章标题:北京人在纽约(电视剧记录) 作者:】

(59) 我并不问他,他却把这一回因为一个学堂里出身的先生[告了他的状],不得不到杭州来的事情对我详细地诉说了:……【文件名:\现代\文学\散文3.TXT 文章标题:作者:郁达夫】

(60) 玉娥,替我[问老爷爷好]!【文件名:\现代\戏剧\老舍戏剧1.TXT 文章标题:女店员 作者:老舍】

(61) 是呀,你看,我不懂规矩,得罪这位小姐了,她还在[生我的气]呐!【文件名:\当代\文学\刘心武短篇.TXT 文章标题:缺货 作者:刘心武】

(62) 后来想到她起初找我那一回的情况,我怀疑她[吃了别人的亏]。【文件名:\当代\文学\王晓波.txt 文章标题:阴阳两界 作者:王小波】

(63) 唉,所以咱们这一次啊,就是[吃了不懂法的亏]啊。【文件名:\当代\文学\编辑部的故事.TXT 文章标题:编辑部的故事;侵权之争(下) 作者:】

(64) 我见过许多原来挺好看的女孩儿,[上了江湖医生的当],割了双眼皮,弄的人不人,鬼不鬼。【文件名:\当代\文学\大陆作家\王朔b.txt 文章标题:橡皮人 作者:王朔】

(65) 明天,公理必定战胜强权;后天,世界上的人,都[吃过战争的苦],必会永远恨恶战争,从而建设起个永远和平的世界。【文件名:\现代\文学\四世同堂.TXT 文章标题:四世同堂 作者:老舍】

(66) 当南街人,只[操干活的心]就行了。【文件名:\当代\读者\读者(合

订本).txt 文章标题:作者:】

(67) 大嫂你可以跟大哥[争思想气],可是事实易事实,老太太安闲惯了,小孩子需要妈妈!【文件名:\现代\戏剧\老舍戏剧1.TXT 文章标题:女店员 作者:老舍】

(68) 我只问你,就算[沾了人家小姨子的光],总比挤公共汽车强吧!【文件名:\当代\文学\一地鸡毛.txt 文章标题:作者:】

(69) 大庭广众之下[洗着鸳鸯澡],回头再潮得乎地对上道梅花枪,抽根儿夺命烟,喝上二两追魂酒。【文件名:\当代\文学\王朔a.txt 文章标题:永失我爱 作者:王朔】

上述例句中"念你的书"、"吃了不懂法的亏"、"告他的状"、"伤了你的心"等插入的成分跟我们上节讨论的插入形式的性质不同,上节我们讨论的插入形式是修饰性定语,而这节我们看到的"吃了不懂法的亏"中的"不懂法"、"告他的状"中的"他"、"伤了你的心"中的"你"跟中心语之间不构成真正的修饰关系。赵元任(吕译本,1968)称之为"领属定语",朱德熙(1982)称之为"准定语"。赵金铭(1984)的见解很深刻:"有些DM(指动宾离合词——引者注),尽管从表面上的语法来看,插入形式为M的修饰语,实则恰是整个DM的对象关系。"我们赞同赵先生的看法,认为上述例句(例(49)—(58))中离析结构中的插入形式,并不单独同离合词的后项成分发生联系,而是同整个离合词结构 AB 发生关系。这些插入形式显示跟整个离合词结构的某种语义格(semantic case)的关系,因此我们姑且将这些成分称之为"格关系定语"。

4.2 插入形式跟整个离合词结构的关系[①]

4.2.1 插入形式大致相当于 AB 结构所表示的行为的施事

如例(49)—(52),念你的书→你念书;睡你的觉→你睡觉;洗我的澡→我洗澡;随她的意→她随意。

4.2.2 插入形式大致相当于 AB 结构所表示的行为的对象

如例(53)—(61),这些对象大致可以用介词提取:丢我的人→让我丢人;伤了赵大哥的心→让赵大哥伤心;劳李四爷的驾→让(使)李四爷劳驾;泄自己的气→让自己泄气;帮您的忙→为(给)您帮忙;做他的主→为

---

① 参考孙德金(2000)和王铁利(2001),参见第三章。

(给)他做主;告他的状→给他告状;问老爷爷好→向老爷爷问好;生我的气→对我生气。

4.2.3　插入形式大致是 AB 结构所表示的行为的原因

如例(62)—(63),这些插入形式大致可以用"因为、由于"提取:吃了别人的亏→因为别人吃亏;吃了不懂法的亏→因为不懂法吃亏;上了江湖医生的当→由于江湖医生而上当。

4.2.4　插入形式大致是 AB 结构所表示的行为的范围

如例(65)—(67),这些插入形式大致可以用"在"提取:吃过战争的苦→在战争方面吃苦;操干活的心→在干活方面操心,操心的范围是"干活";争思想气→在思想方面争气,争气的范围是"思想"。

4.2.5　插入形式大致是 AB 结构所表示的行为的来源

如例(68)沾了人家小姨子的光→从人家小姨子那儿沾光。

4.2.6　插入形式大致是 AB 结构所表示的行为的方式

如例(69)洗着鸳鸯澡→以鸳鸯的方式洗澡。

4.3　格关系定语离析形式的功能

我们感兴趣的是,为什么这些语义格要插入离合词之中呢?换句话说,既然大部分这种离析形式也可以用介词提取等方式去表达,那么,为什么说话人还要用格关系定语离析方式表达呢?这种离析形式有何独特的表达功能呢?

张伯江(2000)比较了这两种句式的异同,他认为,"介词结构句(即可以用介词引入的结构句——引者注)的认知结构里先是用介词选定一个目标,然后决定行为方式;而领语句式(即我们讨论的格关系定语结构句)则让目标语直接处于行为的影响范围内了。"孙德金(2000)也对这种现象进行了研究,他得出的主要结论之一就是格关系定语结构具有"指向性"和"损益性"。所谓"指向性"按照孙的说法就是 AB 结构所代表的行为指向插入的成分。"损益性"就是"动作行为直接或间接对主体或客体产生有益或有害的影响"。他对这些结构"损益性"考察的结果是"受损倾向强于获益倾向"。

实际上,无论是"让目标语直接处于行为的影响范围内"也好,AB 结构所代表的行为指向插入的成分也好,其实质只有一个,就是说话人用这种方式将插入形式由外围提升到结构中心,将其指示(deixis)出来,聚焦化①,使之成为说话人移情的对象。

比如"你洗澡"中,"你"是域外论元,而"洗你的澡"则将论元"你"直接处于行为域内。"让赵大哥伤心"中,"赵大哥"是介词宾语,处于介词结构之中,语法地位很低。"赵大哥"不直接与行为"伤心"发生关系。而"伤了赵大哥的心"中"赵大哥"语法地位提高了,它不仅与行为发生关系,而且直接处于行为域内。看下面的示意图:

图 16 语义格与行为域关系图

将这些插入形式聚焦化是移情的需要,因为只有将目标纳入中心,说话人才能赋予感情。

移情的对象可以是说话人同情的对象,也可以是说话人"钟情"的对象。(沈家煊 2002)

我们考察的 60 个典型的离合词中有 19 个可以插入格关系定语,它们是:

帮忙、吃苦、吃亏、生气、上当、伤心、操心、沾光、争气、问好、泄气、倒霉、丢人、劳驾、做主、没辙、随意、睡觉、洗澡

这 19 个离合词中,表示消极(或受损)意义的有 12 个:

吃苦、吃亏、生气、上当、伤心、操心、泄气、倒霉、丢人、没辙、劳驾、沾光②

大致表示中性意义的有 3 个:

睡觉、随意、洗澡

而大致表示积极(受益③)意义的有 4 个:

帮忙、问好、做主、争气

---

① 这时,格关系定语表示说话人的主观视角。(见前文分析)
② "沾光"虽然是"凭借别人或某种事物而得到好处"(《现代汉语词典》第 5 版),但是在语用上它表示消极意义。"劳驾"我们看不出消极意义,但它隐含使人受损的意思。
③ 受损、受益是相对的,此方受损可能就是彼方受益。我们将"劳驾"视为"受损",是因为其含有使动的意义;使别人劳驾(受损);我们将"帮忙"、"做主"视为"受益",是因为它常常含有"给别人、为别人"的语义特征。

请看下表：

表 41　可插入格关系定语的离合词语义色彩统计表

	表消极意义	表中性意义	表积极意义	总计
数量	12	3	4	19
比率	63%	16%	21%	100%

我们看到,插入格关系定语的离合词表示消极(受损)意义的超过一半以上,而表示积极(受益)意义的也有21%,二者相加达84%。因此插入格关系定语的离合词更多地表示消极(受损)或积极(受益)的意义。

不过,移情的对象往往是说话人同情的对象,因为从人们的情感上来说,说话人对受损的同情常常多于对受益的"钟情"。从这个角度上看,我们更能印证插入格关系定语的离析形式句表现了说话人的情感的结论。

最后应该指出,将语言的主观性划分为说话人的视角(perspective)、说话人的情感(affect)、说话人的认识(epistemic modality),"其实这三个方面互有交叉和联系,很难截然分开。"(沈家煊 2002)上面分析的离合词中插入修饰性定语和插入代词性成分、名词性成分、动词性成分等格关系定语离析形式在句子中不仅表达说话人的情感,还表达说话人的主观视角。后者前文已经论述;前者离合词中插入修饰性定语实际上就是对后项名词性成分的描写。经过描写的事物在交际中定指化就增强,正如朱德熙(1956)指出,"一类事物经过描写之后就不再是普遍的概念而是特殊的概念了,因此描写性定语往往带有潜在的指称作用。"

本章小结

离合词离析形式除了表达说话人的主观视角、主观认识外,还表达说话人的"情感"(affect)。

"个"是一个主观标记,插入"个"的离析形式主要表现了说话人的情感;插入主要成分为名词的离析形式,倾向于出现表达说话人情感的"个"(或少量的"一个")。不仅是插入主要成分为名词的离析形式,插入主要成分为形容词的离析形式,也出现这种现象:越是插入形式比较复杂的离析结构,插入形式中越倾向于出现"个"。

插入程度补语的离合词离析形式都出现在主观句中,反映了说话人的主观意向、主观态度、主观情绪,表现了说话人的主观情感。

离合词离析形式中出现的形容词大部分都属于评价性形容词和感受性形容词,说明离合词中倾向于插入主观性程度高的形容词,而排斥客观性强而主观性差的形容词,这也表现了离合词离析形式的主观性倾向。

离合词插入格关系定语主要是说话人出于移情的需要,而将这些插入形式聚焦化。

第八章 离合词离析形式的构式特征和功能

1 离合词离析形式的构式特征

1.1 构式语法

形式语言学流派对语法结构的分析一般采用自下而上的分析方法,他们认为从语法结构的组成部分入手,把握了组成部分的差异就可以掌握语法结构之间的差异。比如,生成语言学派主张语法模块化,提出用管辖与约束原则及参数理论研究句法,语法结构要一部分一部分地研究。但是,我们知道,语言结构的许多形式和意义并非是组成部分的简单相加。比如英语短语"let alone",它的用法相当于一个连接词,表述与它前面的成分相对的意义[①],其整体意义并非是其组成分子意义的简单相加。我们不能用英语的一般造词规则来推导这一表达式,英语中没有这样的构词法;其次,动词加副词本该用于谓语,然而这个表达式却用作连接词。(严辰松 2006)

构式语法(Construction Grammar)是一种自上而下的分析。构式语法是由 Adele E. Goldberg(1995)和 Paul Kay(1995)提出的。Goldberg(1995)对"构式"的定义为:

C 是一个构式,当且仅当 C 是一个形式—意义的配对 < Fi ,Si >,且 C 的形式(Fi)或意义(Si)的某些方面不能从 C 的构成成分或其他先前已有的构式中得到完全预测。

也就是说,构式本身具有独立的形式和语义,其形式或意义是无法完全从组成成分和其他构式中推导出来的,具有不可推导性(non-derivational)。后来,Goldberg (2006) 将构式的定义修改为:构式是形式和功能之间的规约匹配(conventionalized pairings of form and function)。

构式语法学者认为,句法并非是完全自主性的,而是和其他层次相互

[①] 如:He is not even a colonel, let alone a general.

联系互相制约的。构式是语言中的基本单位,是语法、语义和语用的结合体,构式形式和内容之间存在着规约联系。"不同的形式具有不同的语义和/或话语功能。"(Goldberg 2006)构式的形式可以是任何句法的、形态学的或者是语音的组合,构式功能所涵盖的范围可以是语义信息,也包含焦点、话题、语体风格等语用意义以及认知,所有这些与构式的关系都是约定俗成的,是构式本身所具有的表达功能。语法是一个构式的连续体,一端连接能产的构式,如主谓构式、双及物构式,另一端连接语素、词、习惯用语、标记性构式。图示如下(改编自严辰松 2006):

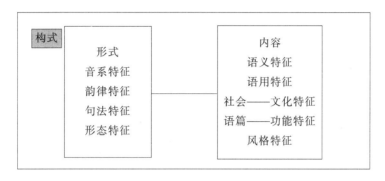

图 17　构式示意图

通过图 17 我们知道,构式语法考察的构式跨语言的各个层次,无论是词、习惯用语还是句型都是形式和功能的结合体。词汇和句法结构本质上是相同的,它们之间没有严格的界限,都是以某种形式表达了人类认知对现实的反映。我们认为这一点对汉语研究来讲尤为重要。

构式语法主张语言研究应当从语言的边缘部分开始,因为日常交际中使用的大部分都是这些边缘部分。习惯用法是构式语法的主要研究内容之一,习惯用法的形式和功能之间的关系是典型的规约关系。这些用法不能通过掌握的规则推导,而必须经过专门的学习才能掌握。

构式语法是基于认知语言学基础上的语法理论体系,属于功能主义学派。从认知的角度讲,一个构式就是一个完整的认知图式,一个完形(Gestalt),整体大于部分之和,整体形式和功能不等于各组成部分的简单相加。

构式语法打破了词汇和句法、语义和语用之间的传统界限,使我们能从更广的角度观察语法现象。

1.2 离合词离析形式 AXB 是一种构式

1.2.1 离合词离析形式 AXB 意义的规约性

离合词离析形式 AXB 的意义具有整体性,也就是说离析形式的意义不是其组成部分意义的简单加合。比如,格关系定语离析形式:"上他的当"、"吃了不懂法律的亏"、"帮他的忙"等,它们的结构意义绝不能通过其组成部分的意义推导出来。除了格关系定语离析形式以外,其他插入"体标记"、"名词/代词"、"数量词组"、"补语"等离合词离析形式也不能从其组成部分推导出来,它们跟格关系定语离析形式一样都具有特定的功能——表示说话人的主观倾向。具体请参见本书第五、六、七章及本章有关"离合词离析形式的主观性倾向"的论述。

1.2.2 离合词离析形式 AXB 的独立性

离合词离析形式 AXB 不是从其他形式推导出来的,比如我们不能从主谓结构、双及物结构或其他的语言形式推导出离合词离析形式 AXB,这一点似乎容易理解。此外各离合词离析形式都有其独立性,也就是说它们之间也不具有推导性。请看通过 CCL 语料库对实际语料检索统计获得的 10 个高频离合词离析情况:

表 42　离合词离析情况对比表

离析方式 \ 离合词	睡觉	见面	吃亏	帮忙	结婚	叹气	吃惊	听话	当面	把关
了	+	+	+	+	+	+	+	+	+	○
着	+	○	○	○	+	○	○	+	○	○
过	+	+	+	+	○	○	+	○	○	○
的	+	+	+	+	+	○	○	○	○	○
补语	+	+	+	+	+	+	+	+	+	+
名/代词	+	+	+	○	+	+	+	○	+	+
形容词	+	+	+	+	+	+	+	+	○	○
数量词	+	+	○	+	+	+	○	+	○	○
数词	+	+	○	○	○	○	+	○	○	○

续表

个	+	+	+	+	+	○	○	○	○	○
动词结构	○	○	+	○	○	○	○	○	○	○
A重叠	+	+	○	+	○	○	○	○	○	○
B提前	+	+	+	+	+	○	○	○	○	+

注:"＋"表示语料中出现此种离析形式;"○"表示语料中未出现此种离析形式。

通过表42,我们发现,这些高离析频率离合词中没有一对离析情况完全相同。

为了进一步验证我们的推断,我们扩大范围,对《汉语水平词汇与汉字等级大纲》中的离析结构离析情况进行全面考察,看一下到底有无离析情况相同的结构。考察发现,果然有两对离析结构离析情况相同(207个离合词离析详细情况见本书附录六)。请看下表:

表43 离析结构离析情况对比表

离合词	了	着	过	的	补语	名/代词	形容词	数量词	数词	个	动词性	重叠	B提前	出现量
操心	+	+	+	+	+	+	+	+	○	○	○	○	+	9
念书	+	+	+	+	+	+	+	+	○	○	○	○	+	9
下课	+	○	○	○	○	○	○	○	○	○	○	○	○	1
遭殃	+	○	○	○	○	○	○	○	○	○	○	○	○	1

这似乎推翻了我们的论断,不过,我们发现即便这两对结构的离析形式一样,实际上,它们之间也不具有推导性。先对比一下"操心"和"念书"的实际离析情况:

操心 128 条
Ⅰ．名词/代词① ·· 38 条　29.69%
　　其中指量 那/这(份/种/个)　24 条
Ⅱ．补语·· 31 条　24.21%

---

① 指插入形式,以下同。

　　　　[碎了/尽了/坏/够/到/上/起/不起]
　　　　其中 操碎了心　　　　　　　18 条
Ⅲ. 了 ························· 21 条　　16.41%
　　　　操了心　　　　　　　　　　2 条
　　　　了＋数量词[好几天/一辈子]　4 条
　　　　了＋多少　　　　　　　　　6 条
　　　　了＋形容词[那么多/不少]　　9 条
Ⅳ. 数量词 ························· 11 条　　8.59%
　　　　量词 点/些/一番　　　　　11 条
Ⅴ. B 提前 ························· 8 条　　6.25%
Ⅵ. 的 ························· 7 条　　5.47%
　　　　其中 的＋哪门子 1 条/那一份 2 条
Ⅶ. 过 ························· 3 条　　2.34%
Ⅷ. 着 ························· 4 条　　3.13%
　　　　操着心　　　　　　　　　　3 条
　　　　着＋一份　　　　　　　　　1 条
Ⅸ. 形容词 ························· 5 条　　3.91%

念书 177 条

Ⅰ. 过 ························· 58 条　　32.77%
　　　　念过书　　　　　　　　　　48 条
　　　　过＋数量词＋书　　　　　　8 条
　　　　过＋名词＋书　　　　　　　2 条
Ⅱ. B 提前 ························· 33 条　　24.81%
Ⅲ. 了 ························· 29 条　　16.38%
　　　　念了书　　　　　　　　　　7 条
　　　　了＋数量词＋书　　　　　　20 条
　　　　了＋形容词＋书　　　　　　2 条
Ⅳ. 补语[好/完/不下去等] ··········· 14 条　　7.91%
Ⅴ. 形容词 ························· 14 条　　7.91%
Ⅵ. 数量词 ························· 12 条　　6.78%
Ⅶ. 名词/代词 ····················· 11 条　　6.21%
Ⅷ. 的 ························· 5 条　　2.82%

Ⅸ. 着 ………………………………………………… 1条　　0.56%

我们发现,它们虽然离析形式一样,但离析形式出现的比率、频率顺序及次类相去甚远。依据频率来看,它们的离析形式的优势顺序迥然相异,请看:

[操心] 名词/代词＞补语＞了＞数量词＞B提前＞的＞过＞着＞形容词
[念书] 过＞B提前＞了＞补语＞形容词＞数量词＞名词/代词＞的＞着

相同的插入形式其具体表现也不尽相同,如二者都能插入补语,但具体插入的补语形式存在明显区别。"操心"插入的补语形式是"碎了、尽了、坏、够、到、上、起、不起"等,而"念书"的补语形式为"好、完、不下去"等。

"下课"和"遭殃"也一样,虽然它们的离析形式简单——只插入"了",但具体情况也不同。如"下课"只插入单纯形式"了",而"遭殃"除了插入单纯形式"了"外,还插入"了"的复合形式:即"了"跟形容词等其他成分一起作为插入成分,这一点"下课"不具备。请看例子:

(1) 那会儿[下了课],男生女生都各凑一堆玩,好像谁也不理谁,其实谁都在意谁。【文件名:\当代\作家文摘\1997\1997C.TXT 文章标题:日子　作者:长篇选载】

(2) 刚到楼下五分钟,就全炸了,有人家[遭了殃]!【文件名:\现代\文学\散文3.TXT 文章标题:血红的九月　作者:萧乾】

(3) 从1940年正月初进俺这地场,乡亲们就[遭了大殃]。【文件名:\当代\人民日报\1995\Rm9508b.txt 文章标题:作者:】

(4) 这件事闹得五湖鸡犬不宁,老百姓[遭了多少殃],吃了多少苦!【文件名:\当代\作家文摘\1996\1996B.TXT 文章标题:县长朱四与高田事件(5)　作者:季宇】

这样我们可以肯定,离合词离析形式之间不具有推导性,因为我们不能拿"操心"的离析情况去完全推导"念书",即便二者的离析形式表面相同。

Adele E. Goldberg(2006)指出:"如果语言型式(pattern)的形式或功能的某些方面不能从其组成成分或其他构式中严格预测,那么该型式是一个构式;此外,如果该型式以足够高的频率出现,即使其可以被完全预测,也可以'存入'(stored)构式。"通过前文的考察我们认为,离合词离析形式具备"构式"的条件,因此离合词离析形式是一种构式,我们称之为

"离析构式"。王铁利(2001)也认为,"由于离合词离析形式的'逐个习得'而非类推,以及离析形式的整体评论性语义特征",应该"把离合词'AXB'看作一种'结构式(construction)'现象"。

1.3 离析构式的共性模式

语言中的构式并不是一个杂乱无章的构式的堆砌,而是一个有内在统一规律的完整系统。构式与构式之间存在着紧密的联系,某些构式的共同点构成了这一特定构式的共性特征(generalizations),这些共性本身也是一个构式,该构式的特性通过遗传承继(inheritance hierarchy)关系传给更加具体的构式。

如抽象的左偏离构式(left isolate construction)可以将自己的特性遗传承继给几种具体的构式(Kay 1995,Goldberg 1997):

(5) the women who she met yesterday(限制性定语从句)

(6) Abby, who she met yesterday(非限制性定语从句)

(7) Bagels, I like(话题句)

(8) What do you think she did?(特殊疑问句)

以上任何一种句型都有自己的特殊构式:有自己的形式和语用功能,不过它们又都从概括的左偏离构式那里承继了共性特征:左偏离构式有两个姊妹结,左结要满足右结中谓词对价的要求,右结是一个有或没有主目的动词词组。(转引自董燕萍、梁君英 2002)

离析构式具有更为一致的共性模式——形式上可以统一为 AXB,功能上表达说话人的主观倾向(见后文分析)。不同的离合词会有不同的离析构式,如:{洗 X 澡;睡 X 觉;起 X 床;理 X 发……};同一离合词插入不同的成分也产生不同的离析构式,如:{A 了 B;A 一下 B;A 的 B……}。这些不同的构式有其独特的语用功能,但是它们又从概括的离析构式中承继了共性。因此,离析构式不是一盘散沙,而是一个有序的完整的系统。

2 离析构式的主观性倾向

语言是人类的交际工具,人们在说话的时候,把思想纳入词语,向别人表达自己的所作所为以及所见、所感、所想。人们在听话的时候,把词语转化为思想,理解别人要自己知道的感情、思想和意图。交流思想是语言的主要功能,语言是人们用来表达态度、传递感情的工具(戴浩一 1990,Finegan 1995)。

下面,我们从离合词离析结构整体,即离析构式的角度看一下其主观性倾向。

2.1 离析构式组成部分对离析构式主观性倾向的映现

构式的实质是整体大于部分之和,不过构式的组成部分并非对构式的功能没有贡献。构式组成部分在特定构式中的高频出现为特定构式的概括提供了基础,而概括的机制就是范畴化。

通过考察离合词离析形式的功能,我们发现离合词离析形式不同程度地体现了语言的主观性。我们认为,离合词离析形式的主观性并非偶然,它映现了离析构式的主观性倾向。离合词插入形式如体标记、定语、补语、数量词等是一个封闭的范畴,它们高频出现于离析构式中,其功能就为离析构式功能的概括提供了基础。

考察还发现,大部分离合词是反映个人日常生活行为的词语,尤其是人体行为词。我们知道,人类对客观世界的认识首先从认识自身活动开始,是以亲身生活经验为基础的。在认知的过程中,个人对自己身体部位的认识是认知的最基本的参照点。个人基本行为是人日常生活乃至维持正常生存的必需,如"走道"、"睡觉"、"起床"、"洗澡"等,生活中这些行为跟其他行为(比如某些专业工作领域的行为,如"出版"、"冶金"、"蒸馏"等)比起来,人们对前者依赖普遍性程度强,因而代表这些行为的词语在日常生活交际中发生的频率相当高,人们对其心理认知也最为直接。表现在语言上,这些行为词被附加的语用功能也最多。

越是近体的(highly proximal)行为,越容易跟人的心理关联。语言的主观性实际上是人赋予语言的主观性。因此与个人关系越是密切的行为词,在交际中被赋予的主观性的机会就越多。个人行为(包括认知)动词跟其他行为动词相比更倾向于人的体验和表情解读(more likely to support an experiential or expressive reading)(Susan Wright 1995)。从这个角度上讲,离合词大部分是表达人的日常生活行为的词语,也对离析构式主观性倾向的概括做出了贡献。

2.2 离合词离析构式的主观性倾向特点

离合词中插入有限的离析成分,跟一般的动宾结构的动词成分或名词成分受其他成分的修饰是有区别的。一个有力的证据就是离合词离析构式中的离析成分的表现是受语言主观性支配的。

比如,许多相关离合词离析成分出现频率高低基本上是跟其主观性程度的强弱一致的。拿体标记来说,"-了"、"-过"、"-着"随着其体现主观性程度的逐步减弱,其出现在离析构式中的频率也依次降低,其排列顺序是:"-了">"-过">"-着"(见第六章)。

我们对比它们在语言中出现的频率高低顺序则不是这样。下面是我们从《现代汉语频率词典》中获得的数据:

表44 《现代汉语频率词典》体标记出现频率统计

	频率词典中位次	词次	频率
了①	2	28881	2.19727
着	12	10253	0.78005
过	138	1222	0.09297

张正生(2005)分语体统计了现代汉语中"了"、"着"、"过"的出现频率,数据显示这三种体标记在各语体中出现的频率高低顺序也是:"-了">"-着">"-过"。请看具体数据(转引自张正生2005):

表45 张正生(2005)体标记统计

	政论	科普	小说	口语
了	1.471	1.281	2.733	2.407
着	0.2093	0.2849	1.0202	0.6638
过	0.0515	0.0248	0.1141	0.1644

我们检索了国家语委语料库,"-了"、"-过"、"-着"在动宾结构中出现的次数分别是"-了"(150,541次)>"-着"(44,895次)>"-过"(9,751次),顺序跟上述统计一致。

---

① 《现代汉语频率词典》没有区分助词和语气词。

以上对比至少从一个角度说明,离合词离析构式跟一般的动宾结构的语言表现不同。也就是说,离合词离析构式中的体标记的表现是受语言主观性支配的。

再比如,以定指成分离析的离析结构比以不定指成分离析的离析结构主观性强,实际语言中体现的以定指成分离析的离合词和离析结构句的数量就均超过以不定指成分离析的离合词和离析结构句的数量。

还有,虽然离合词与动宾结构一样,后项的名词性成分或宾语前可以加数词或数量词,但离合词中插入的数词、数量词是有严格选择的,即绝大多数离合词插入主观化的数词"一"和数量词"一个/个",而不倾向于选择客观性强的其他数词或量词。插入主要成分为名词的离析结构句,也倾向于出现表达说话人情感的"个"(或少量的"一个")。

与上述情况类似,离合词离析结构的离析成分倾向于选择主观程度高的评价类形容词和感受类形容词,而排斥客观性强的叙述类形容词。

此外,离合词形式 AB 具有熟语性,语义上 A 和 B 之间具有不可分离性,A 和 B 之间插入名词代词等常常形成主观化的格语义关系。如"丢我的人"、"吃了别人的亏"、"操干活的心"、"沾了人家小姨子的光"、"洗着鸳鸯澡"等,这一点也跟大部分动宾结构不大相同。比较动宾结构:"丢了我的钱包"、"吃了他的面包"、"洗着驼绒内衣"等,这些动宾结构中的代词或名词跟宾语多为单纯的修饰关系[①]。

我们认为,可以修饰动宾结构中的动词和名词的成分远不止 13 种,而离合词中的插入成分仅出现这封闭的 13 种成分,这 13 种成分在离合词离析构式中不同程度地表现语言的主观性,并且受语言主观性的支配:其出现频率有所差异、其次类的出现有所选择等,这些足以说明离合词离析构式与一般动宾结构的区别。

我们可以将离合词离析构式与一般动宾结构的区别图示如下:

[①] 少量动宾结构中也可以插入格关系定语,如:"吃你的面包去!"不过,这样的句子也表现了说话人的主观情感、态度。但动宾结构与离合词离析构式的区别是,前者是少量名词/代词等插入形式表现为格关系定语,而后者的比例则高得多。

图 18　离合词离析构式与一般动宾结构功能区别图

2.3　离析构式的语用环境对离析构式整体功能的证明

现在从离析构式的更广的角度,即离析构式整体的语义语用表现及语用环境入手深入验证一下离析构式的主观性倾向。

2.3.1　离合词及离析形式句的低及物性

我们知道,语言中活跃的离合词多为涉及人的日常行为词,这些词大部分是主体自身的行为,一般不涉及他人(物),如"叹气"、"洗澡"、"睡觉"等。离合词离析后,由于离合词后项成分 B 不具备典型受事特征,因此含有离合词及其离析结构的句子及物性都很低。

就言谈交际功能来说,高及物性的句子以叙述故事的主线为主,而低及物性的句子则常常表达说话人的意愿、情感、认识等。一般来讲,句子的低及物性是日常交际的常态。语言是人们用以表达态度,传递情感的主要工具,而不是主要用于叙述事件。因此离合词及离析形式句的低及物性是跟语言的主观性相关联的。

2.3.2　离析形式句的背景化

篇章中,离合词离析形式句多表现为背景化。离析形式句的背景化也是跟语言的主观性相关联的:主要事件的前景意义越强,句子就越倾向于按照真实世界的自然顺序的叙事性表达,反之,背景化色彩越强,句子就越倾向于从说话人的角度说明。

此外,越是高频的动词越容易语用化,也就越容易从前景用法滑向背景用法乃至产生更新的用法。

2.3.3　离析形式句偏爱的句式

统计发现,离合词的离析形式常出现于逻辑关系句(条件句、假设句、因果句、目的句等)、心理-认知动词句、虚拟推测句、情态句、评议句、描述句、恒常句、感叹句、祈使句、疑问句以及否定句等非现实句中。我们知道,这些句式不倾向于单纯客观地叙述一个事件,而是常常表达说话人对句子命题的态度、意愿等,具有主观性。如果我们认定离析构式表现了说话人的主观认识、视角、情感,那么离析结构句偏爱这些句式就没有什么奇怪的了。

2.3.4 语体

离合词离析形式句多出现于口语化的语体,尤其是口语化的文学作品中(见第九章分析),这也验证了离合词离析构式的主观性倾向。典型的口语语体常常是人们的日常谈话,日常谈话多以交流看法传递情感为主。情感叙述是文学的独特风格(exclusively literary style)(Sylvia Adamson 1995),在文学作品中,主观性表达占优势(Edward Finegan 1995)[①]。

2.3.5 社会环境因素旁证

有一项研究能从更宏观的范围支持我们的观点。王铁利(2001)通过对影响离合词离析现象的社会因素进行考察,认为,"离析形式的使用有着丰富的人文因素。中性词和负面词在使用时更容易被拆开使用;积极义和中性义的词在拆开使用时有一部分也会带上消极的语义色彩;在听说双方的身份上,离析形式更倾向于长者对幼者使用、上级对下级使用、优势地位者对劣势地位者使用。如果相反的话,使用者往往表示出不满的情绪。"因此离合词现象的社会功能是"消极评论",是说话人主观态度的一种载体等。

虽然王铁利的研究得出离合词现象的社会功能是"消极评论"这一结论有待商榷,但其从社会学的角度意识到离合词现象表达说话人主观态度这一见解还是比较可信的。

这样我们就从更大的范围验证了离析构式的主观性倾向。

我们认为,离析构式的诸语义语用表现及语用环境因素与语言主观性的密切关联不是偶然的,它们有力地验证了离析构式整体的主观性倾向。

2.4 离合词与离合词离析构式的功能对比

上面我们证明了离合词离析构式的主观功能,可能有人会提出这样的问题:离合词离析构式倾向于表现说话人的主观性,那么,离合词形式(即未离析情况下)在语言中是否也表现为主观性功能或者相反呢?

---

① Sylvia Adamson (1995)和 Edward Finegan(1995)均载 Stein & Wright (1995)。

依据构式理论,离合词形式(也是一种构式形式)与离合词离析构式都是独立的构式,它们之间不存在推导关系。也就是说,离合词构式的形式和功能不能推导出离合词离析构式的形式和功能;反之亦然。此外我们也不能逆向推导,即通过证明离合词具有客观功能,而推出离合词离析构式具有主观倾向。

那么离合词在语言中的表现如何呢?我们选取"睡觉"、"见面"、"吃亏"、"帮忙"、"结婚"、"叹气"、"洗澡"、"生气"8个高频离合词作为考察对象,以老舍作品(2212,453字)为语料进行考察。发现在语言中既出现于主观句中也出现于客观叙述句中的离合词,二者的数量差异不大①。请看下表(表中数据表示"出现条数/该功能所占比率"):

表46 离合词形式功能考察

	睡觉	洗澡	见面	吃亏	帮忙	结婚	叹气	生气
主观	78/0.47	28/0.5	68/0.57	38/0.55	121/0.51	141/0.46	9/0.41	125/0.62
客观	88/0.53	29/0.5	53/0.43	31/0.45	117/0.49	167/0.54	13/0.59	78/0.38
总数	166/1	57/1	121/1	69/1	238/1	308/1	22/1	203/1

至此,我们将离合词与离合词离析构式的功能差异图示如下:

图19 离合词与离合词离析构式功能区别图

3 离析构式的主观性倾向所能统一解释的问题

以上我们从离析构式的组成部分和整体形式出现的语用环境两方面证明了离析构式的主观性倾向。实际上这一发现基本上抓住了离合词离析现象的实质,我们可以将离合词及其离析现象的种种表现集中到主观

---

① 严格来讲,正如上文指出的,离合词与离合词离析构式没有可比性。不过,离合词与离合词离析构式之间具有一些相同外在形式,读者常常自然地将二者予以对比,为了便于理解,本书权且考察,结果仅为参考。

性倾向上来,予以统一解释。

离析构式多表现为日常行为词性、低及物性、背景化以及偏爱非现实句式和口语化的语体等,这些都跟离析构式的主观性倾向有密切关联。此外,离合词的熟语化以及高频率等现象也跟离析构式的主观性倾向密切关联。

3.1 熟语化

熟语的形成跟语言单位的长期、高频使用有关。而涉及人的日常行为词,尤其是个人行为复合词,其使用的长期性和高频性特征更加显著,这也是涉及人日常生活的行为词容易熟语化的原因。越是高频的语言结构越容易被赋予说话人的主观因素而语用化,衍生新的用法。在一定的语言环境中,当说话者的语用推理被反复运用时,其主观成分最终被固化,从而形成了语言形式的主观化。

3.2 数量频率

语言结构的高频性往往促使语言结构产生语用化。使用频率是话语功能变化的动力(force),而语用是话语功能出现的触发器(trigger)。(Yung-O Biq 2000)高频率的语言结构往往产生语法语义的改变,从而产生新的语法现象。(陶红印 2003)因而,离合词使用的高频性是促使离合词离析并产生主观化用法的关键因素之一。

离合词离析形式出现频率和数量跟其表现的主观性倾向呈正相关。例如,随着以"-了"、"-过"、"-着"、"-起来"、"-下去"形式离析的离析结构的主观性依次减弱,该离析形式的数量及离析频率就依次降低。

3.3 离合词离析动因

我们知道,离合词的离析是有其复杂动因的。其中词法与句法的相通性是基础,述宾结构的功能特点是内在因素,而言谈交际的促动是使复合词结构离析的重要条件,概念整合是确保离析构式产生的机制。这些动因的根本就是在言谈交际的促动下,离合词 AB 结构需要增加信息而变为 AXB 结构(见第十章分析)。人们不禁要问,这个增加的信息是什么信息? 实际上这个增加的信息就是 AXB 结构的主观信息,这个主观信息表现说话人的视角、态度和情感等。

这样,我们就基本上廓清了离合词离析构式的功能的实质。

4 离合词离析构式主观性问题的研究基础

本书第五、六、七章集中讨论了离合词离析形式(构式)的主观性倾向问题,应该说,关于这个问题,很多人已有所察觉。虽然有些研究提法尚有商榷之处,但为笔者进一步研究提供了思路。

如蔡国妹(2002)感觉到"在现代汉语中,由于表情达意的需要,当人们对双语素合成词中的一个语素进行补充或限制时,就会把那些曾经是成词语素的不成词语素临时当个词来用"。于晶晶(2005)也提到"离合词的扩展往往是在口语语境中出现的,为了表达某种强烈的情感,或表意更为明确清晰,它灵活变动,这正是此原因造成的"。此外还有饶勤(1997)等。不过上述前贤只是在研究离合词相关问题时,只零片语地顺便提出自己的感觉,都没有将其作为论点进行论述。

就笔者掌握的材料来看,有两项研究侧重于社会学的角度对离合词现象进行了实证考察。

第一个是前文提到的王铁利(2001),该研究通过实际语料调查,用第一手数据说话,论证较为缜密,一些结论具有启发性,比如她认为离合词离析结构的社会功能是表达说话人的"消极评论"。不过,王的研究语料仅限于小说《四世同堂》和剧本《渴望》,材料略显单薄。

第二个是沈怀兴(2002),该研究调查了中小学生的离合词使用情况,发现七岁以下的小学生不会使用离合词离析形式,十四五岁以上的学生使用离合词离析形式错误较少。他认为,"大约到十四五岁,汉人动—宾认知思维方式已近强式。此时,一些特殊的思想感情也开始产生,有时亟需表达出来,可是安排在某一位置上的固有词 AB 却不能较好地反映其特殊的思想感情,于是语用者便借其接近强式的认知思维方式激变 AB 作'A……B',以满足其特殊思想感情之表达的需要。"不过,我们认为,这个结论有主观臆测之嫌。因为若得出此结论,还需要其他方面(社会学、语言学、心理学等)的佐证。我们也难以看出其研究中学生"特殊的思想感情"的产生与离合词离析形式的使用有什么直接对应关系。

以上研究,一个共同特点就是敏锐地察觉到了离合词离析构式的主观性倾向表现,不过上述作者都没有从语言学理论的高度去加以审视和证明。

王海峰(2003)从离合词普遍能插入具有强主观色彩的疑问代词"什么"入手,首次运用主观性理论揭示了离合词离析形式具有表达说话人主观性倾向的特征。不过,该研究只从一个角度论述,视野还不开阔,研究方法也有待提高。

本研究借鉴了前人的成果,从现代语言学理论的高度,以实际语料为事实基础,证明了离合词离析构式的主观性倾向,是笔者(2003)研究的扩展和延伸,在一定程度上深化了我们对离合词现象的认识。

本章小结

本章运用构式理论论证了离合词离析形式是一种构式。构式是形式和功能之间规约的匹配,构式本身具有独立的形式和功能。构式具有不可推导性,其形式或功能是无法完全从组成成分和其他构式中推导出来的。

离合词离析形式 AXB 的意义具有规约性,也就是说离析形式的意义不是其组成部分意义的简单加合,它们的结构意义绝不能通过其组成部分的意义推导出来。实际语料证明,离合词离析形式 AXB 也不能从其他形式推导出来。

离析构式具有表达说话人主观性倾向。离析构式组成部分对离析构式主观性倾向具有一定的贡献;离析形式出现频率、离析形式次类的选择等,都受语言主观性的支配;离析构式整体的语义语用表现及语用环境也验证了离析构式的主观性倾向。

我们发现,用离析构式的主观性倾向这一观点可以解释许多相关问题。如离析形式句的低及物性问题;离析形式句的背景化问题;离析形式偏爱的句式问题;离析形式句出现的语体问题,以及离合词熟语化和离合词离析动因等一系列问题。

我们认为,离析构式具有一致的共性模式——形式上可以统一为 AXB;功能上表达说话人的主观倾向。

第九章 离合词离析现象的语体分布特征

1 语体在语言学研究中的重要意义

1.1 关于语体

语体是话语在功能风格上的体现,人们一般把语体分为口语语体和书面语体等①。书面语语言庄重(formal),口语语言比较随意(informal)。不过这也只是一个大致的分类,比如我们按照语体的语言组织特征还可以将书面语分成法律条文、公文、科技论文、新闻报道、散文、小说、戏剧等,口语也可以分为有准备的(planned)和即时的(unplanned)等。按照语体的表达特征我们可以将书面语体分为叙事、说明、评论,按照表达方式口语可分为独白、对话等。

就庄重程度而言,严格地讲,口语和书面语有时也没有截然的界限,比如戏剧是经过作者加工的、有准备的口语,它又具有书面语的一些特征。一般来讲,有准备的口语比无准备的口语(如自然口语)大多更庄重一些。

我们可以从语言表达的庄重程度角度构建不同语体形式的连续统:

法律条文—公文—科技论文—新闻报道—散文—小说—戏剧—自然口语

庄重(formal)◄────────────────────────►非庄重(informal)

图 20 不同语体形式语言庄重程度连续统

1.2 语体与语言研究

随着语言研究的不断深入,人们越来越深刻地认识到:不同的语体具

---

① 关于"语体"的定义及分类存在许多分歧(李宗熙 2005),本节的语体界定以及语体分类主要依据陶红印(1999)。郑贵友先生曾给笔者提出过很好的建议,谨致谢意。

有不同的语言特征,不同的语体里有不同的语法,语言研究必须区分不同的语体。

汉语研究中有不少针对同一问题研究而产生结果迥异的现象,这些有很多是跟语体的区分有关。比如著名的汉语是 SOV 语言还是 SVO 语言之争,Li & Thompson(1974)认为现代汉语的基本语序是 SOV,而孙朝奋和 Givón(1985)则主张现代汉语的基本语序是 SVO。两项研究都有语料的支持,论证也都很严密。为什么出现如此大的分歧?"根本问题出在两家的语料采集有较大的差异,实际上两种语序在汉语中都是大量存在的,但它们分布在不同的语体中,大致可以说,SVO 语序在书面语中普遍存在,SOV 语序在口语中更为常见。"(刘顺、吴云 2002)此外,汉语的易位句问题、形容词的主要功能是作定语还是作谓语之争等(胡明扬 1993)都跟语体有关。

早在 1987 年朱德熙就曾批评过把不同汉语变体糅在一起寻找共同语法规律的做法,他提出"应该对口语语法和书面语语法分别进行细致的研究"。胡明扬(1993)也呼吁"一部'现代汉语语法'应该全面反映现代口语和书面语的现状"。吕叔湘指出:汉语语法规律好像约束力不强,很大的原因就是我们总结规律的时候没有区分出语体来,各种不同风格的语言现象摆在一起,得出的只能是最大公约数;如果把各种条件摆出来分别地看,是各有不同规律的。(转引自张伯江 2005)

陶红印(1999)详细地阐述了语体在语言研究中的重要意义,他指出,"如果一部包罗万象的汉语语法在理论上是近乎不可能的,而我们又不能置语体差异这样的重要事实于不顾而假定我们的语法规则是有普遍意义的,一个自然的结论似乎是,语法研究必须以具体的语体为中心。也就是说,在任何条件下,以一个个具体语体为中心的语言现象,才有资格、才能带着一定程度的信心来描述汉语不同语体之间的共性有多少,差异有多大,才能更有效地回答涉及汉语全貌的重大语法理论问题。"因此"以语体为核心的语法描写应该是我们今后语言研究的最基本的出发点"。

在语体理论指导下,一些研究取得了斐然的成果。比如,陶红印(1999)从区分语体的研究理念出发,研究了"把"字句和"将"字句出现的环境,通过大量的统计证明"将"字句多出现于操作性的语体形式中,从而提高了人们对"将"字句的认识。此外还有张伯江和方梅(1996)、陶红印(2002)、方梅和宋贞花(2004)、刘街生等(2006)。

前贤的深刻认识及做法对我们考察离合词离析现象具有很大的启发

意义,我们认为研究离合词离析现象不能不考虑语体。

2 离合词离析现象的语体分布

离合词离析现象似乎跟语体有密切关系,很多人凭感觉认为离合词离析现象多出现于口语语体中。这个感觉对吗?离合词离析现象到底倾向于出现在哪些语体中?我们认为在科学研究中感觉是宝贵的,但感觉不能代替事实,感觉要靠实际检验,科学的结论一定要有坚实的科学依据去支持。

陶红印(1999)指出,对不同语体所偏爱的句子格式必须结合实际语料分别讨论,而且讨论必须是统计意义的。

我们选取CCL语料库中北京自然口语转写语料、戏剧、小说、散文、新闻报道、学术著作、法律文本等不同语体的共437.5万字语料,对16个核心离合词离析形式在不同的语体中的分布进行考察。通过考察我们发现,离合词离析形式在不同的语体中的分布存在着巨大的差异,请看下表:

表47 不同语体(437.5万字)离合词离析情况对比表

语体 离合词 次数	自然口语 13万字	小说① 131万字	戏剧 53万字	散文 66.5万字	新闻 67.5万字	学术著作 47万字	法律文本 69.5万字
叹气	0	80	12	11	0	0	0
见面	2	32	6	12	0	0	0
睡觉	0	35	8	10	2	0	0
结婚	6	25	7	7	1	0	0
帮忙	13	64	24	5	3	0	0
吃惊	0	11	0	6	2	0	0
听话	1	14	44	1	0	0	0
当面	5	11	9	1	0	1	0
把关	0	0	0	0	4	0	2

---

① 选自王朔、老舍作品。

续表

吃亏	0	46	10	2	2	0	0
洗澡	1	13	3	2	0	0	0
吃苦	0	6	4	0	1	0	0
生气	1	28	8	3	0	0	0
上当	0	9	8	2	0	0	0
鞠躬	3	22	3	1	0	0	0
出名	0	1	0	0	4	0	0
总计	32	397	146	63	20	1	2

说明:"次数"指离合词离析形式出现的次数。

上表说明这 16 个核心离合词在各种文本中分布不同。不过,由于各语体文本的字数不同,对比起来不太直观。为了便于对比,下面我们将以上离合词离析形式出现的次数分别折合成每 10 万字出现的数量,然后以柱形图的形式加以比较。见图 21:

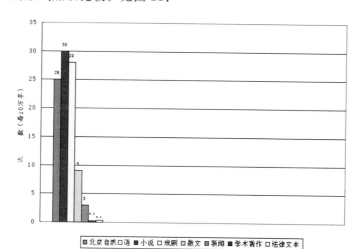

图 21 核心离合词离析形式在不同语体中出现情况对比图

图 21 显示,离合词离析形式在自然口语、小说、戏剧等口语体中出现量高,分别为每 10 万字 25 例、30 例和 28 例;在散文中出现量居中,为每 10 万字 9 例;在新闻语体中出现量较低,为每 10 万字 3 例;在学术著作和法律文本中离合词离析形式出现量最低,分别为每 10 万字 0.2 例和 0.3 例。

由此我们发现,离合词离析形式在不同语体中的分布情况大体上表现为:在自然口语、戏剧、小说等口语体中出现量高;在语体庄重程度介于口语和书面语的散文中出现量居中;《人民日报》新闻语体一般比较庄重,书面语化程度较高,离合词离析形式出现量较低;学术著作和法律文本是最书面语最庄重的语体,离合词离析形式出现量最低。

如此说来,图21离合词离析形式在不同语体中分布情况与图20显示的不同语体语言表达的正式庄重程度连续统是基本一致的,离合词离析现象跟语言的庄重程度有很大关系。因此我们得出结论:离合词离析形式倾向于出现在口语语体中,语体越庄重越书面语化出现量越低,这正好印证了人们的直觉。

研究至此,似乎我们已经对离合词离析形式的语体分布特征有了一个圆满的解释。可是科学研究追求严谨、细致,不放过任何可能的细节,因为小的细节可能藏匿着重大的发现。细心的读者可能已经注意到,图21离合词离析形式在不同语体中分布情况与图20显示的不同语体语言表达的正式庄重程度连续统只是大体一致,还有一些明显的不一致。

首先,图20显示的不同语体语言表达的正式庄重程度连续统,北京自然口语是庄重程度最低的一种语体形式,按理说,北京自然口语中平均出现的离合词离析形式应该位居第一,可是在图21中显示,离合词离析形式却低于小说和戏剧。

其次,照理说,戏剧以会话为主,在表达风格上更为口语化。因而,离合词离析形式在戏剧中出现的数量要比在小说中出现的数量更大,可是图21显示离合词离析形式在戏剧中出现的数量跟在小说中出现的数量没有太大的差异。

这些现象表明,除离合词离析形式的语体分布跟语体的庄重程度有很大关系外,还应该有其他的更深层次的影响因素。看来,我们还要从深层次上挖掘这些问题的根源。

3 影响离合词离析现象语体分布的深层动因

既然从语体的庄重程度的角度还有不能完全解释的现象,我们认为离合词离析现象的语体分布背后应该隐藏着深层动因。

前文已经证明,离合词离析形式是语言主观化的产物,那么,上述的不一致是否可以从不同语体的功能上去寻求答案呢?

首先看口语语体的功能。典型的口语语体常常是人们的日常谈话。日常谈话多以交流看法传递情感为主。表现在词语上就是儿化词、叠音词、拟声词、叹词、语气词等表达说话人态度的词用得多，句式上感叹句、祈使句、疑问句等表达说话人情感的句子用得多。因此，一般说来，口语语体的主观性程度比较高。

口语涉及较近的（high involvement）人际关系，书面语涉及较远的（less involvement）人际关系。（陶红印 1999）书面语尤其是学术语体、法律条文往往客观性最强，主观性最弱。

学术语体往往论述自然、社会和人类思维的规律性，文章重理性、重实际、重事实，要求文章冷静地反映现实世界，严谨客观地表达观点和思想；以事为据，以理服人，而不能靠情感去激发读者。一般来说，该语体力戒主观性和随意性，所以它一般排斥语言的表情描绘手段。

如果说学术语体还追求以理服人的话，那么法律文本则追求绝对客观、公正。此外，从内容上讲，法律文本一般表述客观情况，而不对人或事物进行分类。（张伯江 2007）因此，一般说来，法律条文最庄重、客观性最强。如《中华人民共和国道路交通安全法》[①]：

第二十三条 公安机关交通管理部门依照法律、行政法规的规定，定期对机动车驾驶证实施审验。

第二十四条 公安机关交通管理部门对机动车驾驶人违反道路交通安全法律、法规的行为，除依法给予行政处罚外，实行累积记分制度。公安机关交通管理部门对累积记分达到规定分值的机动车驾驶人，扣留机动车驾驶证，对其进行道路交通安全法律、法规教育，重新考试；考试合格的，发还其机动车驾驶证。

与学术语体和法律条文相反，戏剧、小说等文学语体则追求形象地反映现实，追求在情感上感染听者和读者，作者的爱恨等主观感情一般在所构想的艺术形象和故事情节上体现出来。语体特点是重形象、重情感、重主观审视、重通过感染传递思想，允许主观虚构和想象。因此语言往往饱含说话人（作者）的主观感情。在语言表达上除了具备自然口语所使用的手段以外，还大量使用修辞手段、描写手段等塑造艺术形象。

---

① 《中华人民共和国道路交通安全法》由中华人民共和国第十届全国人民代表大会常务委员会第五次会议于 2003 年 10 月 28 日通过，中华人民共和国主席令第八号发布，自 2004 年 5 月 1 日起施行。

Sylvia Adamson(1995)论述了文学作品与语言主观性的关系,他指出:文学作品的功能就是一种(作者)创造自我的想象,或者依据自己的经验对事件进行体会而不是客观的报道,这个功能依靠作者(说话人)主观地再创造。(Stein & Wright 1995)Lyons(1982)也认为,文学作品跟其他形式相比,主观性更是它(文学作品)的专利。(Stein & Wright 1995)

由于戏剧小说等艺术语体的主要追求就是以情感人,因此戏剧小说等文学作品语言的主观性很高。这样说来,小说和戏剧这两种艺术形式虽然表达方式不一样:一个以叙述为主,一个以会话为主,但它们都注重通过情感感染受众,反映在语言主观性表现上,这两种语体差别不大。

戏剧小说等文学语体是口语的书面化,语言庄重程度接近口语,那么戏剧小说等语言的主观性程度跟自然口语相比如何呢?我们刚才交代,自然口语中的日常谈话以交流看法传递情感为主,语言的主观性程度也很高。戏剧小说以反映现实生活为旨要,其语言材料也是日常口语。所以,戏剧小说语体的语言本身就具备很强的主观性。不过自然口语并不刻意追求以情感人,而戏剧小说常常刻意追求以情感人。所以自然口语语体语言的主观性程度较戏剧小说等文学语体低。

我们考察的自然口语语料,语料形式是对北京人的采访,语料内容一般是受访人叙述一段经历。由于说话人主要叙述过去经历,而不像小说戏剧那样刻意构建故事的现场性,所以说话人的情感就舒缓得多。我们看一下实例:

(1) 得了,是啊,那那个请你快给这个大爷磕个头,就给行行好吧,叫他[帮个忙]儿,给你,说人家我们不挣他钱,知道他挺苦的,说你就管我们一顿饭,就行了,没办法,现顺我父亲的死人身上又扒下一身儿衣裳来,卖给卖破烂儿的,卖正式打鼓的人都不要,不是有打鼓的,哎就跟那现在那个废品收购站收是的,收废品的,人家都不要,像当破烂儿给卖了,买了一斤半贴饼子,东华门那儿那时候有饼子摊儿,买了一斤半贴饼子,这样给人家管了一斤半贴饼子吃完人家给拉走了,拉到安定门外乱死岗子埋,就这那么苦那么苦,他瞎说什么也不是,你看那时候,那叫什么生活啊,我过那叫什么生活啊,非人生活。【文件名:\当代\口语\北京话口语.txt 文章标题:作者:慈秀清】

散文也属于艺术语体,它跟小说、戏剧一样也凝聚了作者的思想感情,其语言的主观程度也很高。不过散文跟小说、戏剧等还有不一样的地方,就是散文语体的语言更为凝重;更重要的是散文常常不太注重通过塑造人物的形象去倾注情感,它常常通过对客体的叙述、说明去间接地渗透一定的哲理,表达说话人的思想。如果说小说戏剧等艺术语体形式注重用直露的方式以情感人的话,散文则常常用曲婉间接的方式以理动人,所以比较而言,散文表达主观情感一般更为含蓄、内敛。

新闻报道要求客观、准确、生动地反映社会生活,一般不表露说话人(说写者)的情感,因此新闻报道语体的语言庄重,客观性强。但是任何新闻报道都有"导向"性,我们的语料来源是《人民日报》,《人民日报》作为中国共产党中央机关报,是党的喉舌,以坚持正确的舆论导向作为办报思想。所以我们考察的新闻报道常常含有一定的说话人的思想态度,语言具有一定的主观性。

此外,新闻要贴近生活,贴近现实,贴近群众,要生动地报道客观事件。"报道语体与科学语体、事务语体一样,都是实用语体,都要客观叙述,重客观现实,不重主观感情,但比起科学语体的理智,比起事务性语体的公务性,报道语体在涉及事件情节时会有一些生动的笔触。"(王德春、陈瑞瑞 2000)因此除了庄重客观陈述以外,语言上也要用一些主观生动的表现手法,如叠音词、拟声词、叹词、语气词的使用,感叹句、疑问句的使用,一些修辞格的使用等等。请看例句:

(2)记者近日在固原、泾源等县看到,多年的荒山秃岭,现在郁郁葱葱;"种一葫芦收一瓢"的地块,堆满了麦穗长长的麦垛,农民们喜气洋洋,一改过去到下雪天还没有打完场的做法,现在正高高兴兴地打场。【文件名:\当代\报刊\人民日报\1996\96News09.txt 文章标题:作者:】

(3)今天清晨,NHK早间新闻报道,悉尼外汇市场日元对美元比价已突破185比1,这个消息又使刚从睡梦中醒来的人们吃了一惊。【文件名:\当代\报刊\人民日报\1995\Rm9504a.txt 文章标题:作者:】

因此新闻报道语体所体现的语言的主观性要低于艺术语体,但高于学术、法律语体。由此,我们可以在语言庄重程度的基础上,在这些语体间建立一个主观性程度高低的连续统:

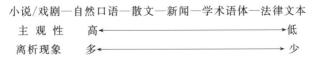

图 22 语体、主观性程度离合词离析现象关系图

对比图 22 和图 21,我们认为离合词离析形式出现除了跟语言的庄重程度相关外,还要受语体语言的主观性程度支配。语体语言的主观性程度高,离合词离析形式出现的数量就多,语体语言的主观性程度低,那么离合词离析形式出现的数量就少。至此我们找到了隐藏在离合词离析现象语体分布背后的制约因素。

4 语言的主观性程度与庄重程度的互动关系对离合词离析现象的影响

平时我们认为离合词离析现象多出现于口语语体中,所以我们通常的看法是离合词离析现象的出现跟语体的正式/庄重程度有关系。

通过前文的统计分析我们发现,语言的庄重程度确实影响着离合词离析现象的隐现。不过,我们认为语体语言的庄重程度只是影响离合词离析现象的隐现的一个前提条件,影响离合词离析现象的另一个制约因素是语言的主观性程度。在前提条件基本相同的情况下,语言的主观性程度不同,离合词离析现象出现的情况也就不同,如自然口语和小说戏剧等艺术语体的离析现象的差别;同样条件下,语言的主观性程度相同或相近,尽管语体不同,其离合词及其离析现象出现的情况也相同或大体接近,如小说和戏剧、学术语体和法律文本就是这样。

上面是就语体对比的宏观角度来谈的。我们再从微观角度,观察一下在同一语体中,语言庄重程度完全相同的条件下,离合词离析现象受语言的主观性程度支配的情况。看下面这个例子:

(4) 第二天我父亲就死了,我就找我一个干姨儿,干姨儿还是不错的,给[帮了忙]了,干姨儿不是亲的,她给[帮了忙]了,后来就因为这个,找他他不是,那个,他不见吗,他恐怕回头我们我连累着他们,这么一气得我呢,我父亲死了,死了后来我一人儿说得那什么,你还找你舅舅不找,不找了,从今以后不见他,从今以后跟他断了,再也不找他了,从今以后还真给断了,一直到现在,我今年都五十了我也没找他去,断了,他爱上哪儿上哪儿,他[发他的财],我我[受我的穷],咱们互不,互不干扰,哎,我还就有这个志气。【文件名:\当代\口语\北京话口语.txt 文章标题:作者:慈秀清】

例(4)中口语会话虽然是叙述自己的经历,但说话人在表达自己的主观态度、情感时候多次用了离合词离析形式。可以对比例(5):

(5) ……睡着了,正好让他妻子看见了,就把珍珠衬给藏起来了,他呢,一生气,就出家走了,走了以后呢到京城以后,他让人家给抢劫了嗬,哎,没钱什么的,就病了,病了呢,哎他就找那个媒婆,媒婆就那个老太太,卖珠花儿的,找她呢,哎,问她要点儿借点儿钱,这老太太 N① 还找他算账什么的,他一气就死了,死了以后呢他这个妻子呢正好给家来信嗬,妻子又带着东西又找他去了,一看他已经死了呢,夜里呢,她的佣人又把她的东西都偷走了,就留着一个珍珠衫,正好呢,这个管家呢,也认得那个蒋兴奇,就给他们俩介绍嗬,介绍呢,这女的给他那个珍珠衫一看呢,这蒋兴奇呢一看,给她点银子,让她回家了就,也没娶她,以后呢,这蒋兴奇出去经商去,他有那么一个珠匣子嗬,让他佣人给他拿了,他就换钱回家嗬,他佣人呢,拿着匣子一看珠子特多,他就搁嘴里一个,他留 N 棺材板儿用,然后呢,哎,蒋兴奇一数少了一颗嗬,就问他,他一着急给咽下去就死了,死了以后就给他带到那个地保就给他带那个庭上问罪嗬,正好呢,这个问,就这个知县府呢,这个管了这事儿了,正好是 N,这个女的后头嫁的这男的,这天早他们结婚,那个,这个男的呢,这个女的就说他是她的亲兄弟嗬,这男的说那你们俩怎么不是一个姓儿,她说后来她给把她哥给她舅了,后,后续的什么,后来呢给她舅舅,那个让他,查清楚,跟好像现在走后门是的,就好像别让他杀了,后来这个知县府呢给查清了以后,也没杀他,就给他放了,放了以后呢,他已经听出好像他们俩 N 有什么关系是的嗬,N 放了以后呢,他就给他带到他们后头这个屋子里来了嗬,问他,正好这女的和这男的俩认识什么的,后来把这事儿一说清楚呢,知县府让他们俩结果还是他们俩结婚了,哈哈,还是蒋兴奇和那个王春巧结婚了,哈哈,就这么一段儿。【文件名:\当代\口语\北京话口语.txt 文章标题:作者:邓润静】

例(5)一段洋洋洒洒几百字的故事,段中多次出现"着急"、"结婚"、"生气"等离合词,竟没有一处离析现象。同是对过去经历的叙述,为什么这一段如此特别?实际上这一段是说话人站在旁观者的角度客观讲述他人的故事,纯属流水叙述,无主要目的性。由于说话人没有赋予自己的主观情感,因此叙述中尽管多次出现离合词也没有出现离析现象。例(4)和例(5)的对比,正说明了在语言庄重程度相同的条件下,语言的主观性是决定离合词离析现象隐现的制约因素。

应该强调的是,语体的正式/庄重程度跟语言的主观性程度是有内在一致关系的,一般来说,正式/庄重的语体语言常常比较客观,口语化的语

---

① "N"表示说话延宕,相当于"嗯……"。

体语言常常以交流看法传递感情为主。这也是图 20 和图 22 基本一致的原因。

5 词的离析现象与语体功能的互动
——离析现象个案考察

有一个问题似乎是留学生经常问的问题，也是长期困扰汉语老师及汉语研究者的问题，那就是"帮忙"和"帮助"这两个词意义上非常相似，从使用频率上来讲"帮助"要远远高于"帮忙"[①]，为什么"帮忙"是离合词而"帮助"不能离析？从语体角度考虑可能是解释这个问题的思路之一（不是唯一的思路[②]）。

虽然从整体角度来讲，"帮助"的使用频率远远高于"帮忙"，但是从语体分布来看，二者有很大不同，大致呈互补状态。请先看我们利用 CCL 语料库所作的调查：

表 48　离合词语体情况对比表

离合词	语体次数	北京口语和王朔小说（约 30 万字）		法律文本和科技文本[③]（约 30 万字）	
		出现总数	析数	出现总数	离析数
帮忙		78	35	0	0
帮助		48	0	114	0

通过上表可以看出，虽然整体上"帮助"的出现次数（48＋114＝162 次）要高于"帮忙"（78＋35＝113 次）。但是"帮助"以出现于庄重语体——法律文本和科技文本为主，它在庄重语体中出现的数量是非庄重语体的 2.4 倍（114∶48）；而"帮忙"则不出现于庄重语体中，它只出现于自然口语、小说等非庄重语体中，说明"帮忙"是口语性极强的词汇。这大

[①] 《现代汉语频率词典》（北京语言学院出版社 1986）统计数据为："帮助"的出现词次为 305，频率为 0.02320，使用度为 263；而"帮忙"的出现词次为 73，频率为 0.00555，使用度为 73。我们通过 CCL 语料库统计，"帮助"出现次数为 33013 次，而"帮忙"出现次数为 3613 次，相差近 10 倍。

[②] 董秀芳向笔者指出了这一点。

[③] 法律文本包括司法条文和法律问答；科技文本包括《儿童心理》和《实用软件》两本书。

概是"帮忙"和"帮助"语用上的区别。

我们知道,庄重语体语言的客观性强,与"帮忙"相比,"帮助"多出现于庄重语体中,长期使用情况下,语用上就倾向于客观表达,即使在口语中,请看下例:

(6)第四百一十七条　有查禁犯罪活动职责的国家机关工作人员,向犯罪分子通风报信、提供便利,[帮助]犯罪分子逃避处罚的,处三年以下有期徒刑或者拘役;情节严重的,处三年以上十年以下有期徒刑。【文件名:\当代\应用文\法律条文1.TXT 文章标题:作者:】

(7)支撑软件是协助用户开发软件的软件,包括[帮助]程序人员开发软件产品,也包括[帮助]管理人员控制开发的进程。【文件名:\当代\应用文\实用软件.TXT 文章标题:实用软件工程作者:郑人杰】

(8)在街道[帮助]这个制花厂值班儿啊,值些日子班儿,制花厂又上标标杆厂呆些日子。【文件名:\当代\口语\北京话口语.txt 文章标题:作者:石昆山】

我们发现,例(7)、例(8)、例(9)基本上都是客观地叙述,基本上没有说话人的主观色彩。

而"帮忙"只出现于非庄重语体中,非庄重语体主观性强,在主观性的语体氛围中,"帮忙"就倾向于以离析形式表现语言的主观性(如例(1)和例(4))。

发生语法学(Emergent Grammar)认为,语法来自于具体的交际环境和实际运用,一些语言单位的功能就是通过实际使用形成的。陶红印(2001)通过实际语料从动态的角度成功地揭示了一组同义词"出现"、"产生"、"发生"三者的功能分工。他指出,"语言交流中人们需要表达不同的意思,不同的词语就会有所分工,长期的使用就给它们的组合格式带来了不同的语义韵律"。我们认为这些对我们的研究具有很强的借鉴作用。

通过以上讨论可以看出,"帮忙"和"帮助"的离析与否跟语体的功能有着密切的互动关系。当然,这也许只是一个重要的外在条件(而不是唯一支配因素),有关其他因素的制约,还有待进一步研究。

本章小结

本章通过对实际语料的统计考察了离合词离析现象在不同语体中的分布情况,得出的结论是,离合词离析现象多出现于口语化的小说戏剧等文学作品中;语体的庄重程度是影响离合词离析现象隐现的前提条件,在该前提条件相同或相近的情况下,语体语言的主观性程度是影响离合词离析现象隐现的制约因素。

  本研究提高了我们对离合词语体分布的认识,在一定程度上深化了离合词研究。

第十章 现代汉语离合词离析动因探析

就掌握的材料来看,关于离合词离析的动因,许多研究者予以了关注并提出了自己的看法。这些看法大致可以分为如下几种:

A."关涉对象说":丁声树等(1961)认为,所以会有"打我的算盘、拆朋友的台、挑人家的眼、打他的岔"这种格式,"当然是因为已经有了个动宾结构,那个意念上的受事不能再放在后头,就把它放在中间儿。有些例子是能用次动词把它挪到前面去的,如,'给朋友拆台'、'跟她开玩笑'。"张理明(1982)进一步指出,当离合词表示的动作影响到人,为把受影响的人表达出来,才将其加以扩展。持相似观点的还有饶勤(1997)、付士勇(2001)等。

B."简洁说":从表达的角度,认为离合词离析是为了使语言简洁明快。持此观点的有喻芳葵(1989)、蔡国妹(2002)等。

C."情感说":认为离合词离析是说话人"情感"表达的需要。如王铁利(2001)、沈怀兴(2002)、于晶晶(2005)等,饶勤(1997)、蔡国妹(2002)也同意此观点。

D."信息说":丁勇(2002)认为离合词"离"的形式能够负载更多更大的信息量,因而能够在更大程度上唤起听者的注意,适应言语交际的需要。

E."汉字说":沈家煊(2006)认为每个汉字都有义,所以音节或语素有较强的独立性,它成为构词成分后又可以成为构语的成分,词和短语之间因此没有明确的界限。持类似观点的还有周上之(2006)。

此外曹乃玲(1994)、梁驰华(2000)等也对离合词离析动因予以关注。

上述作者的观点不乏真知灼见。遗憾的是,这些观点大多只是前贤在论述离合词或其他问题时顺便提及一二,而没有专门将此问题提出来进行深入论证。比如,沈怀兴、王铁利、于晶晶、饶勤、蔡国妹等提出离合词离析是说话人"情感"表达的需要。为什么离合词离析构式表达情感就会产生离析?还有没有其他相关因素的影响?至于"简洁说",语言的简洁手段有多种,为什么单采用离析的方法使语言简洁?也有的观点还值得商榷。如丁声树等的"关涉对象说"或许能够从一个角度解释述宾结构中间插入"人"的现象,如"洗他的澡"等,但我们又如何解释"洗个澡"、"洗个痛快澡"、"洗了一天澡"、"澡洗了"等现象呢?"汉字说"认为每个字就是一个单位,所以离析是自然的。但是这种说法不能解释同是由汉字组成(我们姑且承认是由汉字组成)的大多数复合词(如"出版"、"得罪"、"量刑"、"动员"、"去世"等)不能离析的情况。

尽管如此,我们仍然认为这些观点对我们启发很大,是我们进一步探讨的基础。

1 离析现象产生的基础
——词法与句法的互通性

从哲学角度上来讲,任何事物的产生和存在都不是偶然的,我们认为离合词离析现象的背后有着其深刻的内因及外部推动力。

我们认为,词与短语结构方式的共通性是产生离析现象的基础。汉语中,词的结构方式主要有主谓、述宾、述补、偏正、联合等,而短语乃至句子的构造方式也基本如此。郭绍虞(1979)指出,"汉语的构词法和造句法是基本一致的。中间还有词组一级,它的结构形式也是与之一致的。"赵元任(1968)、朱德熙(1982)也都认为汉语复合词的组成成分之间的结构关系基本上是和句法结构一致的。

Selkirk(1982)认为词法结构具有与句法结构同样的一般形式要件,甚至由同样的规律系统所衍生。黄月圆(1995)认为,复合词的特点之一就是"词与短语之间有一个连续性,复合词处于此连续性之中,一头连着词,一头连着短语,所以既有词法性又有句法性"。

汤廷池(1991,1992,1994)多次从生成语法的角度论述了汉语词法与句法的一致性。他认为汉语的句法结构与词法结构在阶层组织与线性次序上极为相似,几乎是受同样原则与同样参数的支配。

实际上,就现代语言学研究的观点来看,任何语言现象都不是绝对的,语言成分不是绝对的属于或不属于某个范畴,而是在某个范畴的典型程度上形成一个连续统,语言规律只能体现为一种概率或倾向性。汉语的语素、词和短语之间没有泾渭分明的界限,而是存在着渐变的连续体。

从历时的角度来看,语言的演变遵循的是"松散结构→紧凑结构"、"语用模式→句法模式"的规律(Givón 1979)。Givón(1971)此前就曾宣称"今天的词法曾是昨天的句法","今天的句法曾是昨天的章法"。就汉语来讲,现代汉语中的大部分词是复合词,一些复合词的形成就是在语言的发展过程中,由单音节词按句法规律词汇化(lexicalization)的结果(王力1957,王洪君1994,王宁1997)。董秀芳(2002)以翔实的材料证明了从短语变为双音词是汉语双音词最主要的来源。正是由于这样的基础,使得某些复合词在合适的条件下产生了离析的可能性。

2 述宾结构的结构特性

离合词绝大多数属于述宾结构,还有少量的属于述补、主谓结构等。不过,严格来讲述补结构复合词组成成分之间凝合程度不高,因为其意义基本上可以从组成成分上推导出来(如下去、回来、打倒、提高、推翻等),因此我们把述补结构视为短语并不为过。既然是短语,就无所谓离析不离析;退一步讲,即便我们承认它们是词,其离析形式也极为有限(只能插入"得/不")。

下面讨论的问题是,为什么述宾、主谓结构(以《大纲》为基础圈定的离合词中没有主谓结构离合词)容易离析呢?这是因为,这些结构蕴含了主、谓、宾等成分。在交际中,主语、谓语、宾语等都属于句子的主干成分,携带了主要的句法和语义信息。由于词法和句法相通,一旦这些结构承担重要的信息,出于交际需要,语句中述宾、主谓结构就容易上升为句法成分,按句法规则操作。比如"眼红"[①]是一个词,可是在句法层面,在一定情况下,它就可以按句法规则操作,这样主谓结构的词就上升为主谓结构的短语(句子)。如:

(1) 十年来,在过往的近 2 亿吨物流和近 200 亿元银流中,做到了[眼]不[红],心不动,手干脚净。【文件名:\当代\报刊\人民日报\1994\94Rmrb4.txt 文章标题:作者:】

就述宾结构来说,多数述宾结构复合词都可离析。施茂枝(1999)对《现代汉语词典》(1996)的述宾式复合动词进行了统计,结果显示,4908 个述宾动词中可离析的就有 2889 个,占 58.86%,占词典中全部离合词

---

① 指看到别人条件好或有好的东西时非常羡慕而嫉妒,甚至想据为己有或取而代之。(《现代汉语词典》第 5 版)

的92.86%①。董秀芳(2002)也对《现代汉语词典》(1996)的述宾式复合动词进行了粗略统计,结果显示:述宾结构复合词中离合词占65%。施茂枝(1999)的结论比较大胆:"述宾结构的非离合词、离合词、短语三者没有明显差异,只是在离的频率大小、自由程度、方式上存在差异。""因为词典视为非离合词却能拆开来使用的为数更多。"

朱德熙(1982)指出:述宾式复合词跟其他类型的复合词不一样,往往可以扩展,扩展以前是复合词,扩展以后就成了组合式述宾结构。

为什么述宾结构常常可以离析呢?先看一组数字。周荐(1991)对《现代汉语词典》(1983)中的双音复合词的统计结果是:偏正式占50.72%,并列式占25.7%,述宾式占15.6%,主谓式占1.17%,述补式占0.93%。卞成林(2000)考察了《现代汉语词典》(1996)中的双音复合词,考察的结果为:偏正式占52.75%,述宾式占20.18%,并列式占19.31%,述补式占2.62%,主谓式占1.93%。董秀芳(2002)认为,"共时状态下不同类型双音词的数量不平衡性在一定程度上反映了不同类型短语词汇化的难易差异。"因此,偏正式成词比较容易,主谓或述补式成词比较难,述宾结构较主谓、述补容易。成词容易的,大部分结构易处于词的状态;成词难的,大部分结构易处于短语状态,而述宾结构恰巧处于成词与不成词的过渡位置,这从一个角度证明述宾结构在成词和不成词上比较灵活。

我们将讨论的焦点拉近一点,看一下述宾结构复合词的表现。

先看述宾结构复合词的语音模式。现代汉语普通话中,短语语音模式一般是前轻后重,如果一个双音复合词的语音模式是前重后轻,就说明该词的词化程度比较高,如果一个双音词的语音模式是前轻后重,说明其词化程度还不高。(董秀芳2002)我们考察了所圈定的207个离合词的语音模式,这207个离合词(如叹气、起床、睡觉等)的语音模式都是前轻后重型,说明离合词结构词化程度不太高。

句法上,述宾复合词多数情况不能带宾语②,主要表示动作意义;而

---

① 施茂枝(1999)同时指出"词典视为非离合词却能拆开来使用的为数甚多"。此外,《动词研究》(胡裕树、范晓编,河南大学出版社,1995)此前也统计了《现代汉语词典》(1983)中的无宾支配式复合词(支配式复合词即述宾式复合词,原作者注),结果具有参考意义:无宾支配式复合词共有3674个,其中可离析的就有2450个,占总数的67%。《动词研究》还对邓友梅的《那五》作了调查,结果是作为无宾动词的离合词每使用三次,就有一次以离析的形式出现。

② 据施茂枝(1999)统计,可带宾语的述宾动词仅占述宾动词的5.05%;《动词研究》(1995)也有相近的统计结果。

且多数可离析的述宾动词不能以"AABB"方式重叠,只能以"AAB"、"A了 AB"、"A一 AB"或"A 不 AB"方式重叠;述宾复合词的重叠式跟短语相同,如"看电影—看看电影"与"洗澡—洗洗澡"。因此述宾复合词"较多地保留了述宾短语的功能特点"(施茂枝 1999),这样,述宾复合词产生离析就有一定的基础。

交际功能上,句子是报道事件的,而事件要包括动作和动作的相关参与者。述宾结构包括动性成分和名性成分,具备了报道事件的"条件"(见后文 3 分析)。

需要附带说明的是,述宾结构与主谓结构复合词相比,述宾结构在报道事件上具有更大的优势。从动词与动作的相关参与者的关系来讲,宾语属于域内论元(internal argument),动词与宾语组成一对直接成分,表现为动词和宾语之间不发生停顿,述宾结构在韵律上总是处于一个语调单位(intonation unit);主语属于域外论元(external argument),动词与主语的关系是间接的关系,主语和述语之间常常发生停顿或插入语气词等。如果一个动词可以带两个论元成分,那么它首先要求其域内论元被满足,然后才会要求域外论元被满足。如果没有域外论元,只有域内论元,结构可以成立,但没有域内论元只有域外论元的话,结构要受到一定的限制。(汤廷池 1994,王洪君 1994)这样主谓结构比述宾结构成词更难。主谓结构复合词最不能产(董秀芳 2002),相比之下属于主谓结构的离合词数量少也就在情理之中了。

3 述宾结构与离合词及其离析成分的言谈交际功能

3.1 述宾结构的言谈交际功能

现代语言学研究认为,语言的交际功能是语言的根本功能,而言谈的目的在于报道发生在参与者身上的事件,在报道事件的过程中,名词和动词是最主要的因素。名词可以看作是词汇化的言谈的可控参与者(discourse manipulable participants),动词则是所报道事件(reported events)的词汇形式。(Hopper & Thompson 1980)

在句子中并非所有的名词和动词都是言谈的可控参与者和报道事件的词汇形式。只有典型的名词才是那些在言谈中引入(introduce)事件参与者的名词,这些名词所代表的事件参与者在后续言谈中应该具有突出

(figure)的地位。一个参与者在话语中体现得越是个体化,越是离散独出,它就越可能被编码成一个完全的名词(a full noun);只有典型的动词才代表言谈中的事件,才能够回答"发生了什么"等问题。一个事件在话语中被处理得越是个体化,它就越可能被编码为一个完全的动词(a full verb)。

也就是说,一个特定的名词或动词,在话语中的作用越重要,越是接近其原型功能,体现其词性的形态、句法特征就越容易实现。如英语及不少语言中典型的名词有数的变化,可以加限定词(如冠词),可以受形容词及指示代词的修饰,带格标记;汉语中典型的名词可以受个体量词及形容词或指示代词修饰等。不少语言中典型的动词要有时、体、态的标志,汉语中动词的典型特征之一是加体标志,如"了、着、过"、重叠等。

反过来讲,一个动词或名词在话语中的作用如果不重要,不显著,各种语言都可以采用一定的句法手段来降低它的独立地位,使其个体化程度降低,出现不同程度的"去范畴化"(decategoricalization),从而使它丧失带上某些显现其词性形式标记的能力。例如在英语中,当名词宾语的指称对象在一定的上下文中可以被预料到,因而显得不太重要时,这个名词就被合并到动词中,形成了一个复合动词。如我们前文提到的:

(2) fish for trout——trout-fish(捕鲑鱼)
watch birds——bird-watch(观鸟)
(3) We went fox-hunting in the Berkshires.
我们曾去伯克郡猎狐。
(4) Early in the chase the hounds started up an old red fox, and we hunted him all morning.
一开始猎狗就碰上了一条红色的老狐狸,我们一直追了它老半天。

在例(3)中,"fox"为无指名词,即它不指称现实中的一个实体,在言谈中的地位不突出,只代表"猎狐"活动中的构成部分,因此"fox"这个词不具有名词的任何典型特征;而例(4)中,"fox"代表了言谈中的一个重要参与者,在篇章中扮演一个重要角色,所以它带有名词的典型特征,即被冠词和形容词所修饰(沈家煊 1999)。

就动词而言,话语中不实指具体动作的语言形式也往往不被编码为原型的动词,而往往体现为名词化形式,或复合动词形式,进而丧失某些动词特征,如:

(5) 他散了一会儿步。
(6) a 散步没意思
　　＊b 散了一会儿步没意思。

例(5)和(6)中的"散步"的言谈作用显然是不一样的。例(5)中的"散步"报道一个事件,例(6)中的"散步"不代表任何事件,只传达一个抽象的观念,所以不能带"体"标记。

在言谈交际中,述宾复合词所包括的动名两个语素,在时间和空间量上都是零赋值,信息度极低,不能报道一个事件。实际上,即使是由光杆动词和光杆名词组成的述宾结构也难以表达一个事件。沈家煊(1999)也指出,"汉语中'他种了几棵花儿'是个已然事件,'他种花'就不像个事件。"王红旗(2000)认为:"光杆动作动词和光杆名词构成的述宾结构中,动词表示的并不是发生在特定的时间、空间中的具体动作,而是一种抽象的活动。"由此看来,述宾复合词如果要报道事件,必须离散化、个体化,并承载充足的信息,上升到句法平面。如:

(7) 老人们都带头集资办厂。
(8) 集资办厂,他带了一个好头。

例(7)中"带头"是一个词,两个语素以光杆形式组合,在时间、空间量上是零赋值,信息度极低;例(8)中"带头"的两个语素上升到句法平面,各自成为一个词,中间插入了动态助词、数量短语、形容词,并处于句尾焦点。这样,"带……头"即构成为一个独立的述宾短语,提供了足够的信息,表达了一个已然的事件。

从音节结构上讲,双音节动词比单音节动词的动词性要弱得多,这突出表现为,大部分双音节动词可以做定语(邵敬敏 1994),双音节动词及物性降低,双音节动词向名词一端游移等(陈宁萍 1987,张国宪 1989等)。双音节的述宾结构的动词性比一般双音节动词的动词性更弱,表现在双音节述宾结构绝大多数不能带宾语。

邹立志、周建设(2007)将几类结构复合动词的动性强弱程度排列为:
补充式＞状中式/联合式＞述宾式＞主谓式

因此,述宾结构在言谈交际中如果要报道事件的话,将其离析,将动词独立出来使之单音化,提高及物性,不失为一个绝好的策略。因为,"一个动词结构如果及物性程度高,其句法特性就强,就容易成为句子,及物性程度低,句法特性就低,就有可能由句法向词法过渡。"(董秀芳 2002)所以,"a.洗澡"变为"b.洗了一个澡",无疑 b 句的及物性有了显著提高,其句法特性有了明显增强。

从韵律上讲,双音节形式在表达上音长语重,比较庄重,多出现于正式的书面语。单音节词音短语轻,比较随意,多出现于非庄重的语体。正如冯胜利(2006)指出,"语气正式则音长语重,单音轻,双音重,在这两个原则的作用下,双音节形式自然就被用来表达正式庄重的语气了,虽然双音节的词汇不限于书面语,但书面语词汇一般都是双音节。"离合词离析形式多出现于自然口语以及小说、戏剧等非庄重语体中。这样说来,双音节离合词离析而单音化,韵律因素也不失其为一个动因。

从语义表达的角度来讲,语言中,词(包括谓词)和词的固定组合表示现成的、概括的模型化的意义,而词的自由组合、临时组合表示鲜活的、具体的、尚未模型化的意义。(郭继懋、王红旗 2000)这也从一个角度说明述宾结构离析后在交际上的作用。

3.2 离合词的言谈交际特征

我们知道,离合词绝大部分属于述宾结构,就离合词来讲,越是使用频率高的述宾复合词,离析频率越高。为什么会产生这种现象?

Haiman(1994)论述了重复在语言发展中的作用。从认知上讲,经常使用的东西,时间长了功能就会老化。经常重复的事物给人们的刺激会减弱,人们对其反映也会迟钝,导致该事物形式和意义的弱化。汉语中就有"司空见惯"、"屡见不鲜"的说法。语言上的例子比如签名售书时的签名,大家见面时打招呼"你好!",这些语言单位形式和意义都在很大程度上弱化了。拿打招呼"你好!"来说,我们跟病人打招呼也可以说"你好!",足见其形式和意义的弱化程度。

一般来说,语言单位的使用频率跟信息强度成反比,使用频率越高,交际中其信息度就越低。汉语中的高离析率离合词,常常是高使用频率复合词。使用频率高就导致词语的表达功能弱化,信息强度降低,即屡用不"鲜"。述宾结构复合词本来报道事件的能力就低,述宾结构离合词的高频性就使得其表达能力更低,因此高频述宾复合词在特定情况下(比如说话人刻意凸现该情境)就难以承担其表达功能。

这样,根据会话的足量原则,说话人为了传达足量信息,在一定情况下就要采取合适的策略弥补信息量的不足。离合词中插入体标记、数量词等就是提高信息强度,增强其表达功能的一种方法。陶红印(2003)认为:高使用频率的语言结构,语用属性就高,语用属性高的构式往往诱发语法语义的改变,从而衍生新的语法现象。

3.3 离析成分的言谈交际功能

通过对实际语料的考察我们发现,离合词中间插入的离析成分是封闭的而不是开放的,其中是有规律的。从言谈交际功能上来讲,这些插入成分起的作用都是:离散复合词的两个语素使之上升到句法层面上。

首先,动词后加体标记。"体"是观察时间进程中事件的构成方式,"了"是完成体的标记,表示事件的实现;"着"是持续体的形式标记,揭示了事件的局部性质;"过"则是表达经验历程上的完整事件。①

动词后附补语、时间词、动量词等也是起到使动词离散化的作用。正如石毓智(2000)所说:"动词的离散性是不自主的,往往需要一定的语法手段来确立,常用的手段包括结果补语、体标记、时间词、数量词等。"

动词后附助词"的",如"进的城"、"睡的觉";前项成分动词重叠,如"睡睡觉、洗洗澡"也是动词离散化的标志(沈家煊1995,石毓智2000)。

其次,一些离合词离析后,后项成分——名词性成分前加数量词、数词、名词、代词、形容词等修饰语当然也是增强名词的典型性,提高信息度,从而与动词一起凸现事件的。离合词不离析时后项成分基本上是无指的。数量特征、属有性和前加形容词可以提高名词的有指性,有指性越高的名词越典型,越易于参与句法层面上的操作。

至于语料中的情况,如:

(9) 罗刚:"这次忙我没帮成,就算我对你姐姐的一点点敬意!"(《渴望》82页)

前一语素和后一语素分别离散化,又将名词提前,主要是意在构成强调句式,强调语义重心——谓语动词(方梅1995,沈家煊2000),这也是报道事件的一种方式。

应当补充指出的是,言谈交际中由于表达的需要,离合词扩展的程度不一样,表现为有的是名词或动词之一添加一定的成分,有的是动、名词均添加一定的成分。但是,只要其中之一添加一定成分整个结构就离散化了,因为结合的整体,一方离散,另一方就失去依托了。不过,离析构式

---

① 参看戴耀晶(1995)《动词研究》42页、89页。

扩展程度的不同,反映为信息度还是不一样的:

信息度:a. 述宾复合词＜ b. 动＋(名＋附加成分)/(动＋附加成分)＋名 ＜ c.(动＋附加成分)＋(名＋附加成分)

实际上有许多离合词出现在句子中,后一项语素从来源上讲并不是名词。如"结婚"的"婚"、"洗澡"的"澡"、"睡觉"的"觉"等,但在言谈实际中,获得了名词地位(吕叔湘1954,张伯江1994,王铁利2001),成为述宾结构。

从表达功能的角度上讲,离合词在言谈交际中被离析后,前一个动词性语素上升为单音节动词。前文已经介绍,单音节动词要比双音节动词动词性典型得多,越典型的动词,越要求所支配的对象具有较高的空间性(张国宪1997),这就使得后一项语素必须获得较强的名词性才能与之搭配。因此,许多离合词在离析后,后项成分前加数量词、指代词、形容词等修饰语,以凸现其名词性。

由此看来,离合词离析后,前后两个语素不仅由词法平面上升到句法平面,而且其动词和名词的典型性也大大提升。

4 离合词离析现象的言谈交际条件

4.1 离合词离析形式在语句中的分布特性

现在考察一下篇章中离合词离析的言谈交际环境。我们想知道篇章中离合词在什么情况下才产生离析？我们考察了小说《四世同堂》和剧本《渴望》[①]中出现的总共1,029个离合词离析形式句,发现这1,029个含有离析形式的句子中,就有925句中的离析形式处于小句结句位置,占总量的89.9%。

这引起了我们浓厚的兴趣。为什么离合词离析现象倾向于出现于句尾？功能语法认为,语言因交际而存在,语言结构是在交际中形成的。我们尝试从言谈交际这一角度去寻求解释。我们知道,在言谈交际中,一句话的信息焦点通常在陈述部分。Bolinger(1952)曾提出一条线性增量原则,是说在没有干扰因素的条件下,随着句子由左向右移动,句子成分所负载的意义会越来越重要。Firbas(1992)进一步提出了"动态交际值"

---

① 《渴望》导演工作台本,1991年。

(Degree of Communication Dynamism)的概念,简称 CD 值。他认为,言谈交际是一个动态的过程,CD 值是指一个语言成分在推进交际、完成交际目的的过程中所发挥作用的大小程度。一般来讲,越是趋于句尾的成分,CD 值就越大。

一般来说,在没有其他因素干扰的情况下,述宾式复合词处于句尾时,就会成为全句的信息焦点。由于言谈交际功能的要求,处于句尾的述宾复合词信息度需要增强,而述宾复合词本身的信息度很低,所以必须采取措施实现信息增量。

离合词居于句尾时,在言谈交际的促动下,为完成其承载主要信息的功能,要采取措施提高信息度,其主要手段就是插入一些成分,将其离散化。实际上这也符合"数量相似原则":传递的信息量越大越重要,负荷的形式也就越大越长。看下面的例子:

(10)在大坦白大检举的滚滚浪潮中,我倾吐了过去的罪恶历史,犹如[洗了一个澡]。【文件名:\当代\作家文摘\1994\1994A.TXT 文章标题:溥杰和嵯峨浩的跨国婚姻(7) 作者:爱新觉罗·溥杰】

上例画线部分承担了主要信息,CD 值最大,"洗澡"中间要插入一些成分(至少插入"了"),否则这个句子就不太自然,使人有一种句子未完的感觉。对比下例:

(10′)?在大坦白大检举的滚滚浪潮中,我倾吐了过去的罪恶历史,犹如[洗澡]。

实际上这种未结句的感觉恰恰反映了听话人(受众)对接收句尾主要信息的期待。

线性增量原则基本上能够合理地解释为什么离合词离析现象倾向于出现于句尾这一问题。因为大部分离合词离析现象在交际中遵循线性增量原则。不过,从实际语料来看,也有 10.1% 的离析形式没有居于句尾,先看下例:

(11)……,所以他们并没有搜查,就被冠晓荷[鞠着躬]送了出来。【文件名:\现代\文学\老舍 四世同堂.TXT 文章标题:四世同堂 作者:老舍】

(12)他是离休了之后到北京来探亲访友的,阔别了二十多年,很自然地[见了面]就谈家常,今年几岁了,家里有几口人,有没有心脏病、气管炎之类,……【文件名:\当代\报刊\读书\vol-061.txt 文章标题:作者:】

(13)[睡了这么长一觉]后,我终于又获得了听力!【文件名:\当代\读者\读者(合订本).txt 文章标题:作者:】

(14) 蔡某告诉他太太,我是他未[见过面]的四嫂,……,偶遇战争落难。【文件名:\当代\作家文摘\1995\1995B.TXT 文章标题:范长江和我的婚后生活片断　作者:沈谱】

此外,也有一些离合词在言谈交际中尽管处于句尾但并不离析的情况。请看下例:

(15) 大赤包约他帮忙,他不能不感激知遇之恩。【文件名:\现代\文学\老舍 四世同堂.TXT 文章标题:四世同堂　作者:老舍】

(16) 刘燕:"哼,我就想不通,你干吗非得结婚呢?"(《渴望》137页)

(17) 他一家四口,有老婆,一儿一女,儿子不结婚,女儿不出嫁,他们一家四口都证道了,很稀有的。【文件名:\当代\应用文\佛法修正心要.txt 文章标题:作者:】

(18) 都走完了,他依然保持着鞠躬的姿态,往台上走。走到台上,他直了直腰,重新向井田鞠躬。然后,他转身,和台下的人打了个对面。【文件名:\现代\文学\老舍 四世同堂.TXT 文章标题:四世同堂　作者:老舍】

这些问题促使我们思考:为什么还有少数的离合词不处于句尾而产生离析的现象以及离合词尽管处于句尾却不产生离析的现象?如果我们承认在线性增量原则制约下,处于句尾的离合词产生离析这一解释合理的话,那么是什么机制促使这些离合词被甩到句尾而产生离析的呢?

我们已经论述过①,说话人(作者)在交际时,如果认为某情境值得听话人(受众)关注,就会采取相应形式提高信息度去刻意凸现。离合词 AB 形式中间插入离析成分"了"、"过"、"数量词"等就是将其事件化,从而提高其信息度,以引起听话人(受众)的注意。因为对听话人(受众)来说信息度越高,就越能引起关注,主观性就越强②。从认知的角度讲,事物只有成为关注的中心时,说话人才在它的内部做出区分,不是关注中心时,说话人只把它作为一个整体来看待。

如果说话人不想凸现该情境,即便离合词处于句尾也不一定离析化。例(15)—(18)就是如此。我们看,例(15)的"帮忙"和例(16)、(17)的"结婚"所涉及的情境处于非表达中心或非焦点地位,不是说话人意欲凸现的行为。例(18)画线的"鞠躬"比较复杂一些,按说这个"鞠躬"也可以离析,但由于第一个"鞠躬"的信息铺垫,第二个"鞠躬"就没有必要予以强调而

---

① 参见本书第八章的论述。
② 参见沈家煊(2001)相关论述。

离析了。此外,由于说话人(作者)对"他(蓝东阳)"的叙述还没有完,所以第二个"鞠躬"只是事件叙述过程中的一个活动,因此也就没有必要离析以引起关注,以免喧宾夺主。

反过来说,如果说话人想凸现某情境,即便离合词不处于句尾也不一定不能离析化,例(11)—(14)就是例证。仔细分析例(11)—(14)各句,我们会发现"鞠着躬"、"见了面"、"睡了这么长一觉"、"见过面"等离析形式虽然不居于句尾,但它们都需要承担重要信息——背景(background)信息,构成一个背景事件。这个背景事件虽然不占据故事主线,但也是说话人意欲刻意强调以引起听话人(受众)关注的事件。

这样说的话是不是信息增量原则不起作用了呢?当然不是。因为如果信息增量原则不起作用的话,就不会发生离合词处于句尾离析占大多数和不处于句尾离析占少数的现象。正如前文所分析过的,离合词处于句尾受线性增量原则支配,CD 值高,就倾向于离析化,因此所占数量多;而非句尾位置 CD 值低,当然离合词产生离析就难得多,数量就少得多。

综合上述情况,我们认为,离合词的离析规律在受线性增量原则制约的基础上,还要受说话人主观动机等深层机制的调控。

实际上,言谈交际中线性增量原则跟说话人主观动机支配机制是可以统一起来的,因为句尾信息焦点,也是说话人意欲凸现以引起听话人关注的中心。由此看来,离合词不处于句尾离析的现象和尽管处于句尾并不离析的现象并不构成线性增量原则的反例,而是从另一个角度更加证明了言谈交际中语言的主观性对离合词离析形式的调控作用。

4.2 离合词离析现象的产生环境

再从更大的范围考察一下离合词离析的动因。统计发现,离合词离析形式多出现于小说、戏剧、自然口语等非庄重语体中,这是因为非庄重语体与庄重语体如科技论文、法律条文等相比,句法上具有更大的灵活性。在非庄重语体中,有时说话人出于表达的需要,在遣词造句上会突破规则的限制。小说、戏剧、自然口语等非庄重语体以表达说话人的主观情感为主,在一定的情况下往往会采用一些灵活的方式,实现自己的交际意图。Dieter Stein(1995)从历时的角度分析了语体风格因素对语序的影响,认为说话人(作者)的思想情感等智力因素与语言结构的变异有相关性。由此,我们可以认为,非庄重语体是离合词离析现象产生的"温床"。

5 离析构式的整合机制

前文论证了离合词离析的内在可能性以及外部动因,也就是说,词法与句法的相通性是基础,述宾结构及离合词的功能特点是内在因素,而言谈交际的促动是使复合词结构离析的重要条件。实际上这些只是促使离析构式形成的充分条件,离析构式的形成还需要必要的操作机制。以往的研究常常认为"见面"、"起床"、"睡觉"一类词的离析机制是离合词受述宾短语的影响而类化[①]。现在我们想要深究的是,"类化"的说法是否准确,离合词为什么会受述宾短语的影响,其内在机制是什么?

5.1 概念整合

我们认为离合词受述宾结构的影响而产生离析,不是什么"类化"而是"整合"。整合是人类一种普遍的认知活动,也是语言构词造句的方式之一。概念整合理论认为,概念整合至少由四个心理空间构成:两个(或更多)输入空间(input mental space)、一个合成空间(the blended mental space)和一个共有空间(the generic space)。两个输入空间彼此共享某种抽象结构,并且存在部分映射关系;共有空间把握输入空间共享的抽象结构,跨越空间有选择地将核心内容部分映现、匹配并投射到第四个空间——合成空间。合成空间通过组合、完善、扩展等手段从两个输入空间中提取部分结构,形成浮现结构(the emergent structure)。四个空间通过投射链彼此连接起来,就构成了一个概念整合网络(the conceptual integration network)。整合运作主要在合成空间的浮现结构中进行。浮现结构是一个其他空间所没有的新结构,它是概念整合的核心部分,也是形成新的概念的结构。浮现结构有其自身特有的逻辑,不断接受固有知识、认知及文化模式的影响,因而它并不直接反映输入空间的内容,而表现出一种新的整体意义。(Fauconnier & Turner 2003)

沈家煊(2006)深化了概念整合理论,他认为,"概念整合"的要旨可以概括为"整体大于部分之和",由整合产生的整体意义就是"浮现意义(emergent meaning)"。整合不仅是构词的重要方式也是造句的重要方式,

---

[①] 参见于根元(1987)等。

整合造句的方式跟整合构词的方式基本上是一致的。他将"整合"分为"糅合"和"截搭"两种方式。并特别强调:"在汉语里糅合不仅是造词的重要方式,也是造句的重要方式。"比如,"山脚"一词可以看成是两个概念(输入空间):"身体——人体的底部(脚)"和"山——山的底部"的糅合。两个空间存在部分映射关系:表达式 a 和表达式 x 在形式和意义上都具有相似性(词项相似,都有"底部"义),以 a 为中介,x 和 b 之间就建立起重要的联系。y 是在 x 的基础上按照 a 和 b 的关系整合出来。请看例示:

(19) 山脚
  a. 身体   b. 脚
  x. 山   y.(山的底部)←   xb 山脚

一些语法格式也是这样,如"V 了 O"就是在"V 却 O"的基础上整合而来。(沈家煊 2006)

(20) V 了 O
  a. V 却   b. V 却 O
  x. V 了   y.—— ← xb V 了 O

5.2 述宾结构离合词离析构式的整合

现在看一下述宾结构离合词是如何整合为离析构式的。我们知道,词与短语在结构上具有共通性,就述宾结构的词和短语来讲,其形式都可以码化为"AB"(A 表示动词性成分,B 表示名词性成分);此外,二者都表达述宾关系结构意义,因而它们具有相似性。

短语可以自由地拆分,表现为中间可以插入其他成分。以"吃瓜"为例:

吃瓜→吃 x 瓜:吃了瓜;吃过瓜;吃着瓜;吃了一个瓜;吃了很多瓜;吃了两次瓜;瓜吃了……

述宾结构的词 AB 之间联系比述宾结构短语紧密,可是有时说话人受话语交际因素的影响,想表达自己的主观倾向,非离析不可。这时,语言中常见的表达式中有短语的拆分形式 AXB,由于述宾结构离合词 AB 和述宾短语 AB 在形式和结构意义上具有相似性,于是述宾结构离合词 AB 和短语 AB 糅合,就产生了一个新的概念形式——离析构式 AXB,表达说话人的主观倾向。请看具体的实例:

(19) 有人曾这样描述消防部队的生活：火一半、水一半、干一半、湿一半；热一半、冷一半、风一半、雨一半；饭吃了一半、头剃了一半、[澡洗]了一半、[梦做]了一半；操场一半、火场一半、火神一半、死神一半。【文件名：\当代\人民日报\1996\96News10.txt 文章标题：作者：】

我们以"吃苦"离析情况为例，说明其具体的过程：

吃 x 苦

a. 吃瓜   b. 吃 x 瓜

X. 吃苦   Y. ——   ←   Xb 吃 x 苦

需要说明的是，"吃瓜"只是述宾短语的一个例示，举"吃瓜"的例子并不是说"吃苦"的离析构式只是由概念"吃瓜"和概念"吃苦"整合而来（以下同）。

一些本来不是述宾结构的离合词，如洗澡、游泳、考试等，也被整合为述宾结构产生离析构式，不过它们经历了二次整合。

Ⅰ. 由非述宾结构 AA 整合为述宾结构 AB

以"吃惊"为例：

述宾结构 AB

a. 吃瓜   b. AB 式

X. 洗澡（AA）   Y. ——   ←   Xb AB 式

Ⅱ. 由述宾结构离合词 AB 整合为离析构式 AXB（整合过程同"吃苦"例，恕不重复。）

5.3 离析构式的整合条件

为什么"见面"、"起床"、"睡觉"一类的离合词可以整合为离析构式，而"辍学"、"含羞"、"润色"、"展翅"、"量刑"等述宾结构的复合词不能或不大可能被整合为离析构式呢？我们认为使用频率应该是主要原因之一。语言成分使用频率越高，被赋予的语言功能就越多。高频语言成分在交际中为了完成其交际功能，常常要突破其形式和意义的框架。

Bybee & Scheibman (1997)认为：使用频率越高的词，语法语义灵活性就越高，其特性就越容易发生变化，产生语法变化的可能性就越大[①]。如陶红印(2000)研究了高频词"吃"的语言功能，发现"吃"的论元结构和

---

① 转引自陶红印(2000)。

语义功能具有很强的灵活性。

就述宾结构而言,"述宾短语是汉语里极占优势的结构形式,数量极大,它们在句子里的活动方式基本相同"(吕叔湘 1979)。而"见面"、"起床"、"睡觉"一类的离合词使用频率高,加之其与述宾短语结构上相通(存在部分映射关系),在语言交际中就容易与述宾短语发生联系而进行糅合。而"辍学"、"含羞"、"润色"、"展翅"、"量刑"等述宾结构的复合词由于使用频率低,在语言中与述宾短语结构糅合的概率就小得多。

应该指出的是,离合词与述宾短语的糅合现象不能等同于所谓的"类推"或"类化"。"类推"或"类化"是说从一个形式推导出另一个形式,这两种形式类似于"复制"的关系。离析构式的整合并非是述宾短语使用形式的"复制"。比如"吃瓜"或其他任何一个述宾短语的使用形式都不能复制出所有的"吃苦"离析构式。也就是说离析构式是整合的结果,而不是推导的结果。

本章小结

浮现语法学(Emergent Grammar)认为,语法研究需要探讨语法的起源和动因,并认为语法是从言谈交际中产生的。语法学家应从具体的交际环境和语言的运用来观察语言结构特征,解释其成因以及了解结构的动态变化(Hopper 1987)。本章探讨了汉语单位的结构特点,从言谈交际的角度出发,结合语言范畴连续统等理论观点,尝试挖掘了离合词离析现象产生的根源。

我们认为语言成分的离析现象并不是偶然的,而是有其复杂动因的。其中词法与句法的相通性是基础,述宾结构的功能特点是内在因素,言谈交际的促动是使离合词结构离析的重要条件,而非庄重语体是离合词离析现象产生的"温床",概念整合则是确保离析构式产生的机制。这不仅解释了述宾式复合词的离析现象,而且还解释了其他类型复合词的离析情况,从而对离合词现象给予了统一的解释。此外我们还打破了词法与句法的界限,使我们能够从语言的全局高度俯视离合词问题。

第十一章 离合词教学的理论与实践

1 留学生离合词使用情况考察

自20世纪80年代以来,随着对外汉语教学事业的不断发展,离合词教学问题成了一个突出问题,离合词难教难学也渐渐成为对外汉语教学界的共识。

饶勤(1997)曾做过一个调查,把1995年出版的《中高级对外汉语教学等级大纲》中各类典型的课型中等级水平不重复的离合词挑出来,让学生造句,结果没有一个学生能把离合词展开造句的。"这说明学生并没有真正掌握离合词的用法,至少他们对离合词的了解还停留在初级阶段。这说明我们在中高级阶段对离合词的教学存在不足。"实际上,不仅中高级阶段,初级阶段的留学生似乎也存在这个问题:"在初级阶段的汉语教学中,留学生出现离合词偏误的现象比较普遍。"(任雪梅 1999)

为了验证上述论断,我们利用北京语言大学中介语语料库对留学生离合词使用情况进行了一项调查[①]。我们选取"帮忙"、"睡觉"、"洗澡"、"见面"、"吃亏"、"吃苦"、"吃惊"、"出名"、"上当"、"当面"、"生气"、"结婚"、"鞠躬"、"叹气"、"把关"、"听话"等16个高频离合词为对象,检索出包含这些离合词及其离析形式的所有句子,然后对这些句子进行考察。

我们共检索出包含这些离合词(指该离不离的合用偏误)及离合词离析形式的句子共442例,其中正确使用离合词离析形式的句子321例,产生偏误的句子121例,偏误率达27.4%。这16个离合词中,"把关"一例也没有出现;442例离析形式句中,没有出现插入动词性结构、数词的离析形式。考察表明,留学生还不能完全掌握和正确运用离合词。表49是留学生具体使用离合词的情况(表中"+"表示正确句,"-"涂黑的为偏误句):

---

① 该调查语料是由北京语言大学对外汉语研究中心李华老师帮助提取的,谨致谢忱。

表 49　留学生使用离合词离析形式情况统计表

	了		着		过		名词/代词		数量词		形容词		补语		B前置		个		的		A重叠	
	+	−	+	−	+	−	+	−	+	−	+	−	+	−	+	−	+	−	+	−	+	−
吃惊	49	4									1		2	1								
吃亏	10	1							2		1		2	2								
见面	9	11			4	2	12	1	11						5		1		1		1	
结婚	52	17			2	2													5			
帮忙	5	1					52	9					1				2					
睡觉	3				1		12		1		14		12	5	3							
洗澡	3	1											2		2							
叹气	6	1	1																			
吃苦							3				1	2	8		5							
鞠躬	1	2																				
出名	1	2																				
当面			1	1																		
上当	2	1					2															
听话							41															
生气	1	1	1				5								1							
把关																						
总计	142	42	3	1	7	4	115	23	2	28	18	3	23	11	8	3	2		6	1		

通过表 49，我们发现，这些离合词离析形式中插入"的"和插入数量词这两种方式学生的偏误率最高；而这 16 个离合词中"见面"的离析形式偏误率最高。

整体上看，留学生使用离合词的主要问题表现在以下几个方面：

1.1　只会"合"不会"离"

我们发现留学生用离合词行文造句时的错例，绝大多数是由于不会使用离合词的离析形式导致。检索到的这 16 个离合词的错例 121 句中，

有 97 句是由于该离不离造成的,占到总数的 80.2%。如①:

*(1) 在我的过去中的事情是无所谓,重要的是在我的未来中会不会象马而立那样大的[吃亏]。

*(2) 恨不得再[睡觉]一下。

*(3) 人呀,两,三次[见面]不了解他是个什么样的。

*(4) 因为郭沫若 1914 年东度日本,先后在日本东京第一高等学校,冈山第六高等学校,九州帝国大学医学部学习,他度赴日本好几次,翻译日本很有名的小说家的作品,而跟日本女性[结婚]过,所以这样的事可以说,是他非常关系到日本。

*(5) 一发现他捉的比王胡少就[生气]起来。

*(6) 我在那住四天,但其间一次也没[洗澡]了。

1.2 离析形式错误

有些时候,留学生学习了离合词以后,有意识地使用离合词的离析形式,但是由于没有很好地掌握离合词的离析方式,导致插入错误的离析成分。如:

*(7) "嗯…失眠…"因为大夫看病人的眼皮,他知道病人是[睡不到觉]的。

*(8) 他画的荷花人民都买了,从此他[出起名来]了,不满二十岁他成了著作的画家。

*(9) 这时农民突然说"国王这其实不是我搞的""那是谁搞的呀?""我妈"国王一听[吃了大一惊]农民继续说:……

1.3 离析形式泛化

有两种情况。一种情况是学生在学到离合词的离析形式时,盲目地将离析形式扩大到相关和相近的词语上。如:

*(10) 所以我想教他们日语,而且[帮他们助]。

也有一种情况是,离合词不该离析而错误地用了离析形式。如:

*(11) 但是中国人跟生人[见了面]的时候对对方说"你好"但是跟

---

① 本书中不注明出处的例句均出自北京语言大学中介语语料库。所引例句均原样照抄。

熟人见面的时候按照估计的他想作什么来招呼对方。

1.4 形式杂糅（Blends）

这种情况是将不同的词和离析形式混在一起。

＊（12）"我了解你的热情和心里而且[帮助你的忙]。"然后,他介绍阅览室老师让我准备课本。

＊（13）他做是做,可他在路上遇到了白胡子老头把信改为了事和去太阻姑娘那儿她妈妈[帮他的忙事],都不是自己想办法的。

1.5 离析形式不完整

留学生只会使用简单的离析形式,不会使用复合离析形式。

＊（14）在马路上,我[[见了面]我的邻人]。

＊（15）我想了我应该[给他们[帮一个忙]]。

上述两个例子说明,留学生仅会使用插入简单成分的离析形式,而对插入多个离析成分的情况,如"见了我的邻居的面"、"帮他们一个忙"等,则难以应对。

1.6 掌握的离析方式有限

有的时候留学生还是能够有意识地运用离合词的离析方式的。以"结婚"为例：

（16）但是,大学毕业之后他[结了婚]。

（17）可是他们就是谈了恋爱,结果[结了婚]。

我们发现,留学生有时虽然能够适时地使用离合词离析方式,但是,整体上看,他们掌握的离析方式非常有限。以"结婚"为例,我们搜索到54例留学生正确使用"结婚"离析形式的句子（不包括偏误句）,发现留学生仅会使用插入"了"和"过"的方式,其中离合词插入"了"的句子52句,插入"过"的句子有2句。学生虽然使用了插入"的"的离析方式,但一句也没有用对。考察中未发现使用其他离析方式（如插入数量词"结三次婚"、插入补语"结不了婚"、插入代词"结什么婚"等）的句子。请看下表：

表 50　留学生离合词使用情况表

	了	过	补语	的	数量词	个	名/代词	总计
结 婚	52	2	0	0	0	0	0	54
比 率	96.3	3.4	0	0	0	0	0	100%

我们再考察其他离合词离析形式句,考察结果显示,除"见面"、"帮忙"、"睡觉"、"生气"、"吃苦"5个离合词能够被正确使用两种以上的离析方式以外,其他11个离合词离析形式句中出现的正确离析方式均不超过两种。这说明,即便留学生使用离合词,其能够自如运用的离合词离析方式还是有限的。

实际上,虽然"见面"等离合词留学生正确使用的离析方式达到了4种,但是这些离合词离析方式的使用跟自然语言的使用也不太一致,请看表51,CCL语料库与留学生使用"见面"离析形式情况所占比率(百分比)的对比。

表 51　CCL 语料库与留学生使用"见面"离析形式情况对比表

	过	了	数词	补语	代/名词	数量词	B提前	个	A重叠
CCL	31.2	23.1	22.1	10.1	6.	2.9	2.3	1.7	0
留学生	26.7	60	0	0	0	6.7	0	0	6.7

表51显示:留学生用的"见面"离析形式集中在插入"过"和"了"上,占到了86.7%。整体来看,留学生使用的离析形式跟CCL语料库出现的离析形式非常不一致。为了更加直观,见图23。

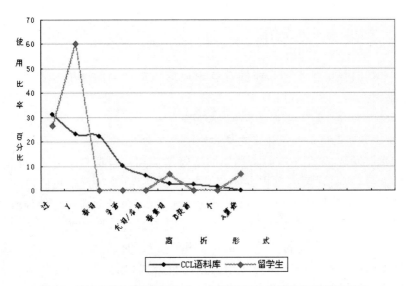

图 23　离合词"见面"离析方式——语料库与留学生使用情况对比

当然,中介语语料库的容量以及范围等跟 CCL 语料库有差异,不过这可以作为留学生在离合词离析形式使用上存在问题的参考。

2 从理论的角度看离合词的教学原则

多年来,一些学者对离合词教学进行了不懈的探讨,提出了一系列教学策略,如先"合"后"离"教学模式(王瑞敏 2005)、"循环递进教学法"(周上之 2006)以及"通过教材编写改善对外汉语的离合词教学"的设想(刘春梅 2004)等,这些都是一些很好的尝试。不过,我们认为探讨离合词教学还应该从离合词及其离析形式的根本特性着手。

我们已经证明,离合词离析形式是一种构式(见前文的分析)。构式语法认为语法机制不是通过先天赋有的能力习得的,习得语言跟习得其他知识一样,都是后天习得的,都要借助于一般的认知能力。离合词离析形式的习得符合构式习得的规律。

2.1 逐个习得

构式语法理论认为,语言中存在大量非常规语法规则结构,这些结构不能通过掌握某些语法规则推导出来,而必须经过专门的学习才能掌握。

就离合词离析构式而言,几乎没有一对离析构式的表现形式是完全相同的(见本章附录一和本书附录六),因此离合词离析构式的习得只能是"逐个习得"。

在这方面,已有研究者认识到了这一点。如王铁利(2001)指出,"不同的词对每种离析词语表现出不同的适应性,……这说明每个复合词的离析形式具有不可推导性,要掌握每个词的离析形式需要逐个习得。"

谢昉(2007)的观点也精辟深刻,不妨引用如下:"在对外汉语教学中,在以交际功能为主导的语言教学中,离合词教学是一个绕不过去的重要内容。很多研究者对离合词的教学法进行研究,但总避不开一个思路:就是希望找到一个放之四海而皆准的语法规则供留学生进行言语演绎,这其实是很不现实的。首先从前人的研究论述中,我们已经知道在不同的离合词之间很难有完全相同的扩展规则。离合词首先就有动宾式、动补式、联合式等。就动宾式离合词的扩展式,有的只可用'了'扩展,有的只可用'着'扩展,有的'了、着'可以,有的'了、着、过'皆可,有的可用数量词或动量词扩展,有的可用'的'扩展,有的可用'什么、你的、他的、我的'扩展,有的可用重叠式扩展,有的扩展部分要放在离合词动语素的后面,有的扩展部分要放在离合词宾语素的后面,有的离合词不能带宾语,有的离合词可带宾语……更何况这些语法规则对于各个离合词而言各有针对,……所以要摆脱这种寻找统一规则的思路。"

实际上,逐个习得是语言学习的基本方式。Goldberg(2006)从基于例子的抽象概念(exemplar based abstraction view)出发,指出语言学习必须从记忆具体的例子出发,然后才逐渐形成一般化的规律。N. Ellis (2002)认为语言学习是范例学习,存储在学习者大脑中的大量的言语范例是使学习者流利地使用语言的决定因素,抽象的语法规则不是决定因素。语言学习需要学习者在反复出现的语言材料之间建立联想,并不断强化记忆中的这些联想。

2.2 先词后语

构式义从何而来？Goldberg 等以儿童为实验对象,对儿童习得题元结构的情况进行了研究,他们认为形式和意义在结构层面上的联系不是先天拥有的,而是后天习得的。他们通过论证认为,特定动词在特定构式中的高出现频率为题元结构的概括提供了基础,其中概括的机制就是范畴化。学习者的概括最终能从具体的动词上升到更加抽象的题元结构,这是因为题元结构的框架在概括句子整体意义的过程当中和动词具有大致相同的提示效力(cue validity),并且还具有更强的范畴效力(categorical validity)(董燕萍、梁君英 2002)。Goldberg 等人的试验对离合词离析构式的习得来讲具有启发意义。

考察表明,离合词的离析频率相差很大,有的离析频率高,有的离析频率低甚至极低。我们在实际语料考察中得出了离析频率高于 0.1,离析形式句数在 200 句以上的 16 个高使用频率离合词为核心离合词。因为这些离合词在语言中使用频率和离析频率都比较高,我们集中进行离合词教学时可以首先以这些核心离合词的教学为基础。教学中我们可以采用"先词后语"的方法,让学生先充分掌握离合词的形式、意义(即"词"的阶段),然后再逐步上升到离析构式(即"语"的阶段)的教学。因为构式中的高频动词可以促进动词自身意义和所在构式的联结,学习者先学习核心离合词,然后学习离析构式,符合构式习得的规律。

2.3 核心示范

我们通过统计得出 60 个典型离合词（其中 16 个核心离合词），其离析构式可以为离析构式共性的概括提供基础，能对其他非核心离合词的学习提供"范畴效力"。也就是说，学生掌握了这些核心离合词及其离析构式，可以为掌握离析构式的共性以及其他离析构式的特点奠定认知基础。

2.4 相对充足的认知输入输出

构式语法认为，构式是语言形式和功能的规约联系，构式包括语素、词、半固定和固定的习语和熟语，以及抽象的句型多个层次；其内容涉及语义、语用和话语功能特征。有关构式的所有的知识要借助构式的网络来建构，各类构式都是在习得者接受了足够的输入、并借助于一般的认知机制后习得的。

语言教学中，输入频率和强度具有重要意义[①]。Bardovi-Harling(1987)研究发现，语言输入的频率和强度对语言习得顺序有一定影响。在语言输入中如果有标记的结构出现的频率和强度比无标记的结构高，那么，学习者一般会先掌握有标记的语言结构。Schmit(1990)进一步指出，在其他条件相同的情况下，语言输入的频率越高，就越容易引起学习者的注意，就越容易成为学习者中介语系统的一部分。以英语为例，动词 give 可以出现在以下两种不同的结构中：

(18) John gave the book to the school.
(19) John gave the school the book.

从类型学的角度看，构式(18)是无标记的，构式(19)则是有标记的。不过在语言学习的开始阶段，后者的出现频率要高于前者，学习者往往更多关注输入频率较高的构式(19)，并首先习得这一构式。Brown 曾对一名两岁儿童习得动词 give 的情况进行过调查，发现其经常说出下面的句子：

---

① 有关 Bardovi-Harling(1987)、Schmit(1990)和 Ellis(2002)等的研究均参考和转引自尹洪山(2005)。

(20) Give doggie paper.

一般来讲,"give ＋ NP ＋ NP"的标记度要高于"give ＋ NP ＋ PP",但由于前者(如构式(19))的语言输入频率高于后者(如构式(18))，"give ＋ NP ＋ NP"就会被受试者首先习得。

Ellis(2002)从认知的角度论述了输入频率与语言习得的关系,认为频率是语言习得的决定因素。学习者大脑中的语言表征反映了形式与功能相匹配的出现频率,语言习得就是在这些语言表征之间建立联系,而这种联系就是通过加强输入类型频率和练习频率而获得的。

语言形式的高频性还可以有效地避免过度概括(overgeneralization)的发生。

Goldberg(2006)指出学习者在概括过程中要借助于占先统计过程(statistical process of preemption)。占先统计过程是指在言语产生时,只要等效地满足上下文的功能需求,特定的知识总是能够优先于一般知识得到提取。比如 went 能够优先于 goed，children 能够优先于 childs。其中主要原因是,如果一般规律显示构式 A 可以运用,但是学习者发现在特定的情境中构式 A 是完全不合理的,构式 B 才是人们经常用到的,这样构式 B 就能有效地占先构式 A。(梁君英 2007)

因此,就离合词教学来讲,我们就要加强具体的离析形式的输入频率和强度,使学生能够自觉地在大脑中建立起离析构式的语言表征。

在中高级汉语班教授离合词时,还应不断给学生足量输入与离合词离析形式相关的规约意义、语用信息等知识材料(比如离合词离析构式的主观意义、语体特征以及使用环境等),尽量让学生自己通过对语言的感悟去掌握离析构式的特性,因为语感的形成要依靠大量的语言材料(即言语范例)。(王初明 2002)此外,还要注意通过大量的训练,使学生能够正确地输出。Gass & Mackey(2002)认为输入和输出频率在语言学习中同等重要。输入频率可以帮助学习者强化对语言点的学习和分析,认识语言规律;而输出则能够提供有效的练习,巩固所学知识。

有了足够的输入和输出,学生就可以逐渐自觉地使用离合词离析构式。

3 充分利用语料库考察成果进行教学实践

3.1 利用语料库摸清离合词离析形式的底细

前文从构式理论的角度探讨了离合词的教学原则,要落实这些教学原则还有大量的基础工作要做。就笔者多年离合词教学实践的体会和我们的考察结果来看,留学生在充分掌握了离合词的形式和意义之后,能否掌握离合词的各种离析方式是问题的关键。实际上,这也是许多对外汉语教学工作者的普遍体会。

"离合词教学的难点和重点在'语'不在'词'。目前的离合词教学存在着有'词'无'语'的缺陷,离合词扩展形式的教学基本上是个空白点。"(周上之 2006)"离合词的教学,难度主要是其扩展形式的教学,对留学生如何更好地掌握、使用离合词的多种扩展形式,现在的研究还远远不够,希望能够通过以上分析找出一些规律,并对离合词的教和学提供些许帮助。"(王瑞敏 2005)

我们认为,要让学生掌握离合词的各种离析方式,教师首先应该充分摸清离合词离析现象的底细,做到心中有数。这个工作做好了,才能有的放矢地教好学生。

毋庸讳言,目前离合词离析方式教学还处于较为盲目的阶段。一般人认为所谓离合词,就是中间插入"了"、"着"、"过",而且所有离合词差不多一样。这种想当然的做法,对离合词教学和研究有害无益。

看一个实际的例子。离合词"做主":通过检索北大语料库(CCL 语料库)我们发现其离析成分只有"可能补语、了、代词、的、个"5 种,而且 28 条有效例句中,插入可能补语("得了/不了、得/不得")的有 20 例,占 71%,其他 4 种各 2 条,各占 7.2%,这说明只有"可能补语"是"做主"的优势插入成分,客观语言事实中没有发现插入"着"、"过"等情况,说明我们不能将笼统的规律套用到每个离合词上。

由此看来,解决现代汉语离合词的教学与研究的难题首先要从摸清离合词离析形式的"底细"做起,要搞清楚哪些是重点教授的离合词,哪些是非重点教授的离合词;具体到某个重点教授的离合词,它到底有多少种离析形式,哪些是优势离析形式等。这个工作仅凭语感是不够的,必须借助于大型的语料库。第二章已经对离合词的情况作了一个较为彻底的考察,考察的结果可以帮助我们很好地解决离合词的教学问题。

3.2 依据语料库考察成果教授离合词

3.2.1 离析方式

根据先"词"后"语"的原则,在学生充分掌握了离合词的形式和意义之后,就要把重点放在离合词离析方式的教学上。我们借助大型语料库得出每个离合词的离析形式及其使用频率数据,这些离析形式及各自使用频率的高低反映其在语言使用中的真实情况,是我们教授离合词的重要依据。我们可以将在语料中得出的离析形式按出现频率分清主次教授给学生,并解释清楚其用法。如"吵架":

表52 "吵架"离析形式一览表

方式 数值	了			过			一	补语 [完/起/上]	量词 (场)
	了	了+数量词	了+一	过	过+一	过+数量词			
数量 116条	18	2	34	29	5	4	12	11	1
比率	47%			33%			10%	9%	1%

例句:

(21) 我们刚才在球场里就[吵了架]。【文件名:\当代\文学\王朔a.txt 文章标题:一半是火焰,一半是海水 作者:王朔】

(22) 我刚从他们楼里出来,听我那班的一个同学说,谢惠敏跟石红[吵了一架],你快去了解一下吧!【文件名:\当代\文学\刘心武选集.TXT 文章标题:班主任 作者:刘心武】

(23) 我丈夫与我从来没[吵过架]。【文件名:\当代\读者\读者(合订本).txt 文章标题:作者:】

(24) 爸爸和我曾[吵过一架],吵得非常厉害,差不多已有一年了。【文件名:\当代\读者\读者(合订本).txt 文章标题:作者:】

(25) 在结婚以前,他们俩曾拉着手逛过几次公园,也狠狠地[吵过几回架]。【文件名:\现代\文学\四世同堂.TXT 文章标题:四世同堂 作者:老舍】

(26) 七姐,昨天晚上,阿巧跟我大[吵一架]?【文件名:\当代\文学\台湾作家\红顶商人胡雪岩.txt 文章标题:作者:】

(27) 他活着的时候,她跟他[吵起架]来,也很厉害。【文件名:\现代\文学\老舍长篇2.txt 文章标题:鼓书艺人　作者:老舍】

语料显示,"吵架"的离析形式中插入"了"和"过"是其高频离析形式,二者占到了总量的80%。此外,就横向看,"吵架"的离析形式中出现"一"的情况也很多,加起来共出现51例,也占总量的44%,因此,插入"一"也是"吵架"的主要离析形式。这样我们就可以通过统计结果确定离合词离析形式在语言中使用的主次,合理地安排教学重点。在讲授离合词的离析方式时,可以适当对高出现频率的离析形式进行重点讲练,并根据实际情况,兼顾其他离析形式。

3.2.2　语用特征

在教授离合词的离析形式及用法的同时,还要适时教授离合词的语用特征,比如离合词离析形式的语体特征、常出现的句式以及其他语用特征,使留学生能够得体地使用离合词。这一点,对于中高级水平的留学生来说尤为重要。

3.2.2.1　语体特征

近年来,人们越来越深刻地认识到区分语体在对外汉语教学中的重要性,如佟秉正(1997)、吕必松(1999)、冯胜利(2003)、李泉(2003)、冯禹(2005)等。

离合词的语体特征非常显著,离合词及其离析形式多出现于非庄重语体中,语体越正式,越不倾向于使用离合词的离析形式。如果,我们不告诉学生离合词离析形式的语体特征,学生就会犯一些语体错误。例如,学生作文课练习"计划"的写法,学生在"锻炼身体计划"中写道:

? (28)(三)坚持锻炼,每天晚上[跑一次步]。(摘自北京大学对外汉语教育学院中级班写作课一俄罗斯学生作业)

例(28)语法上似乎没有问题,但是我们觉得不是很得体,语感上觉得还是将数量词"一次"放在"跑步"后更合适。如例(29):

(29)(三)坚持锻炼,每天晚上[跑步一次]。

再看下面例(30),这是一个留学生写他的生活故事:

? (30)那儿我们认识很多外国学生那儿我认识阿里,吃饭以后,我们回去宿舍[睡觉一个小时],以后起床我们学习课文和生词我以后我们听音乐。

这段话语感上觉得"睡觉"后的数量词"一个小时"应该插入"睡觉"中,如修改后的例(31):

(31) 在那儿,我们认识了很多外国学生。我认识了阿里。吃饭以后,我们回宿舍[睡了一个小时觉]。起床以后,我们学习课文和生词,然后我们听音乐。

有的时候,人们难以解释上述情况到底是为什么。实际上,这是学生(包括有的老师)不太明白离合词离析形式的语体特征造成的。

离合词离析形式一般用于非庄重语体中,"计划"属于正式的书面语体,注重严肃客观,庄重程度高,因此例(28)用离合词离析形式不太合适;如果例(28)离析形式"跑一次步"用在非庄重语体中,如一般的叙述或口语会话中,就是得体的句子。例(30)正好相反,生活故事一般庄重程度低,口语化强,适合使用离合词的离析形式。

3.2.2.2 常用句式

离合词离析形式表现语言的主观性倾向,在句式上偏爱表现主观评论、主观意愿的句式,如逻辑关系句(条件句、假设句、因果句、目的句等)、心理-认知句、虚拟推测句、情态句、评议句、描写句、恒常句、感叹句、祈使句、疑问句以及否定句等。离析形式倾向于刻意凸现该事件以表达说话人的主观倾向。如:

(32) 他也想告诉丁约翰不要拿"英国府"当做铁杆庄稼;假若英国不[帮中国的忙],有朝一日连"英国府"也会被日本炸平的。【文件名:\现代\文学\四世同堂.TXT 文章标题:四世同堂 作者:老舍】

(33) 看蓝东阳那么滑头,他觉得自己是[上了当],所以他不愿再负领队的责任。【文件名:\现代\文学\四世同堂.TXT 文章标题:四世同堂 作者:老舍】

(34) 的确,你太老实了,你的母亲一生就[吃了老实的亏];她去世之后,你变得更沉默了,沉默得有点近乎呆。【文件名:\现代\文学\散文3.TXT 文章标题:流星 作者:谢冰莹】

(35) 我求你[帮点忙]!【文件名:\现代\文学\四世同堂.TXT 文章标题:四世同堂 作者:老舍】

知道这一规律后我们就能很好地解决留学生这些偏误了:

*(36) 在郑的撤职的压迫下,卑鄙无耻的姚也没有别的办法,不得不跟孟[结婚]了。

*(37) 阿Q也不是例外,他被赵太爷打了嘴巴才[出名]了。

*(38) 我真想再跟他[见面]一次。

*(39) 我也想老年人[结婚]了不是笨或者是流言。是很好。

以上各句都欲凸现说话人的主观倾向,都适宜用离合词的离析形式。这些句子可做如下修改:

(36′) 在郑的撤职的压力下,卑鄙无耻的姚也没有别的办法,不得不跟孟[结了婚]。

(37′) 阿Q也不例外,他被赵太爷打了嘴巴才[出了名]。

(38′) 我真想再跟他[见一次面]。

(39′) 我也想老年人[结了婚]不是笨或者是(害怕)流言,这是很好(的事情)。

这一规律多表现为一种倾向,所以教师在讲解例句和安排练习时,应该注意引导。此外教师还应该通过安排大量的阅读材料,增大认知输入频率,让学生真正体会到离合词的使用环境,建立起语感,自觉地使用离合词的离析形式。

3.3 利用语料库考察成果确定教学重点

前文谈到,离合词尤其是离合词离析形式的教授需要逐个习得,这无疑给教学带来很大的负担,因为《大纲》中离合双音节结构有几百个,每个离合词的离析形式也有若干,逐个习得的话,给教学带来的工作量肯定很大。不过我们可以依据语言现实,利用语料库考察成果,在摸清离合词家族详情的基础上,分清主次,对不同类型的离合词分别处理,这样就可以减少工作量,有的放矢地教学。

3.3.1 述补离析结构

《大纲》中有392个双音节离析结构,这392个双音节离析结构中,共有29个述补离析结构,如"打败"、"推翻"、"看见"、"提高"、"下去"等。这一部分中间插入成分固定:一般只插入"得/不",扩展后实际上是述补结构的可能式或结果式,而且述补结构单位的语义大致可以从组成部分上推出,我们可以不将其按离合词对待[①]。遇到这类离析双音节结构,我们直接将扩展形式"得/不"教授给学生即可。这种结构在教学中容易处理,如"看见"→"[看得/不见]"。

[①] 许多学者认为述补结构如"打败"、"看见"等不属于离合词,因为它们只能插入"得"和"不",不能做其他扩展。如邹立志、周建设(2005)等。

3.3.2　45个没有出现离析情况的双音节结构

通过CCL语料库进行检索,发现有45个双音节结构没有出现离析情况,它们是:

打败、播音、裁军、成交、出席、定点、犯浑、会客、建交、节能、结业、进口、救灾、据悉、抗战、旷课、廉政、留念、漏税、卖国、命名、命题、签证、乔装、请愿、缺席、入境、入口、失事、失效、逃荒、挑战、跳远、通商、同屋、吸毒、押韵、与会、越冬、造句、整风、值班、酌情、走私、坐班

语料库中没有出现离析情况的双音节结构,只能证明它们的离析率非常低,并不能证明它们没有离析的可能,因为语料库再大也不能代表语言的全部。但是语料库对语料的选择是全面而有代表性的,因而我们至少可以据此认定这些结构离析形式在现实语言中使用率很低,我们可以根据情况不将这些结构作为教学重点。

3.3.3　述宾组合结构

实际上,述宾双音节结构内部结合程度不一样,有的松散一点,接近词组或本身就是词组;有的内部紧密,有专门的意义。根据《现代汉语词典》(2005)对词组/短语和词的界定①,我们将词组/短语和离合词分开。前者如"回信、干活、办事、送礼、降价、汇款、罚款、饮水、分类、绘画、订货、录音、说谎、刹车、有用"等,这些基本上属于词组/短语②,我们称之为述宾组合结构。后者如"叹气、搞鬼、沾光、鞠躬"等,我们称之为述宾凝合结构。

对述宾组合结构,要区别对待。一部分述宾双音节结构内部结合程度松散,如"分类、绘画、订货、录音"等,不必按离合词处理(因为它们本来也不是词),直接告诉学生这就是由两个词组成的词组/短语,教授给学生前后两个词的意义、用法等就解决问题了,这一点对中高级学生来说尤为适合。

---

①　《现代汉语词典》(第5版)对条目进行了词与语素的区分。词典"在区分词与非词的基础上给单字条目、多字条目标注词类。""单字条目在现代汉语中成词的标注词类,不成词的语素和非语素字不做任何标注。"(总目第6页)我们不想介入到语素、词、词组/短语的界定的争论中。《现代汉语词典》是目前我国最具权威性的语文工具书,据此界定词和词组(短语)当具可靠性。

②　这些双音节结构AB在《现代汉语词典》(第5版)中单独列为词条,也标注了词性,但是词典在对其前项A和后项B单项条目解释时都分别注明了各自的词性,因此我们认为这些双音节结构是由两个词组成的,如"订货"。

如"订货",生词表中就可以分别注明:

订[dìng]:[动词]提前约定。～机票,～座。

货[huò]:[名词]商品。卖～,～车。

还有一部分双音节组合结构,如"上课、下课、下班、上班、报仇、打仗、出事、发财、发电、发火、发愁、负伤、撒谎、消毒"等,虽然《现汉》认定前后组成部分的义项条目都是词,但它们结构相对凝合,意义较为紧固。因此,它们更接近于离合词。我们称之为类词述宾结构。

这一类中,有些属于甲级词或乙级词,出于教学的方便,我们姑且按离合词进行处理,即:告诉学生这个组合有离析用法,并且告诉学生该组合的离析形式。因为对于初级阶段的学生来讲,告诉他们这个组合组成部分的意思,如"发烧"的"发"是什么意思,有点勉为其难。

宜按离合词处理的组合双音节结构共有 6 个,见表:

表 53 类词述宾组合结构表

序号	双音节结构	词级	离析例数	有效总量	离析频率
1	上课	甲	194	1373	0.141
2	下课	甲	33	240	0.138
3	看病	甲	79	759	0.104
4	发烧*	甲	26	431	0.06
5	上班*	乙	144	2254	0.064
6	下班*	乙	98	1538	0.064

不过,表 53 中,"发烧"、"上班"、"下班"的离析频率不高,低于 0.1,也可以视情况不作为教学的重点,这样宜按离合词处理的组合双音节结构就只有 3 个。除去这 3 个组合之外,其他类词述宾组合结构多为丙级词、丁级词,一般出现于中高级学习阶段,可以按一般述宾组合结构模式处理。

《大纲》中述宾组合结构有 111 个,这些结构除了上表所列的 3 个类词述宾组合结构外,其他 108 个可以按照词组教学的方法去教学,不必视其为离合词。

3.3.4 述宾凝合结构

述宾凝合结构是指双音节结构 AB 中 A 和 B 至少有一项属于语素,如"鞠躬"、"洗澡",或者 A 和 B 都是词,但结构的意义不能从字面上推出的双音节组合,如"听话"("顺从"义)。应该说这一部分是真正的离合词,也是我们教学的重点。

述宾凝合结构还可以分类,述宾凝合结构共207个,147个离析双音节结构离析频率极低(低于0.1),说明这些离析双音节结构的离析形式极少在语言中使用。对这些低离析频率离合词,在教学中可以根据实际情况不做重点讲解或不讲。凝合式述宾结构中有60个离析结构离析频率超过了0.1(见第二章表6),可以作为教学的重点。

周小兵(2004)指出,"对外汉语语法项目的选取必须考虑使用频率、交际需求,体现汉语总体的特征、学习难度。"王瑞敏(2005)也认为,"在教学时,就要分清主次,确定重点,对于那些交际价值较大、常用程度较高的基本句式,就要在教完之后的练习中反复强化,对于不怎么常用的扩展式可以只教不练,甚至不教。"

这一部分的教学,要抓住核心重点离合词,按照我们考察得到的每个词的离析形式,按照离析形式在实际语料中使用频率的多寡顺序,逐条教给学生(每个词的离析形式以及离析详细情况见本章附录一和本书附录七)。

3.3.5 确定离合词重点教学范围,减轻离合词教学负担

通过以上分析,我们的离合词重点教学范围只有类词述宾组合结构的3个和凝合结构的60个,共计63个(具体分析结果见图24,画斜线部分为重点离合词教学范围)。将这63个重点离析单位分散到初、中、高三个阶段学习,再按照适宜的教学方法(具体的教学例示见前文"吵架")进行教学,就会大大减轻教学负担,降低教学难度。

Sinclair J. M & Renouf(1988)在讨论英语教学时指出,"教学重点应放在语言中最常见的词形和这些词形的核心用法模式以及它们的典型组合上,频率最高的那些词用途广泛,并且它们的用法覆盖了主要的语法点。"他们的观点对离合词教学有一定的借鉴作用。

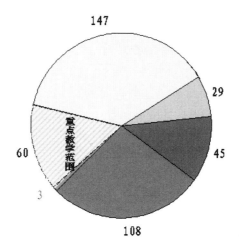

图 24　离析双音节结构分布图

4　离合词教学实践的初步验证

理论和设想需要实践的验证。笔者长期从事准中级班汉语教学,多年来准中级班的学生来源比较复杂,有来自美国、英国、西班牙、法国、韩国、印尼、日本、俄罗斯、哈萨克斯坦、泰国等国的留学生,还有一些来自欧亚国家的华裔学生。准中级班的学生一般正规学习汉语六个月左右。

准中级阶段是进行离合词教学的合适时机,因为学生已经认识了一些离合词,如帮忙、结婚、鞠躬、睡觉、洗澡、见面等。语法上准中级阶段处于语句由简单向复杂扩展的转折期。

笔者教学中使用的教材是《博雅汉语·准中级加速篇1》(李晓琪主编,北京大学出版社,2004年第1版)。教材中出现了20多个离合词,分布于16篇课文中。它们是:帮忙、结婚、鞠躬、睡觉、洗澡、见面、跳舞、游泳、散步、吃惊、毕业、吵架、担心、聊天、倒霉、砍价、离婚、请客、伤心、生气、失恋、干杯。

我们分别对2005年春、2006年春、2007年秋三期准中级班学生做了教学对比试验。

　　首先,在教授这些离合词的用法之前,笔者分别给学生作了测试。测试设计的离合词有:帮忙、见面、睡觉、洗澡、打架、唱歌、结婚、打针、请客、吃亏、吵架、考试、鞠躬、叹气、生气、当面、放假等。这些离合词大部分属于我们通过语料测定出来的核心离合词或重点离合词。为了进行一些方便有效的对比,我们也设计了少量非重点和非核心离合词,如考试、请客、打针、唱歌。测试的离析方式有插入"了"、"过"、"着"、"的"、名词/代词、形容词、数量词、补语形式和B提前等9种。有的离析方式如A重叠、插入"个"、数词以及插入动词性结构等4种情况,在实际语料中出现频率很低,且不太适宜测试准中级班学生,所以没有列为测试内容。测试的题型为两种,共20题:一是判断对错并改正(14题),二是把所给词语填入合适的位置(6题)。这样设计题型主要是出于测试客观、统计简便的考虑(所用测试题见本章附录三)。测试结果显示,这三期学生的正确率分别是12%、8%和9.5%。可见教离合词用法之前,学生还基本不能掌握离合词的离析用法。

　　接着笔者在一个学期的教学过程中,有目的地用本章提出的教学原则和教学方法对离合词的用法进行教授,即:在遇到这些离合词时,按照我们提出的教学原则,将该离合词的离析规律、优势离析形式顺序、语用条件等有步骤分阶段地教给学生,同时注重适时地加强学生学习离合词的语言输入输出频率和强度。结果效果明显:经过一个时期的学习,学生能够逐渐正确使用离合词。2个月后,我们再用相同难度的测试题[①]对教过的离合词进行测试,发现这三期学生的正确率已经分别提高到71.5%、83.6%和78%。此外,我们又通过学生作文进行验证,发现学生能够较恰当自如地使用离合词。请看2006年春准中级5班一个美国学生在第二次月考时(学习两个月后)写的一篇小作文(按原样誊录,不作任何变动):

　　(40)今天我八点起床,起床以后我就洗了半个小时澡。我一开门就*见面了我的同屋。他好像生谁的气,所以我就问她,"你怎么了?是不是昨天你跟谁吵过架啊?"她对我说,"如果跟谁吵过架就好了,不用现在这样的麻烦。你知道吗,昨天作业我还没做完,还有我只睡过两个小时

---

　　① 该测试题跟第一次测试题测试的题型、难度基本一致,只是语句和部分离合词有所变化,故文后不再附录。

觉！我非常痛苦。"我跟她说，"你别担心，别着急，有什么事你要我帮忙吗？"她问，"你可以帮我一个忙吗？"我说，"当然了！"她说，"我要放松一点儿，你能跟我散散步吗？"我对她说，"给我五分钟吃面包，我就能跟你去。"

学生作文中除个别地方离合词使用还有错误外（见画曲线部分），基本上能够自觉掌握所学离合词的离析方式和语用条件。不过我们发现，这三期学生中还有少数学生虽然学习了离合词的用法，但有的人到学期末的时候还会出现偏误反复情况，如还会出现一些病句：

（41）不过，别的朋友帮忙过我们＊，以后，我们一起散步。（准中级班学生作文）

（42）睡觉了八个小时＊以后起床了。（准中级班学生作文）

（43）但是我洗澡一个小时＊很院（晚），妈妈生气，跟我吵架。（准中级班学生作文）

（44）我吵跟我的朋友架一次＊。（准中级班学生作文）

这种情况可能跟个别学生在学习中离合词离析方式和用法输入输出的频率和强度不够有关[①]。

对比测试：我们知道，只在孤立的准中级班试验，没有试验对比，上述结论缺乏说服力。我们将测试题用于中级汉语语法选修课班和高级汉语虚词选修课班的学生，进行对比测试。经调查，这些学生没有被有目的地用本章提出的教学原则和教学方法教授过离合词的用法。

中级汉语语法选修课班（2005年春）有56人，他们来自汉语9—21班，跨度比较大。学生成分也比较复杂，分别来自欧亚美14个国家和地区。这些学生大部分正规学习汉语一年以上，已经学习过一些离合词的离析用法。

参加测试的学生31人，收回有效试卷25份。测试结果显示：这些学生离合词用法的正确率仅为27.8%。说明这些学生虽然学过离合词的用法，但是还不能自如使用。

2008年春，我们又对高级汉语虚词选修课班的学生做了测试。这些学生属于汉语高级班（22—32班），他们分别来自欧美亚非9个国家，被测试的学生一般能够较为流利地使用汉语进行交际。参加测试的学生15人，收回有效试卷10份。测试结果显示：这些学生离合词用法的正确

---

① 如学生缺课，上课不认真，没有足量完成练习作业等。

率仅为42.5%。这一结果跟我们用本章提出的教学原则和教学方法进行教学的效果相比,差别还很大。说明我们所采用的教学原则和教学方法在离合词教学上有很大优势。请看下表:

表54 高级汉语虚词选修班学生离合词测试数据表

试题号	正确数	错误数	正确率	测试项目(离合词/离析形式)
1	5	5	50%	跳舞/了+时量词
2	2	8	20%	打架+补语(起来)
3	3	7	30%	游泳/了+时量词
4	8	2	80%	请客/格关系定语
5	3	7	30%	不离析用法
6	4	6	40%	打针/了
7	7	3	70%	帮忙/格关系定语
8	1	9	10%	吃亏/形容词
9	2	8	20%	当面/代词
10	6	4	60%	考试/补语
11	8	2	80%	结婚/过
12	4	6	40%	鞠躬/了+数量词
13	4	6	40%	睡觉/了+时量词
14	0	10	0	洗澡/B提前
15	0	10	0	见面/的
16	5	5	50%	放假/了
17	7	3	70%	唱歌/着
18	6	4	60%	叹气/了+数量词
19	4	6	40%	生气/格关系定语
20	6	4	60%	吵架/过
统计	85	115	42.5%	

通过测试,我们发现,高级班的学生在运用离合词时还存在这样几个问题:

1) 能够使用离合词的简单形式,但难以应付复杂的离析形式。

如测试题 8,学生的正确率仅有 10%;测试题 14,学生的正确率为 0。主要原因是学生不能驾驭离合词的复合离析形式"吃那样大的亏"以及 B 提前的形式"一次澡也没洗过"。相反,离析形式简单的,学生容易掌握,如测试题 7、11、17 等。这些题中离合词仅插入"了"、"过"、"着"、"名词/代词"等简单形式,学生的正确率均在 70% 以上。

2) 会使用学过的离合词离析用法,不会使用没有学过的离合词离析用法。

如测试题 6,这道题离合词虽然插入形式简单,但学生的正确率还是比较低,正确率仅有 40%。通过调查了解到,这是因为很多学生没有学过"打针"的离析用法。测试题 2,很多学生没有学过补语"起来"在插入离合词时的特殊用法,因此,虽然知道"打架"在句子中应该离析,但是很多人将句子改为"她们又打起来架了"。相反,学生做测试题 10 时正确率比较高,这是因为"考试"在学生中的使用率高。

3) 不知道离析构式的整体意义。

我们知道,离合词离析形式是一种构式,具有整体意义。有的时候学生不知道离合词离析形式的这种特点,结果产生偏误。如测试题 19,很多学生不知道"生他的气"整体意义,结果选择了 B 位置。

4) 不知道离合词离析的句法语用条件。

在篇章中,如果说话人(作者)认为离合词代表的事件值得听话人(受众)的关注就采取离析形式刻意凸现,否则就不予离析。有的学生不知道离合词的这一特点,就将本来正确的测试题 5 的句子改为"他们结了婚已经十年"。结果本来正确的句子又改错了。

以上分析进一步验证了我们所采用的教学原则和教学方法的实用性和有效性。

值得提出的是,本试验只是一个初步试验,范围仅限于北大留学生;试验的方法和测试的题型也较为单一,这些因素都会影响试验的准确性。以后有必要逐步完善试验,发现问题,以进一步增强理论和方法的科学性和实用性。

5 增强汉语教学工具书的科学性和实用性

编写和利用词典等工具书也是语言教学的重要组成部分。我们可以将上述通过语料库考察的结果作为编写词典尤其是离合词学习词典的依据,以增强词典编纂的客观性、科学性和实用性,从而便于学生正确地学习。

目前,我国基于语料库语言事实组织编写,用于语言学习的实用词典还比较鲜见,许多学习词典的编纂者仅凭语感去自造用例。因此,基于语料库编写对外汉语学习词典尤其是离合词学习词典是我们离合词教学的迫切需要。

本章小结

本章通过中介语语料库实际考察了留学生离合词的使用情况。根据离合词的特点探讨了离合词的教学原则和方法,认为离合词教学应该遵循"逐个习得"、"先词后语"、"核心示范"和"相对充足的认知输入输出"原则。为保证这些原则的实施,要利用大型语料库得出的有关离合词及其离析形式的数据,确定教学重点,有针对性地进行教学,提高教学效率。实践证明,上述原则和方法在教学中具有较好的效果。

附录一　63个重点教学离析结构离析情况表

("＋"表示出现该离析形式;"○"表示未出现该形式)

离合词	了	着	过	的	补语	名/代词	形容词	数量词	数词	个	动词性	重叠	提前	出现量
睡觉	＋	＋	＋	＋	＋	＋	＋	＋	＋	＋	○	＋	＋	12
打架	＋	＋	＋	＋	＋	＋	＋	＋	＋	＋	＋	○	○	11
见面	＋	○	＋	＋	＋	○	＋	＋	＋	＋	＋	＋	＋	10
吃亏	＋	○	＋	＋	＋	＋	＋	＋	○	＋	＋	○	＋	10
跳舞	＋	＋	＋	＋	＋	＋	＋	＋	＋	＋	○	＋	○	10
生气	＋	＋	＋	＋	＋	＋	＋	＋	○	＋	＋	○	＋	10
操心	＋	＋	＋	＋	＋	＋	＋	○	○	＋	＋	○	＋	9
念书	＋	＋	＋	＋	＋	＋	○	○	○	＋	＋	○	＋	9

第十一章 离合词教学的理论与实践 267

续表

词														总数
请假	+	+	+	+	+	○	+	+	○	+	○	○	+	9
上课	+	+	+	+	+	+	○	+	+	○	○	○	+	9
鞠躬	+	+	+	+	+	○	+	+	+	+	○	○	○	9
洗澡	+	+	+	○	+	+	○	+	○	+	○	+	+	9
帮忙	+	○	+	+	+	+	+	+	○	+	+	○	+	9
吃苦	+	○	+	+	+	+	+	+	○	○	+	○	+	9
结婚	+	○	+	+	+	○	+	+	○	+	○	○	+	8
照相	+	○	+	○	+	○	+	+	+	+	+	○	+	8
开课	+	○	+	○	+	+	+	+	+	+	○	○	○	8
问好	+	+	+	+	○	+	+	○	+	+	+	+	+	8
沾光	+	+	+	+	○	+	○	+	○	○	○	+	+	8
排队	+	○	○	+	+	+	+	+	○	+	○	○	+	8
鼓掌	+	+	○	+	○	+	+	+	+	+	+	○	+	7
理发	+	○	+	+	+	○	+	+	+	+	+	○	+	7
伤心	+	+	+	○	+	+	○	○	○	○	○	+	+	7
上当	+	○	+	○	+	○	+	+	+	+	+	+	+	7
争气	+	○	○	○	+	+	+	+	○	○	+	○	+	7
看病	+	○	+	○	+	+	+	+	+	○	+	○	+	7
叹气	+	+	○	○	+	+	+	+	○	○	○	○	○	6
吵架	+	+	○	○	+	+	○	+	+	○	○	○		6
打针	+	○	+	○	+	○	+	○	+	+	+	+	○	6
倒霉	+		+		+	+	+	+	○	○	○	○	○	6
丢人	+	○	○	+	+	+		+	○	○	○	+	○	6
告状	+	○	+	+	○	+	○	+	○	○	○	○	○	6
化妆	+	+	+	○	+	○	○	○	○	○	○	+	+	6
站岗	+	○	+	○	+	+	+	+	○	○	○	○	○	6
拜年	+	○	+	○	+	○	+	○	+	○	+	○	○	6
拐弯₂	+	+	○	○	+	○	○	+	○	+	○	○	○	5
狠心	+	+	○	○	+	○	+	○	+	○	+	○	○	5

续表

词	1	2	3	4	5	6	7	8	9	10	11	12	计
接班	+	○	○	+	+	+	○	○	○	○	+	○	5
敬礼	+	○	○	○	+	○	+	+	○	+	○	○	5
做主	+	○	○	+	+	+	○	○	○	+	○	○	5
放假	+	○	○	+	+	○	○	+	○	+	○	○	5
听话	+	○	+	○	○	+	○	+	○	+	○	○	4
插嘴	+	○	○	○	+	+	○	+	○	○	○	○	4
吵嘴	+	○	+	○	+	+	○	○	○	○	○	○	4
出名	+	○	○	○	○	○	○	+	○	○	+	○	4
出神	+	+	○	○	+	+	○	○	○	○	○	○	4
翻身	+	○	○	○	+	○	○	+	○	○	+	○	4
干杯	+	○	○	○	○	○	+	○	+	○	○	○	4
走道	+	○	○	○	+	+	○	+	○	○	○	○	4
发烧	+	+	+	○	○	○	○	○	○	○	○	○	4
吃惊	+	○	○	○	○	○	+	○	+	○	○	○	3
当面	+	+	○	○	○	+	○	○	○	○	○	○	3
把关	○	○	○	○	+	+	○	○	○	○	○	+	3
搞鬼	+	○	○	+	○	+	○	○	○	○	○	○	3
挂钩	+	○	○	○	+	○	○	○	+	○	○	○	3
交手	+	○	+	○	+	○	○	○	○	○	○	○	3
留神	+	+	○	○	○	○	+	○	○	○	○	○	3
泄气	+	○	○	○	+	○	○	○	○	○	+	○	3
劳驾	○	○	○	○	+	+	○	○	○	○	○	○	2
随便	○	+	○	○	+	○	○	○	○	○	○	○	2
随意	○	○	○	○	+	○	○	○	○	○	○	○	1
下台	○	○	○	○	+	○	○	○	○	○	○	○	1
下课	+	○	○	○	○	○	○	○	○	○	○	○	1
遭殃	+	○	○	○	○	○	○	○	○	○	○	○	1

附录二 北京语言大学中介语语料库 16 个高频离合词偏误句[①]

【把关】0 条

【帮忙】10 条

例 44：高级官员决定了【帮忙】作者的事情！

例 38：只是我的朋友【帮忙】她打电话，看病等

例 39：她把自己自行车放在那儿，就【帮忙】我，很感动她的亲情.

例 40：表示心甘情愿【帮忙】我的意思。

例 32：为什么乔治先生这样【帮忙】了我们？

例 31：所以鲁肃【帮忙】孔明。

例 153：他做是做，可他在路上遇到了白胡子老头把信改为了事和去太阻姑娘那儿她妈妈【帮他的忙事】，都不是自己想办法的。

例 164：所以我想教他们日语，而且【帮他们助】。

例 692："我了解你的热情和心里而且【帮助你的忙】。"然后，他介绍阅览室老师让我准备课本。

例 699："我了解你的热情和心里而且【帮助你的忙】。"然后，他介绍阅览室老师让我准备课本。

【吃惊】6 条

例 55：还有晚上她家的老人抽鸦片，【吃一惊】。

例 226：我又【吃大惊】了。

例 244：这一段时间，不知几次【吃惊】了！

例 260：这时农民突然说"国王这其实不是我搞的""那是谁搞的呀？""我妈"国王一听【吃了大一惊】农民继续说：

例 308：我【吃一惊】问她：

【吃苦】1 条

例 20：她为生育我们五个孩子一辈子【吃苦】，牺牲。

【吃亏】6 条

例 7：也有我这么说的所根据，人不可貌相，可是马而立的外貌却是

[①] 偏误句中有些语句相同，语料库状态如此，为保持语料的客观性，原貌照录。

给他带来许多【吃亏】。

例 10：在我的过去中的事情是无所谓,重要的是在我的未来中会不会象马而立那样大的【吃亏】。

例 11：也有我这么说的所根据,人不可貌相,可是马而立的外貌却是给他带来许多【吃亏】。

例 17：在我的过去中的事情是无所谓,重要的是在我的未来中会不会象马而立那样大的【吃亏】。

例 27：虽然他最后当了个组偿,来负责成立一个攻作组研究加固方案,但这二十多年参加劳动,这二十多【吃亏】的年不能算清了。

例 33：他总是关于要紧的场合中老是【吃了亏】,他在建筑设计所工作到已经五年了,正常的话,他应该担当副科长的地位,而且工资也加一级。

【出名】2 条

例 8：阿 Q 也不是例外,他被赵太爷打了嘴巴才【出名】了。

例 9：读完《围墙》这个课文后,我们可以了解马而立为什么【出名】了。

【当面】1 条

例 4：所以以前和父亲吵架的时候,我【当面】说过"我不尊敬你。"

【见面】43 条

例 57：我也不知道下次什么时候才能【见面】了。

例 58：下课以后我们学习一点,傍晚又【见面】。

例 140：人呀,两,三次【见面】不了解他是个什么样的。

例 177：我没想到我们在中国又【见面】。

例 180：李三和刘四在学毕业以后,差点儿没【见面】

例 188：毕业回国以后我们五个月都没【见面】。

例 199：过了几天,我们在电梯前边又见面了,从此以后,我没有【见面】过她,我们这样陌生了。

例 203：祭完以后为【见面】很久未见的老朋友,人们访问邻居。

例 214：我们去中国的学生都很高兴地互相【见面】。

例 220：每周我至少跟他【见面】两次。

例 234：我真希望能在北京【见她的面】。

例 237：鲁大海是个正义感的年轻人，他向老板周朴园对公司的不公道理反抗找他家来，两家都是第一次宿命论地【见面】了。

例 253：在那边【见面】了很多老朋友也认识很多新的。

例 265：前几天她告诉我期末考试考完以后回国，肯定永远不能再【见面】你，她说……

例 270：后来，因为六个人全部都结婚了，公司的事又太忙，所以现在一年只【见面】三，四次。

例 289：把四个年的生活结束的毕业式的那天晚上她给我打电话很低声说："真对不起你今天我【见面】他，知道了我的心情，我根本忘不了他，对你真对不起，我再不能接受你的感情。"从此以后到来中国的三天来，不，不然、现在也努力又努力改变她的心意，可是神总是没有帮我，这才都结束了。

例 290：我只有两个地方能【见面】他们，一个是我的屋里，一个是厕所里。

例 291：我一【见面】他们就高兴了。

例 298：所以学生们都不想【见面】校长。

例 302：为什么她听到孟莲莲说的话以后要【见面】姚敏生呢？

例 305：我真想再跟他【见面】一次。

例 306：他还没有【见面】一个女朋友。

例 308：上帝同情他们就让他们一年中可以【见面】一天。

例 309：在这种的晚会，他们有机会【见面】一样的年龄的人；

例 320：虽然我没【见她的面】，但是我永远不能忘记她的面容，也不能忘记她对我的关心。

例 326：我的眼睛不能不变为很大大的眼睛在我的心里，逐渐开始涌起很难说明的感情那时候，因为我虽然不是中文系，可是对中文下着很多工夫，所以我看了有人念汉语就很高兴得好像再【见面】有个老朋友了。

例 330：原因是如果毛芳华【见面】赵吉高黄昏的时候的话，没发生一面抽泣，一面把孩子抱了起来，摇摇晃晃地走回去的情况。

例 374：太可惜那家的主人到上海出差了所以没【见面】，可是太太，还有13岁的女儿、6岁的儿子都热烈地欢迎我跟我的同房。

例 375：到十八岁的九年我们虽然一次也没【见面】，可是一次也没忘记写贺年片。

例391：在一个偶然的机会去日本留学，在一个日本语学校跟中国人【见面】，

例404：我们在国贸中心【见面】，然后去吃晚饭。

例449：【见一次面】，谈的时间更长。

例516：那天早上九点半，我们在学校的西门【见面】，以后为了包一天的车，找一找面包车。

例522：我跟她一天一小时【见面】，用汉语说。

例578：我很久没有跟亲友们【见面】；而且很久没有回家，

例693：虽然我本人还算年轻可跟"爱"【见了面不少次】。

例787：他们都是那天第一次【见面】的。

例991：但是中国人跟生人【见了面】的时候对对方说"你好"但是跟熟人见面的时候按照例1149：1925年，冬天军阀时代的北京，在这个混乱时代，小楼和蝶衣【见了面】第一次.

例1244：我们结婚以前每个月要【见面】二、三次。

例1744：每周我至少跟他【见面】两次。

估计的他想作什么来招呼对方.

例1331：过了几天，我们在电梯前边又见面了，从此以后，我没有【见面过她】，我们这样陌生了。

例1768：过了几天，我们在电梯前边又见面了，从此以后，我没有【见面过她】，我们这样陌生了。

例1783：我第一次【见他的面了】。

【结婚】24条

例368：他再说他不学完英文就不结婚但是后来他跟他的对象【结婚】

例400：我的弟弟是前年【结婚】的。

例401：他和他的妻子就是在那边【结婚】的。

例402：他们自由恋爱【结婚】的。

例568：听说他们那个时候刚刚结婚，而且以前都没【结婚】过。

例569：因为郭沫若1914年东度日本，先后在日本东京第一高等学校，冈山第六高等学校，九州帝国大学医学部学习，他度赴日本好几次，翻译日本很有名的小说家的作品，而跟日本女性【结婚】过，所以这样的事可以说，是他非常关系到日本。

例673:但是皇帝杀不了她,第二天皇帝举行了很大的婚礼也跟她【结婚】了.他们的生活变成了很有意思。

例679:在郑的撤职的压迫下,卑鄙无耻的姚也没有别的办法,不得不跟孟【结婚】了。

例684:虎姐的爸爸不让她嫁给祥子,但他们还【结婚】了。

例724:一九六八年以后她们陆陆续续上山下乡,一部分人在农村【结婚】了,但还有不少人既在一同上山下乡的知青中找不到合适的对象,又不愿意和当地的农民结婚,那在原来居住的城市找对象吧,城市人又不愿意要她们,因为她们的户口迁不回来,于是她们的婚事就耽搁了下来。

例725:两个人虽然终于【结婚】了,但是爱情、婚姻基础在哪里?

例750:这些爸爸的姐姐和妹妹早就【结婚】了,有了自己的孩子,就是大姐一直没结婚,她也不工作了。

例767:我也想老年人【结婚】了不是笨或者是流言。是很好。

例769:我的表姐是【结婚】了和有两个孩子,有一个男,有一个女。

例775:许多想结婚的年轻人不能结婚,因为他们没有房子,即使【结婚】了也没有地方住,

例776:尤其是我两个姐姐【结婚】了以后,我在家的时候既当父母的朋友又当很好的协助者.

例777:年轻人找到工作或者【结婚】了以后离开父母的家。

例778:今年二月份,我【结婚】了以后在一起生活的时间不到六个月,我们就不得不分手了。

例779:我很小的时候想不出来,可是我已经长大了,而且【结婚】了又有了孩子。

例1081:我结了【婚】两年以前,我妻子的名字金美先。

例1091:在郑的撤职的压迫下,卑鄙无耻的姚也没有别的办法,不得不跟孟【结婚】了。

例1092:她是真正的女人,她后来跟小楼【结婚】了。

例1093:他当然不要这一些,所以第二天就【结婚】了。

例1173:后来在县委书记郑霆的包办下,他们没有爱情的基础上【结婚】了,姚敏生被迫不得已跟她结婚了。

【鞠躬】2条

例3:不久,腊月含着眼泪告别,"爷爷,您要按时吃药…,少抽些烟…

多保重！"腊月忍住泪,向父亲深深一【鞠躬】,马上转身向外跑去。

例12:听着父亲生气了他说别忘了你爸爸就是个乡巴佬你是乡巴佬的女儿我身上还流着大巴山乡巴佬的血腊月忍住泪向父亲深深一【鞠躬】转身向外跑去那时候父亲对晓梅说你给我追回来这小话剧是离休的干部的生活离休人的心情谁也不知道。

【上当】1 条

例2:其结果有的消费者觉得被【上当】了,有的消费者觉得满意。

【生气】2 条

例298:晓梅【生气】了很多。

例306:一发现他捉的比王胡少就【生气】起来。

【睡觉】19 条

例30:"嗯…失眠…"因为大夫看病人的眼皮,他知道病人是【睡不到觉】的。

例36:我想再睡一会儿,可【睡不觉】。

例37:【睡不觉】吗?

例153:他每天【睡觉】得比我早多。

例278:吃中饭以后我【睡觉】一个小时。

例279:我常常中午【睡觉】一个小时。

例280:然后在车内【睡觉】一个小时,从七点半开始滑雪。

例281:那儿我们认识很多外国学生那儿我认识阿里,吃饭以后,我们回去宿舍【睡觉】一个小时,以后起床我们学习课文和生词我以后我们听音乐。

例282:比如他比我早起床一个小时.也比我晚【睡觉】一个小时 。

例283:恨不得再【睡觉】一下。

例284:吃完饭我【睡觉】一下,

例424:吃中饭以后我【睡觉】一个小时。

例425:我常常中午【睡觉】一个小时。

例426:然后在车内【睡觉】一个小时,从七点半开始滑雪。

例427:那儿我们认识很多外国学生那儿我认识阿里,吃饭以后,我们回去宿舍【睡觉】一个小时,以后起床我们学习课文和生词我以后我们听音乐。

例 428：比如他比我早起床一个小时.也比我晚【睡觉】一个小时

例 429：恨不得再【睡觉】一下。

例 430：吃完饭我【睡觉】一下,

例 539：我想再睡一会儿,可【睡不觉】

【洗澡】3 条

例 65：第二天早晨我们就起床,连【洗澡】来不及就去参观长城了。非常有意思,那么好玩儿的地方,那么宏伟的墙,

例 67：我在那住四天,但其间一次也没【洗澡】了。

例 85：休息一会儿,【洗澡】以后,躺在床上时,从窗外,听见下雨的声音,就拉开窗帘儿看,细细地雨像新娘似的下着。

【叹气】1 条

例 70：他走之后,他爱人【叹一口气】,自言自语地说,……

附录三 离合词使用情况测试题

一、判断对错并改正：

1. 她跳舞了一个小时。（　）

2. 她们又打架起来了。（　）

3. 昨天他游泳了一会,又去了一趟公园。（　）

4. 我今天请客你。（　）

5. 他们结婚已经十年了。（　）

6. 护士给了他打针。（　）

7. 她把自行车放在那儿,就帮忙我,我很感激她。（　）

8. 我不会像哥哥一样那样大的吃亏。（ ）

9. 以前和父亲吵架的时候，我当面他说过"我不喜欢你。"（ ）

10. 前几天她告诉我，他考试完以后就回国。（ ）

11. 那个时候他们刚刚结婚，他们以前都没结婚过。（ ）

12. 王红忍住泪，向父亲鞠躬了一个，马上转身向外跑去。（ ）

13. 我在车里睡觉了一个小时，然后从七点半开始滑雪。（ ）

14. 我们在那住了四天，其间我们一次也没洗澡。（ ）

二、把所给词语填入合适的位置：

15. 他们去年A十月份在三里屯的一个舞会上见B面C，从那以后他们就一直有联系D。　　（的）

16. 我让孩子们放A假B就去旅C行D。　　（了）

17. 我抬A头一看，只见她唱B歌C走D过来。　　（着）

18. 说到伤心A处，他禁不住叹了B一口C气D。　　（长）

19. 因为小明不洗A澡，B妈妈生C气D。　　（他的）

20. 我最近才听说A他们B以前曾经吵C架D。　　（过）

第十二章 结　语

1　语言的常态现象和异态现象

本书通过对离合词现象的统计、考察和分析研究发现,实际语言中绝大部分离合词"合"的状态大于"离"的状态。在超过一亿字的庞大语料库中,207个离合词中离析例数超过100例的仅有35个,只占17%,绝大多数(172个,占83%)离合词的离析例数在100例以下。207个离合词的平均离析频率仅有0.059,离析频率超过0.5的只有4个;71%的离合词离析频率低于0.1,86.5%的离合词其离析频率低于0.2。就离合词离析形式而言,大多数离合词(占68.1%)出现的离析形式种类在四种以下;出现七种以上(含七种)离析形式的离合词,只占15%;出现九种以上(含九种)离析形式的离合词,只占6.8%;而出现11种以上(含11种)离析形式的离合词,则不到1%（见第二章统计）。因此,我们可以说,所谓离合词,实际上"合"为常态(normality),"离"为异态(abnormality),离合词离析是一种异态现象(abnormal phenomenon)。

语言的异态现象多表现说话人的主观意图。离合词离析形式多出现于非庄重语体中,它突破常态语言形式的束缚,形式灵活、新鲜活泼,是说话人的语言创造。

汉语是这样,其他语言也有类似情况。如英语中也有一种类似离合词的形式:在口语中,人们为表达强烈的情感,常常在一些词中插入主观感情色彩浓厚的语言成分,如bloody、fucking、goddam等,形成一个新异的主观表达形式[①]。如:

  wonderful　　→　　wonbloodyderful;
  fantastic　　→　　fanfuckingtastic;
  handicap　　→　　handibloodycap;

[①] 参见赵彦春(1999)、王文斌(2001)等。需要说明的是,这种形式与汉语离合词离析形式有一点不同,即前者是在词法层面上进行,而后者已经突破词法层面,进入句法层面了。

propaganda → propafuckingganda;
economics → ecofuckingnomics;
kalamazoo → kalamagoddamzoo;
unbelievable → unbefuckinglievable;
……

功能语言学认为,一种形式表现一种功能。表面上独特的语法形式一般都存在特定的功能目的(Goldberg 2006)。说话人运用语言时脱离语言形式的常态,意在引起听话人的注意,凸现自己的主观意图,这一规律反映了语言形式和语言功能之间的关系。已有的研究证明这一规律在语言中具有普遍性。

Osgood(1980)区分出自然语言的两种语序:自然语序和特异语序,认为自然语序立足于概念,特异语序则负载着说话人的兴趣、心理焦点等。Arie Verhagen(1995)研究认为在荷兰语中语句的主观解读和客观解读反映在语言形式上,就是二者的结构不同(Stein & Wright 1995。)请看:

(1) [*Er klonk applaus*] toen hij bloofde de grondwet te zullen verdedigen

[There sounded applause] when he promised the constitution to shall defend

[Applause resounded] when he promised to defend the constitution

(2) [*We gaan naar de Kamer*] omdat het debat spannend belooft to worden

[we go to the Chamber] because the debate exciting promises to become

[We will go to the House] because the debate promises to be exciting

荷兰语在表现语言的客观性的时候,语言形式码化为 S(O)V₁—OV₂;而表现语言主观性的时候,则码化为特异语序:S(O)—V₁V₂。这样的现象在英语、德语等许多语言中普遍存在(Stein & Wright 1995)。汉语中同样存在这种情况,如倒装句、动词重叠等。

一般来讲,新的语言形式常常是为了增强表达效果、凸现说话人的交际意图而产生的。语言中新的语言形式兴起之时,相对于普遍使用的相关语言形式来讲,新颖特异,常被视为异态。

如汉语中"将"字句与"把"字句的更替:汉语史上一段时期在表示处置义的句法中,"将"字句是普遍使用的形式,是常态。"把"字句是新的形式,被视为异态,"把"字句多表现语言的主观性。有意思的是随着"把"字句的普遍使用而"常态化","把"字句的主观化功能也在逐步弱化。"被"字句也是这样,在产生之初多表示不如意的事情,但随着"常态化",现在中性义甚至如意义也能表达,其主观性大为减弱。(沈家煊 2002)

再如程度副词的更替也是如此:"很"使用的频率较其他程度副词高得多,因此其强调功能就逐渐减弱,突出表现为"很好"与"好"几乎没有意义上的区别。因此目前年轻人在口语中强调自己的主观意愿的时候,一般不用"很＋形容词"、"非常＋形容词"等常态形式,而常常用"暴＋形容词"、"超＋形容词"、"巨＋形容词"等新的形式。请看下面笔者从网上看到的某 blog 上的一段话(着重号为笔者所加):

(3) 啦啦啦啦——心情暴好……看完以后,觉得展览超好,我说,我还有一张多余的票,那孩子说他也有,不过没带,我说正好,我也没带,我们回去拿票再来看一次好了。于是这个展览我上午看了一次下午又看了一次……上午我是 11 点多去看的,人暴少暴少,三十分钟放映一次的短片居然只有二三十人看……我还顺便买了一套纪念版邮票,不过是新加坡版的,暴丑……想要中国版的啊啊啊啊啊啊啊啊啊啊!! 大家若是看到了,帮我买一套吧,感激感激感激的说~

(http://oranjeapple.spaces.live.com/blog/cns! C7B6B4E0C8CEDDD6! 663.entry)

语言形式上"新"与异态有时是相辅相成的,最初产生的语言形式常常表现为异态,而异态形式则常表现"新"的语义语用功能。有的时候随着新的语言形式使用的普遍化,这种语言形式就逐渐"常态化"。但是也有一些语言形式使用频率低未必(或难以预测)向"常态化"过渡,动词重叠是这样,离合词离析形式也是这样。因此"常态"语言形式与"旧"的语言形式,"异态"语言形式与"新"的语言形式未必完全画等号。

离合词的异态现象揭示了语言的一条内在规律:语言的异态现象多表现说话人的主观意图。目前语言研究和实践中还没有完全重视语言的常态形式和异态形式这一对范畴,表现为人们常将语言异态形式按照一般的语言形式对待,以致难以理清纷繁的语言形式背后的规律。

"科学研究的经验表明,发现某一独特现象,并不能直接促进学术的发展;只有将某一独特现象纳入科学体系之中并给予合理的解释,才能促进科学的发展。"(陈前瑞 2008)本书通过对离合词离析形式的考察,探讨了异态语言形式的功能,这对丰富语言学理论和指导语言学实践具有一定的意义。至于汉语中还有哪些异态形式以及如何界定等问题还有待深入探讨,相信这是一个有潜在理论和应用价值的领域。

2 本书创新之处及可能存在的问题

2.1 本书的创新之处

2.1.1 借助大型语料库,以真实语料为基础,以归纳法为主要研究手段进行定量研究

离合词是一个内部复杂的群体,内部的一致性较差。以往的研究多靠直觉、靠内省的方法获得语料,然后用演绎法进行研究得出结论,结果人们对离合词现象还是莫衷一是,这在很大程度上归咎于我们没有全面掌握语言事实。本研究是在真实语料的基础上,对语言现象进行归纳,发现了一些鲜为人知的现象。

我们以大型语料库为基础对《大纲》中的每个离合词逐一进行了详尽的考察统计整理,基本上摸清了这些离合词的"家底"。比如,实际语料中哪些双音节结构出现离析现象,哪些不出现离析现象?出现离析现象的离合词,其离析情况(离析频率、插入方式等)怎样?离合词共有多少种离析方式?这些离析方式地位是否相同?离合词在什么情况下离析?这些都有翔实的数据支撑。这样扎实的统计数据不仅对离合词的理论研究而且对对外汉语教学实践也是极其有用的。因为"统计数字能够向我们提供模糊的语感所不能提供的更细致、更准确的描述,更能让我们发现一些未能预料的现象"。(张正生 2005)

2.1.2 运用功能主义的理论和方法,将离合词问题上升到现代语言学的高度去考察

以往对离合词离析现象的探讨,受传统语言学的影响,多着眼于离合词的命名、离合词的区分定性、离合词的扩展形式等方面。这些方面的探讨,从某种意义上来讲,有一定的必要性。但总的来看,研究方法比较单一,思路比较狭窄,缺乏现代语言学视野。我们运用功能主义的理论与方法,从语言的交际功能,从语言服务于人们日常交际和互动的功能,以及语言所负载的全部的认知、社会属性等方面去探讨,取得了一些进展。

2.1.3 以交际功能为核心,从影响离合词离析现象的外部机制入手探讨离合词的规律

语言是社会的产物,语言是人类交际的主要工具,语言及语言内部结构的产生和发展不可能脱离社会因素的影响。只研究语言内部系统其然,而不研究影响语言内部系统运作的外部所以然,这样的语言研究是不完整的。

用法先于语法,就离合词研究而言,我们对离合词离析现象除了进行"静态"的分析外,还着重进行了"动态"的考察。因为离合词离析能力的强弱、插入成分的多少、使用频率的高低等等,不完全由语法、语义支配。(谢耀基 2001)

以往研究大部分只关注于离合词的内部结构等方面,而对其外部因素关注不足,我们在离合词研究中注重从影响离合词现象的外部因素入手,从"动态"的角度探讨离合词的规律,在一定程度上弥补了以往研究的薄弱点。

2.1.4 打破词法和句法的界限,不过分纠缠于词与短语的划分

离合词及离析形式是构式。构式语法认为,构式是形式和功能的统一体。语法是一个构式的连续统,词汇和句法结构的本质是相同的,它们之间没有严格的界限,都是以某种形式表达了人类认知对现实的反映。

就汉语来讲,汉语的复合词主要从短语发展而来,昨天的句法就是今天的词法,词法和句法相通。在离合词的考察和研究中,我们打破了词法和句法的界限,并不过分纠缠于词与短语的划分等问题,而专注于离合词功能的研究,使我们跳出了传统研究的窠臼。

2.1.5 注重区分语体,深化了离合词研究

以往的离合词研究,几乎没有从语体的角度去考察离合词现象的。我们通过对实际语料的统计考察了离合词离析现象在不同语体中的分布情况。发现离合词离析现象多出现于口语化的小说戏剧等文学作品中;语体的庄重程度是影响离合词离析现象隐现的前提条件,在该前提条件相同或相近的情况下,语体语言的主观性程度是影响离合词离析现象隐现的制约因素。

这项研究提高了我们对离合词语体分布的认识,在一定程度上深化了离合词研究。

2.1.6 发现了一系列现象,找出了隐藏在这些现象背后的规律

我们发现,在实际语言中绝大部分离合词"合"大于"离"。离合词中,

大部分是表示普通的日常生活行为的词和个人自身动作的行为词,而且越是表现日常行为的离合词,其离析频率越高,其离析形式越丰富。

实际语料中,离合词离析形式可以大致归纳为 13 种。统计发现,离合词插入"了"的离析方式最多,而插入动词性成分的情况最少。离合词离析形式的出现种类与以这些形式离析的离合词的数量和所占比例成反比:越是离析形式种类少的离合词,其数量和所占比例就越大;反之亦然。大部分高离析频率离合词常常也是现实生活中高使用频率的词语。低使用频率离合词也常常是低离析频率离合词。

离合词离析结构是一种构式,功能上表现说话人的主观倾向,这是支配离合词离析现象的内在规律。离析形式出现类型及出现频率、离析形式次类的选择、离合词语义语用篇章表现等都受该规律的支配。离析构式的主观性倾向这一规律可以理清许多相关现象。如离析结构句的低及物性问题、离析结构句的背景化问题、离析结构偏爱的句式问题、离析结构句出现的语体问题以及离合词熟语化和离合词离析动因等一系列问题。根据离合词的这些特点我们还可以确定离合词的教学原则和方法,有效地解决离合词教学中的一些难题。

通过对离合词离析形式的考察,我们发现,离合词"合"是其常态,"离"是"异态"。我们认识到语言中异态形式一般具有主观性倾向,这对丰富语言学理论和指导语言学实践具有一定的意义。

2.2 本书可能存在的问题

2.2.1 离合词的圈定

主要依据《现代汉语词典》(第 5 版)关于词和语素的标注去确定离合词,不能保证完全准确。因为汉语的特性使然,即使《现代汉语词典》对词和语素的划分也难以让大家一致接受。

2.2.2 理论运用及观点表述问题

本书主要运用功能主义的理论和方法进行研究,涉及浮现语法理论、交际功能理论、构式理论、主观性理论等。由于笔者对语言学理论修养还有待提高,有时可能在某些理论的运用上有所疏误,希望各位专家批评指正。

参考文献

白金莲(2007)以蒙古语为母语的学生汉语学习中的离合词问题研究,内蒙古师范大学硕士学位论文。
白　玉(2008)论离合修辞问题,《渤海大学学报》第3期。
北京语言学院语言教学研究所(1986)《现代汉语频率词典》,北京语言学院出版社。
卞成林(2000)《汉语工程词论》,山东大学出版社。
布龙菲尔德(1997)《语言论》,袁家骅等译,商务印书馆。
蔡国妹(2002)离合词探源,《喀什师范学院学报》第1期。
曹保平、冯桂华(2003)"离合词"的构成及离合规律,《广播电视大学学报》(哲社版)第4期。
曹乃玲(1994)离合词浅说,《吴中学刊》第2期。
常晨光(2006)语言研究与语言事实,《外语艺术教育研究》第2期。
陈　刚(1980)试论"着"的用法及其与英语进行式的比较,《中国语文》第1期。
陈嘉映(1999)说大小,《读书》第3期。
陈建民(1984)《汉语口语》,北京出版社。
陈前瑞(2003)汉语内部视点体的聚焦度与主观性,《世界汉语教学》第4期。
陈前瑞(2008)句末"也"体貌用法的演变,《中国语文》第1期。
陈宁萍(1987)现代汉语名词类的扩大——现代汉语动词和名词分界限的考察,《中国语文》第5期。
陈望道(1980)《陈望道语文论集》,上海教育出版社。
陈　玮(2006)对外汉语离合词的偏误分析和教学,《语文学刊》第1期。
陈园婕(2007)现代汉语离合词语变式结构表达范畴的认知分析,四川大学硕士学位论文。
储泽祥(1996)动宾短语和"服从原则",《世界汉语教学》第3期。
崔四行(2008)离合词与核心重音,《汉语学习》第5期。
崔新丹(2008)基于新疆少数民族习得汉语语料库中离合词的研究价值,《和田师范专科学校学报》第4期。
大河内康宪(1985)量词的个体化功能,《中国语学》232号;又见《日本近现代汉语研究论文选》,大河内康宪等主编,北京语言学院出版社,1993。
戴浩一(1990)以认知为基础的汉语功能语法刍议(上),《国外语言学》第4期。

丁声树等(1961)《现代汉语语法讲话》,商务印书馆。
董秀芳(2002)《词汇化:汉语双音词的衍生和发展》,四川民族出版社。
董燕萍、梁君英(2002)走近构式语法,《现代外语》第2期。
段业辉(1994)论离合词,《南京师大学报》第2期。
范继淹(1982)论介词短语"在+处所",《语言研究》第1期。
范　晓(1980)词同语素、词组的区别,《语文学习》第9期。
范　晓(1981)怎样区别现代汉语的词同短语,《东岳论丛》第4期。
范妍南(2007)对外汉语教学中的动宾式离合词带宾语问题,《语言教学与研究》第5期。
方　梅(1995)汉语对比焦点的句法表现手段,《中国语文》第4期。
方　梅(2000)从"V着"看汉语不完全体的功能特征,《语法研究和探索》(九),中国语文杂志社编,商务印书馆。
方　梅(2005)篇章语法与汉语研究,《语言学前沿与汉语研究》,刘丹青主编,上海教育出版社。
方　梅、宋贞花(2004)语体差异对使用频率的影响——汉语对话语体关系从句的统计分析,*Journal of Chinese Language and Computing*。
封宗信(2004)叙事小说中的元语言功能及意义,《清华大学学报》(哲学社会科学版)增1期。
冯光武(2004)汉语语用标记语的语义、语用分析,《现代外语》第1期。
冯光武(2005)语义标记语和语义/语用界面,《外语学刊》第3期。
冯胜利(2001)论汉语"词"的多维性,《当代语言学》第3期。
冯胜利(2003)韵律制约的书面语与听说为主的教学法,《世界汉语教学》第1期。
冯胜利(2006)论汉语书面正式语体的特征与教学,《世界汉语教学》第4期。
冯　禹(2005)高年级教材中的语体问题,《对外汉语书面语教学与研究的最新发展》,冯胜利、胡文泽主编,北京语言大学出版社。
傅爱平(1993)汉英机器翻译源语分析中词的识别,《中文信息学报》第5期。
付士勇(2001)论离合词,《黔东南民族师专学报》第1期。
高　静(2007)对维吾尔族预科生使用汉语离合词出现的偏误分析及教学对策,《和田师范专科学校学报》第4期。
高书贵(1993)有关对外汉语教材如何处理离合词的问题,《世界汉语教学》第2期。
高思欣(2002)留学生汉语动宾式离合词偏误分析,暨南大学硕士学位论文。
关　玲(2003)普通话"V完"式初探,《中国语文》第3期。
郭　锐(1996)汉语语法单位及其相互关系,《汉语学习》第1期。
郭继懋、王红旗(2000)粘合式述补结构与组合式述补结构的语义差异的认知分析,第11次现代汉语语法学术讨论会论文(芜湖)。

郭绍虞(1979)《汉语语法修辞新探》,商务印书馆。

国家汉办(1992)《汉语水平词汇与汉字等级大纲》,北京语言学院出版社。

韩　明(2003)对外汉语教学中的离合词,《温州师范学院学报》第 4 期。

洪笃仁(1957)《词是什么》,新知出版社。

洪心衡(1980)《汉语词法句法阐要》,吉林人民出版社。

胡　附、文　炼(1954)词的范围、形态、功能,《中国语文》第 8 期。

胡明扬(2006)中国词典编纂史上一个划时代的里程碑,《语言文字应用》第 1 期。

胡明扬(1993)语体和语法,《汉语学习》第 2 期。

胡裕树(1995)《现代汉语》重订本,上海教育出版社。

胡裕树、范　晓(1995)《动词研究》,河南大学出版社。

华　莎(2004)现代汉语述宾式离合词研究,中国人民解放军外国语学院硕士学位论文。

华玉山(2004)关于离合词的语用问题,《语文学刊》第 6 期。

黄昌宁(1993)中文信息处理中的分词问题,《语言文字应用》第 1 期。

黄晓琴(2003)离合字组的语义研究,北京师范大学博士学位论文。

黄月圆(1995)复合词研究,《国外语言学》第 2 期。

姜德梧(2004)关于《汉语水平词汇与汉字等级大纲》的思考,《世界汉语教学》第 1 期。

金福芬、陈国华(2002)汉语量词的语法化,清华大学学报(哲学社会科学版)增 1 期。

金锡谟(1984)合成词中的双音离合动词,《语言论集:第二辑》,中国人民大学出版社。

金芝英(1999)现代汉语支配式离合单位语法特点考察,北京大学硕士学位论文。

柯彼德(1990)汉语作为外语教学的语法体系急需修改的要点,《第三届国际汉语教学讨论会论文选》,北京语言学院出版社。

黎锦熙(1924)《新著国语文法》,商务印书馆。

黎良军(2007)词性标注与异层同形单位的处理,《辞书研究》第 4 期。

李炳生(1996)词汇教学中应注意的一类词——离合词,《语言与翻译》第 3 期。

李春玲(2008)现代汉语动宾式离合词及其离合槽研究,武汉大学博士学位论文。

李大忠(1996)动宾格,《外国人学汉语语法偏误分析》,北京语言学院出版社。

李德俊(2006)关于语料库应用于双语词典编纂的几点思考,《辞书研究》第 2 期。

李　果(2004)在汉语教学中值得注意的一类词——离合词,《和田师范专科学校学报》第 4 期。

李海霞(2000)《说文》的部类及其文化探索,《松辽学刊》(哲学社会科学版)第 3 期。

李劲荣(2007)指宾状语句的功能透视,《中国语文》第 4 期。

李临定(1990)《现代汉语动词》,中国社会科学出版社。

李　明(2000)论现代汉语双音节短语词,首都师范大学硕士学位论文。

李明浩(2002)现代汉语离合词及其在日语中的对应形式,延边大学硕士学位论文。

李　讷、安珊笛、张伯江(1998)从话语角度论证语气词"的",《中国语文》第 2 期。

李清华(1983)谈离合词的特点和用法,《语言教学与研究》第3期。
李　泉(2003)基于语体的对外汉语教学语法体系构建,《汉语学习》第3期。
李善熙(2003)汉语"主观量"的表达研究,中国社会科学院研究生院博士学位论文。
李文丹(1998)汉语分类词词组在话语结构中的作用,《求是学刊》第2期。
李燕洲(2006)越南留学生汉语离合词偏误成因初探,《现代语文》第5期。
李宇明(1996)论词语重叠的意义,《世界汉语教学》第1期。
李宇明(1997)主观量的成因,《汉语学习》第5期。
李宇明(1998)动词重叠的若干句法问题,《中国语文》第2期。
李宗江(2006)去词汇化:"结婚"和"洗澡"由词返语,《语言研究》第4期。
李宗熙(2005)关于语体的定义问题,《复旦学报》(哲社版)第3期。
力　量、晁　瑞(2007)离合词形成的历史及成因分析,《河北学刊》第5期。
梁驰华(2000)离合词的价值及处理方式,《广西师院学报》(哲社版)第4期。
梁君英(2007)构式语法的新发展:语言的概括特质——Goldberg《工作中的构式》介绍,《外语教学与研究》(外国语文双月刊)第1期。
林春泽(2005)词的熟语性问题分析,《中国俄语教学》第3期。
林汉达(1953)动词连写问题,《中国语文》第10期。
林美淑(2005)对韩汉语教学离合词研究,山东大学博士学位论文。
刘安春(2003)"一个"的用法研究,中国社会科学院研究生院博士学位论文。
刘春梅(2004)通过教材编写改善对外汉语的离合词教学,《云南师范大学学报》第6期。
刘丹青(2005)《语言学前沿与汉语研究》,上海教育出版社。
刘红妮(2008)从"生X的气"看离合词离析格式的演化过程,《莆田学院学报》第1期。
刘江涛(2004)离合词特点再认识,《和田师范专科学校学报》第4期。
刘街生、代天善、北　如(2006)结构的表达功能和风格特征——基于同位结构的统计分析,《汉语学习》第1期。
刘　顺(1999)论现代汉语的"离合词",《齐齐哈尔大学学报》第5期。
刘　顺、吴　云(2002)语体的语法学功能透视,《修辞学习》第1期。
刘一之(1999)北京口语中的"着",《语言学论丛》第22辑。
刘月华(1988)动态助词"过$_1$"、"过$_2$"、"了$_1$"比较,《语文研究》第2期。
刘月华等(2001)《实用现代汉语语法》(增订本),商务印书馆。
刘泽先(1953)用连写来规定词儿,《中国语文》第3期。
卢福波(1992)支配式离合动词探析,《逻辑与语言学习》第4期。
卢加伟(2006)过去时、完成体与现时关联,《商丘师范学院学报》第4期。
卢　伟(1999)语料库在对外汉语教学中的应用,《厦门大学学报》(哲社版)第4期。
鲁文霞(2005)谈离合词的界定与对外汉语教学,《语文学刊》第5期。
陆丙甫(1998)从语义、语用看语法形式的实质,《中国语文》第5期。

陆丙甫(2004)汉语语序的总体特点及其功能解释:从话题突出到焦点突出,《庆祝〈中国语文〉创刊50周年学术论文集》,商务印书馆。

陆志韦(1957)《汉语的构词法》,科学出版社。

吕必松(1999)汉字教学与汉语教学,全美中文教师协会波士顿会议论文。

吕冀平、戴昭铭(1985)当前汉语规范工作中的几个问题,《中国语文》第2期。

吕叔湘(1953)《语法学习》,中国青年出版社。

吕叔湘(1954)关于汉语词类的一些原则性问题,《中国语文》第9期、第10期。

吕叔湘(1956)《中国文法要略》(修订本),商务印书馆。

吕叔湘(1979)《汉语语法分析问题》,商务印书馆。

吕叔湘(1980)临时单音,《中国语文》第5期。

吕叔湘(1984a)《语文杂记》,上海教育出版社。

吕叔湘(1984b)《汉语语法论文集》(增订本),商务印书馆。

吕叔湘(1987)《语文近著》,上海教育出版社。

吕文华(1994)离合词的教学,《对外汉语教学语法探索》,语文出版社。

吕文华(1999)短语词的划分在对外汉语教学中的意义,《语言教学与研究》第3期。

麻彩霞(2006)浅析动宾式离合词,《内蒙古师范大学学报》(哲学社会科学版)第6期。

马　萍(2008)留学生动宾式离合词习得研究,《汉语学习》第5期。

马清华(2009)错综关系下例外的形成——汉语离合词成因再探,《语言科学》第2期。

缪锦安(1998)《汉语的语义结构和补语形式》,上海外语教育出版社。

聂仁忠、王德山(1994)浅议离合词,《济宁师专学报》第2期。

潘国英(2007)论汉语A重叠的主观性表达,《修辞学习》第1期。

彭楚南(1954)两种词和三个连写标准,《中国语文》第4期。

齐沪扬(2000)《现代汉语短语》,华东师范大学出版社。

屈承熹(2006)《汉语篇章语法》,潘文国等译,北京语言大学出版社。

饶　勤(1997)离合词的结构特点和语用分析——兼论中高级对外汉语离合词的教学,《汉语学习》第1期。

饶　勤(2001)动宾式离合词配价的再认识,《语言教学与研究》第4期。

冉永平(2005)论语用元语言现象及其语用指向,《外语学刊》第6期。

任海波、王　刚(2005)基于语料库的现代汉语离合词形式分析,《语言科学》第4期。

任凤琴(2005)论离合词与词组的区分,《语文学刊》第4期。

任学良(1981)《汉语造词法》,中国社会科学出版社。

任雪梅(1999)外国留学生汉语离合词偏误分析,《汉外语言对比与偏误分析论文集》,北京大学出版社。

任　鹰(2000)《现代汉语非受事宾语句研究》,中国社会科学出版社。

沙吾丽·库尔班别克(2002)浅谈离合词教学,《新疆教育学院学报》第3期。

杉村博文(2006)量词"个"的文化属性激活功能和语义的动态理解,《世界汉语教学》

第2期。
邵敬敏(1994)双音节V＋N偏正结构分析,第八次现代汉语语法学术讨论会论文。
沈怀兴(2002)"离合"说析疑,《语言教学与研究》第2期。
沈家煊(1995)"有界"与"无界",《中国语文》第5期。
沈家煊(1999a)"在"字句和"给"字句,《中国语文》第2期。
沈家煊(1999b)《不对称和标记论》,江西教育出版社。
沈家煊(2000)句式和配价,《中国语文》第4期。
沈家煊(2001)语言的"主观性"和"主观化",《外语教学与研究》第4期。
沈家煊(2002)如何处置"处置式"——论把字句的主观性,《中国语文》第5期。
沈家煊(2005)也谈能性述补结构"V得C"和"V不C"的不对称,《语法化与语法研究（二）》,沈家煊等主编,商务印书馆。
沈家煊(2006)"糅合"和"截搭",《世界汉语教学》第4期。
施茂枝(1999)述宾复合词的语法特点,《语言教学与研究》第1期。
石毓智(2000)汉语的有标记和无标记语法结构,《语法研究和探索》(十),商务印书馆。
石毓智(2001)《语法的形式和理据》,江西教育出版社。
石毓智(2002)量词指示代词和结构助词的关系,《方言》第2期。
石毓智(2004)自然数"1"语法化为有定性标记的认知基础,《民族语文》第1期。
史金生(2003)语气副词的范围、类别和共现顺序,《中国语文》第1期。
史有为(1983)划分词的普遍性原则和系统性原则,《语法研究和探索》(一),北京大学出版社。
史有为(1988)选择、变革和期待——续谈十字路口的现代汉语课,《语文建设》第4期。
史有为(1992)《呼唤柔性——汉语语法探异》,海南出版社。
宋英智(2006)现代汉语离合词研究,辽宁师范大学硕士学位论文。
孙朝奋(1994)汉语数量词在话语中的功能,《功能主义与汉语语法》,戴浩一、薛凤生主编,北京语言学院出版社,原文题为 The discourse function of numeralclassifiers in Mandarin Chinese,载 Journal of Chinese Linguistics《中国语言学报》16卷第2期(1988)。
孙德金(2000)现代汉语"V＋Dw＋(的)＋O"格式的句法语义研究,《面见新世纪挑战的现代汉语语法研究》,北京大学出版社。
孙书姿(2004)韩国留学生习得汉语双音节VO型离合词的言语加工策略,北京语言大学硕士学位论文。
谭傲霜(1991)助词"了"的语义功能和隐现问题,《第三届国际汉语教学讨论会文集》,北京语言学院出版社。
唐洁仪、何平安(2004)语料库在外语教学中的应用,《外语电化教学》第99期。

陶红印(1994)言谈分析、功能主义及其在汉语研究中的作用,石锋编《海外中国语言学研究》,语文出版社。

陶红印(1999)试论语体分类的语法学意义,《当代语言学》第3期。

陶红印(2000)从"吃"看动词论元结构的动态特征,《语言研究》第3期。

陶红印(2001)"出现"类动词与动态语义学,《现代中国语研究》第2期。

陶红印(2002)汉语口语叙事体关系从句结构的意义和篇章属性,《现代中国语研究》第4期。

陶红印(2003)从语音、语法和话语特征看"知道"格式在谈话中的演化,《中国语文》第4期。

陶红印、张伯江(2000)无定式把字句在近、现代汉语中的地位问题及其理论意义,《中国语文》第5期。

汤廷池(1991)汉语语法的并入现象,《清华学报》(台湾)Vol. 21, No1－2。

汤廷池(1992)汉语句法与词法的照应词,《清华学报》(台湾)Vol. 22, No. 4。

佟秉正(1997)从口语到书面语,《第五届国际汉语研讨会论文选》,北京大学出版社。

王　彬(2006)由扩展法看"离合词",《铜仁师范高等专科学校学报》第4期。

王初明(2002)解释二语习得,连接论优于普遍语法,《外国语》第5期。

王春霞(2001)基于语料库的离合词研究,北京语言文化大学硕士学位论文。

王大新(1988)V—O式离合动词的影响及其规范化,《求是学刊》第2期。

王德春、陈瑞瑞(2000)《语体学》,广西教育出版社。

王桂秋(2008)越南学生离合词使用偏误分析,广西师范大学硕士学位论文。

王海峰(2002)现代汉语离合词离析动因刍议,《语文研究》第3期。

王海峰(2003)"A什么B"结构式初探,《四川大学学报》第3期。

王海峰、李　生等(1999)汉英机器翻译中汉语离合词的处理策略,《情报学报》第4期。

王红旗(2000)论名词性指称性质的产生,第11次现代汉语语法学术讨论会论文(芜湖)。

王洪君(1994)从字和字组看词和短语,《中国语文》第2期。

王会琴(2008)离合词的研究及作用,《襄樊职业技术学院学报》第4期。

王　还(1995)《对外汉语教学语法大纲》,北京语言学院出版社。

王　静(2001)"个别性"与动词后量成分和名词的语序,《语言教学与研究》第1期。

王　力(1936)《中国文法学初探》,商务印书馆。

王　力(1939)《中国语文概论》,商务印书馆。

王　力(1944)《中国现代语法》(下),商务印书馆。

王　力(1946)《汉语语法纲要》,开明书局。

王　力(1954)《中国语法理论》,中华书局。

王　力(1980)《汉语史稿》,中华书局。

王　宁(1997)现代汉语双音合成词的构词理据与古今汉语的沟通,《庆祝中国社会科学院语言研究所建所 45 周年学术论文集》,中国语文编辑部编,商务印书馆。
王瑞敏(2005)留学生汉语离合词使用偏误的分析,《语言文字应用》第 3 期。
王素梅(1999)论双音节离合词的结构、扩展及用法,《沈阳师范学院学报》第 4 期。
王铁利(2001)现代汉语离合词问题研究,中国社会科学院研究生院硕士学位论文。
王文斌(2001)也谈英语的中缀问题,《外语与外语教学》第 9 期。
王　鑫(2007)现代汉语离合词研究,山东师范大学硕士学位论文。
王用源(2004)废"离合词"兴"组合词",天津大学硕士学位论文。
王正元(2006)话语标记语意义的语用分析,《外语学刊》第 2 期。
文　旭、伍　倩(2007)话语主观性在时体范畴中的体现,《外语学刊》第 2 期。
吴道勤、李忠初(2001)"离合词"的语法性质及其界定原则,《湖南科技大学学报》(社会科学版)第 3 期。
吴登堂(1996)离合词探析,《丹东师专学报》第 2 期。
吴　玲(2003)普通话"V 完"式初探,《中国语文》第 3 期。
吴氏流海(2007)越南学生汉语动宾式离合词习得研究与教学对策,北京语言大学硕士学位论文。
吴亚欣、于国栋(2003)话语标记语的元语用分析,《外语教学》第 4 期。
向小清、向丽清(2008)对离合词性质界定的看法,《齐齐哈尔师范高等专科学校学报》第 3 期。
相原茂(1984)"亲嘴"的"嘴"是谁的"嘴"?《明治大学教养论集·外国文学》,又见《日本近现代汉语研究论文选》,大河内康宪等主编,北京语言学院出版社,1993。
萧　频、李　慧(2006)印尼学生汉语离合词使用偏误及原因分析,《暨南大学华文学院学报》第 3 期。
肖模艳、张　骁(2004)也谈离合词,《长春师范学院学报》第 4 期。
谢　昉(2007)对外汉语教学中的离合词教学法研究,《中国科教创新导刊》总第 468 期。
谢耀基(2001)词和短语的离合问题,《烟台大学学报》第 4 期。
谢应光(1997)英语动词现在完成体表示的意义,《外国语》第 3 期。
熊学亮(1999)《认知语用学概论》,上海外语教育出版社。
徐晶凝(2005)现代汉语话语情态表达研究,北京大学博士学位论文。
徐赳赳(2006)关于元话语的范围和分类,《当代语言学》第 4 期。
徐　枢(1985)《宾语和补语》,黑龙江人民出版社。
徐通锵(2001)《基础语言学教程》,北京大学出版社。
徐学萍、尚　军、吴爱芝(2006)语言主观化、句法表现和话语交际功能,《燕山大学学报》(哲学社会科学版)第 1 期。
许嘉璐(2002)《未了集》,贵州人民出版社。

严辰松(2006)构式语法论要,《解放军外国语学院学报》第4期。

杨彩梅(2007)关系化———一种识别句子主观性语言实现的形式手段,《现代外语(季刊)》第2期。

杨成凯(2000)事件阶段和语法表示,第11次现代汉语语法学术讨论会论文(芜湖)。

杨庆蕙(1995)《现代汉语离合词用法词典》,北京师范大学出版社。

杨万兵(2005)现代汉语语气副词的主观性与主观化研究,北京师范大学博士学位论文。

杨峥琳(2006)中级水平韩国学生习得汉语离合词情况分析,《昆明理工大学学报》(社科版)第1期。

叶 萌(1999)现代汉语中的完成式?《中国语言学论丛》(第二辑),北京语言文化大学出版社。

叶盼云、吴中伟(1999)《外国人学汉语难点释疑》,北京语言文化大学出版社。

尹洪山(2005)频率与投射在二语习得中的互补性,《青岛科技大学学报》(社会科学版)第4期。

于根元(1987)动宾式短语的类化作用,《句型和动词》,语文出版社。

于晶晶(2005)离合词探析,《理论界》第12期。

余笑寒(2004)双音节离合词语料库语言学研究,复旦大学硕士学位论文。

余维钦、戴为华(1996)离合词的特点及其辨认,《四川教育学院学报》(第十二卷4)。

喻芳葵(1989)关于离合词,《松辽学刊》第2期。

曾立英(2005)"我看"与"你看"的主观化,《汉语学习》第2期。

曾卫军(2006)"V+A_X(定语)+O"离析结构的多角度考察,广西师范大学硕士学位论文。

翟红华(2004)语料语言学及其运用,《山东科技大学学报》(社科版)第4期。

张伯江(1997a)汉语名词怎样表示无指成分,《庆祝中国社会科学院语言研究所建所45周年学术论文集》,中国语文编辑部编,商务印书馆。

张伯江(1997b)疑问句功能琐议,《中国语文》第2期。

张伯江(2002)施事角色的语用属性,《中国语文》第6期。

张伯江、李珍明(2002)"是NP"和"是一个NP",《世界汉语教学》第3期。

张伯江(2005)功能语法与汉语研究,《语言学前沿与汉语研究》,刘丹青主编,上海教育出版社。

张伯江(2006)功能语法学的语体观和汉语语法研究(未刊),当代语言学理论和汉语研究国际学术报告会(北京语言大学)。

张伯江(2007)语体差异和语法规律,《修辞学习》第2期。

张伯江、方 梅(1996)《汉语功能语法研究》,江西教育出版社。

张国宪(1989)"动+名"结构中单双音节动作动词功能差异初探,《中国语文》第3期。

张国宪(1997)"V双+N双"短语的理解因素,《中国语文》第3期。

张国云(2007)对维吾尔族预科学生的汉语离合词教学研究,《语言与翻译》(汉文)第 4 期。

张　辉(2003)熟语:常规化的映现模式和心理表征——熟语的认知研究之一,《现代外语》第 3 期。

张　静(1987)《汉语语法问题》,中国社会科学出版社。

张　黎(2007)汉语句法的主观结构和主观量度,《汉语学习》第 2 期。

张理明(1982)论短语动词,《语文研究》第 1 辑。

张寿康(1957)略论汉语构词法,《中国语文》第 6 期。

张雅冰(2005)对外汉语教学时量补语的偏误分析,《辽宁教育行政学院学报》第 11 期。

张谊生(2003)从量词到助词——量词"个"语法化过程的个案分析,《当代语言学》第 3 期。

张云秋、王馥芳(2003)概念整合的层级性与动宾结构的熟语化,《世界汉语教学》第 3 期。

张正生(2005)书面语定义及教学问题初探,《对外汉语书面教学与研究的最新发展》,冯胜利、胡文泽主编,北京语言大学出版社。

赵金铭(1984)能扩展的"V＋N"格式的讨论,《语言教学与研究》第 2 期。

赵　嵘(2006)现代汉语动宾式(VO 式)离合词研究,湘潭大学硕士学位论文。

赵淑华、张宝林(1996)离合词的确定及对其性质的再认识,《词类问题考察》,胡明扬主编,北京语言学院出版社。

赵彦春(1999)英语中缀?《外语与外语教学》(大连外国语学院学报)第 3 期。

赵元任(1979)《汉语口语语法》,中文本,吕叔湘译,商务印书馆。

郑海丽(2005)留学生使用离合词的情况调查及分析,《社会科学家》增刊。

郑晓雷(2005)与"异态"有关的汉语副词研究,《阜阳师范学院学报》(社会科学版) 第 2 期。

中国社会科学院语言研究所词典编辑室(2005)《现代汉语词典》(第 5 版),商务印书馆。

钟　锓(1954)谈怎样区别词和语,《中国语文》第 12 期。

周　荐(1991)复合词词素间的意义结构关系,《语言研究论丛》(第六辑),天津教育出版社。

周明强(2002)汉语量词"个"的虚化特点,《语文学刊》第 1 期。

周上之(1998)HSK 双音动宾结构考察,《对外汉语论丛》,上海外语教育出版社。

周上之(2001)论离合词与词组的区分,《语文论丛》第 7 期。

周上之(2006)《汉语离合词——汉语语素、词、短语的特殊性》,上海外语教育出版社。

周小兵(2004)学习难度的测定和考察,《世界汉语教学》第 1 期。

朱德熙(1956)现代汉语形容词研究,《语言研究》第 1 期。

朱德熙(1982)《语法讲义》,商务印书馆。

朱德熙(1985)《语法答问》,商务印书馆。

朱德熙(1987)现代汉语语法研究的对象是什么,《中国语文》第 4 期。

朱景松(1998)动词重叠的语法意义,《中国语文》第 5 期。

朱坤林(2007)《现代汉语词典》中的离合词研究,《吉林省教育学院学报》第 2 期。

邹立志、周建设(2007)动宾式动词规范问题的深层理据,《语文研究》第 1 期。

Austin, J. L. 1962 *How to Do Things with Words*. Oxford University Press.

Bach, Kent, and Robert M. Hamish. 1979 *Linguistic Communication and Speech Acts*. Cambridge: MIT Press.

Bardovi-Harling K. 1987 Markedness and Salience in Second Language Acquisition. *Language Learning*. (37): 385—407.

Bejiont H. 2002 *Modern Lexicography: An Introduction*, Beijing: Foreign Language Teaching and Research Press.

Benveniste, E. 1971 *Problems in General Linguistics*, Trans. Meek, M, CoralGablres, FL: University of Miami Press.

Bernard Comrie. 1976 *Aspect*. Cambridge: Cambridge University Press.

Blank and P. Koch, 1999 (eds.) *Historical Semantics and Cognition*. Berlin/New York: Mouton de Gruyter.

Bolinger, Dwight. 1952 *Linear Modification*. Publications of the Modern language Association of America 67: 75—79.

Brown R. 1973 *A First Language*. Cambridge, Mass: Harvard University Press.

Caffi, C. 1984 Some Remarks on Illocution and Metacommunication. *Journal of Pragmatics* (8): 449—467.

Chafe, Wallace. 1994 *Discourse, Consciousness, and Time: The Flow and Displacement of Conscious Expertise in Speaking and Writing*. Chicago: University of Chicago Press.

Chu, Chauncey C. A. 1983 *Reference Grammar of Mandarin Chinese for English Speakers*. New York and Berne: Peter Lang.

Comrie. 1977 ed. *The World's Major Language*. New York: Oxford University, 1987. Lyon, J. Semantics. 2 Vols. Cambridge: Cambridge University Press.

Croft, W. 2003 *Typology and Universals*, (second edition). Cambridge: CUP.

Ellis N C. 2002 *Reflections on Frequency Effects in Language Processing*. SSLA. (24): 297—339.

Fauconnier, Gilles, & Mark Turner. 2003 *The Way We Think: Conceptual Blending and the Mind's Hidden Complexities*. New York: Basic Books.

Fillmore, Charles J. and Paul Kay. 1993 *Construction Grammar* (course book). Manuscript, University of California at Berkeley Department of Linguistics.

Finegan, E. 1995 *Subjectivity and Subjectification: an Introduction*. In Stein & Wright, *Subjectivity and Subjectification*. Cambridge: Cambridge University Press.

Firbas, Jan. 1992 *Functional Sentence Perspective in Written and Spoken Communication*. Cambridge: Cambridge University Press.

Firth, J. R. 1957 *Papers in Linguistics*. London: Oxford University Press.

Gass, S. M. & A. Mackay. 2002 Frequency Effects and Second Language Acquisition. *Studies in Second Language Acquisition*, 24: 249—260.

Ginsburg, Jonathan and Ivan Sag. 2000 *Interrogative Investigations: The Form, Meaning, and Use of English Interrogatives*. Stanford: CSL I Publications. Chicago, IL: University of Chicago Press. (www. constructions-online. de, urn: nbn:de:0009-4-6893, ISSN 1860-2010)

Givón, Talmy. 1971 Historical Syntax and Synchronic Morphology: An Archaeologist's Field Trip. *Chicago Linguistic Society*. 7: 349—415.

Givón, Talmy. 1979 *On Understanding Grammar*. New York: Academic press.

Givón, Talmy. 1983 Introduction. In Givón, ed. *Topic Continuity in Discourse: A Quantitative Cross-Language Study*. Amsterdam & Philadelphia: John Benjamin's.

Goldberg, Adele E. 1995 *Constructions: A Construction Grammar Approach to Argument Structure*. Chicago, IL: University of Chicago Press.

Goldberg, Adele E. 2006 *Constructions at Work: The Nature of Generalization in Language*. Oxford : Oxford University Press.

Goossens. L. 1990 Metaphtonymy: The Interaction of Metaphor Metonymy in Expressions for Linguistic Action, *Cognitive Linguistics* 1.

Haiman, John. 1994 *Ritualization and the Development of Language*. In Wm. Pagliuca (ed.), Perspectives on Grammaticalization. Amsterdam: John Benjamins, 3—28.

Halliday, M. A. K. 1994 *An Introduction to Functional Grammar*. London : Arnold.

Halliday, M. A. K. 1991 *Corpus Studies and Probabilistic Grammar In Aimer*, K & Altenberg B (eds). English Corpus Linguistics Studies in Honour of Jan Savrtvik, London, Longman.

Halliday, M. A. K & E. McDonald 2004 *Metafunctional Profile of the Grammar of Chinese* Caffarel, A, J. R, Martin & C. M. I. M. Matthiessen. *Language Typology: A Functional Perspective* Amsterdam. Benjamins.

Halliday, M. A. K. 2004 *An Introduction to Functional Grammar*. New York: Oxford University Press.

Heine, Bernd. 1997 *Cognitive Foundations of Grammar*. New York ; Oxford: Oxford University.

Heine, B. U. Claudi and F. Hunnemeyer. 1991 *Grammaticalization: A Conceptual Framework*. U. of Chicago Press.

Hopper, Paul J. & Sandra A. Thompson. 1980 Transitivity in Grammar and Discourse. *Language*56. 2: 251—299.

Hopper, Paul. 1987 Emergent Grammar. Berkeley *Linguistic Society*13.

Hopper, P. J. 1979 *Aspect and Foregrounding in Discourse*. In T. Givón (ed.) Syntax and Semantics: Discourse and Syntax. New York ; Academic Press, 213—241.

Hopper, P. J. 2002 *Dispersed Verbal Predicates in Vernacular Written Narrative*. In Akio Kamio(ed.), Directions Infunctional Linguists, 1—18. Amsterdam: Benjamins.

Hunston. G. 2002 *Corpora in Applied Linguistics*. Cambridge, Cambridge University Press.

Ifantidou, Elly. 2005 The Semantics and Pragmatics of Metadiscourse. *Journal of Pragmatics* 37, 1325—53.

Kay, Paul. 1995 *Construction Grammar*. In J. Verschueren, J - O. ; stman, and J. Blommaert, eds. *Handbook of Pragmatics*. Amsterdam / Philadelphia, PA: John Benjamin's. pp. 171—7.

Kay, Paul. 1997 *Words and the Grammar of Context*. Stanford, CA: CSL I.

Kroeber, Alfred L. 1955 *Integration of the Knowledge of Man*. ed. by Lewis Leary, *The Unity of Knowledge*. New York: Appeton—Century—Crofts.

Lakoff, George. 1987 *Women, Fire, and Dangerous Things*. Chicago: Chicago University Press.

Langacker, R. 1991 *Concept, Image, and Symbol: The Cognitive Basis of Grammar*. Berlin/ New York: Mouton de Gruyter.

Langacker, R. 1999 *Losing Control: Grammaticalization, Subjectification, and Transparency*. In Blank & Koch.

Langacker, Ronald. 1987 *Foundations of Cognitive Grammar*(Vol. 1): *Theoretic Prerequisites*. Stanford University Press.

Langacker, R. W. 1990 Subjectification. *Cognitive Linguistics* 1: 5—38.

Leech. G. 1993 Corpus Annotation Schemes, *Literary and Linguistic Computing* 8(4).

Li, C. N. & S. A. Thompson 1981 *Mandarin Chinese: A Functional Reference Gram-

mar, Berkeley and Los Angeles: University of California Press.

Li, Charles & Thompson, Sandra A. 1974. An Explanation of Word Order Change SOV→SVO. *Foundations of Language*. 12.2:201—214.

Lyons, John. 1977 *Semantics*. Cambridge: Cambridge University Press.

Lyons, J. 1982 *Deixis and Subjectivity*: *Loquor, ergo sum*? In R. J. Jarvella & W. Klein (eds.) Speech, Place, and Action: Studies in Deixis and Related Topics. Chichester and New York: John Wiley. 101224.

Maya Hickman(西门幻)、梁兆兵 1990 汉语叙述话语中的小句结构变异——发展过程的分析。见《功能主义与汉语语法》，戴浩一、薛凤生主编，北京语言学院出版社。

Michael Tomasello. 2006 Construction Grammar for Kids. *Constructions* SV1—11/2006.

Miller D. G. 1993 *Complex Verb Formation*, Amsterdam: John Benjamin's Manual. Amsterdan/Philadlphia: John Benjamin Publishing Company: 367—371.

Osgood, C. E. 1980 *Salience Dynamics and Unnaturalness in Sentence Production*. In C. E. Osgood (ed.), Lectures on Language Performance (pp. 185—210). New York: Springer.

Palmer, F. R. 1986 *Mood and Modality*. Cambridge, England: Cambridge University.

Palmer, F. R. 2001 *Mood and Modality*, 2nd ed. Cambridge University Press.

Papafragou, A. 2000 *Modality: Issues in the Semantics - Pragmatics Interface*. Amsterdam: Elsevier.

Rice, Sally. 1987 *Towards a Transitive Prototype: Evidence from Some Atypical English Passives*. BLS.

Schmit R. 1990 The Role of Consciousness in Second Language Learning. *Applied Linguistics*. 1990, (11): 17—46.

Searle, John R. 1969 *Speech Acts*. London: Cambridge University Press.

Searle, John R. 1975 Indirect Speech Acts. In cole & Morgan (eds.) *Syntax and Semantics*, Academic Press, 3:59—82.

Searle, John R. 1979 *Expression and Meaning: Studies in the Theory of Speech Acts*. Cambridge: Cambridge University Press University Press.

Selkirk, E. O. 1982 *The Syntax of Words*. Cambridge, MA: MIT Press.

Sinclair. 1991 *Corpus, Concordance, Collocation*. Oxford: Oxford University Press.

Sinclair J. M & Renouf, A. 1988 A Lexical Syllabus for Language Learning. In R. Carter & M. Mccarthy (eds.) *Vocabulary and Language Teaching*, Harlow, Longman.

Smith, Carlota S. 1994. Aspectual Viewpoint and Situation Type in Mandarin Chinese. *Journal of East Asian Linguistics* 3.

Stein & Wright 1995 *Subjectivity and Subjectification*. Cambridge: Cambridge University Press.

Sun, Chao-fen(孙朝奋). 1988 The discourse function of numeral classifiers in Mandarin Chinese, *Journal of Chinese Linguistics*. 16 Vols.

Sun, Chaofen & Talmy Givón. 1985 On the So-Called SOV Word Order in Mandarin Chinese: A Quantified Text Study and its Implications. *Language* 61. 2

Tao & Thompson. 1994 The Discourse and Grammar Interface: Preferred Clause Structure in Mandarin Conversation, *Journal of the Language Teachers Association* 29, No. 3.

Taylor, John R. 1995 *Linguistic Categorization: Prototypes in Linguistic Theory*. Oxford: Clarendon Press.

Ting-chi Tang. 1994 The 'Generalized' X-bar Conventions and Word-Formation Typology, *Tsing Hua Journal of Chinese Studies*, Vol. 24, No. 4.

Traugott, E. 1995 *Subjectification in Grammaticalization*. In Stein & Wright, Subjectivity and Subjectification. Cambridge: Cambridge University Press.

Traugott, E. 1999 *From Subjectification to Intersubjectification*. Paper Presented at the Workshop on Historical Pragmatics, Fourteenth International Conference on Historical Linguistics, Vancouver, Canada, July, 1999.

Verhagen, A. 1995 *Subjectification, Syntax, and Communication*. In Stein & Wright, Subjectivity and Subjectification. Cambridge: Cambridge University Press, 1995.

Verschueren, Jef. 1995 *Metapragmatics*. In Verschueren et al. (eds.) Handbook of Pragmatics.

Verschueren, J. 1999 *Understanding Pragmatics*. London: Edward Arnold.

Verschueren, Jef. 2000 Notes on the Role of Metapragmatics Awareness in Language Use. *Pragmatics* 10(4):439—456.

Yung-O Biq. 2000 Recent Developments in Discourse-and-Grammar. 《漢學研究》 [*Chinese Studies*] 18: 357—394.

附　录

附录一

北京大学汉语语言学研究中心语料库（CCL 语料库）数据①

Name Type Size(Byte)
xiandai\当代\人民日报\1995\Rm9501a. txt file 2174848
xiandai\当代\人民日报\1995\Rm9501b. txt file 2286646
xiandai\当代\人民日报\1995\Rm9502a. txt file 2093250
xiandai\当代\人民日报\1995\Rm9502b. txt file 1924472
xiandai\当代\人民日报\1995\Rm9503a. txt file 2333201
xiandai\当代\人民日报\1995\Rm9503b. txt file 2494864
xiandai\当代\人民日报\1995\Rm9504a. txt file 1349382
xiandai\当代\人民日报\1995\Rm9504b. txt file 1707805
xiandai\当代\人民日报\1995\Rm9505a. txt file 1934164
xiandai\当代\人民日报\1995\Rm9505b. txt file 2270914
xiandai\当代\人民日报\1995\Rm9506a. txt file 2145942
xiandai\当代\人民日报\1995\Rm9506b. txt file 2253154
xiandai\当代\人民日报\1995\Rm9507a. txt file 2053412
xiandai\当代\人民日报\1995\Rm9507b. txt file 2213520
xiandai\当代\人民日报\1995\Rm9508a. txt file 2169866
xiandai\当代\人民日报\1995\Rm9508b. txt file 2317166
xiandai\当代\人民日报\1995\Rm9509a. txt file 2153371
xiandai\当代\人民日报\1995\Rm9509b. txt file 1883116
xiandai\当代\人民日报\1995\Rm9510a. txt file 1833219
xiandai\当代\人民日报\1995\Rm9510b. txt file 2302944
xiandai\当代\人民日报\1995\Rm9511a. txt file 2158668

---

① 由詹卫东先生提供，谨致谢忱。

xiandai\当代\人民日报\1995\Rm9511b.txtfile2079545
xiandai\当代\人民日报\1995\Rm9512a.txtfile2237318
xiandai\当代\人民日报\1995\Rm9512b.txtfile2204021
xiandai\当代\人民日报\1995path50574808
xiandai\当代\人民日报\1996\96News01.txtfile4250089
xiandai\当代\人民日报\1996\96News02.txtfile3449265
xiandai\当代\人民日报\1996\96News03.txtfile4449745
xiandai\当代\人民日报\1996\96News04.txtfile4340549
xiandai\当代\人民日报\1996\96News05.txtfile4382743
xiandai\当代\人民日报\1996\96News06.txtfile4191397
xiandai\当代\人民日报\1996\96News07.txtfile4366259
xiandai\当代\人民日报\1996\96News08.txtfile4345467
xiandai\当代\人民日报\1996\96News09.txtfile4180791
xiandai\当代\人民日报\1996\96News10.txtfile4317400
xiandai\当代\人民日报\1996\96News11.txtfile4444720
xiandai\当代\人民日报\1996\96News12.txtfile4578620
xiandai\当代\人民日报\1996path51297045
xiandai\当代\人民日报\2004\April-News.txtfile564914
xiandai\当代\人民日报\2004path564914
xiandai\当代\人民日报 path102436767
xiandai\当代\作家文摘\1993\1993A.TXTfile2318670
xiandai\当代\作家文摘\1993\1993B.TXTfile2538537
xiandai\当代\作家文摘\1993path4857207
xiandai\当代\作家文摘\1994\1994A.TXTfile2470267
xiandai\当代\作家文摘\1994\1994B.TXTfile2676185
xiandai\当代\作家文摘\1994path5146452
xiandai\当代\作家文摘\1995\1995A.TXTfile2653854
xiandai\当代\作家文摘\1995\1995B.TXTfile2815873
xiandai\当代\作家文摘\1995path5469727
xiandai\当代\作家文摘\1996\1996A.TXTfile2541157
xiandai\当代\作家文摘\1996\1996B.TXTfile2268075
xiandai\当代\作家文摘\1996path4809232
xiandai\当代\作家文摘\1997\1997A.TXTfile1989794
xiandai\当代\作家文摘\1997\1997B.TXTfile1952667
xiandai\当代\作家文摘\1997\1997C.TXTfile2035125
xiandai\当代\作家文摘\1997\1997D.TXTfile1941386

xiandai\当代\作家文摘\1997path7918972
xiandai\当代\作家文摘 path28201590
xiandai\当代\口语\北京话口语.txtfile259800
xiandai\当代\口语 path259800
xiandai\当代\市场报\市场报 1994A.txtfile7941175
xiandai\当代\市场报\市场报 1994B.txtfile8240181
xiandai\当代\市场报 path16181356
xiandai\当代\应用文\中国儿童百科全书.TXTfile5068428
xiandai\当代\应用文\中国古代文化史.TXTfile739788
xiandai\当代\应用文\中国哲学简史.txtfile370043
xiandai\当代\应用文\企业环境管理.TXTfile294507
xiandai\当代\应用文\儿童心理.TXTfile573853
xiandai\当代\应用文\司法案例.txtfile289290
xiandai\当代\应用文\大学生心理卫生与咨询.TXTfile309545
xiandai\当代\应用文\实用软件.TXTfile333977
xiandai\当代\应用文\技术贸易实务.TXTfile428545
xiandai\当代\应用文\法律 1.TXTfile802903
xiandai\当代\应用文\法律 2.TXTfile306264
xiandai\当代\应用文\法律问答.txtfile221209
xiandai\当代\应用文\邓小平文选.TXTfile405270
xiandai\当代\应用文 path10143622
xiandai\当代\文学\台湾作家\东尼！东尼！.txtfile205690
xiandai\当代\文学\台湾作家\小李飞刀.txtfile906553
xiandai\当代\文学\台湾作家\巴西狂欢节.txtfile225138
xiandai\当代\文学\台湾作家\月朦胧鸟朦胧.txtfile242842
xiandai\当代\文学\台湾作家\梦的衣裳.txtfile201324
xiandai\当代\文学\台湾作家\玉卿嫂.txtfile54960
xiandai\当代\文学\台湾作家\红顶商人胡雪岩.txtfile1060507
xiandai\当代\文学\台湾作家\金大班的最後一夜.txtfile18006
xiandai\当代\文学\台湾作家\雁儿在林梢.txtfile245840
xiandai\当代\文学\台湾作家\青青河边草.txtfile202034
xiandai\当代\文学\台湾作家 path3362894
xiandai\当代\文学\大陆作家\一地鸡毛.txtfile66132
xiandai\当代\文学\大陆作家\一百个人的十年.TXTfile431341
xiandai\当代\文学\大陆作家\上海宝贝.txtfile276181
xiandai\当代\文学\大陆作家\余华.TXTfile1228991

xiandai\当代\文学\大陆作家\余秋雨.TXTfile369324
xiandai\当代\文学\大陆作家\佳作1.TXTfile566249
xiandai\当代\文学\大陆作家\佳作2.TXTfile559548
xiandai\当代\文学\大陆作家\佳作4.TXTfile547638
xiandai\当代\文学\大陆作家\刘心武短篇.TXTfile295412
xiandai\当代\文学\大陆作家\刘心武选集.TXTfile668982
xiandai\当代\文学\大陆作家\北京人在纽约.TXTfile160426
xiandai\当代\文学\大陆作家\单位.txtfile79392
xiandai\当代\文学\大陆作家\周恩来的最后十年.txtfile168580
xiandai\当代\文学\大陆作家\干校六记.TXTfile57730
xiandai\当代\文学\大陆作家\床上的月亮.txtfile54152
xiandai\当代\文学\大陆作家\张一弓.TXTfile114849
xiandai\当代\文学\大陆作家\张承志.txtfile226516
xiandai\当代\文学\大陆作家\张炜.TXTfile704069
xiandai\当代\文学\大陆作家\张贤亮.TXTfile465242
xiandai\当代\文学\大陆作家\当代短篇小说1.TXTfile782779
xiandai\当代\文学\大陆作家\徐坤.txtfile64811
xiandai\当代\文学\大陆作家\故乡天下黄花.txtfile365775
xiandai\当代\文学\大陆作家\方方.txtfile365120
xiandai\当代\文学\大陆作家\曾卓文集.txtfile600540
xiandai\当代\文学\大陆作家\朱自清与中国.txtfile36711
xiandai\当代\文学\大陆作家\梁晓声.TXTfile688579
xiandai\当代\文学\大陆作家\比如女人.txtfile457778
xiandai\当代\文学\大陆作家\毕淑敏.TXTfile150631
xiandai\当代\文学\大陆作家\池莉.txtfile295477
xiandai\当代\文学\大陆作家\汪曾祺.TXTfile677679
xiandai\当代\文学\大陆作家\王晓波.txtfile752546
xiandai\当代\文学\大陆作家\王朔a.txtfile575193
xiandai\当代\文学\大陆作家\王朔b.txtfile604070
xiandai\当代\文学\大陆作家\王朔c.txtfile667089
xiandai\当代\文学\大陆作家\王朔d.txtfile717233
xiandai\当代\文学\大陆作家\王朔e.txtfile374560
xiandai\当代\文学\大陆作家\王蒙.TXTfile84539
xiandai\当代\文学\大陆作家\甜蜜蜜.txtfile13167
xiandai\当代\文学\大陆作家\皇城根.TXTfile671927
xiandai\当代\文学\大陆作家\编辑部的故事.TXTfile276289

xiandai\当代\文学\大陆作家\老舍长篇3.txtfile342442
xiandai\当代\文学\大陆作家\蒋子龙.TXTfile117810
xiandai\当代\文学\大陆作家\邓友梅选集.TXTfile585753
xiandai\当代\文学\大陆作家\邓贤.TXTfile183568
xiandai\当代\文学\大陆作家\铁凝.TXTfile20203
xiandai\当代\文学\大陆作家\雪白血红.TXTfile346299
xiandai\当代\文学\大陆作家 path17859322
xiandai\当代\文学\香港作家\合家欢.txtfile536801
xiandai\当代\文学\香港作家\激情三百日.txtfile193112
xiandai\当代\文学\香港作家\白马啸西风.TXTfile138091
xiandai\当代\文学\香港作家\神雕侠侣.txtfile1855012
xiandai\当代\文学\香港作家\蜜糖儿.txtfile264549
xiandai\当代\文学\香港作家\豪门惊梦.txtfile220443
xiandai\当代\文学\香港作家\金融大风暴.txtfile112486
xiandai\当代\文学\香港作家\雪山飞狐.TXTfile272736
xiandai\当代\文学\香港作家\青春偶像.txtfile73155
xiandai\当代\文学\香港作家 path3666385
xiandai\当代\文学 path24888601
xiandai\当代\翻译作品\人脑之迷.TXTfile151806
xiandai\当代\翻译作品\大脑如何思维.TXTfile196495
xiandai\当代\翻译作品\时间简史.txtfile218898
xiandai\当代\翻译作品\普通心理学.TXTfile1119932
xiandai\当代\翻译作品\猜想与反驳.TXTfile641033
xiandai\当代\翻译作品\自私的基因.txtfile341215
xiandai\当代\翻译作品\资本论.TXTfile824694
xiandai\当代\翻译作品 path3494073
xiandai\当代\词典\倒序现汉词典.txtfile4021932
xiandai\当代\词典\现汉词典.txtfile3712429
xiandai\当代\词典 path7734361
xiandai\当代\读者\读者(合订本).txtfile24459989
xiandai\当代\读者 path24459989
xiandai\当代 path217800159
xiandai\现代\戏剧\日出.txtfile92193
xiandai\现代\戏剧\老舍戏剧1.TXTfile794636
xiandai\现代\戏剧\雷雨.txtfile176053
xiandai\现代\戏剧 path1062882

xiandai\现代\文学\俞平伯.TXTfile344132
xiandai\现代\文学\四世同堂.TXTfile1436208
xiandai\现代\文学\散文 1.TXTfile1385037
xiandai\现代\文学\散文 2.TXTfile955345
xiandai\现代\文学\散文 3.TXTfile1329780
xiandai\现代\文学\柔石.txtfile26703
xiandai\现代\文学\沈从文.TXTfile463938
xiandai\现代\文学\现代短篇.TXTfile370938
xiandai\现代\文学\老舍短篇.TXTfile972750
xiandai\现代\文学\老舍长篇 1.TXTfile945708
xiandai\现代\文学\老舍长篇 2.txtfile1369370
xiandai\现代\文学\茅盾.TXTfile103118
xiandai\现代\文学\钱钟书.TXTfile667618
xiandai\现代\文学\鲁迅.TXTfile466630
xiandai\现代\文学 path10837275
xiandai\现代 path11900157
xiandaipath229700316

共有 157 个文件;24 个文件夹

附录二

392 个离析双音节结构离析情况一览表

序号	双音节结构	结构	类型	词级	离析例数	有效总量	离析频率
1	叹气	述宾	凝合	丙	1527	1876	0.814
2	搞鬼	述宾	凝合	丁	31	43	0.721
3	沾光	述宾	凝合	丁	120	172	0.698
4	得病	述宾	组合	丙	196	346	0.566
5	听话	述宾	凝合	丁	489	911	0.537
6	把关	述宾	凝合	丁	361	731	0.493
7	干活	述宾	组合	乙	1042	2229	0.467
8	请假	述宾	组合	甲	172	563	0.306

续表

9	出事	述宾	组合	丙	518	1155	0.448
10	享福	述宾	组合	丁	96	216	0.444
11	放假	述宾	组合	甲	185	440	0.42
12	握手	述宾	凝合	甲	220	2490	0.088
13	当面	述宾	凝合	丙	451	1131	0.399
14	干杯	述宾	凝合	乙	75	203	0.369
15	谱曲	述宾	组合	丁	48	132	0.363
16	吃亏	述宾	凝合	丙	312	987	0.361
17	打仗	述宾	凝合	丙	444	1250	0.355
18	有用	述宾	组合	乙	368	1446	0.341
19	出名	述宾	凝合	丁	256	771	0.332
20	鞠躬	述宾	凝合	丁	225	685	0.328
21	泄气	述宾	凝合	丁	68	213	0.319
22	吃苦	述宾	凝合	丙	309	992	0.311
23	洗澡	述宾	凝合	甲	310	1024	0.302
24	发火	述宾	凝合	丁	115	385	0.299
25	做梦	述宾	组合	乙	304	1019	0.298
26	接班	述宾	组合	丁	36	121	0.298
27	帮忙	述宾	凝合	乙	642	2164	0.297
28	争气	述宾	凝合	丁	108	369	0.293
29	吃惊	述宾	凝合	乙	528	1895	0.279
30	着凉	述宾	组合	丙	28	102	0.275
31	见面	述宾	凝合	甲	897	4164	0.275
32	发财	述宾	凝合	丁	277	1012	0.273
33	问好	述宾	凝合	甲	85	323	0.263
34	打针	述宾	组合	乙	61	234	0.261
35	劳驾	述宾	凝合	甲	28	109	0.257
36	补课	述宾	组合	乙	40	156	0.256
37	上当	述宾	凝合	乙	239	966	0.247

续表

38	睡觉	述宾	凝合	甲	701	2847	0.246
39	办事	述宾	组合	乙	1545	6291	0.245
40	碍事	述宾	组合	丁	39	159	0.245
41	拐弯₂*①	述宾	凝合	丙	21	86	0.244
42	敬酒	述宾	组合	丙	52	219	0.237
43	吸烟	述宾	组合	乙	296	1256	0.236
44	操心	述宾	凝合	丙	128	544	0.235
45	定婚	述宾	组合	丙	23	99	0.232
46	拐弯₁*	述宾	组合	丙	90	400	0.225
47	闹事	述宾	组合	丁	64	294	0.218
48	听讲	述宾	组合	乙	37	177	0.209
49	据说	述宾	组合	乙	828	4047	0.205
50	念书	述宾	凝合	丙	177	885	0.2
51	随便	述宾	凝合	乙	80	407	0.197
52	照相	述宾	组合	甲	97	509	0.191
53	排队	述宾	组合	丁	185	975	0.19
54	撒谎	述宾	凝合	丁	80	421	0.19
55	没辙	述宾	凝合	丁	11	58	0.19
56	告状	述宾	凝合	丁	69	369	0.187
57	敬礼	述宾	凝合	乙	72	387	0.186
58	出神	述宾	凝合	丁	63	338	0.186
59	吵架	述宾	凝合	丙	117	631	0.185
60	点火	述宾	组合	丁	67	373	0.18
61	拜年	述宾	凝合	丁	43	239	0.18
62	生病	述宾	组合	丙	169	970	0.174
63	狠心	述宾	凝合	丁	55	321	0.171
64	饮水	述宾	组合	丁	113	671	0.168
65	报仇	述宾	凝合	丙	91	545	0.167

① 带有"*"标志的双音节结构,其意义请看表后说明。

续表

66	开课	述宾	凝合	乙	14	85	0.165
67	分批	述宾	组合	丁	66	404	0.163
68	负伤	述宾	凝合	丁	63	388	0.162
69	开饭	述宾	组合	丙	27	167	0.161
70	订婚	述宾	组合	丙	55	344	0.16
71	犯法	述宾	组合	丁	45	326	0.16
72	遭殃	述宾	凝合	丁	27	150	0.16
73	看见①	述补		甲	1791	11600	0.154
74	赶上	述补		丙	235	1538	0.153
75	打架	述宾	凝合	丙	142	932	0.152
76	鼓掌	述宾	凝合	乙	121	808	0.15
77	交手	述宾	凝合	丁	29	195	0.149
78	送礼	述宾	组合	丙	61	416	0.147
79	下台*	述宾	凝合	丁	64	448	0.143
80	上课	述宾	组合	甲	194	1373	0.141
81	吵嘴	述宾	组合	丁	24	172	0.14
82	点名	述宾	组合	丁	53	381	0.139
83	下课	述宾	组合	甲	33	240	0.138
84	回信	述宾	组合	乙	123	879	0.137
85	汇款	述宾	组合	丙	48	350	0.137
86	留神	述宾	凝合	丁	54	393	0.137
87	翻身*	述宾	凝合	丙	29	211	0.137
88	听见	述补		甲	514	3779	0.136
89	插嘴	述宾	凝合	丁	34	255	0.133
90	化妆	述宾	凝合	丁	80	600	0.133
91	使劲	述宾	组合	丙	121	924	0.131
92	丢人	述宾	凝合	丁	39	299	0.13
93	走道	述宾	凝合	乙	8	62	0.13

① 本书表格只对述宾结构分类,不对述补结构双音节结构分类。

续表

94	讲课	述宾	组合	丙	75	611	0.123
95	结婚	述宾	凝合	乙	678	5530	0.123
96	离开	述补		甲	1351	10987	0.123
97	跳舞	述宾	凝合	甲	139	1137	0.122
98	做主	述宾	凝合	丁	28	229	0.122
99	签字	述宾	组合	丁	240	1984	0.121
100	站岗	述宾	凝合	丁	33	274	0.12
101	随意	述宾	凝合	丁	9	75	0.12
102	空心	述宾	组合	丁	4	34	0.118
103	生气	述宾	凝合	乙	262	2267	0.115
104	理发	述宾	凝合	乙	45	399	0.112
105	刹车	述宾	组合	丁	27	245	0.11
106	签名	述宾	组合	丁	127	1178	0.108
107	挂钩	述宾	凝合	丁	90	837	0.108
108	谈话	述宾	组合	乙	294	2795	0.105
109	倒霉	述宾	凝合	丙	62	591	0.105
110	看病	述宾	组合	甲	79	759	0.104
111	通信*	述宾	组合	丙	29	280	0.104
112	受伤	述宾	组合	丁	214	2095	0.102
113	伤心	述宾	凝合	乙	164	1635	0.10
114	插秧	述宾	组合	丙	17	174	0.098
115	押韵	述宾	组合	丁	11	114	0.096
116	拍照	述宾	组合	丁	46	487	0.094
117	开口	述宾	凝合	丙	186	1980	0.094
118	投票	述宾	组合	丁	113	1221	0.093
119	分期	述宾	组合	丁	56	604	0.093
120	失约	述宾	组合	丁	4	43	0.093
121	冒险	述宾	组合	丁	98	1065	0.092
122	过年	述宾	组合	乙	115	1259	0.091

续表

123	怀孕	述宾	凝合	丁	60	682	0.088
124	变形	述宾	组合	丁	48	553	0.087
125	带头	述宾	凝合	丙	136	1562	0.087
126	讲理	述宾	凝合	丁	28	326	0.086
127	开刀	述宾	凝合	丁	22	264	0.083
128	吹牛	述宾	凝合	丁	18	216	0.083
129	发誓	述宾	组合	丁	54	665	0.081
130	上学	述宾	凝合	甲	180	2298	0.078
131	防汛	述宾	凝合	丁	40	529	0.076
132	谈天	述宾	凝合	丁	18	238	0.076
133	讲话	述宾	组合	乙	680	9049	0.075
134	降价	述宾	组合	丁	39	524	0.074
135	离婚	述宾	凝合	乙	173	2326	0.074
136	尽力	述宾	组合	丙	90	1232	0.073
137	参军	述宾	组合	丁	37	517	0.072
138	说谎	述宾	组合	丁	23	331	0.069
139	放心	述宾	凝合	乙	221	3148	0.069
140	聊天	述宾	凝合	乙	70	1021	0.069
141	抓紧	述补		乙	133	1986	0.067
142	报名	述宾	凝合	乙	55	828	0.066
143	要命*	述宾	凝合	丁	25	376	0.066
144	做工	述宾	组合	丁	28	428	0.065
145	上班	述宾	组合	乙	144	2254	0.064
146	下班	述宾	组合	乙	98	1538	0.064
147	请客	述宾	凝合	乙	45	699	0.064
148	说情	述宾	凝合	丁	13	203	0.064
149	退休	联合	组合	丙	30	480	0.063
150	抽空	述宾	组合	丁	13	205	0.063
151	放学	述宾	凝合	丙	33	537	0.061

续表

152	发烧	述宾	组合	甲	26	431	0.06
153	着急	述宾	凝合	甲	85	1420	0.06
154	发言	述宾	组合	乙	193	3224	0.059
155	得到	述补		甲	1247	22920	0.054
156	用力	述宾	组合	乙	77	1499	0.053
157	拼命	述宾	凝合	乙	53	1018	0.052
158	消毒	述宾	凝合	丙	31	597	0.052
159	练兵	述宾	组合	丁	13	260	0.05
160	灰心	述宾	凝合	丙	15	302	0.05
161	起床	述宾	凝合	甲	50	1025	0.049
162	出院	述宾	凝合	乙	25	518	0.048
163	编号	述宾	组合	丁	27	593	0.046
164	售货	述宾	组合	丙	8	182	0.044
165	当家	述宾	凝合	丙	27	651	0.043
166	发愁	述宾	凝合	丁	20	463	0.043
167	开会	述宾	组合	乙	87	2095	0.042
168	招手	述宾	组合	丙	22	524	0.042
169	读书	述宾	凝合	乙	221	5329	0.041
170	犯罪	述宾	组合	丙	226	5517	0.041
171	发热	述宾	组合	丁	18	444	0.041
172	动手	述宾	凝合	乙	89	2284	0.039
173	道歉	述宾	凝合	乙	48	1238	0.039
174	让步	述宾	凝合	丁	26	662	0.039
175	加班	述宾	组合	丁	17	447	0.038
176	捣乱	述宾	组合	丁	10	280	0.036
177	游泳	述宾	凝合	甲	21	599	0.035
178	剪彩	述宾	凝合	丁	10	284	0.035
179	出差	述宾	凝合	丁	28	830	0.034
180	用心	述宾	凝合	丙	27	795	0.034

续表

181	招生	述宾	组合	丁	22	657	0.033
182	做客	述宾	组合	乙	11	333	0.033
183	抗旱	述宾	组合	丁	17	525	0.032
184	造反	述宾	凝合	丁	15	472	0.032
185	录音	述宾	组合	甲	22	734	0.03
186	有害	述宾	组合	丁	21	699	0.03
187	费力	述宾	组合	丙	16	521	0.03
188	起哄	述宾	凝合	丁	15	206	0.03
189	订货	述宾	组合	丁	14	477	0.029
190	上去	述补		甲	207	7231	0.029
191	发病	述宾	组合	丁	11	390	0.028
192	提醒	述宾	凝合	丙	58	2067	0.028
193	达到	述补		乙	408	14478	0.028
194	扑灭	述补		丁	6	213	0.028
195	称心	述宾	凝合	丁	9	327	0.0276
196	付款	述宾	组合	丁	20	752	0.027
197	考取	述补		丁	7	263	0.027
198	住院	述宾	凝合	乙	35	1357	0.026
199	旷工	述宾	凝合	丁	1	40	0.025
200	罚款	述宾	组合	丁	45	1912	0.024
201	加油*	述宾	凝合	丙	6	252	0.024
202	种地	述宾	凝合	丁	11	482	0.023
203	辞职	述宾	组合	丁	27	1206	0.022
204	涨价	述宾	组合	丁	17	750	0.022
205	定价	述宾	组合	丁	13	772	0.022
206	拨款	述宾	组合	丁	18	850	0.021
207	变质	述宾	组合	丁	8	381	0.021
208	用功	述宾	凝合	乙	6	289	0.021
209	打倒	述补		乙	22	1055	0.021

续表

210	下乡	述宾	组合	丁	31	1518	0.02
211	过去	述补		甲	471	23353	0.02
212	施肥	述宾	组合	丁	8	425	0.019
213	毕业	述宾	凝合	乙	60	3170	0.019
214	失业	述宾	凝合	乙	23	1217	0.019
215	算数	述宾	凝合	丙	5	265	0.019
216	通风	述宾	凝合	丁	1	53	0.019
217	免费	述宾	组合	丁	29	1575	0.018
218	散步	述宾	凝合	甲	21	1136	0.018
219	跑步	述宾	凝合	甲	5	273	0.018
220	放手*	述宾	凝合	丙	7	417	0.017
221	动身	述宾	凝合	乙	6	361	0.017
222	有名	述宾	凝合	甲	20	1266	0.016
223	作案	述宾	凝合	丁	12	739	0.016
224	埋头	述宾	凝合	丁	10	631	0.016
225	捐款	述宾	组合	丁	24	1631	0.015
226	下令	述宾	组合	丁	15	986	0.015
227	录像	述宾	组合	乙	10	643	0.015
228	懂事	述宾	凝合	丙	9	578	0.015
229	打猎	述宾	凝合	丁	5	339	0.015
230	进去	述补		甲	63	4192	0.015
231	防疫	述宾	凝合	丁	4	288	0.014
232	升学	述宾	凝合	丁	4	292	0.014
233	宣誓	述宾	组合	丁	6	447	0.013
234	伸手	述宾	凝合	丁	9	713	0.013
235	纳闷	述宾	凝合	丁	5	380	0.013
236	致电	述宾	组合	丁	4	327	0.012
237	待业	述宾	组合	丁	3	242	0.012
238	定货	述宾	组合	丁	1	85	0.012

续表

239	及格	述宾	凝合	乙	3	254	0.012
240	像样	述宾	凝合	丁	1	79	0.012
241	入学	述宾	组合	丁	7	626	0.011
242	罢工	述宾	组合	丙	6	506	0.011
243	发炎	述宾	组合	丁	2	174	0.011
244	滑冰	述宾	凝合	乙	4	348	0.011
245	减产	述宾	组合	丁	5	499	0.01
246	作文	述宾	组合	乙	5	507	0.01
247	闭幕	述宾	凝合	丙	10	1018	0.01
248	上台*	述宾	凝合	丁	9	910	0.01
249	对头	述宾	凝合	丁	4	399	0.01
250	投标	述宾	凝合	丁	2	208	0.01
251	捣蛋	述宾	凝合	丁	1	101	0.01
252	破产	述宾	凝合	丙	16	1776	0.009
253	担心	述宾	凝合	乙	35	3839	0.009
254	就职	述宾	凝合	丁	4	451	0.009
255	致富	述宾	组合	丁	26	3050	0.008
256	登陆	述宾	组合	丁	4	487	0.008
257	失踪	述宾	凝合	丁	5	595	0.008
258	报销	述宾	凝合	丁	3	353	0.008
259	满月	述宾	凝合	丁	2	257	0.008
260	探亲	述宾	凝合	丁	4	606	0.007
261	贷款	述宾	组合	丁	41	5540	0.007
262	守法	述宾	组合	丁	4	604	0.007
263	考试	述宾	凝合	甲	17	2429	0.007
264	失学	述宾	凝合	丁	4	605	0.007
265	开学	述宾	凝合	甲	3	406	0.007
266	完蛋	述宾	凝合	丁	1	145	0.007
267	回来	述补		甲	92	12588	0.007

续表

268	说服	述补		丙	9	1284	0.007
269	保密	述宾	凝合	丙	6	959	0.006
270	开工	述宾	组合	丁	7	1100	0.006
271	纳税	述宾	组合	丁	5	826	0.006
272	贬值	述宾	组合	丁	3	500	0.006
273	登记	述宾	凝合	乙	16	2518	0.006
274	害羞	述宾	凝合	丁	2	360	0.006
275	决口	述宾	凝合	丙	1	168	0.006
276	投资	述宾	凝合	丁	91	18523	0.005
277	发电	述宾	组合	丁	6	1201	0.005
278	定性	述宾	组合	丁	7	1399	0.005
279	分工	述宾	组合	丙	6	1286	0.005
280	生效	述宾	组合	丁	4	819	0.005
281	致词	述宾	组合	丁	2	408	0.005
282	延期	述宾	组合	丁	1	214	0.005
283	幽默	述宾	凝合	丁	10	1863	0.005
284	滑雪	述宾	凝合	丙	2	418	0.005
285	分红	述宾	凝合	丁	1	191	0.005
286	下去	述补		甲	56	11341	0.005
287	遇见	述补		甲	5	1008	0.005
288	作战	述宾	凝合	丙	9	2097	0.004
289	集邮	述宾	组合	丁	1	270	0.004
290	赔款	述宾	组合	丁	1	258	0.004
291	办公	述宾	凝合	乙	3	728	0.004
292	报到	述宾	凝合	乙	2	556	0.004
293	挂号	述宾	凝合	乙	19	306	0.003
294	提名	述宾	凝合	丁	2	683	0.003
295	迎面	述宾	凝合	丁	2	610	0.003

续表

296	行军	述宾	凝合	丁	1	383	0.003
297	绘画	述宾	组合	丁	5	1515	0.003
298	动工	述宾	组合	丁	1	366	0.003
299	偷税	述宾	组合	丁	1	305	0.003
300	行贿	述宾	组合	丁	1	286	0.003
301	出面	述宾	凝合	丁	3	963	0.003
302	绝望	述宾	凝合	丁	3	1058	0.003
303	安心	述宾	凝合	乙	2	655	0.003
304	还原	述宾	凝合	丁	1	316	0.003
305	留意	述宾	凝合	丁	1	387	0.003
306	上来	述补		甲	14	5289	0.003
307	摆脱	述补		丙	9	2598	0.003
308	存款	述宾	组合	丁	5	2030	0.002
309	配套	述宾	组合	丁	5	3231	0.002
310	办学	述宾	组合	丁	3	1457	0.002
311	成套	述宾	组合	丁	1	532	0.002
312	到期	述宾	组合	丁	1	616	0.002
313	加热	述宾	组合	丁	1	451	0.002
314	违法	述宾	组合	丁	1	581	0.002
315	注册	述宾	凝合	丁	5	2016	0.002
316	开幕	述宾	凝合	丙	4	2340	0.002
317	起身	述宾	凝合	丁	3	1820	0.002
318	执勤	述宾	凝合	丁	1	430	0.002
319	执政	述宾	凝合	丁	1	575	0.002
320	起来	述补		甲	68	43633	0.002
321	下来	述补		甲	44	17929	0.002
322	变成	述补		甲	15	8544	0.002
323	遇到	述补		甲	13	5420	0.002
324	碰见	述补		乙	1	415	0.002

续表

325	送行	述宾		乙	2	803	0.002
326	投产	述宾	凝合	丁	2	1622	0.001
327	上任	述宾	凝合	丁	1	1036	0.001
328	分类	述宾	组合	丁	1	1153	0.001
329	加工	述宾	凝合	乙	7	4945	0.001
330	起草	述宾	凝合	丁	1	904	0.001
331	献身	述宾	凝合	丁	1	962	0.001
332	过来	述补		甲	10	9674	0.001
333	推翻	述补		丙	1	813	0.001
334	结果*	述宾	凝合	丁	12	14271	0.0008
335	到底	述宾	组合	乙	1	1551	0.0006
336	集资	述宾	组合	丁	1	1719	0.0006
337	移民	述宾	组合	丁	1	1545	0.0006
338	增产	述宾	组合	丙	1	1946	0.0005
339	展开	述补		乙	2	3809	0.0005
340	出门	述宾	凝合	丙	52	2517	0.0004
341	提高	述补		甲	12	28711	0.0004
342	就业	述宾	凝合	丁	1	3228	0.0003
343	摄影	述宾	凝合	丙	1	3097	0.0003
344	施工	述宾	凝合	乙	1	2810	0.0003
345	回去	述补		甲	49	4987	0.0002
346	出口	述宾		乙	2	10727	0.0002
347	注意	述宾	凝合	甲	3	9006	0.0001
348	打败	述补		丙	0	0	0
349	播音①	述宾		丁	0	0	0
350	裁军	述宾		丁	0	0	0

① 由于"播音"以下等述宾结构几乎不离析,在离析性上不具典型特征,所以本书不再区分其归属。

续表

351	成交	述宾		丁	0	0	0
352	出席	述宾		乙	0	0	0
353	定点	述宾		丁	0	0	0
354	犯浑	述宾		丁	0	0	0
355	会客	述宾		乙	0	0	0
356	建交	述宾		丁	0	0	0
357	节能	述宾		丁	0	0	0
358	结业	述宾		丁	0	0	0
359	进口	述宾		乙	0	0	0
360	救灾	述宾		丁	0	0	0
361	据悉	述宾		丁	0	0	0
362	抗战	述宾		丁	0	0	0
363	旷课	述宾		丁	0	0	0
364	廉政	述宾		丁	0	0	0
365	留念	述宾		甲	0	0	0
366	漏税	述宾		丁	0	0	0
367	卖国	述宾		丁	0	0	0
368	命名	述宾		丁	0	0	0
369	命题	述宾		丁	0	0	0
370	签证	述宾		丁	0	0	0
371	乔装	述宾		丁	0	0	0
372	请愿	述宾		丁	0	0	0
373	缺席	述宾		丁	0	0	0
374	入境	述宾		丁	0	0	0
375	入口	述宾		丁	0	0	0
376	失事	述宾		丁	0	0	0
377	失效	述宾		丁	0	0	0
378	逃荒	述宾		丁	0	0	0
379	挑战	述宾		丁	0	0	0

续表

380	跳远	述宾		丁	0	0	0
381	通商	述宾		丁	0	0	0
382	同屋	述宾		乙	0	0	0
383	吸毒	述宾		丁	0	0	0
384	押韵	述宾		丁	0	0	0
385	与会	述宾		丁	0	0	0
386	越冬	述宾		丁	0	0	0
387	造句	述宾		乙	0	0	0
388	整风	述宾		丙	0	0	0
389	值班	述宾		丁	0	0	0
390	酌情	述宾		丁	0	0	0
391	走私	述宾		丁	0	0	0
392	坐班	述宾		乙	0	0	0

说明:(本说明适用于本书所有表格及文字)

1. 拐弯$_1$:行路转方向;拐弯$_2$:(思想、语言等)转变方向。
2. 下台:比喻摆脱困难窘迫的处境。
3. 翻身:比喻改变落后面貌或不利处境。
4. 通信:用书信互通信息,反映情况等。
5. 要命:表示程度达到极点。
6. 加油:比喻进一步努力;加劲儿。
7. 放手:比喻解除顾虑或限制。
8. 上台:比喻出任官职或掌权。
9. 结果:比喻产生或达到成果。如:经历了生与死,林歌的爱情随着孩子的降临[结]出了[果]。

【文件名:\当代\作家文摘\1997\1997A.TXT 文章标题:迷案中失踪的女人 作者:周燕妮】

附录三

207个离合词离析数据一览表

序号	离合词	结构	类型	词级	离析例数	有效总量	离析频率
1	叹气	述宾	凝合	丙	1527	1876	0.814
2	搞鬼	述宾	凝合	丁	31	43	0.721
3	沾光	述宾	凝合	丁	120	172	0.698
4	听话	述宾	凝合	丁	489	911	0.537
5	把关	述宾	凝合	丁	361	731	0.493
6	放假	述宾	凝合	甲	185	440	0.42
7	当面	述宾	凝合	丙	451	1131	0.399
8	干杯	述宾	凝合	乙	75	203	0.369
9	吃亏	述宾	凝合	丙	312	987	0.361
10	出名	述宾	凝合	丁	256	771	0.332
11	鞠躬	述宾	凝合	丁	225	685	0.328
12	泄气	述宾	凝合	丁	68	213	0.319
13	吃苦	述宾	凝合	丙	309	992	0.311
14	请假	述宾	凝合	甲	172	563	0.306
15	洗澡	述宾	凝合	甲	310	1024	0.302
16	接班	述宾	凝合	丁	36	121	0.298
17	帮忙	述宾	凝合	乙	642	2164	0.297
18	争气	述宾	凝合	丁	108	369	0.293
19	吃惊	述宾	凝合	乙	528	1895	0.279
20	见面	述宾	凝合	甲	897	4164	0.275
21	问好	述宾	凝合	甲	85	323	0.263
22	打针	述宾	凝合	乙	61	234	0.261
23	劳驾	述宾	凝合	甲	28	109	0.257
24	上当	述宾	凝合	乙	239	966	0.247
25	睡觉	述宾	凝合	甲	701	2847	0.246

续表

26	拐弯₂	述宾	凝合	丙	21	86	0.244
27	操心	述宾	凝合	丙	128	544	0.235
28	念书	述宾	凝合	丙	177	885	0.2
29	随便	述宾	凝合	乙	80	407	0.197
30	照相	述宾	凝合	甲	97	509	0.191
31	排队	述宾	凝合	丁	185	975	0.19
32	告状	述宾	凝合	丁	69	369	0.187
33	敬礼	述宾	凝合	乙	72	387	0.186
34	出神	述宾	凝合	丁	63	338	0.186
35	吵架	述宾	凝合	丙	117	631	0.185
36	拜年	述宾	凝合	丁	43	239	0.18
37	狠心	述宾	凝合	丁	55	321	0.171
38	开课	述宾	凝合	乙	14	85	0.165
39	遭殃	述宾	凝合	丁	27	150	0.16
40	打架	述宾	凝合	丙	142	932	0.152
41	鼓掌	述宾	凝合	乙	121	808	0.15
42	交手	述宾	凝合	丁	29	195	0.149
43	下台	述宾	凝合	丁	64	448	0.143
44	吵嘴	述宾	凝合	丁	24	172	0.14
45	留神	述宾	凝合	丁	54	393	0.137
46	翻身	述宾	凝合	丙	29	211	0.137
47	插嘴	述宾	凝合	丁	34	255	0.133
48	化妆	述宾	凝合	丁	80	600	0.133
49	丢人	述宾	凝合	丁	39	299	0.13
50	走道	述宾	凝合	乙	8	62	0.13
51	结婚	述宾	凝合	乙	678	5530	0.123
52	跳舞	述宾	凝合	甲	139	1137	0.122
53	做主	述宾	凝合	丁	28	229	0.122
54	站岗	述宾	凝合	丁	33	274	0.12

续表

55	随意	述宾	凝合	丁	9	75	0.12
56	生气	述宾	凝合	乙	262	2267	0.115
57	理发	述宾	凝合	乙	45	399	0.112
58	挂钩	述宾	凝合	丁	90	837	0.108
59	倒霉	述宾	凝合	丙	62	591	0.105
60	伤心	述宾	凝合	乙	164	1635	0.10
61	押韵	述宾	凝合	丁	11	114	0.096
62	开口	述宾	凝合	丙	186	1980	0.094
63	失约	述宾	凝合	丁	4	43	0.093
64	分期	述宾	凝合	丁	56	604	0.093
65	冒险	述宾	凝合	丁	98	1065	0.092
66	怀孕	述宾	凝合	丁	60	682	0.088
67	握手	述宾	凝合	甲	220	2490	0.088
68	带头	述宾	凝合	丙	136	1562	0.087
69	讲理	述宾	凝合	丁	28	326	0.086
70	吹牛	述宾	凝合	丁	18	216	0.083
71	开刀	述宾	凝合	丁	22	264	0.083
72	上学	述宾	凝合	甲	180	2298	0.078
73	谈天	述宾	凝合	丁	18	238	0.076
74	防汛	述宾	凝合	丁	40	529	0.076
75	离婚	述宾	凝合	乙	173	2326	0.074
76	参军	述宾	凝合	丁	37	517	0.072
77	聊天	述宾	凝合	乙	70	1021	0.069
78	放心	述宾	凝合	乙	221	3148	0.069
79	要命	述宾	凝合	丁	25	376	0.066
80	报名	述宾	凝合	乙	55	828	0.066
81	说情	述宾	凝合	丁	13	203	0.064
82	请客	述宾	凝合	乙	45	699	0.064
83	抽空	述宾	凝合	丁	13	205	0.063

续表

84	退休	联合	凝合	丙	30	480	0.063
85	放学	述宾	凝合	丙	33	537	0.061
86	着急	述宾	凝合	甲	85	1420	0.06
87	拼命	述宾	凝合	乙	53	1018	0.052
88	灰心	述宾	凝合	丙	15	302	0.05
89	起床	述宾	凝合	甲	50	1025	0.049
90	出院	述宾	凝合	乙	25	518	0.048
91	当家	述宾	组合	丙	27	651	0.043
92	招手	述宾	凝合	丙	22	524	0.042
93	读书	述宾	凝合	乙	221	5329	0.041
94	让步	述宾	凝合	丁	26	662	0.039
95	道歉	述宾	凝合	乙	48	1238	0.039
96	动手	述宾	凝合	乙	89	2284	0.039
97	捣乱	述宾	凝合	丁	10	280	0.036
98	剪彩	述宾	凝合	丁	10	284	0.035
99	游泳	述宾	凝合	甲	21	599	0.035
100	用心	述宾	凝合	丙	27	795	0.034
101	出差	述宾	凝合	丁	28	830	0.034
102	做客	述宾	凝合	乙	11	333	0.033
103	造反	述宾	凝合	丁	15	472	0.032
104	起哄	述宾	凝合	丁	15	206	0.03
105	提醒	述宾	凝合	丙	58	2067	0.028
106	称心	述宾	凝合	丁	9	327	0.0276
107	住院	述宾	凝合	乙	35	1357	0.026
108	旷工	述宾	凝合	丁	1	40	0.025
109	加油	述宾	凝合	丙	6	252	0.024
110	种地	述宾	凝合	丁	11	482	0.023
111	辞职	述宾	凝合	丁	27	1206	0.022
112	用功	述宾	凝合	乙	6	289	0.021

续表

113	算数	述宾	凝合	丙	5	265	0.019
114	失业	述宾	凝合	乙	23	1217	0.019
115	毕业	述宾	凝合	乙	60	3170	0.019
116	跑步	述宾	凝合	甲	5	273	0.018
117	散步	述宾	凝合	甲	21	1136	0.018
118	动身	述宾	凝合	乙	6	361	0.017
119	放手	述宾	凝合	丙	7	417	0.017
120	埋头	述宾	凝合	丁	10	631	0.016
121	作案	述宾	凝合	丁	12	739	0.016
122	有名	述宾	凝合	甲	20	1266	0.016
123	打猎	述宾	凝合	丁	5	339	0.015
124	懂事	述宾	凝合	丙	9	578	0.015
125	防疫	述宾	凝合	丁	4	288	0.014
126	升学	述宾	凝合	丁	4	292	0.014
127	纳闷	述宾	凝合	丁	5	380	0.013
128	伸手	述宾	凝合	丁	9	713	0.013
129	宣誓	述宾	凝合	丁	6	447	0.013
130	像样	述宾	凝合	丁	1	79	0.012
131	及格	述宾	凝合	乙	3	254	0.012
132	待业	述宾	凝合	丁	3	242	0.012
133	致电	述宾	凝合	丁	4	327	0.012
134	发炎	述宾	凝合	丁	2	174	0.011
135	罢工	述宾	凝合	丙	6	506	0.011
136	入学	述宾	凝合	丁	7	626	0.011
137	捣蛋	述宾	凝合	丁	1	101	0.01
138	投标	述宾	凝合	丁	2	208	0.01
139	对头	述宾	凝合	丁	4	399	0.01
140	上台	述宾	凝合	丁	9	910	0.01
141	闭幕	述宾	凝合	丙	10	1018	0.01

续表

142	减产	述宾	凝合	丁	5	499	0.01
143	作文	述宾	凝合	乙	5	507	0.01
144	就职	述宾	凝合	丁	4	451	0.009
145	担心	述宾	凝合	乙	35	3839	0.009
146	破产	述宾	凝合	丙	16	1776	0.009
147	满月	述宾	凝合	丁	2	257	0.008
148	报销	述宾	凝合	丁	3	353	0.008
149	失踪	述宾	凝合	丁	5	595	0.008
150	登陆	述宾	凝合	丁	4	487	0.008
151	致富	述宾	凝合	丁	26	3050	0.008
152	完蛋	述宾	凝合	丁	1	145	0.007
153	开学	述宾	凝合	甲	3	406	0.007
154	失学	述宾	凝合	丁	4	605	0.007
155	考试	述宾	凝合	甲	17	2429	0.007
156	探亲	述宾	凝合	丁	4	606	0.007
157	决口	述宾	凝合	丙	1	168	0.006
158	害羞	述宾	凝合	丁	2	360	0.006
159	登记	述宾	凝合	乙	16	2518	0.006
160	保密	述宾	凝合	丙	6	959	0.006
161	贬值	述宾	凝合	丁	3	500	0.006
162	开工	述宾	凝合	丁	7	1100	0.006
163	分红	述宾	凝合	丁	1	191	0.005
164	幽默	述宾	凝合	丁	10	1863	0.005
165	投资	述宾	凝合	丁	91	18523	0.005
166	延期	述宾	凝合	丁	1	214	0.005
167	生效	述宾	凝合	丁	4	819	0.005
168	定性	述宾	凝合	丁	7	1399	0.005
169	报到	述宾	凝合	乙	2	556	0.004
170	办公	述宾	凝合	乙	3	728	0.004

续表

171	作战	述宾	凝合	丙	9	2097	0.004
172	集邮	述宾	凝合	丁	1	270	0.004
173	还原	述宾	凝合	丁	1	316	0.003
174	留意	述宾	凝合	丁	1	387	0.003
175	挂号	述宾	凝合	乙	19	306	0.003
176	安心	述宾	凝合	乙	2	655	0.003
177	出面	述宾	凝合	丁	3	963	0.003
178	绝望	述宾	凝合	丁	3	1058	0.003
179	行军	述宾	凝合	丁	1	383	0.003
180	提名	述宾	凝合	丁	2	683	0.003
181	迎面	述宾	凝合	丁	2	610	0.003
182	行贿	述宾	凝合	丁	1	286	0.003
183	执勤	述宾	凝合	丁	1	430	0.002
184	执政	述宾	凝合	丁	1	575	0.002
185	起身	述宾	凝合	丁	3	1820	0.002
186	开幕	述宾	凝合	丙	4	2340	0.002
187	注册	述宾	凝合	丁	5	2016	0.002
188	成套	述宾	凝合	丁	1	532	0.002
189	到期	述宾	凝合	丁	1	616	0.002
190	违法	述宾	凝合	丁	1	581	0.002
191	办学	述宾	凝合	丁	3	1457	0.002
192	配套	述宾	凝合	丁	5	3231	0.002
193	送行	述宾	凝合	乙	2	803	0.002
194	起草	述宾	凝合	丁	1	904	0.001
195	献身	述宾	凝合	丁	1	962	0.001
196	加工	述宾	凝合	乙	7	4945	0.001
197	上任	述宾	凝合	丁	1	1036	0.001
198	投产	述宾	凝合	丁	2	1622	0.001
199	结果	述宾	凝合	丁	12	14271	0.0008

续表

200	集资	述宾	凝合	丁	1	1719	0.0006
201	移民	述宾	凝合	丁	1	1545	0.0006
202	增产	述宾	凝合	丙	1	1946	0.0005
203	出门	述宾	凝合	丙	52	2517	0.0004
204	就业	述宾	凝合	丁	1	3228	0.0003
205	摄影	述宾	凝合	丙	1	3097	0.0003
206	施工	述宾	凝合	乙	1	2810	0.0003
207	注意	述宾	凝合	甲	3	9006	0.0001

附录四

45 个无离析现象双音节结构一览表

序号	双音节结构	结构	词级	序号	双音节结构	结构	词级
1	打败	述补	丙	24	乔装	述宾	丁
2	播音	述宾	丁	25	请愿	述宾	丁
3	裁军	述宾	丁	26	缺席	述宾	丁
4	成交	述宾	丁	27	入境	述宾	丁
5	出席	述宾	乙	28	入口	述宾	丁
6	定点	述宾	丁	29	失事	述宾	丁
7	犯浑	述宾	丁	30	失效	述宾	丁
8	会客	述宾	乙	31	逃荒	述宾	丁
9	建交	述宾	丁	32	挑战	述宾	丁
10	节能	述宾	丁	33	跳远	述宾	丁
11	结业	述宾	丁	34	通商	述宾	丁
12	进口	述宾	乙	35	同屋	述宾	乙
13	救灾	述宾	丁	36	吸毒	述宾	丁
14	据悉	述宾	丁	37	押韵	述宾	丁
15	抗战	述宾	丁	38	与会	述宾	丁
16	旷课	述宾	丁	39	越冬	述宾	丁

续表

17	廉政	述宾	丁	40	造句	述宾	乙
18	留念	述宾	甲	41	整风	述宾	丙
19	漏税	述宾	丁	42	值班	述宾	丁
20	卖国	述宾	丁	43	酌情	述宾	丁
21	命名	述宾	丁	44	走私	述宾	丁
22	命题	述宾	丁	45	坐班	述宾	乙
23	签证	述宾	丁				

附录五

离析例数和有效总量偏低的凝合结构离合词

序号	双音节结构	结构	类型	词级	离析例数	有效总量	离析频率
1	搞鬼	述宾	凝合	丁	31	43	0.721
2	沾光	述宾	凝合	丁	120	172	0.698
3	干杯	述宾	凝合	乙	75	203	0.369
4	泄气	述宾	凝合	丁	68	213	0.319
5	接班	述宾	凝合	丁	36	121	0.298
6	争气	述宾	凝合	丁	108	369	0.293
7	问好	述宾	凝合	甲	85	323	0.263
8	打针	述宾	凝合	乙	61	234	0.261
9	劳驾	述宾	凝合	甲	28	109	0.257
10	拐弯$_2$	述宾	凝合	丙	21	86	0.244
11	操心	述宾	凝合	丙	128	544	0.235
12	念书	述宾	凝合	丙	177	885	0.2
13	随便	述宾	凝合	乙	80	407	0.197
14	告状	述宾	凝合	丁	69	369	0.187
15	敬礼	述宾	凝合	乙	72	387	0.186
16	出神	述宾	凝合	丁	63	338	0.186
17	吵架	述宾	凝合	丙	117	631	0.185

续表

18	下台	述宾	凝合	丁	64	448	0.143
19	狠心	述宾	凝合	丁	55	321	0.171
20	遭殃	述宾	凝合	丁	27	150	0.16
21	打架	述宾	凝合	丙	142	932	0.152
22	鼓掌	述宾	凝合	乙	121	808	0.15
23	交手	述宾	凝合	丁	29	195	0.149
24	吵嘴	述宾	凝合	丁	24	172	0.14
25	留神	述宾	凝合	丁	54	393	0.137
26	翻身	述宾	凝合	丙	29	211	0.137
27	插嘴	述宾	凝合	丁	34	255	0.133
28	化妆	述宾	凝合	丁	80	600	0.133
29	丢人	述宾	凝合	丁	39	299	0.13
30	走道	述宾	凝合	乙	8	62	0.13
31	跳舞	述宾	凝合	甲	139	1137	0.122
32	做主	述宾	凝合	丁	28	229	0.122
33	站岗	述宾	凝合	丁	33	274	0.12
34	随意	述宾	凝合	丁	9	75	0.12
35	伤心	述宾	凝合	乙	194	1635	0.119
36	理发	述宾	凝合	乙	45	399	0.112
37	挂钩	述宾	凝合	丁	90	837	0.108
38	倒霉	述宾	凝合	丙	62	591	0.105

附录六

207个离合词离析形式一览表①

序号	离合词	了	着	过	的	补语	名/代词	形容词	数量词	数词	个	动词性	重叠	提前	出现量
1	睡觉	+	+	+	+	+	+	+	+	+			+	+	12
2	打架	+	+	+	+	+	+	+	+	+	+	+			11
3	帮忙	+		+	+	+	+	+	+				+	+	10
4	吃亏	+		+		+	+	+	+		+	+			10
5	见面	+		+	+				+	+			+	+	10
6	生气	+			+	+	+	+	+	+	+				10
7	跳舞	+	+	+	+	+				+	+				10
8	操心	+		+	+				+					+	9
9	吃苦	+		+		+	+	+				+			9
10	鞠躬	+	+	+	+		+	+	+	+					9
11	冒险	+	+	+	+					+			+		9
12	念书	+	+	+		+								+	9
13	请假	+	+	+			+	+		+			+		9
14	洗澡	+	+	+					+					+	9
15	读书	+	+	+										+	8
16	结婚	+		+			+	+	+					+	8
17	开课	+			+					+	+				8
18	排队	+			+				+					+	8
19	请客	+		+	+			+						+	8
20	上学	+	+	+	+	+	+		+					+	8

---

① 表中"+"表示语料中离合词出现该插入形式;表格中没有符号的,表示语料中未出现该形式。

续表

21	问好	+	+	+		+	+		+		+			+	8
22	沾光	+	+	+		+	+		+			+	+		8
23	照相	+		+		+	+		+		+	+	+		8
24	道歉	+	+	+			+		+		+	+			7
25	鼓掌	+	+			+		+	+	+		+			7
26	开口	+		+	+	+	+		+				+		7
27	离婚	+		+	+	+	+		+				+		7
28	理发	+		+	+	+		+	+		+				7
29	聊天	+	+		+		+	+	+	+					7
30	伤心	+	+		+	+		+				+	+		7
31	争气	+			+	+	+	+			+		+		7
32	拜年	+		+		+		+	+		+				6
33	吵架	+	+			+	+		+	+					6
34	打针	+			+		+		+	+		+			6
35	当家	+	+			+	+		+				+		6
36	倒霉	+			+		+	+	+	+					6
37	丢人	+			+	+	+		+			+			6
38	动手	+			+	+			+			+			6
39	告状	+			+	+		+			+		+		6
40	挂号	+				+	+		+		+		+		6
41	化妆	+	+	+		+						+	+		6
42	怀孕	+	+	+		+			+				+		6
43	拼命	+	+				+	+	+				+		6
44	散步	+	+	+		+			+		+				6
45	上当	+		+			+	+	+				+		6
46	叹气	+	+			+	+	+	+						6
47	握手	+	+	+		+			+			+			6
48	游泳	+			+		+	+		+			+		6
49	站岗	+		+		+	+	+							6

续表

序号	词	1	2	3	4	5	6	7	8	9	10	总
50	招手	+	+	+			+			+	+	6
51	着急	+		+		+	+	+			+	6
52	出差	+				+	+	+			+	5
53	出门	+		+	+		+					5
54	带头	+			+		+		+			5
55	担心	+	+			+	+	+				5
56	放假	+			+		+		+			5
57	放心	+	+					+			+	5
58	拐弯₂	+	+			+		+	+			5
59	狠心	+	+					+		+		5
60	接班	+			+	+				+		5
61	敬礼	+			+		+	+		+		5
62	开刀	+		+		+			+			5
63	起床	+		+	+		+					5
64	投资	+			+	+	+					5
65	用功			+		+		+			+	5
66	做主	+			+	+	+		+			5
67	保密		+							+		4
68	插嘴	+				+	+		+			4
69	吵嘴	+		+		+	+					4
70	出名	+		+				+		+		4
71	出神	+	+			+	+					4
72	吹牛	+						+				4
73	辞职	+				+	+				+	4
74	捣乱	+		+			+	+				4
75	登记	+		+		+			+			4
76	懂事	+				+		+			+	4
77	翻身	+			+				+		+	4
78	放学	+				+		+			+	4

续表

序号	词	1	2	3	4	5	6	7	8	9	10	11	12	合计
79	干杯	+		+		+			+					4
80	讲理				+	+		+				+		4
81	开工	+			+		+					+		4
82	起哄	+	+			+		+						4
83	让步	+		+				+				+		4
84	伸手	+		+		+		+						4
85	说情	+			+				+		+			4
86	算数			+		+	+			+				4
87	谈天	+	+			+		+						4
88	听话	+		+			+		+					4
89	住院	+		+		+			+					4
90	走道	+			+	+		+						4
91	作案	+		+	+	+								4
92	作文	+				+	+		+					4
93	把关				+	+						+		3
94	罢工	+			+	+								3
95	办学	+					+					+		3
96	毕业	+			+		+							3
97	参军	+			+	+								3
98	吃惊	+						+		+				3
99	抽空	+				+				+				3
100	出面	+								+	+			3
101	出院	+				+						+		3
102	打猎	+		+			+							3
103	当面	+	+				+							3
104	搞鬼	+			+		+							3
105	挂钩	+				+				+				3
106	灰心	+						+				+		3
107	加工	+			+				+					3

续表

		1	2	3	4	5	6	7	8	9	10	合计
108	加油	+			+		+					3
109	交手	+		+	+							3
110	结果	+			+	+						3
111	考试	+			+					+		3
112	留神	+	+				+					3
113	纳闷	+	+	+								3
114	入学	+		+	+							3
115	提名	+			+			+				3
116	泄气	+				+				+		3
117	宣誓	+		+	+							3
118	用心		+		+					+		3
119	有名	+						+		+		3
120	造反	+		+		+						3
121	致电	+				+			+			3
122	做客	+	+	+								3
123	办公				+					+		2
124	报名	+					+					2
125	闭幕	+								+		2
126	称心	+				+						2
127	定性	+			+							2
128	动身				+	+						2
129	发炎	+				+						2
130	分期				+		+					2
131	害羞	+				+						2
132	减产	+			+							2
133	开幕	+								+		2
134	开学	+			+							2
135	劳驾				+	+						2
136	埋头		+		+							2

续表

		1	2	3	4	5	6	7	8	9	10	
137	跑步				+		+					2
138	破产	+			+							2
139	上台	+		+								2
140	生效	+				+						2
141	失学	+		+								2
142	失业	+		+								2
143	送行				+				+			2
144	随便		+		+							2
145	探亲			+	+							2
146	提醒	+			+							2
147	退休	+		+								2
148	押韵		+				+					2
149	要命	+			+							2
150	迎面	+	+									2
151	幽默	+			+							2
152	致富	+			+							2
153	种地	+		+								2
154	注册	+		+								2
155	作战			+			+					2
156	安心				+							1
157	报到	+										1
158	报销				+							1
159	贬值	+										1
160	成套							+				1
161	待业			+								1
162	捣蛋							+				1
163	到期	+										1
164	登陆	+										1
165	对头	+										1

续表

序号	词	1	2	3	4	5	6	7	8	9	10	计
166	防汛						+					1
167	防疫							+				1
168	放手				+							1
169	分红							+				1
170	还原	+										1
171	及格		+									1
172	集邮		+									1
173	集资							+				1
174	剪彩	+										1
175	就业					+						1
176	就职	+										1
177	决口	+										1
178	绝望	+										1
179	旷工						+					1
180	留意						+					1
181	满月	+										1
182	配套				+							1
183	起草	+										1
184	起身	+										1
185	上任	+										1
186	摄影								+			1
187	升学				+							1
188	失约	+										1
189	失踪	+										1
190	施工				+							1
191	随意					+						1
192	投标	+										1
193	投产				+							1
194	完蛋	+										1

续表

195	下台				+							1
196	献身					+						1
197	像样					+						1
198	行贿	+										1
199	行军							+				1
200	延期	+										1
201	移民	+										1
202	遭殃	+										1
203	增产							+				1
204	执勤						+					1
205	执政			+								1
206	注意							+				1
207	违法	+										1

附录七

63个重点离析结构离析详细情况

（一）60个重点离合词（按音序排列）离析详细情况

B

把关（361条）
B 提前 ·· 2条　0.55%
[严/紧]把+名词+关 ································· 173条　47.92%
把[好/住/紧]+名词+关 ···························· 177条　49.03%
名词 ··· 9条　2.49%

拜年（43条）
了 ··· 3条　7%

过 .... 2 条　4.65%
补语[完] .... 1 条　2.32%
个 .... 32 条　74.42%
　　其中个＋形容词　　　　　20 条
数量词[一个] .... 1 条　2.32%
形容词[早/晚/大] .... 4 条　9.3%

帮忙(642 条)

了 .... 173 条　26.95%
　　帮了忙　　　　　　　　　　20 条
　　了＋名词＋的 忙　　　　　　43 条
　　了＋名词/代词＋形容词＋的 忙　12 条
　　了＋名词/代词(的) 大忙　　　47 条
　　了＋一个大忙　　　　　　　　1 条
　　了＋形容词[大/倒/不少]忙　　14 条
　　了＋大 忙　　　　　　　　　19 条
　　了＋名词/代词＋忙　　　　　　7 条
　　了某人＋数量词[一个/些/会/点]＋忙
　　　　　　　　　　　　　　　　10 条
过 .... 27 条　4.21%
　　过忙　　　　　　　　　　　　5 条
　　过某人的忙　　　　　　　　22 条
补语[不上/不了] .... 12 条　1.87%
A 重叠[AAB] .... 114 条　17.76%
　　帮帮忙　　　　　　　　　　93 条
　　帮帮某人的忙　　　　　　　20 条
　　帮帮小忙　　　　　　　　　　1 条
个 .... 54 条　8.41%
　　个　　　　　　　　　　　　43 条
　　名词/代词＋个　　　　　　　11 条
数量词[名词/代词＋一个] .... 21 条　3.27%
的 .... 14 条　2.18%
名词/代词(的) .... 227 条　35.36%

C

操心(128条)

B提前 ··· 8条　6.25%

了 ·· 21条　16.41%

  操了心　　　　　　　　　　　2条

  了＋时量词［好几天/一辈子］　　4条

  了＋多少　　　　　　　　　　6条

  了＋形容词［那么多/不少］　　　9条

过 ·· 3条　2.34%

着 ·· 4条　3.13%

  操着心　　　　　　　　　　　3条

  着＋一份　　　　　　　　　　1条

补语 ··· 31条　24.21%

  ［碎了/尽了/坏/够/到/上/起/不起］

  其中 操碎了心　　　　　　　　18条

数量词 ··· 11条　8.59%

  量词 点/些/一番　　　　　　　11条

的 ·· 7条　5.47%

  其中 的＋哪门子/条/那一份　　　2条

名词/代词 ·· 38条　29.69%

  其中指量 那/这(份/种/个)　　　24条

形容词 ··· 5条　3.91%

插嘴(34条)

B提前 ··· 1条　2.94%

了 ·· 10条　29.41%

  插了嘴　　　　　　　　　　　4条

  了＋一句/句　　　　　　　　　6条

补语 ··· 18条　52.94%

  不上　　　　　　　　　　　　12条

  不进　　　　　　　　　　　　3条

　　　　　上　　　　　　　　　　　　　3条
代词[什么] ·················· 2条　　5.88%
数量词[一两句] ·············· 3条　　8.82%

吵架(117条)

了 ························· 54条　46.15%
　　吵了架　　　　　　　　　　　18条
　　吵了[量词]架(十一/一场大)　2条
　　吵了一架　　　　　　　　　　34条
过 ························· 38条　32.48%
　　吵过架　　　　　　　　　　　29条
　　吵过一架　　　　　　　　　　5条
　　吵过名词次/回架　　　　　　4条
数词[一] ···················· 12条　10.26%
数量词[场] ·················· 1条　　0.85%
补语[完/起/上] ·············· 11条　　9.4%
代词[多少] ·················· 1条　　0.85%

吵嘴(24条)

了 ·························· 9条　37.5%
　　吵了嘴　　　　　　　　　　　5条
　　了＋一　　　　　　　　　　　1条
　　了＋几句　　　　　　　　　　2条
　　无数次的　　　　　　　　　　1条
过 ························· 10条　41.67%
　　吵过嘴　　　　　　　　　　　7条
　　过＋一次　　　　　　　　　　1条
　　过＋名量词　　　　　　　　　2条
补语[完/起来] ·············· 4条　　1.67%
代词[什么] ·················· 1条　　4.17%

吃惊(528条)

了 ························ 474条　89.77%

吃了惊	2 条		
吃了一大惊	3 条		
吃了一惊	469 条		

数词[一] ························· 49 条　9.28%
形容词 ···························· 5 条　0.95%
  吃一大惊　　　　　3 条
  吃点小惊　　　　　2 条

吃苦(309 条)
 B 提前 ························· 49 条　15.86%
 了 ···························· 63 条　20.39%
  吃了苦　　　　　　4 条
  了＋时量[一辈子/一世]　3 条
  了＋点/些　　　　　2 条
  了＋名词　　　　　3 条
  了＋多少　　　　　13 条
  了＋形容词　　　　38 条
 过 ····························· 28 条　9.06%
  吃过苦　　　　　　15 条
  过＋名词/代词　　　5 条
  过形容词　　　　　4 条
  吃过的　　　　　　4 条
 的 ···························· 22 条　7.12%
 补语 ·························· 50 条　16.18%
  [够了/不了/不到/不上/上/得/不来/得不得/得起(＋名词)]
 代词/名词 ····················· 27 条　8.74%
  多少/什么　　　　　15 条
  那/这＋份/种/个　　 9 条
  名词（的）　　　　　3 条
 数量词 ······················· 25 条　8.09%
  动量[遍/通]　　　　 5 条
  时量[一辈子]　　　　2 条
  点/些(点 16 条)　　　18 条

形容词(的) ·················· 41 条　13.27%
动词(的) ·················· 4 条　1.29%

吃亏 312 条
B 提前 ·················· 17 条　5.45%
了 ·················· 146 条　46.79%
  吃了亏　　　　　　　67 条
  吃了大亏　　　　　　31 条
  了＋名词/代词　　　　21 条
  了＋形容词　　　　　19 条
  了＋动词　　　　　　7 条
  了＋动量词　　　　　1 条
过 ·················· 41 条　13.14%
  吃过亏　　　　　　　11 条
  过了　　　　　　　　1 条
  过＋数词＋次亏　　　5 条
  过＋动词性成分＋的　5 条
  过＋形容词（的）　　7 条
  过＋名词/代词(的)　　12 条
点 ·················· 23 条　7.37%
  吃点亏　　　　　　　20 条
  吃点小亏　　　　　　3 条
补语 ·················· 12 条　3.85%
  不了(不了什么 1 条)　10 条
  不起/得起　　　　　　2 条
名词/代词 ·················· 16 条　5.13%
动词结构 ·················· 4 条　1.28%
的 ·················· 6 条　1.92%
形容词[其中"吃大亏"40 条] ·················· 47 条　15.06%

出名(256 条)
了 ·················· 253 条　98.8%
过 ·················· 1 条　0.4%

个 ·· 1 条　0.4%
A 重叠［VV 名词］····································· 1 条　0.4%

出神（63 条）
了 ·· 47 条　74.6%
　　出了神　　　　　　　　　　　1 条
　　了＋时量词［一会/一阵/半天］　16 条
着 ·· 3 条　4.76%
补语［起来/完/回］··································· 11 条　17.46%
代词［什么］··· 2 条　3.17%

D

打架（135 条）
了 ·· 17 条　12.59%
　　打了架　　　　　　　　　　　4 条
　　打了一架　　　　　　　　　　11 条
　　打了一回架　　　　　　　　　2 条
过 ·· 32 条　23.7%
　　打过架　　　　　　　　　　　25 条
　　过＋动量词［次/回］　　　　　2 条
　　过＋群　　　　　　　　　　　5 条
着 ·· 1 条　0.74%
补语［起来/上/完/输］······························· 30 条　22.22%
数词［一］··· 16 条　11.85%
名词/代词··· 23 条　17.04%
　　群　　　　　　　　　　　　　20 条
　　嘴　　　　　　　　　　　　　1 条
　　什么　　　　　　　　　　　　2 条
动词 ·· 1 条　0.74%
数量词［一回/一通/一次/一场］······················ 11 条　8.15%
个 ·· 2 条　1.48%
的 ·· 1 条　0.74%
形容词 ·· 1 条　0.74%

打针(61条)

了 ··· 20条　32.79%
　　打了针　　　　　　　　　　9条
　　打了一/两/几针　　　　　　10条
　　打了＋时量词[几天]　　　　1条
过 ··· 8条　13.11%
　　打过针　　　　　　　　　　6条
　　过＋数量词　　　　　　　　1条
　　过＋什么　　　　　　　　　1条
数量词 ··· 4条　 6.56%
　　名量[一支/枚]　　　　　　2条
　　动量词[次]　　　　　　　　2条
数词[一] ··· 16条　26.23%
补语[完/上] ······································· 11条　18.03%
A重叠[VV＋名词] ·································· 2条　 3.28%

当面(451条)

了 ··· 3条　 0.67%
着 ··· 427条　94.68%
　　当着面　　　　　　　　　　10条
　　当着名词/代词（的）面　　 417条
名词/代词 ··· 21条　 4.66%

倒霉(62条)

了 ··· 36条　58.06%
　　倒了霉　　　　　　　　　　22条
　　了＋时量词　　　　　　　　4条
　　了＋名词[血]　　　　　　　3条
　　了＋形容词　　　　　　　　7条
过 ··· 1条　 1.61%
形容词[大] ·· 5条　 8.06%
名词[血]/代词 ····································· 6条　 9.68%

数量词［一辈子/点］ …………………………… 10 条　16.13%
补语［足了/透了/尽了］ ……………………… 4 条　6.45%

丢人(39 条)
B 提前 ………………………………………… 5 条　12.82%
了 …………………………………………… 10 条　25.64%
　　丢了人　　　　　　　　　7 条
　　丢了形容词　　　　　　　1 条
　　丢了＋名词/代词＋的人　 2 条
补语 ………………………………………… 15 条　38.46%
　　不起/不了＋这个/那个/着/那　8 条
　　死/尽了/透了/大　　　　　　7 条
代词/名词 …………………………………… 6 条　15.38%
的 …………………………………………… 2 条　5.13%
数量词［一份］ ……………………………… 1 条　2.56%

F

翻身(29 条)
B 提前 ………………………………………… 1 条　3.45%
了 …………………………………………… 19 条　65.52%
补语［不了/不过］ …………………………… 8 条　27.59%
个 …………………………………………… 1 条　3.45%

放假(185 条)
了 …………………………………………… 20 条　10.81%
　　放了假　　　　　　　　　13 条
　　放了＋数量词＋假　　　　 7 条
补语［完］ …………………………………… 1 条　0.54%
数量词 ……………………………………… 14 条　7.57%
个 …………………………………………… 1 条　0.54%
的 …………………………………………… 6 条　3.24%
名词 ………………………………………… 123 条　66.49%
形容词 ……………………………………… 20 条　10.81%

G

干杯(75条)
了 ·· 31条　41.33%
　　干了杯　　　　　　　　　　　　4条
　　干了＋名词＋杯　　　　　　　　15条
　　了＋序量[第二/最后一]　　　　　6条
　　了＋代词[这/自己的]　　　　　　5条
　　指量[这一杯]　　　　　　　　　1条
过 ·· 1条　1.33%
数量词[其中"干一杯"36条] ················· 40条　53.33%
补语[掉/完/起] ··································· 3条　4%

搞鬼(31条)
了 ·· 1条　3.23%
的 ·· 10条　32.26%
代词[这1条/什么19条] ······················· 20条　64.52%

告状(69条)
B 提前 ··· 6条　8.7%
了 ·· 28条　40.58%
　　告了＋名词/代词一状　　　　　　17条
　　告了＋名词/代词的状　　　　　　5条
　　告了状　　　　　　　　　　　　3条
　　告了＋数量词[次/年]　　　　　　3条
过 ·· 2条　2.9%
名词/代词(的) ·································· 22条　31.88%
数词"一"(包括名词/代词＋"一") ············ 10条　14.49%
的 ·· 1条　1.45%

鼓掌(121条)
了 ·· 15条　12.4%
　　鼓了掌　　　　　　　　　　　　8条

　　　　　了＋量词［名词次/下/声/一晚上］　　　7条
着 ·· 15条　　12.4%
补语 ·· 79条　　65.29%
　　起……来　　　　　　　　　　　63条
　　起了　　　　　　　　　　　　　9条
　　起　　　　　　　　　　　　　　6条
　　完　　　　　　　　　　　　　　1条
AA重叠［V了V］ ··· 1条　　0.83%
形容词 ·· 3条　　2.48%
数量词［一次/下］ ·· 6条　　4.96%
代词 ·· 2条　　1.66%

挂钩(90条)
了 ··· 4条　　4.44%
补语 ·· 85条　　94.44%
　　起……来　　　　　　　　　　　49条
　　上了　　　　　　　　　　　　　15条
　　上　　　　　　　　　　　　　　20条
　　得上　　　　　　　　　　　　　1条
个 ··· 1条　　1.11%

拐弯₂(21条)
了 ··· 11条　　52.38%
　　拐了弯　　　　　　　　　　　　5条
　　了＋个　　　　　　　　　　　　2条
　　了＋一个　　　　　　　　　　　1条
　　了＋一道　　　　　　　　　　　1条
　　了＋一道＋形容词　　　　　　　2条
着 ··· 4条　　19.05%
补语［过］ ·· 3条　　14.29%
数量词［一个］ ·· 1条　　4.76%
个 ··· 2条　　9.52%

H

狠心①(55条)

了	12条	21.82%
A重叠[V了(一)V＋名词]	13条	23.64%
着	3个	5.45%
补语[下/得下/不下/起(来)]	26条	47.27%
动量词[一下]	1条	1.82%

化妆(80条)

B提前	9条	11.25%
了	33条	41.25%
化了妆	27条	
了＋形容词	5条	
了＋点	1条	
着	4条	5%
过	9条	11.25%
补语	20条	25%
好	13条	
完	4条	
起……来	2条	
上	1条	
A重叠[V了V]	1条	1.25%
形容词	2条	2.5%
代词[什么、那样]	2条	2.5%

J

见面(897条)

B提前	21条	2.34%
了	207条	23.08%
了面	177条	
了一面	14条	

---

① 指下定决心不顾一切。

了某人的面	8 条		
了某人面	4 条		
了名词一面	4 条		
过 ·············		280 条	31.22%
过面	206 条		
过一面	28 条		
过数量词面	29 条		
过某人(的)面	13 条		
过某人+数量词面	4 条		
补语 ·············		96 条	10.7%
上一面	43 条		
上某人一面	6 条		
上数量词面	2 条		
(不)着面	20 条		
(不)到……面	20 条		
不了面	4 条		
不成面	1 条		
数量词 ·············		26 条	2.9%
数词[一] ·············		198 条	22.07%
见一面	70 条		
见某人一面	120 条		
见最后一面	8 条		
个 ·············		15 条	1.67%
代词/名词 ·············		54 条	6.02%

交手(29 条)

了 ·············	2 条	6.9%
过(其中 过+几回 1 条)·············	19 条	65.52%
补语[起来/上] ·············	8 条	27.59%

接班(36 条)

了 ·············	5 条	13.89%
接了班	2 条	

了＋名词/代词 的班　　　　　　　3条
补语［过/好/上/不上/不了/下］……………… 11条　　30.56%
A重叠［VV＋代词＋名词］…………………… 1条　　2.78%
名词/代词 …………………………………… 18条　　50%
的 …………………………………………………1条　　2.7%

结婚（678条）
B提前………………………………………… 12条　　1.77%
了 …………………………………………… 493条　　72.71%
　　结了婚　　　　　　　　　　487条
　　结了＋数量词＋婚　　　　　　5条
　　结了＋形容词＋婚　　　　　　1条
过 …………………………………………… 126条　　18.58%
　　结过婚　　　　　　　　　　97条
　　结过＋数量词＋婚　　　　　29条
的 ……………………………………………… 23条　　3.39%
补语［不了/不成等］…………………………… 10条　　1.47%
数量词 ………………………………………… 10条　　1.47%
个 ………………………………………………… 3条　　0.44%
代词［啥］……………………………………… 1条　　1.47%

敬礼（72条）
了 ……………………………………………… 43条　　59.72%
　　敬了礼　　　　　　　　　　14条
　　了＋个　　　　　　　　　　16条
　　了＋一个　　　　　　　　　　9条
　　了＋名词＋个　　　　　　　　4条
个 ……………………………………………… 23条　　31.94%
数量词［一个/一次］…………………………… 2条　　2.78%
形容词 ………………………………………… 1条　　1.39%
补语［完/过］…………………………………… 3条　　4.17%

鞠躬（225条）

了 ·· 164 条　72.89%
　　鞠了躬　　　　　　　　　　17 条
　　鞠了个躬　　　　　　　　　17 条
　　鞠了＋数词＋个躬　　　　　25 条
　　鞠了一躬　　　　　　　　　88 条
　　鞠了一个＋形容词＋躬　　　　9 条
过 ··　3 条　 1.33%
　　过 ＋一个　　　　　　1 条
着 ··　6 条　 2.67%
个 ·· 17 条　 7.56%
数词[一] ··　8 条　 3.56%
数量词[一/三个/这个/多少个]·······································15 条　 6.67%
补语 ··　8 条　 3.56%
　　上＋一　　　　　　　　　　 3 条
　　起来　　　　　　　　　　　 1 条
　　完　　　　　　　　　　　　 4 条
的 ··　1 条　 0.61%
形容词[大/深] ··　3 条　 1.33%

K

开课(14 条)

了 ··　2 条　14.29%
过 ··　1 条　 7.14%
补语[出了] ··　1 条　 7.14%
代词[什么/这门] ···　2 条　14.29%
数量词[一门] ··　1 条　 7.14%
个 ··　1 条　 7.14%
数词[一] ···　1 条　 7.14%
形容词 ··　5 条　35.71%

L

劳驾(28 条)

代词/名词 ·· 26 条　92.86%

补语[不起] ……………………………… 2 条　7.14%

理发(45 条)
　B 提前 ……………………………… 1 条　2.22%
　了 ………………………………………… 9 条　20%
　　　理了发　　　　　　　8 条
　　　了＋个　　　　　　　1 条
　过 ………………………………………… 9 条　20%
　　　理过发　　　　　　　8 条
　　　过＋一次　　　　　　1 条
　数量词[一次 8/一个 3] ………………… 11 条　24.44%
　个 ……………………………………… 2 条　4.44%
　补语[完] ……………………………… 10 条　22.22%
　形容词 ……………………………… 2 条　4.44%
　的 ……………………………………… 1 条　2.22%

留神(54 条)
　了 ……………………………………… 5 条　9.26%
　着 ……………………………………… 14 条　25.93%
　数量词[点 32 条/这点_{指量}2 条/一下 1 条] …… 35 条　64.81%

N

念书(177 条)
　B 提前 ……………………………… 33 条　24.81%
　了 ……………………………………… 29 条　16.38%
　　　念了书　　　　　　　　　7 条
　　　了＋数量词书　　　　　　20 条
　　　了＋形容词书　　　　　　2 条
　过 ……………………………………… 58 条　32.77%
　　　念过书　　　　　　　　　48 条
　　　过＋数量词＋书　　　　　8 条
　　　过＋名词＋书　　　　　　2 条
　着 ……………………………………… 1 条　0.56%

补语［好/完/不下去等］	14 条	7.91%
的	5 条	2.82%
数量词	12 条	6.78%
名词/代词	11 条	6.21%
形容词	14 条	7.91%

P

排队(185 条)

B 提前		11 条	5.95%
了		34 条	18.38%
了	7 条		
了＋时量词	8 条		
了＋名量词	14 条		
了＋形容词	5 条		
着		64 条	34.6%
着	61 条		
着＋形容词	3 条		
补语		59 条	31.9%
起(来)	9 条		
成	24 条		
(不)上	11 条		
好	14 条		
不到	1 条		
形容词		3 条	1.62%
数量词(时量)		8 条	4.32%
的		3 条	1.62%
个		2 条	1.08%
代词		1 条	0.54%

Q

请假(172 条)

| B 提前 | 3 条 | 1.74% |
| 了 | 85 条 | 49.42% |

请了假	34 条		
请了＋数量词[名词 天/星期/月]的假	51 条		
着 ·································	1 条	0.58％
过 ·································	16 条	9.3％
请过假	5 条		
请过一天/几天假	5 条		
请过一分钟假	1 条		
请过一次假	5 条		
数量词 ·····························	40 条	23.26％
天/星期/小时/年	37 条		
一次/一个/点	3 条		
的 ·································	1 条	0.58％
补语 ·······························	7 条	4.07％
上＋时量词	4 条		
不了/下	3 条		
形容词[大] ··························	1 条	0.58％
个 ·································	17 条	9.88％
的 ·································	1 条	0.58％

S

伤心(164 条)

B 提前 ·····························	13 条	7.93％
了 ·································	68 条	41.46％
伤了心	5 条	
伤了＋名词的＋心	63 条	
着 ·································	3 条	1.83％
着　　1 条		
着＋名词　　1 条		
过[过＋代词　　3 条] ················	3 条	1.83％
补语 ·······························	30 条	18.29％
伤透了心 29 条[其中伤透了名词/代词 的心 11 条]		
起……来	1 条	
名词/代词 ···························	46 条	28.05％

A 重叠［AA＋名词的 B］ ·················· 1 条　0.61％

上当(239 条)
B 提前 ································· 1 条　0.42％
了 ···································· 116 条　48.54％
  上了当　　　　　　　　　　45 条
  上了名词/代词的当　　　　　42 条
  了＋数量词［一/第二次］　　 3 条
  了＋个　　　　　　　　　　 1 条
  了＋形容词［大/洋/恶］　　 16 条
过 ···································· 18 条　7.53％
  上过当　　　　　　　　　　10 条
  上过＋名词＋的当　　　　　 3 条
  上过＋数量词＋当　　　　　 5 条
形容词［糊涂/大/老］ ·················· 6 条　2.51％
名词/代词 ···························· 90 条　37.66％
  他/她/你/其　　　　　　　 15 条
  这个/这/那个　　　　　　　14 条
  名词/代词＋的　　　　　　 61 条
数量词［一/一次/一回/两块钱］ ········ 8 条　3.35％

生气(262 条)
B 提前 ································ 8 条　3.05％
了 ··································· 75 条　28.63％
着 ··································· 9 条　3.44％
过 ··································· 8 条　3.05％
补语［起来］ ························· 21 条　8.01％
的 ··································· 4 条　1.53％
代词/名词 ·························· 106 条　40.46％
  生某人气　　　　　　　　　11 条
  生某人的气　　　　　　　　86 条
   你的气　　　　　　　　 8 条
   我的气　　　　　　　　28 条

```
      其他                                  50 条
      生什么气                              8 条
      生＋名词＋气                          1 条
  形容词[这么/那么大的] ················    22 条    8.4%
  数量词 ································   8 条    3.05%
    个 ··································   1 条    0.38%


睡觉(701 条)
B 提前 ································  82 条    11.7%
      一觉睡到/得 ······                   32 条
      觉睡＋补语                           15 条
      觉(也/要/不……)睡……                   32 条
      ……觉睡……                             3 条
  了 ····································  76 条    10.84%
      睡了觉                               21 条
      了＋数量词                           55 条
  着 ····································   5 条    0.71%
  过 ····································  60 条    8.56%
      睡过觉                               34 条
      过……觉(数量词＋形容词/形容词)         26 条
  补语 ··································  269 条   38.37%
      睡得着觉                             4 条
      睡不着觉                             124 条
      睡着＋形容词＋觉                     12 条
      睡(不)好觉                           77 条
          睡好觉                           32 条
          睡不好觉                         45 条
      睡(不)上……觉(睡上一觉 20 条)          31 条
      睡不了觉                             6 条
      睡不成觉                             4 条
      睡起觉(来)                           4 条
      其他补语(稳/足/完等)                  7 条
  个 ····································  25 条    3.57%
```

个觉	6 条		
个形容词觉	19 条		
数词[一] ·································	78 条	11.13%
名词/代词(的) ·····························	12 条	1.71%
形容词 ·······································	94 条	13.41%
睡懒觉	39 条		
睡大觉	51 条		
其他	4 条		

随便(80 条)

着 ·· 1 条　　1.25%
代词[其中 你/您 53 条;他/她/它 17 条] ············ 79 条　　98.75%

随意(9 条)

名词/代词＋的 ··· 9 条　　100%

T

叹气(1527 条)

了 ·· 1049 条　　68.7%

叹了口气	725 条	
叹了一口气	283 条	
叹了＋形容词＋一口气	1 条	
叹了一口＋形容词＋气	34 条	
了＋名词＋声	5 条	
了＋时量词	1 条	

着 ·· 57 条　　3.73%
数量词 ·· 404 条　　26.46%

叹口气	275 条	
叹一口气	117 条	
叹一口＋形容词＋气	8 条	
叹一口/声气	4 条	

补语 ·· 11 条　　0.72%

　　叹上一口气　　　　　　　　　1 条

　　　　叹出一口气　　　　　　　　　　5 条
　　　　补语[起来/过/罢/完]　　　　　 5 条
　代词[什么] ……………………………………… 3 条　　0.2%
　名词 ………………………………………………… 1 条　　0.07%
　形容词 ……………………………………………… 1 条　　0.07%
　A 重叠[V 了 V] …………………………………… 1 条　　0.07%

跳舞(139 条)
　B 提前 ……………………………………………… 9 条　　6.47%
　　　舞跳得　　　　　　　　　　　　20 条
　　　其他　　　　　　　　　　　　　 9 条
　了 …………………………………………………… 6 条　　4.32%
　　　了＋数量词　　　　　　　　　　 5 条
　　　跳了舞　　　　　　　　　　　　 1 条
　着 …………………………………………………… 8 条　　5.76%
　过 …………………………………………………… 11 条　 7.91%
　　　跳过舞　　　　　　　　　　　　10 条
　　　过＋ 数量词　　　　　　　　　　 1 条
　补语 ………………………………………………… 45 条　 32.37%
　　　起来　　　　　　　　　　　　　36 条
　　　完/罢　　　　　　　　　　　　　8 条
　　　其他补语　　　　　　　　　　　 1 条
　数量词 ……………………………………………… 15 条　 10.79%
　的 …………………………………………………… 1 条　　0.72%
　个 …………………………………………………… 7 条　　5.04%
　名词/代词 ………………………………………… 15 条　 10.79%
　动词 ………………………………………………… 2 条　　1.44%

听话(489 条)
　了 …………………………………………………… 7 条　　1.43%
　　　听＋了＋代词/名词＋的话　　　 7 条
　名词/代词(的) …………………………………… 482 条　 98.57%
　　　听我的话　　　　　　　　　　　92 条

附　录　357

听你的话	39 条	
听她的话	21 条	
听他的话	29 条	
听……们的话	15 条	
听＋名词＋的话	264 条	
听＋人称代词＋话	11 条	
听＋名词＋话	2 条	
听＋代词/名词＋数量词＋话	9 条	

W

问好(85 条)

B 提前 ·································	2 条	2.35%
了 ······································	4 条	4.71%
问了好	2 条	
了＋一声	2 条	
着 ······································	3 条	3.53%
过 ······································	2 条	2.35%
补语[完了] ··························	1 条	1.18%
个 ······································	6 条	7.06%
数量词[声/一声/句] ················	7 条	8.24%
名词/代词 ····························	60 条	70.59%

握手(220 条)

了 ······································	45 条	20.45%
握了＋动/时量词＋手	8 条	
着 ······································	20 条	9.09%
过 ······································	25 条	11.36%
补语[完] ····························	2 条	0.91%
A 重叠[握了握手] ·················	112 条	50.91%
数量词(动/时量词) ················	16 条	7.27%

X

洗澡(310 条)

B 提前 ··················		17 条	5.48%
了 ··················		59 条	19.03%
	了＋澡	33 条	
	了＋个澡	10 条	
	了＋个形容词澡	6 条	
	了＋数量词澡	10 条	
着 ··················		1 条	0.32%
过 ··················		18 条	5.81%
	过澡	8 条	
	过数量词澡	10 条	
补语 ··················		85 条	27.42%
	过	29 条	
	完(了)	41 条	
	(不)上	14 条	
	好	1 条	
个 ··················		68 条	21.94%
	洗个澡	61 条	
	个＋名词＋澡	6 条	
	个＋形容词＋澡	1 条	
数量词 ··················		24 条	7.74%
	洗＋数量词＋澡	20 条	
	洗＋一个形容词/名词＋澡	4 条	
名词/代词 ··················		37 条	11.94%
A 重叠[VV] ··················		1 条	0.32%

下台①(64 条)

补语[得了/不了/不来(其中下不了/来 60 条)] ······	64 条	100%

泄气(68 条)

B 提前 ··················	2 条	2.94%
了 ··················	63 条	92.64%

---

① 比喻摆脱困难窘迫的处境。

代词[自己的] ·· 3条　　4.42%

Z

遭殃(26条)
了 ·· 26条　　100%
　　遭了殃　　　　　　　　　　24条
　　了＋多少　　　　　　　　　1条
　　了＋形容词　　　　　　　　1条

沾光(120条)
B 提前 ·· 2条　　1.67%
了 ·· 50条　　41.67%
　　沾了光　　　　　　　　　　6条
　　了＋数量词[点/半面]　　　　3条
　　了＋动词　　　　　　　　　6条
　　了＋形容词　　　　　　　　2条
　　了＋名词/代词(的)　　　　　33条
过[＋名词1条/＋数量词1条] ··········· 2条　　1.67%
着[着＋代词1条] ···················· 2条　　1.67%
A 重叠[VV] ······················· 1条　　0.83%
数量词[(一)点/些/半面] ············· 9条　　0.75%
补语[到/上/不上/不了(名词/代词)] ····· 9条　　0.75%
名词/代词(的) ····················· 45条　　37.5%

站岗(34条)
了 ·· 6条　　17.65%
　　站了岗　　　　　　　　　　1条
　　了＋时量词　　　　　　　　5条
过 ·· 2条　　5.88%
补语[惯了/好/完] ·················· 16条　　47.06%
数量词[班/年] ····················· 4条　　11.76%
名词/代词 ························· 4条　　11.76%
形容词 ··························· 2条　　5.88%

照相(97条)

了 ··· 44条　45.36%
　　照了相　　　　　　　　　　　26条
　　了＋数量词[张]　　　　　　　12条
　　了＋动量词[半个小时/一通]　 2条
　　了＋个　　　　　　　　　　　3条
　　了＋形容词　　　　　　　　　1条
过 ··· 5条　 5.15%
　　过　　　　　　　　　　　　　3条
　　过＋一张　　　　　　　　　　1条
　　过＋好些　　　　　　　　　　1条
个 ··· 11条　11.34%
A重叠[V了V名词] ····················· 1条　 1.03%
补语[完/不成/好] ····················· 10条　10.31%
数量词 ·· 23条　23.71%
代词 ·· 1条　 1.03%
动词 ·· 2条　 2.06%

争气(109条)
B提前 ···   1条　 0.92%
了 ··· 10条　 9.17%
　　争了气　　　　　　　　　　　6条
　　了＋(一)口　　　　　　　　　4条
补语[不来] ····································· 1条　 0.92%
数量词 ·· 85条　77.98%
　　点　　　　　　　　　　　　　1条
　　(一)口　　　　　　　　　　　71条
　　指量[这(一)口]　　　　　　　13条
补语[出/回＋一/这口] ··············· 2条　 1.83%
动词结构[争的是一口气] ············ 1条　 0.92%
形容词[小/闲] ······························· 8条　 7.34%
名词 ·· 1条　 0.92%

走道①(8条)
了 ·· 1条 12.5%
数量词［动量词、时量词］ ···························· 2条 25%
补语［起来/得动/不动］ ······························· 4条 50%
代词 ·· 1条 12.5%

做主(28条)
了 ·· 2条 7.14%
补语［得/不得/不了/得了］ ························· 20条 71.42%
的 ·· 2条 7.14%
个 ·· 2条 7.14%
代词 ·· 2条 7.14%

(二) 3个组合离析结构离析详细情况

看病(79条)
B提前 ··· 19条 24.05%
了 ·· 11条 13.92%
  看了病   8条
  了＋数量词   3条
过 ·· 9条 11.39%
补语［好/完/不起/得起/上/不了/不成］ ········· 26条 32.91%
数量词［一次/一点/一会/次/分钟］ ················ 7条 8.86%
名词/代词 ·· 5条 6.33%
形容词 ··· 2条 2.53%

上课(194条)
B提前 ··· 28条 14.43%
了 ·· 68条 35.05%
  了＋课   4条
  了一课   21条

---

① 走路,动词,(人)在地上走。

了＋形容词（的）一课　　　　　　　23条
　　了＋数量词＋课　　　　　　　　　19条
　　了＋名词＋课　　　　　　　　　　1条
过 ·· 2条　　1.03%
着 ·· 4条　　2.06%
的 ·· 17条　　8.76%
　　上的课　　　　　　　　　　　　　5条
　　上的＋形容词＋课　　　　　　　　2条
　　上的＋数量词＋课　　　　　　　　10条
补语 ·· 17条　　8.76%
　　完……课　　　　　　　　　　　　12条
　　其他补语（"不了"等）　　　　　　5条
量词 ·· 37条　　19.07%
数词［一］ ··· 9条　　4.64%
名词/代词 ··· 12条　　6.19%

下课（33条）

了 ·· 33条　　100%

附录八

各离合词详尽离析形式顺序

　　1. 插入"了（＋其他成分）"　　158个　　占76.33%
　　2. 插入补语　　　　　　　　　　98个　　占47.34%
　　3. 插入名词（的）　　　　　　　84个　　占40.58%
　　4. 插入数量词　　　　　　　　　79个　　占38.16%
　　5. 插入"过（＋其他成分）"　　　71个　　占34.30%
　　6. B提前　　　　　　　　　　　56个　　占27.05%
　　7. 插入"着（＋其他成分）"　　　39个　　占18.84%
　　8. 插入"的"　　　　　　　　　　34个　　占16.43%
　　9. 插入形容词（的）　　　　　　31个　　占14.98%

10. 插入"个"	29个	占 14.01%
11. AAB①	12个	占 5.80%
12. 插入"一"	11个	占 5.31%
13. 插入动词结构(的)	9个	占 4.35%
14. A 了 AB	4个	占 1.93%
15. 插入其他数词	3个	占 1.45%
16. A-AB	1个	占 0.48%

---

① 为了保持数据的原始性,本表未将三种重叠形式 AAB、A 了 AB、A 一 AB 合并。

后　　记

本书是笔者在博士论文的基础上修改而成的。

这里我首先要感谢的是业师赵金铭先生。赵先生早在20世纪80年代就专注于离合词研究，并写出了颇有影响的论文，我正是在他的文章的启发下思考离合词问题的。后来蒙先生不弃，收于门下，常不揣固陋论浅鄙之见，但先生均不嫌学生孤闻寡识，耐心地加以引导。多年来赵师没有停止过对离合词的思考，因此他对离合词问题常有过人见解，每次跟先生谈话都感茅塞顿开。这篇博士论文后来被评为北京语言大学优秀博士论文，实际上这都是赵师精心点拨用心指导的结果。除了赵师身教言传之外，师母也常常从生活上关心我和我们全家，每每念及，不由感激之情顿生。

我还要感谢北大对外汉语教育学院的诸位老师，王若江、张英、李晓琪、李红印、李建新、刘元满等老师，他们在我读博期间为我提供了诸多帮助。赵杨伉俪从英国帮我购买书籍，以解我资料匮乏之忧。徐晶凝老师阅读了我的部分论文，提出了许多中肯意见；刘颂浩老师从香港惠寄资料；杨德峰师兄关心我论文的进展。

本书的完成还凝聚了许多专家学者的悉心指导与关怀。王建勤教授、李晓琪教授、王若江教授、郑贵友教授、张旺熹教授、孙德金教授等在我博士论文开题及答辩时，提出了宝贵意见；邓守信先生对我的离合词研究予以充分肯定，使我增强了信心。

董秀芳先生、李明先生是我大学和硕士学习期间的校友，他们都在各自的领域颇有建树，我们多次交流，受益良多。博士论文初稿完成后，他们又通读了全文，提出了许多有益的意见。李泉、唐翠菊、胡孝斌、刘振平、王媛、樊青杰等先生是我赵师同门师友，他们常常通过不同方式帮助和鼓励我。

北师大黄晓琴先生从事离合词研究，惠赠大作并无私提供语料给我参考；北大詹卫东先生帮助我查询检索汉语语料，并提供资料；北语李华先生为我提取了大量中介语料；同事薛晶晶老师、研究生刘杰帮我整理了一些语料,研究生彭怡、李桂森帮我做了大量校对工作。在此谨表谢忱。

感谢北京大学出版社沈浦娜老师、欧慧英老师、杜若明老师,他们为本书的出版付出了大量心血。

最后我要特别提到的是我的家人对我的支持。我的父母,年逾耄耋,偏居乡里,作为唯一的儿子,难报顾复之恩,哪怕春节都不能多陪老人两天。每每想起他们那期待的眼神,我都不禁泪水潸然。

爱人王铁利和女儿天天是我的坚强后盾。铁利在读硕士期间也研究离合词,记得那时我刚到北大工作,我们常常为一个问题而争论不休,不时引来邻人侧目,她的论文为我研究离合词提供了基础。这三年,为了我的学习,她默默包揽了所有家务,装修房子、陪伴照顾老人……此外,还承受我因研究受挫而偶尔爆发的无名之火,想来真是难为她了。女儿天天可爱懂事,知道爸爸学习工作压力大,总是体贴照顾爸爸,常常是在我伏案乏倦之时,端上一杯热茶,使我内心平添一分温暖,研究增加一份动力。家庭的温馨,创造了良好的研究氛围,我由衷地感激她们。

要感谢的人很多,要说的话很多,还是由此打住吧。

写完这篇后记已是深夜,推开窗子,昊天旷宇,万籁静寂——夜正长,路也正长,我唯有不懈前行才能对得起给予我各方面关爱的师友亲人们。

是为记。

王海峰
于韩国梨花女子大学寓所
2009 年 11 月 30 日